O *Yoga-Sūtra* como Ciência do Autoconhecimento:

tese completa com abordagem teosófica

Ricardo Lindemann

O *Yoga-Sūtra* como Ciência do Autoconhecimento:

tese completa com abordagem teosófica

EDITORA
TEOSÓFICA

SIG Quadra 6, Nº 1235
70.610-460 – Brasília-DF – Brasil
Tel.: (61) 3322.7843
E-mail: *editorateosofica@editorateosofica.com.br*
Site: www.editorateosofica.com.br
Instagram: *@editorateosofica*
Whatsapp: 61 98613-4906

Dados internacionais para Catalogação na Publicação (CIP)

L743y Lindemann, Ricardo.
O Yoga-Sūtra como ciência do autoconhecimento: tese completa com abordagem teosófica/ Ricardo Lindemann – Brasília: Editora Teosófica, 2023.
392 p.; il.

ISBN: 978-85-7922-230-6

1. Yoga. 2. Teosofia. 3. Autoconhecimento. I. Título.

CDU 27-58-544.7:233-852.5Y

(Mayara Cristóvão da Silva / CRB 2812 / Brasília, DF, Brasil)

Revisão de texto: Zeneida Cereja da Silva
Capa: Usha Velasco
Diagramação: Ana Paula Cichelero

PREFÁCIO

Esta obra tem a intenção de contribuir para a busca do sentido da vida e sua felicidade essencial, bem como para uma cultura da paz, a partir do autoconhecimento, uma vez que a ignorância é considerada a causa do mal. Pode o ser humano ser feliz se não souber quem ele é ou o que realmente necessita? Parece, portanto, oportuno justificar para o leitor a importância do Yoga como Ciência do autoconhecimento (*Ātma-Vidyā* – a sagrada Ciência da percepção direta da alma imortal e do Espírito eterno), em favor do ideal da Religião Científica, a partir de algumas evidências ou, pelo menos, de algumas marcas corroborativas de seus resultados, mais do que apenas apresentar meras teorias especulativas a seu respeito.

A obra *O Yoga-Sūtra como Ciência do Autoconhecimento* é fruto da tese homônima de Doutorado, desenvolvida pelo autor, na Universidade Federal de Juiz de Fora (UFJF), com defesa final apresentada em 30/07/2021, disponível nessa instituição por meio do link: https://doi.org/10.34019/ufjf/te/2021/00079. No meio acadêmico, concluído o documento, pelo candidato ao título de Doutor, seu conteúdo é apresentado por escrito e oralmente aos participantes da Banca de Avaliadores que farão suas críticas, podendo aprovar ou não o candidato à titulação desejada. Sendo aprovado, são feitas sugestões de alterações no documento apresentado para publicação da versão final que será depositada no acervo de trabalhos acadêmicos da Universidade. Existem regras e exigências acadêmicas para este documento final. No caso desta tese, houve a solicitação de vários cortes no texto apresentado à banca. O leitor poderá ter o desejo de especular sobre os motivos da supressão de vários trechos.

Considero aqui alguns motivos para as alterações, tais como questões relativas à preocupação acadêmica com o aspecto da forma e das dimensões da tese, de modo que algumas escolas filosóficas ou *darśanas*, que não estavam tão diretamente ligadas ao tema, foram suprimidas, não por haver nelas erro de pesquisa, mas porque afetavam a dimensão total da tese. Entendo, porém, que, nesta versão, não se tem esta preocupação dimensional, e que essas escolas filosóficas dão uma visão panorâmica do contexto do Yoga, bem como uma noção de complementaridade à diversidade, como exemplo, no milenar de diálogo inter-religioso, de modo que foram aqui reintegradas ao texto, porém em negrito.

É provável, também, que o conteúdo da tese tenha inovado em demasia, buscando trazer evidências científicas de outras áreas, como se encontra no capítulo 5, caracterizando uma abordagem multidisciplinar. Pelo menos na esfera acadêmica, o uso do termo ou expressão "método experimental" parece ter sido apropriado pela ciência moderna, com uma interpretação própria e, portanto, modificações de adequação foram solicitadas pela banca. Mas, milênios antes, Patañjali usou um método "experimental [ou que se baseia em experimentação]", expressão utilizada na versão aprovada para substituir a expressão original da tese antes de sua submissão à banca. Da mesma forma, foi solicitado que a palavra "evidência" fosse substituída por "marca corroborativa".

Com essa intenção, resolvi publicar uma versão sem cortes ou, melhor dizendo, **uma versão híbrida da tese**: como aprovada pela banca da defesa final **acrescida das outras partes da tese, apresentadas aqui em negrito, que haviam sido cortadas –** principalmente aquelas que apresentam indícios, evidências ou marcas corroborativas da esfera da ciência moderna em favor do *Yoga-Sūtra*, obra milenar de Patañjali que representa a primeira compilação do Yoga. Assim, também enfatiza uma das cartas que inspiraram essa ponte entre o Oriente e o Ocidente, considerando absolutamente necessário sustentar a Filosofia Oriental com "inferências diretas deduzidas das – e corroboradas pelas – evidências fornecidas pelas modernas ciências exatas" (JINARAJADASA, 1996, p. 17). Considero, portanto, necessário publicar ou oferecer tais evidências e respectivas atualizações bibliográficas e no glossário para que o leitor possa considerar, por si mesmo, se lhe parecem importantes ou não.

Dessa forma, fica o leitor convidado a apreciar o texto na sua forma original e acadêmica, bem como as evidências ou marcas corroborativas que possam ter algum valor ou importância para estimular pesquisas futuras. Ademais, Dr. Taimni, em acréscimo posterior à sua consagrada obra *A Ciência do Yoga* (Brasília:

Teosófica, 1996), que foi escolhida como texto base desta Tese, considera em sua obra *Vislumbres sobre a Psicologia do Yoga* (Brasília: Teosófica, 2023): "Em um comentário sobre tal tratado [o *Yoga-Sūtra*] o tema deve ser apresentado, na medida do possível, da mesma forma que no tratado original e não é seguro ou desejável introduzir ideias que sejam estranhas ao tema do tratado original. Mas o Yoga é um tema de amplo alcance, com uma base muito extensa de pensamento filosófico e experiência oculta, que inclui os resultados de investigações feitas por milhares de trabalhadores avançados neste campo e também o pensamento filosófico e as técnicas científicas baseadas nestas investigações" (*op. cit.* p. 11). É nesse espírito que esta tese está sendo publicada na versão completa, sem cortes. Existe intenção de publicar-se também em português, em breve, a obra *Química Oculta* (*Occult Chemistry*), de Besant e Leadbeater, muito citada no capítulo 5.

Ademais, é oferecida uma contribuição, também para as futuras gerações, que segue na direção de que estas já encontrem um caminho de pesquisa mais livre, caso venham a se decidir por desenvolver tese sobre Filosofia Oriental no mundo Ocidental. Apresento, como exemplo, o fato de que, quando pela primeira vez tentei estudar o *Yoga-Sūtra*, em ambiente acadêmico, só consegui encontrá-lo na disciplina de "História da Filosofia Oriental Antiga (HUM181)", em 1984, no curso de Filosofia da Universidade Federal do Rio Grande do Sul (UFRGS). Entretanto, nos cursos de Filosofia não encontrei caminhos para aprofundar o tema, pois nesses círculos parecia pairar no ar, naquela época, uma maneira de pensar, expressa por alguns, de que o pensamento oriental era pré-filosófico, ou de que a verdadeira Filosofia só havia começado com os gregos, razão pela qual decidi defender o tema desta Tese no curso de Ciência da Religião, apesar de ter concluído meu Mestrado na Universidade de Brasília (UnB) em Filosofia. Ainda assim, pode-se dizer que tem havido grande progresso desde então na conquista de espaço acadêmico para a Filosofia Oriental no Brasil.

Recentemente, a Associação Educacional Besant (AEB) resolveu adotar esta tese na bibliografia básica de seu Curso de Formação de Professores de Yoga com certificação da Aliança do Yoga.

Para aqueles leitores que desejam aprofundar ou dar prosseguimento aos seus estudos na temática desta tese, eu gostaria de sugerir outras obras eventualmente citadas aqui. Na área do Yoga: **TAIMNI (1996), *A Ciência do Yoga*; TAIMNI (2007), *Autocultura:* à luz do ocultismo; TAIMNI (1992), *Preparação para o Yoga*; TAIMNI (2023),** *Vislumbres sobre a Psicologia do Yoga*; TAIMNI (2009), *O Segredo da Autorrealização*; BESANT (2019), *Introdução ao Yoga*; LEADBEATER (2020), *Os Chakras*. Na sua relação com Filosofia Oriental e Pensamento Teosófico: LINDEMANN, Ricardo & OLIVEIRA, Pedro (2011), *A Tradição-Sabedoria:* uma introdução ao estudo comparado de filosofia oriental e ocidental; BESANT (2013), *A Sabedoria Antiga*; BESANT (2016), *Karma e Dharma*; BLAVATSKY (1991a), *A Chave para a Teosofia*; BLAVATSKY (1993), *Fundamentos da Filosofia Esotérica;* BLAVATSKY (2011b), *Ocultismo Prático*; KRISHNAMURTI (2017), *Aos Pés do Mestre*; JINARAJADASA (2014b), *Fundamentos de Teosofia*; LEADBEATER (2014), *O Plano Astral*; LEADBEATER (2019b), *O Plano Mental*; LEADBEATER (2015), *Os Mestres e a Senda*; BARKER (2001), *Cartas dos Mahatmas a A.P. Sinnett*; JINARAJADASA (2014a), *Cartas dos Mestres de Sabedoria.*

Agradecimentos, além daqueles já mencionados na própria tese, são devidos à sua publicação pela Editora Teosófica, particularmente a Ígor Mendonça Câmara, Zeneida Cereja da Silva, bem como a Eduardo Henrique Coelho Weaver, Marcos Luís Borges de Resende, Sérgio Carvalho de Moraes Jr., entre outros, e também a Ana Paula Cichelero e Usha Velasco, pelo belo e meticuloso trabalho na diagramação do livro e da capa, e mesmo a todos aqueles que de alguma forma contribuíram para esta publicação.

Brasília, 26 de agosto de 2023.

+ Ricardo Lindemann

Diretor da Editora Teosófica

Ex- Presidente da Sociedade Teosófica no Brasil

UNIVERSIDADE FEDERAL DE JUIZ DE FORA
INSTITUTO DE CIÊNCIAS HUMANAS
PROGRAMA DE PÓS-GRADUAÇÃO EM CIÊNCIA DA RELIGIÃO

Ricardo Lindemann

O *Yoga-Sūtra* como Ciência do Autoconhecimento:
uma abordagem teosófica

Juiz de Fora
2021

Ricardo Lindemann

O *Yoga-Sūtra* como Ciência do Autoconhecimento:
uma abordagem teosófica

Tese apresentada ao Programa de Pós- Graduação em Ciência da Religião, da Universidade Federal de Juiz de Fora como requisito parcial à obtenção do título de Doutor.

Orientador: Prof. Dr. Dilip Loundo

Juiz de Fora

2021

Ricardo Lindemann

O *Yoga-Sūtra* como Ciência do Autoconhecimento: uma abordagem teosófica

Tese apresentada ao Programa de Pós- Graduação em Ciência da Religião, da Universidade Federal de Juiz de Fora como requisito parcial a obtenção do grau de Doutor.

Juiz de Fora, 30 de julho de 2021

BANCA EXAMINADORA

Dr. Dilip Loundo – Orientador
Universidade Federal de Juiz de Fora

Dr. José Rubens Turci Júnior
Universidade Federal do Rio de Janeiro

Dr. Marcio Gimenes de Paula
Universidade de Brasília

Dr. Maddi Damião Júnior
Universidade Federal Fluminense

Dr. Volney José Berkenbrock
Universidade Federal de Juiz de Fora

AGRADECIMENTOS

Agradeço a Patañjali, Buddha, Kṛṣṇa, Cristo, Śaṅkara, bem como a Pitágoras, Platão, Amônio, Plotino, Jâmblico, Proclo, Clemente, Orígenes, H.S. Olcott, H.P. Blavatsky, A. Besant, C.W. Leadbeater, J. Krishnamurti, C. Jinarajadasa, G.S. Arundale, N. Sri Ram, I.K. Taimni, J. Coats, Radha Burnier, Linda R. Oliveira, T. Boyd, Vicente Hao Chin Jr., Emma Costet de Mascheville e a toda linhagem de pensadores sem cuja direta ou indireta contribuição de sabedoria este trabalho não poderia ter sido escrito.

Agradeço também aos professores que mantêm viva essa linhagem de pensamentos, particularmente ao meu caro orientador Dilip Loundo, e aos que se disponibilizaram como demais componentes da Banca Examinadora, José Rubens Turci Júnior, Maddi Damião Júnior, Marcio Gimenes de Paula, Volney José Berkenbrock, na medida em que me orientaram e incentivaram a prosseguir na redação deste trabalho.

Agradeço ainda à UFJF, à CAPES e a todos que direta ou indiretamente contribuíram para este trabalho.

Agradeço particularmente aos meus queridos pais Lauro (*in memoriam*) e Astrid, que me deram um corpo com sua vida, dedicação, afeto e educação, de modo a ter condições para poder o redigir. À minha querida esposa Valéria, pelo afeto, paciência e apoio enquanto redijo. Aos nossos queridos Raphael e Sophia, pelas horas de convívio comigo que tiveram de sacrificar, mas algum dia melhor compreenderão que é justamente para manter viva esta linhagem de pensamentos para as futuras gerações que se escreve, visando criar um mundo mais sábio e melhor, pois a ignorância é a causa do mal.

Agradeço a todos os meus parentes, particularmente a Eliana Logemann e Jorge Luiz Silva Logemann, e a tantos amigos, particularmente a Adolfo Kuhn Pfeifer, Alexandre Rozenwald, Antônio Carlos Therezo Mattos, Carin Maria Schmitt, Cristiane Szynwelski, Cristina Celia Cunha Zarantoneli, Gerson de Santana Pinto, Isis Maria Borges de Resende, Jéssica Antunes Ferrara, Marcos Luís Borges de Resende, Maria Lúcia de Oliveira, Mariano Cesar Marques, Miriam Inês Alberti, Pedro Rogério Moreno de Oliveira, Rafaela Campos de Carvalho, Rudinei dos

Santos Marques, Terezinha de Freitas Carvalho, Ulisses Riedel de Resende, Zeneida Cereja da Silva, e a todos que de alguma forma, com seu apoio, tornaram possível este trabalho.

RESUMO

Esta tese tem por objetivo **evidenciar ou** fazer uma leitura do *Yoga-Sūtra* de Patañjali (século II a.C.) de acordo com a tradição hermenêutica da Teosofia **moderna**, surgida no contexto da fundação da Sociedade Teosófica em 1875, apresentando-o como uma Ciência ou sabedoria do autoconhecimento (*Ātma-Vidyā*), com um método **experimental [ou de experimentação]** próprio que visa à Libertação do ser humano do sofrimento. Patañjali e outros sábios da antiguidade consideram a ignorância como causa do mal ou do sofrimento; portanto, a conquista da sabedoria (*vidyā*), deve ser o caminho da Libertação (*kaivalya*). A abordagem teosófica, apoiando-se na ciência moderna, auxilia a investigar o método **experimental [ou de experimentação]** milenar do *Yoga-Sūtra* de modo análogo à ciência, que culmina na meditação visando à percepção direta por meio do Êxtase (*Samādhi*) como fundamento da hipótese ou ideal da Religião Científica sugerido por vários autores. Dessa forma, inicia-se uma busca análoga à científica por marcas corroborativas que mostrem **alguma verificabilidade de** possíveis correlações entre os estudos de fenômenos parapsicológicos ou pesquisas científicas relacionados aos principais conceitos teóricos e as práticas do Yoga de Patañjali. O estudo dessa Ciência ou sabedoria do Ser (*Ātma-Vidyā*), à luz da abordagem teosófica, abrange obras de Blavatsky, Besant, Leadbeater, Krishnamurti e Taimni, e pode motivar o aspirante ou *sādhaka* na prática do Yoga. **Nesta tese, no contexto teosófico do ideal da Religião Científica, são apresentadas evidências relacionadas à existência dos *lokas*, mundos, ou diversas dimensões, bem como às Leis de Reencarnação, *Karma* e Evolução. Essa abordagem teosófica aponta para um aprofundamento de pesquisa em química oculta por meio de *siddhis* ou poderes psíquicos enumerados por Patañjali e relacionados à parapsicologia, mencionando obras de Phillips, Arnikar, Srinivasan e Hughes. Assinala também para uma investigação sobre o propósito da vida e a natureza do Mahatma ou homem que alcançou *kaivalya* (Libertação) e, dessa forma, segundo Patañjali, se torna liberado do sofrimento ou das aflições da vida (*kleśas*) e *karmas*.**

Palavras-chave: *Yoga-Sūtra*. Teosofia. Soteriologia. Religião Científica. **Química Oculta.**

ABSTRACT

This thesis aims **to show or make a** reading of the *Yoga-Sūtra* of Patañjali (2nd century BC), according to the hermeneutic tradition of **modern** Theosophy, which emerged in the context of the foundation of the Theosophical Society in 1875, presenting it as a Science or self-knowledge wisdom, with its own **experimental** method targeting the Liberation of the human being from suffering. Patañjali and other ancient sages considered ignorance as the cause of evil or suffering; therefore, the attainment of wisdom must be the path of Liberation (*kaivalya*). The theosophical approach, supported by modern science, helps to investigate the ancient **experimental** method of *Yoga-Sūtra*, which culminates in meditation with the purpose of reaching direct perception through *Samādhi* (Ecstasy) as the foundation of the hypothesis or ideal of Scientific Religion. Thus, searches *in a way similar to the scientific* to find some corroborative marks of **verifiability of** possible correlations with studies of parapsychological phenomena or scientific research related to the main theoretical concepts and practices of Patañjali's Yoga were conducted. The study of this Science or wisdom of Being, in the light of the theosophical approach, encompasses works by Blavatsky, Besant, Leadbeater, Krishnamurti and Taimni, can motivate the aspirant or *sādhaka* to practice Yoga. **In this thesis, in the theosophical context of the ideal of Scientific Religion, evidence is presented related to the existence of *lokas*, worlds, or various dimensions, as well as to the Laws of Reincarnation, *Karma* and Evolution. This theosophical approach points to a deepening of research in occult chemistry through *siddhis* or psychic powers enumerated by Patañjali and related to parapsychology, mentioning works by Phillips, Arnikar, Srinivasan and Hughes. It also points to an investigation into the purpose of life and the nature of the Mahatma or man who has attained *kaivalya* (Liberation) and thus, according to Patañjali, becomes liberated from suffering or life's afflictions (*kleśas*) and *karmas*.**

Keywords: *Yoga-Sūtra*. Theosophy. Soteriology. Scientific Religion. **Occult Chemistry.**

Lista de Figuras

Lista de Quadros

NOTA SOBRE TRANSLITERAÇÃO E PRONÚNCIA

A transliteração das palavras sânscritas segue o IAST (*International Alphabet of Sanskrit Transliteration*) Guia de pronúncia da transliteração*

(i) *Vogais, ditongos e semivogais*

ā som de 'a' com emissão prolongada pelo dobro do tempo, soando como vogal aberta;

ī som de 'i' com emissão prolongada pelo dobro do tempo;

ū som de 'u' com emissão prolongada pelo dobro do tempo;

ṛ som de 'r' fraco, pronunciado com a língua no palato; aproxima-se do som regional do 'r' caipira em 'prima';

ṝ som de 'ṛ' (ver acima) com a pronúncia prolongada pelo dobro do tempo;

r som de um 'r' fraco como em 'caro';

y som de 'i' de ligação como em 'iodo'.

(ii) *Consoantes*

kh som de 'k' aspirado;

gh som de 'g' aspirado;

ṅ som da nasal gutural. Geralmente seguido da consoante 'k', 'kh', 'g', ou 'gh' (ver acima), causando a nasalização da vogal ou ditongo precedente, como em 'ta*n*ga';

c som de 'tch' como em 'tchê' ou na pronúncia carioca de 'tio';

ch som de 'tch' aspirado;

j som de 'dj' como em 'Djalma';

jh som de 'dj' aspirado;

ñ som da nasal palatal que pode assumir duas entonações distintas: (i) quando seguido de vogal ou ditongo, adquire o som de 'nh' como em 'senha'; (ii) quando seguido da consoante 'c', 'ch', 'j', ou 'jh' (ver acima), adquire o som de nasalização da vogal ou ditongo precedente, como em 'canja';

ṭ som de 't' pronunciado com a língua no palato;

ṭh som de 'ṭ' (ver acima) aspirado;

ḍ som de 'd' pronunciado com a língua no palato;

ḍh som de 'ḍ' (ver acima) aspirado;

ṇ som de 'n' pronunciado com a língua no palato;

th som de 't' aspirado;

dh som de 'd' aspirado;

ph som de 'p' aspirado;

bh som de 'b' aspirado;

ś som de 'x' como em 'xícara';

ṣ som de 'x' pronunciado com a língua no palato;

h som de 'r' forte aspirado, como na pronúncia em português da marca de carro '*Hyundai*';

ḥ som de 'r' forte aspirado (usado no final de palavras e frases);

ṃ representação genérica do som de nasalização da vogal precedente; nesse caso, pode ser substitutiva do 'ṅ', 'ñ', 'ṇ', 'n' ou 'm';

*As sílabas em sânscrito não possuem acentuação forte.

* O som de letras não mencionadas acima aproxima-se de sua pronúncia em português.

* A pronúncia da língua páli é idêntica à do sânscrito.

SUMÁRIO

INTRODUÇÃO

O tema central desta tese é investigar o milenar *Yoga-Sūtra* de Patañjali como uma Ciência ou sabedoria do autoconhecimento que visa a libertação do sofrimento, sob uma abordagem teosófica. A preocupação com essa temática surgiu de indagações desde a juventude, quando a curiosidade me levou a questionar a existência do destino. Similarmente à história da filosofia, essas indagações juvenis sobre mitologia e astrologia me levaram ao estudo de Platão e da questão clássica do aparente antagonismo entre o destino e o livre-arbítrio. Ensinaram-me que existia um Deus, criador de todas as coisas e seres, que era amor, bondade, perdão e misericórdia. Esse ensinamento foi difícil de conciliar a uma ideia de justiça divina, ou teodiceia, pois havia sofrimento generalizado na condição humana. Questionava-me sobre a causa do sofrimento, sobre o sentido da vida e do porquê de alguns indivíduos parecerem sofrer mais do que outros. Essas questões levaram-me a buscar e a conhecer algo de filosofia oriental e Teosofia. Depois, comecei a praticar Yoga e fui levado, assim, à primeira leitura do *Yoga-Sūtra* de Patañjali. Dessa forma, em 1977, os principais temas que motivaram esta tese já estavam presentes em minha vida, mas se intensificaram quando conheci e me envolvi com a Sociedade Teosófica[1]. Desse encontro surgiu a motivação de estudar o *Yoga-Sūtra* nesta tese, sob uma abordagem teosófica.

A Sociedade Teosófica tem exercido uma certa função de ponte entre as filosofias do Oriente e do Ocidente desde sua fundação em 1875, na cidade de Nova Iorque, auxiliando a introduzir o Yoga na cultura ocidental, pois tem, dentre outros, o objetivo de "encorajar o Estudo de Religião Comparada, Filosofia e Ciência" (THEOSOPHIA, 2019, p. ii), expressando, assim, algumas fontes

1 Autor, posteriormente, envolveu-se no trabalho na Sociedade Teosófica e tornou-se seu presidente nacional (1999-2008) e membro do Conselho Mundial (1999-2013), e, também, alcançou o episcopado (2008) na Igreja Católica Liberal, considerada um de seus movimentos paralelos, como é visto. Concluiu o curso de Engenharia Civil, na Universidade Federal do Rio Grande do Sul (UFRGS), bem como uma Licenciatura em Filosofia (UFRGS), e um Mestrado em Filosofia na Universidade de Brasília (UnB). Além disso, tornou-se também presidente fundador do Conselho de Ensino Religioso do Distrito Federal (CONER/DF). Com o seu orientador de Doutorado, Prof. Dilip Loundo, cursou duas disciplinas sobre o *Yoga-Sūtra* de Patañjali, e, também, duas disciplinas extras de sânscrito, muito úteis nesse tema da pesquisa sobre essa obra, originalmente escrita nessa língua.

contemporâneas da Teosofia, enquanto outras fontes poderão ser muito antigas. Dessa forma, surge um ideal em aproximar religião e ciência entre fundadores e continuadores da Sociedade Teosófica[2], tais como Olcott, Blavatsky, Besant, Taimni. Porém, é Leadbeater quem postula a expressão "Religião Científica" (BESANT; LEADBEATER, 1993, p. 336).

O *Yoga-Sūtra* é o texto fundante do sistema filosófico do Yoga dentre as filosofias da Índia, e é uma das mais importantes fontes tradicionais da Teosofia. Ele foi compilado por Patañjali, há mais de dois mil anos, embora haja divergências entre os diversos autores quanto à sua data exata de origem. O *Yoga-Sūtra* sustenta que a ignorância é a causa do mal, do sofrimento ou das aflições da vida, e apresenta um método para se alcançar o pleno autoconhecimento que é a Libertação (*kaivalya*) de todos esses males. Convém enfatizar, desde já, que o autoconhecimento, como considerado no *Yoga-Sūtra*, não se restringe ao plano psicológico, pois transcende a própria mente. Dessa forma, Patañjali distingue claramente entre o Ser e a mente que esse utiliza: "O vidente [ou Ser] é pura consciência, mas, apesar de puro, parece ver através da mente"[3] (PATAÑJALI, 1996, II: 20, p. 152).

Esta tese tem por objetivo **evidenciar,** mostrar ou fazer uma leitura do *Yoga--Sūtra* de Patañjali, de acordo com uma hermenêutica teosófica, apresentando-o como uma Ciência ou sabedoria do autoconhecimento, a qual almeja alcançar esse autoconhecimento **com um método experimental [ou de experimentação] próprio** para libertar o ser humano do sofrimento. É importante ressaltar que a palavra "Ciência", com inicial maiúscula, com o mesmo sentido que é usada no título, é uma tentativa de tradução da palavra sânscrita *vidyā*, que é geralmente traduzida como "conhecimento, ciência"[4] (MONIER-WILLIAMS, 1995, p. 963), particularmente como se encontra na milenar expressão sânscrita *Ātma-Vidyā*, "conhecimento da alma"[5] (MONIER-WILLIAMS, 1995, p. 963) ou Ciência do Ser, uma vez que *ātman* é traduzido como "a alma individual, eu, indivíduo abstrato"[6] (MONIER-WILLIAMS, 1995, p. 135), ou, por Loundo (2014, p. 11), como "si-mesmo". Essa distinção é feita para evitar qualquer confusão entre ciência moderna e essa antiga Ciência do Ser (*Ātma-Vidyā*), que nesta tese se entende como uma Ciência ou

2 Detalhes sobre a história da Sociedade Teosófica e suas lideranças proeminentes serão fornecidos no capítulo 2.

3 "*Draṣṭā dṛśimātraḥ śudho 'pi pratyayānupaśyaḥ*" (PATAÑJALI, 1996, II: 20, p. 152).

4 "*[...] knowledge, science [...]*" (MONIER-WILLIAMS, 1995, p. 963).

5 "*[...] knowledge of the soul [...]*" (MONIER-WILLIAMS, 1995, p. 963).

6 "*[...] the individual soul, self, abstract individual [...]*" (MONIER-WILLIAMS, 1995, p. 135).

sabedoria oculta aplicada ou que visa principalmente o autoconhecimento, como no caso do Yoga de Patañjali. A própria Teosofia, nesse sentido, pode ser vista, nesta tese, como uma Ciência ou sabedoria de autoconhecimento (*Ātma-Vidyā*) que se apoia no *Yoga-Sūtra* de Patañjali. Convém, portanto, enfatizar que a conotação referente ao uso desta palavra Ciência ou sabedoria oculta, eventualmente associada a algumas marcas corroborativas, não pretende apresentar nada mais do que uma analogia à ciência moderna.

Pode ser oportuno, por outro lado, definir, por contraste, a ciência moderna, a qual não parece particularmente voltada para o autoconhecimento espiritual. O *Dicionário de Filosofia* de Nicola Abbagnano assim define ciência de um modo geral: "Conhecimento que inclua, em qualquer forma ou medida, uma garantia da própria validade. A limitação expressa pelas palavras 'em qualquer forma ou medida' é aqui incluída para tornar a definição aplicável à ciência moderna, que não tem pretensões de absoluto" (ABBAGNANO, 1999, p. 136). Em uma de suas modalidades de vanguarda mais crítica, a ciência moderna considera a autocorrigibilidade como garantia da sua validade. Abbagnano, comentando K. Popper, por exemplo, afirma: "[...] o instrumental da ciência não está voltado para a verificação, mas para a falsificação das proposições científicas" (ABBAGNANO, 1999, p. 139). Popper enfatiza, assim, que o conhecimento científico é provisoriamente verdadeiro, enquanto não for demonstrado falso: "O velho ideal científico da *episteme*[7] – do conhecimento absolutamente certo, demonstrável – mostrou não passar de um 'ídolo.' A exigência de objetividade científica torna inevitável que todo enunciado científico permaneça *provisório para sempre*" (POPPER, 2001, p. 308).

A questão do método científico, portanto, está relacionada à falsificação da hipótese que pretende explicar o fenômeno, mais do que sua verificação. Claro que há variações segundo a especialidade de ciência, mas de modo geral caracteriza a metodologia empregada com regras básicas para desenvolver uma experiência a fim de produzir novos conhecimentos. Usualmente, a experiência é o ponto de destaque do método científico para testar a hipótese explicativa formulada a partir da observação sistemática e controlada dos fenômenos, mas "[...] as hipóteses enfrentam o tribunal da experiência, [eventualmente] sobrevivendo aos esforços para falsificá-las"[8] (BLACKBURN, 2016, p. 109). Nesse caso, a hipótese sobrevivente pode ser considerada uma teoria, que caracteriza "[...] uma forma de olhar para um

---

7 Forma originalmente grega antiga de ciência.

8 "*[...] hypothesis face the tribunal of experience by surviving efforts to falsify them*" (BLACKBURN, 2016, p. 109).

campo que se destina a ter implicações explicativas e preditivas"[9] (BLACKBURN, 2016, p. 475).

O método experimental é o método de pesquisa científica que busca formular leis explicativas por meio da observação de fenômenos a partir de condições experimentais criadas especialmente para tal pesquisa e controladas pelo pesquisador, como comenta Blackburn (2016, p. 168): "O método experimental é contrastado com a passiva aceitação de quaisquer observações que ocorram ao longo [do experimento]"[10].

Patañjali e outros sábios da antiguidade consideram a ignorância como causa do mal ou do sofrimento; portanto, a conquista da sabedoria (*vidyā*) deve ser o caminho da Libertação (*kaivalya*). A abordagem teosófica, apoiando-se na ciência moderna, auxilia a investigar o método **experimental [ou de experimentação]** do *Yoga-Sūtra* de modo análogo à ciência, que culmina na meditação visando a percepção direta por meio do *Samādhi* (Êxtase), como fundamento da hipótese ou ideal da Religião Científica. Pelo menos seis autores, Olcott, Blavatsky, Besant, Leadbeater, Taimni e Vivekanada explicitam ou sugerem a necessidade dessa Religião Científica, ainda como um ideal em formação, mas não a definem claramente. Olcott, por exemplo, parece considerá-la apenas como uma religião que não está em contradição com a ciência (OLCOTT, 2006, p. 91). Dessa forma, tendo em vista a temática central do Yoga, talvez preliminarmente a forma mais prudente e despretensiosa de apresentá-la seja como uma religião que aspira utilizar o Êxtase ou *Samādhi* como um meio de conhecimento para investigar ou alcançar a percepção direta da verdade e obter o pleno autoconhecimento. Tal investigação, cujo objeto final é o conhecimento do Ser ou "si-mesmo", pode trazer por meio do Êxtase (*Samādhi*) e dos poderes psíquicos (*siddhis*) que desse processo podem derivar, marcas corroborativas de conhecimento externo e objetivo que tentem superar a preocupação de Radhakrishnan: "Para a mente moderna, no Oriente ou no Ocidente, todo o esquema do Yoga para atingir a perfeição parece ser somente um elaborado processo de auto-hipnotização"[11] (RADHAKRISHNAN, 2019, v. 2, p. 343). É importante ficar claro que o Yoga, sendo uma Ciência ou sabedoria

---

9 "*[...] a way of looking at a field that is intended to have explanatory and predictive implications*" (BLACKBURN, 2016, p. 475).

10 "*[...] the experimental method is contrasted with the passive acceptance of whatever observations happen along*" (BLACKBURN, 2016, p. 168).

11 "*To the modern mind, in the East or West, the whole Yoga scheme of attaining perfection appears to be only an elaborate process of self-hypnotisation*" (RADHAKRISHNAN, 2019, v. 2, p. 343).

milenar, não necessita de qualquer corroboração para demonstrar sua eficácia, diversamente da ciência moderna que está fundamentada na validação de suas hipóteses. Portanto, é apenas por sugerir uma analogia com a ciência moderna que a Religião Científica apresenta esse nome. Entretanto, sem incidir em anacronismo, algumas marcas corroborativas podem ser úteis para estimular ou incitar o *sādhaka* ou aspirante a iniciar ou mesmo perseverar na prática do Yoga.

Destarte, o estudo dessa Ciência ou sabedoria do Ser (*Ātma-Vidyā*), à luz da abordagem teosófica, abrange obras como *A Doutrina Secreta* (BLAVATSKY, 1980) e *Cartas dos Mahatmas para A. P. Sinnett* (BARKER, 2001). Nesta tese, no contexto teosófico do ideal da Religião Científica, são apresentadas marcas corroborativas relacionadas à existência dos *lokas* ou mundos, bem como às Leis de Reencarnação, *Karma* e Evolução. Entretanto, nenhum dos seis autores mencionados no capítulo 2 deste trabalho (Besant, Blavatsky, Leadbeater, Olcott, Taimni, Vivekananda), que explicitam ou apenas sugerem a necessidade de uma Religião Científica, chegam a defini-la. Portanto, nesta tese, se adota provisoriamente a seguinte definição, que pareceria ser um ponto comum desses seis autores, como hipótese de trabalho: o ideal de uma religião que não está em contradição com a ciência moderna, mas que busca a experiência direta da verdade e pode sugerir caminhos de aproximação entre religião e ciência, apoiados por marcas corroborativas. Apesar de frequentemente terem sido tratadas como antíteses de difícil conciliação, a necessidade de aproximação entre religião e ciência sugere que tal hipótese talvez se relacione ao comentário de Paul Feyerabend (1977, p. 45) quando dizia que eventuais "[...] **hipóteses que contradizem teorias bem assentadas proporcionam-nos evidência** impossível de obter de outra forma" Essa abordagem teosófica aponta para um aprofundamento de pesquisa em obras como *Occult Chemistry* (*Química Oculta*) de Besant e Leadbeater (1994), e *H. P. Blavatsky e a Sociedade para Pesquisas Psíquicas: retratação a Blavatsky sobre as cartas dos Mahatmas* de Vernon Harrison (2015). Assinala também para uma investigação sobre o propósito da vida e a natureza do Mahatma ou homem que alcançou a Libertação (*kaivalya*) e, dessa forma, segundo Patañjali, se torna liberado do sofrimento ou das aflições da vida (*kleśas*) e *karmas*.

Com o intuito de encontrar pesquisas relacionadas à temática proposta, foi realizada uma busca de trabalhos que abrangessem esses temas: *Yoga-Sūtra* de Patañjali ou Rāja-Yoga, Blavatsky, Teosofia e Sociedade Teosófica, e seu respectivo conteúdo. Entretanto, até onde essa pesquisa alcançou, não parece haver nenhum que abranja, conjunta e simultaneamente, todos estes temas. Há uma exceção no livro de D. G. White (2014), *The Yoga Sūtra of Patañjali: a biography*, que tem um capítulo intitulado "*The Yoga Sūtra and The Theosophical Society*" ("O *Yoga-Sūtra* e a Sociedade Teosófica"), mas que parece enfatizar mais o aspecto histórico da participação da Sociedade Teosófica na divulgação do Yoga no Ocidente, sem apresentar uma abordagem teosófica do *Yoga-Sūtra*. Pode-se verificar que ainda há uma carência de trabalhos acadêmicos que tratem, por exemplo, da relação do Yoga com a Teosofia, ou simplesmente da obra de Blavatsky, como considera T. Rudbog (2012), em sua tese *H. P. Blavatsky's Theosophy in Context* (*A Teosofia de Blavatsky em Contexto*): "A Teosofia foi definida como central para a história da espiritualidade ocidental moderna e esoterismo, mas até esta data nenhum grande estudo mapeou e analisou os principais temas dos escritos de Blavatsky [...]" [12] (RUDBOG, 2012, p. 2.) A tese de Rudbog sobre Blavatsky tem ênfase no aspecto esotérico de sua obra, mas não exatamente na relação entre Blavatsky, Teosofia ou Sociedade Teosófica e o Rāja-Yoga.

A obra de I. K. Taimni – teósofo hindu que foi professor na *University of Allahabad* (Universidade de Allahabad), Índia –, intitulada *A Ciência do Yoga* (TAIMNI, 1996), é a que, atualmente, parece melhor representar, academicamente, a abordagem teosófica do *Yoga-Sūtra* de Patañjali. Assim, foi escolhida como referência bibliográfica primordial desta tese. Porém, mesmo Taimni, nessa obra, não faz referência direta a Blavatsky ou à Sociedade Teosófica, e raramente explicita qualquer terminologia ou menção à literatura teosófica.

Outras obras acadêmicas que são encontradas nessa temática são de Stephen M. Phillips (1999): *ESP of Quarks and Superstrings* (*Percepção Extrassensorial de Quarks e Supercordas*), bem como de H. J. Arnikar (2000): *Essentials of Occult Chemistry and Modern Science* (*Fundamentos da Química Oculta e Ciência Moderna*), mas ambas fazem referência apenas, sob o ponto de vista da Física e da Química, respectivamente, aqueles *sūtras* do *Yoga-Sūtra* que se relacionam com poderes psíquicos ou *siddhis* que possibilitam investigar o átomo na obra teosófica *Occult Chemistry* (*Química Oculta*) de Besant e Leadbeater (1994). Não se poderia deixar de mencionar o importante artigo de Jeff Hughes (2003), "*Occultism and the Atom: the curious story of isotopes*" ("Ocultismo e o átomo: a curiosa história dos isótopos"), publicado na revista *Physics World*, mas ele se restringe a investigar, a

12 "*Theosophy has been defined as central to the history of modern Western spirituality and esotericism, yet to this date no major study has mapped and analysed the major themes of Blavatsky's writings* [...]" (RUDBOG, 2012, p. 2).

já mencionada obra *Occult Chemistry*, sob o ponto de vista da história da ciência, como é visto no Capítulo 5.

A originalidade deste trabalho, como já foi sugerido, deve-se à ausência de trabalhos acadêmicos, pelo menos no Brasil, que abordem, simultaneamente, os temas supramencionados, a saber: *Yoga-Sūtra* de Patañjali ou Rāja-Yoga, Blavatsky, e Teosofia ou Sociedade Teosófica. Este trabalho, por sua natureza, poderia, assim, apresentar sua utilidade e contribuição para auxiliar a suprir essa carência de pesquisas acadêmicas nas áreas mencionadas, particularmente no Brasil, e estimular o diálogo inter-religioso. De fato, desde a elaboração do projeto e a sua qualificação, manteve-se como um dos objetivos deste trabalho mostrar que tal linha de pesquisa poderia também abrir portas a futuras pesquisas na direção da ética e do diálogo inter-religioso, a fim de promover a edificação da tolerância religiosa, fraternidade e paz mundial[13].

Para atingir seu objetivo, essa pesquisa utiliza uma metodologia de análise crítico-investigativa de textos, considerados como fontes históricas documentadas, a partir das obras de autores consagrados[14], bem como de escritos dos principais estudiosos que têm se aprofundado no tema. Os autores, comentadores ou tradutores escolhidos, no que tange ao estudo analítico do *Yoga-Sūtra* de Patañjali, fonte primária desta tese, foram principalmente Taimni e os clássicos Vyāsa e Vācaspati, na tradução de Prasāda; Śaṅkara, na tradução de Leggett; Vijñānabhikṣu, na tradução de Rukmani; Vivekananda e sua linhagem monástica, Hariharānanda Āraṇya, entre outros.

Além dos diversos comentários do *Yoga-Sūtra*, particularmente em *A Ciência do Yoga*, de I. K. Taimni, que já tem sua própria exegese de estudo dos *sūtras*, são utilizados vários textos da literatura teosófica[15], dentre os quais se destaca

---

13 **"Avalia-se em um milhão de dólares por minuto o gasto de produção de novas armas neste planeta, [...] enquanto isso, diariamente, morrem quarenta mil crianças de problemas derivados da subnutrição no mundo em desenvolvimento; portanto, para cada criança que morre de subnutrição correspondem trinte e seis mil dólares que estão sendo gastos em armas [...]. Sabe-se que hoje seria possível resolver os problemas da fome, saúde e educação do gênero humano somente com os recursos há pouco citados." (LINDEMANN; OLIVEIRA, 2011, p. 11).**

14 Academicamente, este parece ser o melhor critério a seguir, mas talvez seja oportuno registrar o pensamento de Vivekananda a esse respeito. Considerando que o Yoga é uma Ciência ou sabedoria, predominantemente prática, que visa uma experiência direta, Vivekananda aconselha que se "[...] leia somente os livros que foram escritos por pessoas que alcançaram a realização" (VIVEKANANDA, 2004, p. 178), isto é, a experiência direta do Êxtase (*Samādhi*).

15 No capítulo 2, apresenta-se uma extensa lista dos principiais autores da literatura teosófica e suas respectivas e mais importante obras.

A Doutrina Secreta, de Blavatsky. Estas e outras obras sobre a tradição hindu também foram utilizadas, sempre que se fez necessário, para uma compreensão ampliada do contexto histórico e cultural em que se insere o Rāja-Yoga de Patañjali, numa abordagem teosófica. Faz-se uso, também, de uma vasta bibliografia geral, contendo obras e artigos pertinentes ao tratamento das questões filosófico-religiosas ou científicas relevantes para este estudo.

Na análise dos textos das fontes primárias e secundárias, bem como da bibliografia geral, em conformidade com a delimitação do tema proposto, é utilizado o método hermenêutico de Hans-Georg Gadamer, proposto em sua obra *Verdade e Método*, que considera importante, não meramente "[...] introduzir, direta e acriticamente, nossos próprios hábitos linguísticos [...]" (GADAMER, 2015, p. 356), mas é essencial que se tenha "[...] a abertura à opinião do outro ou à do texto [...]" (GADAMER, 2015, p. 358), ou seja, "[...] estar disposto a deixar que este [texto] lhe diga alguma coisa" (GADAMER, 2015, p. 358).

Após considerar a metodologia desta tese, cabe apresentar a sequência lógica escolhida para o seu desenvolvimento e o resumo dos seus cinco capítulos, conforme constam no sumário, iniciando essa pesquisa, como é natural, pelo contexto do Yoga desde sua origem histórica conhecida.

O capítulo 1, de acordo com esta perspectiva, é intitulado "A Tradição do *Yoga-Sūtra*: origens e desdobramentos". Nele se faz um resumo, desde as escrituras mais antigas, os Vedas, e seus desdobramentos nos seis sistemas filosóficos ortodoxos (*darśanas*) da Índia, que foram, para estudo, agrupados dois a dois, segundo a tradição: o Mīmāṃsā e o Vedānta; o Nyāya e o Vaiśeṣika; e o Sāṃkhya e o Yoga. Ademais, acrescentou-se o estudo da tradição do Tantra-Yoga, devido à sua relação com o tema desta tese.

O capítulo 2, "A Sociedade Teosófica, a Teosofia e a Relevância do *Yoga-Sūtra*", visa contextualizar, historicamente, a abordagem teosófica a partir da fundação da Sociedade Teosófica, em Nova Iorque, EUA, em 1875, e, posteriormente, o translado de sua sede internacional para Chennai (Madras), Índia, em 1882. Faz menção às obras de Helena Petrovna Blavatsky e às de outros autores que exploram o tema da Teosofia em seus trabalhos, tanto as fontes da antiguidade quanto as contemporâneas. Nesse sentido, nesta tese será considerada institucionalmente a palavra "Teosofia" a partir da fundação da Sociedade Teosófica, pelos motivos documentais que serão aí detalhados. Examina a influência do Positivismo, no século XIX, relacionada à hipótese ou ideal da Religião Científica: poder testar ou investigar, por meio de algum método **experimental [ou de experimentação]**, cuja base é o

Yoga-Sūtra, as crenças oriundas da revelação religiosa. Além disso, para mostrar a relevância do Rāja-Yoga para a Teosofia, conclui-se o capítulo com uma introdução resumida da obra *A Doutrina Secreta*, de Blavatsky, bem como das coletâneas de cartas dos Mahatmas. Esses Mahatmas podem ser vistos, neste contexto, como *yogis* que conquistaram a Libertação (*kaivalya*).

No capítulo 3, intitulado "A Filosofia do *Yoga-Sūtra* e a Importância do Autoconhecimento na Abordagem Teosófica", chega-se à apresentação do cruzamento dessas linhas de pensamento, resultando numa abordagem teosófica do *Yoga-Sūtra* de Patañjali, num contexto filosófico que enfatiza a importância do autoconhecimento. Considerando-se que, assim, como Patañjali, outros santos e sábios consideram que a causa do mal ou sofrimento está na ignorância (*avidyā*), se inicia a investigação sobre a causa dessa ignorância espiritual ou carência de autoconhecimento. Dessa primeira aflição, ou *kleśa*, derivam as outras que, segundo Patañjali, são o egoísmo (*asmitā*), a atração (*rāga*), a repulsão (*dveṣa*) e, finalmente, o apego à vida (*abhiniveśa*). Patañjali considera que essa é a condição do ser humano submetido à reencarnação (*saṃsāra*) e ao *karma*. Encerra-se, esse capítulo, examinando a superação da ignorância por meio da técnica do Êxtase (*Samādhi*), relacionando os diversos estágios do *Samādhi* à percepção dos vários mundos ou *lokas*.

No capítulo 4, "A Senda Soteriológica do *Yoga-Sūtra* na Abordagem Teosófica", após a parte teórica, numa linha filosófica, do capítulo anterior, é desenvolvido o contexto, mais prático do método **experimental [ou de experimentação] e** soteriológico de Patañjali, com oito membros ou *aṅgas*. O método inicia com o Yoga Preliminar (*Kriyā-Yoga*), seguido do Yoga Externo (*Bahiraṅga*), que abrange a ética, com efeito predominantemente emocional, por meio dos *aṅgas* de Autorrestrições (*Yama*) e Observâncias (*Niyama*), e, a parte física, com Posturas (*Āsanas*), Controle da Respiração (*Prāṇāyāma*) e Abstração dos Sentidos (*Pratyāhāra*). A prática segue com o desenvolvimento da parte mental, tendo-se a introdução à meditação do Yoga Interno (*Antaraṅga*), que abrange Concentração (*Dhāraṇā*), Contemplação (*Dhyāna*) e a fenomenologia do Êxtase (*Samādhi*), com nove estágios. O Êxtase (*Samādhi*), que torna possível a experiência direta da essência do Ser ou autoconhecimento, leva à superação do sofrimento e é, também, o caminho mais seguro para despertar os poderes psíquicos (*siddhis*). Esses poderes psíquicos constituem outras tantas marcas corroborativas das Leis fundamentais da Teosofia, a saber, as Leis da Natureza (Lei dos Ciclos e da Reencarnação) e a Lei da Ação e Reação.

O Capítulo 5, intitulado "Os *Siddhis* e a Cientificidade do *Yoga-Sūtra* na Abordagem Teosófica", traz uma série de evidências, ou, pelo menos, indícios

de evidências, quando for o caso, referentes aos poderes psíquicos ou *siddhis* mencionados por Patañjali no Vibūthi Pāda, juntamente com elementos da abordagem teosófica. Dessa forma, inicialmente, são apresentadas as evidências dos *lokas* ou mundos, a partir de uma linguagem cientificamente verificável, por meio da pesquisa clarividente sobre átomos da tabela periódica apresentada em *Occult Chemistry* (*Química Oculta*) de Besant e Leadbeater. Nessa obra, os autores antecipam várias descobertas da ciência moderna, como os isótopos, alguns elementos químicos, até então desconhecidos, e os *quarks*. Relaciona-se, da mesma maneira, evidências e correspondências de Leis da Natureza, como a Lei dos Ciclos no Universo e na Reencarnação, por meio da ciência física e da parapsicologia. Na sequência, são apresentadas evidências da Lei de Ação e Reação e suas correspondências com o *karma*, a psicossomática e alguns ciclos da Natureza, bem como da Lei de Evolução e o propósito da vida, culminando, de acordo com a hermenêutica da Teosofia, na natureza do Mahatma ou ser humano que atingiu o autoconhecimento e a Libertação (*kaivalya*). Esse estudo de Leis da Natureza e suas evidências, inspirado no método ou ciência do Rāja-Yoga de Patañjali, expressa o citado espírito do ideal da Religião Científica na abordagem teosófica.

Cabe chamar atenção para o fato de que ao longo do texto, tendo em vista as frequentes referências ao *Yoga-Sūtra* de Patañjali, algumas citações desta obra usam certas abreviaturas. Desta forma, ao citar, no texto, *sūtras*, do *Yoga-Sūtra*, usa-se somente a indicação "YS", seguido do capítulo ou *pāda*, em algarismos romanos, e respectivo *sūtra* (como, por exemplo em: *sūtra* YS, II: 23), seguido da citação, que indica Patañjali como autor. Essa citação é feita conforme consta na lista de referências, ainda que, na obra apresentada, com data de 1996, se trate da tradução comentada do *Yoga-Sūtra* de Patañjali elaborada por Taimni (1996), intitulada *A Ciência do Yoga*, que se tornou a principal fonte do *Yoga-Sūtra* neste trabalho.

É ainda importante salientar que essa obra de Taimni (1996), bem como esta tese, seguem a opção acadêmica tradicional de adotar o Alfabeto Internacional para a Transliteração do Sânscrito (*International Alphabet of Sanskrit Transliteration*, de sigla "IAST"). Isso significa que são usadas as 26 letras do alfabeto latino, com eventuais *acréscimos de sinais* diacríticos, para poder corresponder a pelo menos 49 letras, ou sílabas e caracteres da língua sânscrita (MONIER-WILLIAMS,1995, p. xxxvi). Decidiu-se utilizar o IAST mesmo para palavras como *karma*, que já tem grafia diversa incorporada à língua portuguesa, mas mantendo em itálico os seus neologismos derivados ou correlatos, como no caso de *kármico*. A única exceção aplica-se aos nomes próprios, que não são grafados em itálico, como no caso de Buddha, Kṛṣṇa, Viṣṇu, Śiva, entre outros. Exceção é feita à palavra "Mahatma", para a qual se utiliza a grafia incorporada à língua portuguesa, como será justificado. Optou-se também por preservar o gênero gramatical original em sânscrito, como no caso da palavra *yoga*, que em sânscrito é masculina. Foram acrescentados, para auxiliar o leitor, uma "Nota sobre transliteração e pronúncia" das palavras na língua sânscrita no início desta tese, e, no final, um Glossário de termos do idioma sânscrito, ou eventualmente páli, mais recorrentes no texto.

Deve-se mencionar que todas as traduções para o português de obras originalmente em inglês foram feitas por mim, com o texto original citado *em itálico* em nota de rodapé. Além disso, principalmente quando as traduções se referiam ao texto do *Yoga-Sūtra*, o original em sânscrito foi citado em nota de rodapé em itálico, conforme interpretação da ABNT (Associação Brasileira de Normas Técnicas). Tomei o cuidado em fazer uma revisão *a partir* desse original nos casos de aparente discrepância entre as diversas traduções supramencionadas.

Deve-se também mencionar que, em regra geral, as eventuais citações bíblicas são feitas a partir de *A Bíblia de Jerusalém* (1995). Excepcionalmente, outras traduções são mencionadas em nota de rodapé, mas sempre com as referências na forma Católica tradicional.

Feitas estas considerações introdutórias, consideradas oportunas e necessárias, passa-se à apresentação do texto desta tese a partir do seu capítulo 1.

CAPÍTULO 1

TRADIÇÃO DO *YOGA-SŪTRA*: ORIGENS E DESDOBRAMENTOS

O objetivo deste capítulo é apresentar as origens do Yoga num contexto histórico dos principais sistemas filosóficos e das tradições da Índia desde as escrituras mais antigas: os Vedas. São, assim, eventualmente mencionados diversos sistemas filosóficos, tais como o Jainismo, o Budismo[16] e os seis sistemas filosóficos ortodoxos (*darśanas*), ou seja, o Mīmāṃsā, o Vedānta, o Nyāya, o Vaiśeṣika, o Sāṃkhya e o Yoga, e seus principais pontos em comum [...], bem como a tradição do Tantra-Yoga. Dessa forma, será feita uma seleção temática visando um enfoque mais direcionado ao Yoga, posto que é esse o objeto desta tese.

1.1 A TRADIÇÃO VÉDICA E AS ORIGENS DOS *DARŚANAS* (SISTEMAS FILOSÓFICOS)

Os Vedas são as escrituras sânscritas mais antigas e sagradas da Índia. Existem quatro Vedas, em ordem cronológica, a saber: *Ṛg*, *Yajur*, *Sāma* e *Atharva* (RADHAKRISHNAN, 1977, v. 1, p. 63-64). Derivada do radical sânscrito *vid* ("conhecer"), a palavra "Veda" significa "Conhecimento verdadeiro ou sabedoria sagrada [...]"[17] (MONIER-WILLIAMS, 1995, p. 963, 1015). Cada um dos Vedas é uma coleção constituída de quatro partes: (i) Samhitās (hinos ou *mantras*), (ii) Brāhmaṇas, (iii)

16 A maioria dos autores concorda que o Budismo teria se originado aproximadamente ou no entorno do século VI a.C. Entretanto, com base nas escrituras cingalesas, Olcott (2019, p. 38) fixa o ano de nascimento de Buddha em 623 a.C.

17 "*True or sacred knowledge or lore* [...]" (MONIER-WILLIAMS, 1995, p. 1015).

Āraṇyakas e (iv) Upaniṣads, cuja datação original é muito difícil definir, mas se pode buscar citação do *Dicionário de Filosofia de Cambridge* para maior detalhamento:

> Transmitidos oralmente e depois compostos através de um milênio, que começa aproximadamente 1400 a.C., existem quatro coleções dos: o *Ṛg Veda* (1.028 cantos sacros de louvor com algumas especulações cosmológicas), o *Sāma Veda* (cânticos para acompanhar os sacrifícios), o *Yajur Veda* (fórmulas sacrificais e *mantras*) e o *Atharva Veda* (fórmulas mágicas, mitos e lendas). O termo "veda" aplica-se também aos *Brahmanas* (comentários rituais e teológicos sobre os Vedas anteriores); aos Āraṇyakas (compostos principalmente por homens que passaram pelo estágio de vida de chefe de família e se retiraram para a floresta para meditar), e os *Upaniṣads*, que refletem mais plenamente ideia de um conhecimento sagrado teórico, ao passo que os Vedas antigos estão mais orientados para a prática, preocupados com o ritual e o sacrifício (AUDI, 2011, p. 976).

Na verdade, os problemas de incerteza na datação dos Veda*s* parecem intransponíveis, havendo discrepância entre os autores, principalmente porque os quatro Vedas não foram escritos simultaneamente e muitos *mantras* (hinos sacros) já existiam na linguagem oral, sendo utilizados em práticas ritualísticas muito antes de serem compilados[18]. Problema similar surge na datação do *Yoga-Sūtra* de Patañjali, como será visto no presente trabalho.

Swami Prabhavananda considera os Vedas como fundamento do próprio Hinduísmo ou Sanātana Dharma, literalmente "Religião Eterna" em sânscrito (PRABHAVANANDA; MANCHESTER, 1964, p. 185). Dá-lhes características universais e atemporais, baseando-se em Sāyanācārya, século XIV d.C., o erudito comentador dos Vedas, que afirmou que "Deus criou todo o universo a partir do conhecimento dos Vedas"[19] (SĀYANĀCĀRYA, [13--] *apud* PRABHAVANANDA; MANCHESTER, 1964, p. 4). Por outro lado, Prabhavananda apresenta tal religião

---

18 Radhakrishnan (1977, v. 1, p. 67) exemplifica: "Alguns eruditos indianos atribuem aos hinos védicos a data de 3.000 a.C., outros a 6.000 a.C. O falecido Sr. Tilak datava os hinos ao redor de 4.500 a.C., os *Brāhmaṇas*, 2.500 a.C., as primeiras *Upaniṣads*, 1.600 a.C. Jacobi põe os hinos em 4.500 a.C. Nós os atribuímos ao século XV a.C. e confiamos que nossa data não será desafiada como sendo muito antiga". No original: "*Some Indian scholars assign the Vedic hymns to 3000 B.C., others to 6000 B.C. The late Mr. Tilak dates the hymns about 4500 B.C., the Brāhmaṇas 2500 B.C, the early Upaniṣads 1600 B.C. Jacobi puts the hymns at 4500 B.C. We assign them to the fifteenth century B.C. and trust that our date will not be challenged as being too early*" (RADHAKRISHNAN, 1977, v. 1, p. 67).

19 "*God created the whole universe out of the knowledge of the Vedas*" (SĀYANĀCĀRYA, [13--] *apud* PRABHAVANANDA; MANCHESTER, 1964, p. 4).

com alguma característica de ciência, a partir de um convite à verificabilidade dos Vedas, quando considera: "Sua verdade é verificável por qualquer aspirante espiritual em consciência transcendental"[20] (PRABHAVANANDA; MANCHESTER, 1964, p. 4). Este chamado à verificabilidade é, particularmente, enfatizado no *Yoga-Sūtra* de Patañjali, e tem direta relação com o título deste trabalho e a hipótese da Religião Científica, como será desenvolvido posteriormente. Para além disso, os Vedas são também chamados de *śruti*, sendo aquilo que foi ouvido como escritura revelada, ou "[...] o ritmo do infinito ouvido pela alma"[21] (RADHAKRISHNAN, 1977, v. 1, p. 128).

A primeira parte constitutiva de cada Veda são os Samhitās, compostos de hinos (*mantras*). Um exemplo clássico e bem conhecido de alguns versos do *Ṛg Veda*, que ainda é repetido por todo brâmane, diariamente pela manhã, religiosamente, desde tempos imemoriais é o Gāyatrī *mantra*: "Possamos nós meditar na Luz [ou poder] refulgente Daquele que é adorável e que tem dado nascimento a todos os mundos. Possa Ele dirigir os raios de nossa inteligência em direção à senda do bem"[22] (PRABHAVANANDA; MANCHESTER, 1964, p. 20).

A segunda parte constitutiva de cada Veda são os Brāhmaṇas, que se constituem de manuais que incluem a entonação dos hinos supramencionados, comentários ritualísticos e deveres, obrigações religiosas e regras de conduta específicos. Pelos rituais de sacrifício[23], tem-se a intenção, principalmente, de conquistar uma vida futura paradisíaca. Além disso, os rituais objetivam pagar o débito para com os deuses[24]. Por meio de sentimentos de admiração e devoção, pagam-se os débitos para com os videntes e santos. Por sua vez, os débitos, para com os ancestrais falecidos, são pagos por meio de preces propiciatórias; para com os vivos, com amor e

20 "*Their truth is verifiable by any spiritual aspirant in transcendental consciousness*" (PRABHAVANANDA; MANCHESTER, 1964, p. 4).

21 "[...] *the rhythm of the infinite heard by the soul*" (RADHAKRISHNAN, 1977, v. 1, p. 128).

22 No original em inglês: "*May we meditate on the effulgent Light [or power] of him who is worshipful, and who has given birth to all worlds. May he direct the rays of our intelligence towards the path of good*". No original em sânscrito: "*Om bhur buvaḥ svaḥ tat savitur vareṇyam, bhargo devasya dhīmahi, dhiyo yo naḥ pracodayāt, Om*" (PRABHAVANANDA; MANCHESTER, 1964, p. 20).

23 Os sacrifícios são ofertas de manteiga para os elementos, água para ancestrais etc. (SANATANA DHARMA, 1998, p. 92-93).

24 Os deuses ou *devas*, às vezes, também chamados "brilhantes": "'*Deva* é aquele que dá ao homem.' (Nirukta) [...]. Então significa brilhante" (RADHAKRISHNAN, 1977, v. 1, p. 72-73). São inteligências auxiliares que não devem ser confundidas com a unidade do supremo Brahman. No original: "*Deva is one who gives to man. [...] It then means bright*" (RADHAKRISHNAN, 1977, v. 1, p. 72-73).

gentileza; e, finalmente, para com os animais, com oferta de alimentos para subsistência (PRABHAVANANDA; MANCHESTER, 1964, p. 18).

A terceira parte constitutiva de cada Veda são os Āraṇyakas, ou "tratados da floresta". Eles contêm comentários que interpretam o ritual, enfatizando seu caráter interno e espiritual. Assim, eles funcionam como uma transição entre as práticas de rituais dos Brāhmaṇas e as reflexões das Upaniṣads.

A quarta e última parte constitutiva de cada Veda são as Upaniṣads, e por isso são originalmente consideradas como *vedānta* (*veda* + *anta*), isto é, a parte final dos Vedas, uma vez que "*anta*", em sânscrito, significa "fim". O termo *vedānta* é usado também para designar o sistema de filosofia que se baseia intrinsecamente nas Upaniṣads (RADHAKRISHNAN, 1990, p. 24). A palavra *upaniṣad*[25] significa, literalmente, "o ato de sentar-se próximo". Nesse contexto, está subentendida uma relação pedagógica entre mestre e discípulo, na qual o discípulo se senta próximo aos pés de seu *Guru* ou mestre espiritual em atitude de reverência para receber instrução (PRABHAVANANDA; MANCHESTER, 1964, p. 21).

Existem mais de duzentas Upaniṣads, embora a tradição resuma esse número a cento e oito. Quinze são mencionadas por Śaṅkara[26], que é o principal expoente da escola Vedānta. Na verdade, Śaṅkara escreveu comentários sobre onze Upaniṣads, a saber: Īśa, *Kena, Kaṭha, Praśna, Muṇḍaka, Māṇḍūkya, Taittirīya, Aitareya, Chāndogya, Bṛhad-āraṇyaka* e *Svetāśvatara*. Entretanto, Śaṅkara ainda faz referência a mais quatro: *Kauṣītakī, Jābāla, Mahānārāyaṇa* e *Paiṅgala*. Segundo Radhakrishnan, "essas [quinze], conjuntamente com a *Maitrāyaṇīya* ou *Maitrī Upaniṣad*, constituem as principais Upaniṣads" (RADHAKRISHNAN, 1990, p. 21). Com relação à inserção nos Vedas, pode-se dar alguns exemplos: *Aitareya* e *Kauṣītakī* pertencem ao *Ṛg Veda*; Īśa, *Taittirīya* e *Bṛhad-āraṇyaka*, ao *Yajur Veda; Kena* e *Chāndogya*, ao *Sāma Veda; Praśna* e *Muṇḍaka*, ao *Atharva Veda* (RADHAKRISHNAN, 1977, v. 1, p. 65).

Um exemplo clássico e bem conhecido, que pode ser útil, posteriormente, para que se possa analisar a relação da consciência e seus veículos, é uma passagem da *Katha Upanishad*: "Saiba que o Ser é o passageiro e, o corpo, a carruagem; que o

---

25 Talvez seja oportuno lembrar que *upaniṣad* é uma palavra feminina em sânscrito, como Tinôco (1996, p. 15) comenta, diferentemente da classificação de alguns dicionários da língua portuguesa: "Se pretendêssemos aportuguesar a palavra, esta deveria ser escrita: 'a upanishada', o que, foneticamente, seria desagradável. Daí optarmos pela grafia 'a Upanishad'". E lhe agrada traduzi-la como "[...] sentar-se próximo e em plano inferior (com humildade)".

26 Mais detalhes sobre Śaṅkara ou Śaṅkarācārya são desenvolvidos na seção sobre filosofia Vedānta.

intelecto é o cocheiro e, a mente, as rédeas. Os sentidos, diz o sábio, são os cavalos, as estradas que percorrem são os labirintos do desejo [...]"[27] (PRABHAVANANDA; MANCHESTER, 1978, p. 28 *apud* LINDEMANN; OLIVEIRA, 2011, p. 16). O objetivo das Upaniṣads, como é desenvolvido em detalhe, é conduzir os seres à superação última do sofrimento por meio do conhecimento do princípio da unidade de todas as coisas (Brahman).

Existe uma correlação importante entre as quatro partes dos Vedas e os estágios tradicionais da vida do hindu. Convém contextualizar que, segundo os ensinamentos da tradição védica, a vida humana é dividida em quatro estágios (*āśramas*), a saber: (i) o estágio da vida de estudante, (ii) o de vida matrimonial, (iii) o de retiro e (iv) o de renunciante. O primeiro estágio é o de *brahmacarya* (estudante), quando ele recebe instrução religiosa e secular, bem como desenvolve autodomínio, castidade, veracidade, autoentrega, fé, obediência, entre outras virtudes. Este estágio corresponde ao estudo preliminar, de forma geral, dos Vedas, mas ainda não a uma parte específica[28]. O segundo estágio é o de *gārhasthya*, (vida matrimonial), cujo dever religioso mais característico é o cumprimento dos rituais sacrificiais em conformidade com os Brāhmaṇas, que, portanto, é a parte dos Vedas que lhe corresponde. O terceiro estágio é o de *vāṇaprastha* (de retiro), uma espécie de aposentadoria dos assuntos mundanos na qual o homem fica dispensado do ritualismo, mas é instruído a seguir os Āraṇyakas, que é a parte dos Vedas que lhe corresponde, bem como se dedicar à meditação. Parece oportuno lembrar que os Āraṇyakas foram usualmente redigidos por homens que, depois de terem sido chefes de família, se retiraram para a floresta a fim de meditar. O quarto e último estágio é o de *saṃnyāsin* (de renunciante), no qual não há mais ligação nem com trabalho e nem com desejo, mas pode se dedicar integralmente a adquirir conhecimento de Brahman. Na verdade, a vida monástica pretende ser uma variante que antecipa, cronologicamente, o último estágio, o de renunciante (*saṃnyāsin*), que é considerado o mais elevado de todos (PRABHAVANANDA; MANCHESTER,

---

27 No original em inglês: "*Know the Self as the lord of the chariot and the body as, verily, the chariot, know the intellect as the charioteer and the mind as, verily, the reins. The senses, they say, are the horses; the objects of sense the paths (they range over); (the self) associated with the body, the senses and the mind – wise men declare – is the enjoyer*". No original em sânscrito: "*ātmānaṁ rathinaṁ viddhi, śarīraṁ ratham eva tu: buddhiṁ tu sāradhiṁ viddhi, manaḥ pragaham eva ca. indriyā hayān āhur viṣayāṁs teṣu gocarān, ātmendriya-mano-yuktam bhoktety āhur manīṣiṇaḥ*" (RADHAKRISHNAN, 1990, *Kaṭha Upaniṣad* I.3.3-4, p. 623-624).

28 Tinôco (1996, p. 71), entretanto, considera que nesse estágio, depois da infância, se deveria iniciar a "estudar os Samhitās [hinos ou *mantras*] dos quatro Vedas".

1964, p. 18-19). Como comenta Feuerstein, ao relacionar o Yoga ao caminho da renúncia (*saṃnyāsa*), buscando o significado original da palavra em sânscrito:

> A palavra *saṃnyāsa* é composta pelos prefixos *saṃ* (que expressa a ideia de "união"; equivale ao grego *syn-* e ao latim *com-*) e *ni* (que significa "para baixo") ligados à raiz verbal *as* (que significa "lançar" ou "atirar"). Portanto, significa o "lançar fora" ou "deixar de lado" todas as preocupações e apegos mundanos (FEUERSTEIN, 2006, p. 109).

Além dos Vedas, que constituem *śruti*, literalmente "aquilo que foi ouvido (como escritura revelada sem autoria)", a tradição do Hinduísmo inclui ainda uma outra vasta categoria de textos remanescentes, o *smṛti*. O *smṛti*, literalmente, significa "memória" em sânscrito, considerado como "tradição", que tem autores representando escritos delineados para se fixar na memória, incluindo os *Dharma Shastras*. Constitui-se, no estágio seguinte, em autoridade, e abrange "[...] os ensinamentos de encarnações divinas, profetas, santos e sábios"[29] (PRABHAVANANDA; MANCHESTER, 1964, p. 91).

Smṛti inclui também os *Purānāni*, *Purāṇa-s*, que são dezoito, e consistem de histórias e alegorias, e os *itihāsa* ou épicos considerados históricos, que abrangem dois grandes poemas: o *Rāmāyaṇa* e o *Mahābhārata*. Uma pequena porção deste último é a muito conhecida *Bhagavad-Gītā*, que Prabhavananda e Manchester (1964, p. 91) consideram, sem temer contradição, como sendo comparativamente "A Bíblia Sagrada da Índia"[30].

Além disso, uma última categoria de *smṛti* são os seis sistemas filosóficos ortodoxos do Hinduísmo, chamados *darśanas* que, aceitando os Vedas como referência, se dedicam, principalmente, ao conhecimento da totalidade das coisas. Esse conhecimento é o objeto das *Upaniṣads*, que são a dimensão última dos Vedas. A palavra *darśana* significa literalmente "vista [ou 'ponto de vista']", "doutrina", "sistema filosófico"[31] (MONIER-WILLIAMS, 1995, p. 471), ou "visão direta"[32] (TIGUNAIT, 1983, p. 3). O termo *darśana* vem da raiz "*dṛś*, [que significa] ver"[33] (RADHAKRISHNAN, 1977, v. 1, p. 43). Portanto, a palavra *darśana* sugere que estes

29 "[...] *the teachings of divine incarnations, prophets, saints, and sages*" (PRABHAVANANDA; MANCHESTER, 1964, p. 91).

30 "*The Holy Bible of India*" (PRABHAVANANDA; MANCHESTER, 1964, p. 91).

31 Significado de "*darśana*": "*view, doctrine, philosophical system* [...]" (MONIER-WILLIAMS, 1995, p. 471).

32 "*Direct vision*" (TIGUNAIT, 1983, p. 3).

33 "...*dṛś, to see*" (RADHAKRISHNAN, 1977, v. 1, p. 43).

seis sistemas de filosofia representam seis diferentes pontos de vista que não se contradizem, mas antes se complementam ou convergem, como afirmava Kṣemarāja em seu *Pratyabhijñāhṛdayaṁ*: "Os vários sistemas de filosofia meramente expõem e interpretam os diferentes aspectos desta Realidade, sob diferentes pontos de vista"[34] (KṢEMARĀJA, [10--] *apud* TAIMNI, 2009, p. 49).

Assim, os seis sistemas filosóficos ortodoxos da filosofia hindu, ou seja, que seguem a autoridade dos Vedas, apresentam pontos de vista harmoniosamente complementares ou convergentes, os quais podem ser compreendidos como um exemplo inspirador da antiguidade para o diálogo inter-religioso contemporâneo. Os seis *darśanas* são Nyāya, Vaiśeṣika, Sāṃkhya, Yoga, Mīmāṃsā ou Pūrva-Mīmāṃsā e Vedānta ou Uttara-Mīmāṃsā. Há também outros importantes sistemas filosófico-religiosos, entre outros, o Jainismo e o Budismo, mas não são considerados como os clássicos *darśanas* ortodoxos fundamentalmente porque não aceitam os Vedas como autoridade.

A meta última dos seis sistemas ortodoxos de filosofia da Índia supramencionados é a Libertação ou absoluta cessação da dor e do sofrimento por meio do conhecimento da totalidade do Real. Como afirma Tigunait:

> Os objetivos comuns de todos os seis sistemas ortodoxos de filosofias da Índia são descrever a natureza do mundo externo e sua relação com o indivíduo, discutir os aspectos metafísicos da Realidade última, e declarar a meta da vida e os meios para atingir essa meta[35] (TIGUNAIT, 1983, p. 70).

Dasgupta (2018, v. 1, p. 71-75) apresenta pelo menos três pontos fundamentais de geral concordância entre os sistemas filosóficos ortodoxos da Índia no que tange aos seus postulados que se referem ao processo de conhecimento do Real: (i) a Teoria do *Karma* e do Renascimento (*saṁsāra*); (ii) a Doutrina da Libertação (*mukti, mokṣa*); e (iii) a Doutrina da Alma (*ātman*, *puruṣa* ou *jīva*).

O primeiro ponto, qual seja, a Teoria do *Karma* e do Renascimento, também é chamada de teoria de causa e efeito, sendo sustentada por todos os sistemas

34 No original em inglês: "*The various systems of philosophy merely expound and interpret the different aspects of this Reality from different points of view*". No original em sânscrito, "*tadbhūmikāḥ sarvadarśana-sthitayaḥ*" (KṢEMARĀJA, [10--] *apud* TAIMNI, 1986, p. 24).

35 "*The common aims of all six orthodox schools of Indian philosophy are to describe the nature of the external world and its relationship to the individual, to discuss the metaphysical aspect of ultimate Reality, and to state the goal of life and the means for attaining this goal*" (TIGUNAIT, 1983, p. 70).

filosóficos ortodoxos da Índia. Tal teoria pressupõe, para o indivíduo, que "qualquer ação feita [...] deixa para trás algum tipo de potência que tem o poder de decretar para ele alegria ou sofrimento no futuro[36] conforme ela seja boa ou má"[37] (DASGUPTA, 2018, v. 1, p. 71). A Teoria do *Karma* segue conjugada com a noção de renascimento (*saṁsāra*), às vezes também chamada de reencarnação, pois, como conclui Dasgupta, se os frutos ou efeitos das ações forem de tal natureza que não possam ser mais colhidos nesta vida presente, então "[...] o indivíduo terá de renascer [ou ter outro nascimento]"[38] (DASGUPTA, 2018, v. 1, p. 72) para colhê-los em ocasião e circunstâncias oportunas numa vida futura. Também certas consequências, após a morte, são geradas pelas ações nesta vida, pois o "[...] homem desfruta ou sofre, seja em outro mundo [*loka*] ou nascendo neste mundo de acordo com suas boas ou más ações"[39] (DASGUPTA, 2018, v. 1, p. 25).

Em outras palavras, é necessário um espaço de tempo para que o *karma* acumulado torne-se *karma* maduro e produza seus frutos ou resultados. As ações nem sempre têm seu resultado imediato, mas, dependendo de sua natureza, tendem, frequentemente, a ficar com o resultado acumulado para um próximo nascimento, ou seja, para um renascimento. A natureza do próximo renascimento de um homem, incluindo a duração da nova vida, é determinada pela natureza das experiências agradáveis ou dolorosas que foram produzidas por ele como consequência do amadurecimento de suas ações desta vida. Dasgupta afirma que "a duração da vida também é determinada pelo número e duração das experiências, conforme predeterminado pelas ações que estão frutificando de sua vida passada"[40] (DASGUPTA, 2018, v. 1, p. 73).

O segundo ponto sustentado por todos os sistemas filosóficos ortodoxos da Índia é a chamada Doutrina de Libertação (*mukti, mokṣa*)[41]. Tal Doutrina apresenta

---

36 No caso particular do *Yoga-Sūtra* de Patañjali, a mesma ideia parece mencionada no *sūtra* II: 14, como segue: "Elas [as vidas] terão alegria ou tristeza como seu fruto, conforme sua causa seja virtude ou vício" e, em sânscrito: "*Te hlāda-paritāpa-phalāḥ puṇyāpuṇya-hetutvāt*" (TAIMNI, 1996, p. 134).

37 "*[...] whatever action is done by an individual leaves behind it some sort of potency which has the power to ordain for him joy or sorrow in the future according as it is good or bad*" (DASGUPTA, 2018, v. 1, p. 71).

38 "*[...] the individual has to take another birth*" (DASGUPTA, 2018, v. 1, p. 72).

39 "*[...] man enjoys or suffers, either in another world [loka] or being born in this world according to his good or bad deeds*" (DASGUPTA, 2018, v. 1, p. 25).

40 "*The length of life is also determined by the number and duration of experiences as preordained by the fructifying actions of his past life*" (DASGUPTA, 2018, v. 1, p. 73).

41 Dasgupta comenta que mesmo o Budismo, que não é um sistema filosófico ortodoxo e não aceita a existência da alma, "[...] reconhece que a realização final do processo do *karma* deve ser encontrada na dissolução final chamada *Nirvāṇa*" (DASGUPTA, 2018, v. 1, p. 75). No original em inglês: "*[...] recognized that the final realization of the process of karma is to be found in the ultimate dissolution called Nirvāṇa*" (DASGUPTA,

a possibilidade de Libertação do ciclo de renascimentos e mortes, libertando-se dessa cadeia de *karma*, sem começo, e de seus frutos que conduzem a novos nascimentos. Tal cadeia do *karma*, com causas e efeitos que se projetam no tempo, deve ter o seu fim em algum lugar. Dasgupta afirma que "este fim não deveria ser alcançado em algum tempo distante ou em algum reino distante, mas deveria ser buscado dentro de nós"[42] (DASGUPTA, 2018, v. 1, p. 74).

O terceiro ponto sustentado por todas os sistemas filosóficos ortodoxos da Índia[43], segundo Dasgupta, é a Doutrina da Alma que, às vezes, também é chamada de Doutrina do Espírito. Estes sistemas filosóficos ortodoxos "[...] admitem a existência de uma entidade permanente diversamente chamada de *ātman*, *puruṣa*, *jīva*"[44] (DASGUPTA, 2018, v. 1, p. 75), ou talvez melhor *jīvātman*, com possíveis variações de sua exata natureza nestes diversos sistemas. Porém, há variações ou divergências de detalhes entre os diferentes sistemas, não apenas no que se refere a nomenclatura, mas também quanto ao ponto de vista sobre a própria natureza, ou caráter e qualidades, desta entidade permanente. Concordam, entretanto, todas os sistemas filosóficos ortodoxos, em considerar que tal alma (Espírito) ou entidade permanente é pura e imaculada, e que "[...] todas as impurezas da ação e da paixão não constituem uma parte real [de sua natureza]"[45] (DASGUPTA, 2018, v. 1, p. 75). Na verdade, o *summum bonum*[46] da vida é encontrado justamente quando se eliminam todas as impurezas, que apenas obstaculizam, e a pura natureza dessa verdadeira entidade, permanente e imortal, é plenamente percebida, se dissociando de todas as ligações que possam ser estranhas à sua essência (DASGUPTA, 2018, v. 1, p. 75).

Também Prabhavananda resume os pontos comuns dos seis *darśanas* ortodoxos:

> Deve ser enfaticamente declarado que todas as seis escolas acreditam na lei do *karma*, na preexistência, no renascimento, e na obtenção de *mokṣa* como o objetivo mais elevado do esforço humano. Todos eles estão preocupados

2018, v. 1, p. 75).

42 "*This end was not to be attained at some distant time or in some distant kingdom but was to be sought within us*" (DASGUPTA, 2018, v. 1, p. 74).

43 Dasgupta enfatiza a exceção do Budismo, que em verdade não é escola ortodoxa (DASGUPTA, 2018, v. 1, p. 75).

44 A palavra sânscrita *jīva* costuma significar "alma pessoal", em inglês, "*personal soul*" (MONIER-WILLIAMS, 1995, p. 422) e não costuma se referir, na maioria dos sistemas filosóficos, a uma entidade permanente ou imortal, portanto se prefere utilizar, nesse caso, a palavra *jīvātman*, que é mais utilizada com esse significado de entidade permanente ou imortal (MONIER-WILLIAMS, 1995, p. 422).

45 "*[...] all impurities of action or passion do not form a real part of it*" (MONIER-WILLIAMS, 1995, p. 75).

46 Expressão latina que significa 'bem maior' ou 'sumo bem'.

> com a natureza do verdadeiro Ser, experiência imediata a qual torna a pessoa livre[47] (PRABHAVANANDA; MANCHESTER, 1964, p. 225).

Com relação à datação dos diferentes sistemas filosóficos da Índia, Radhakrishnan (1977, v. 1, p. 58) comenta que, ao longo de seu desenvolvimento histórico, frequentemente esses sistemas se mencionam e citam uns aos outros, "[...] não podemos dizer definitivamente quais são os mais antigos e quais são os mais recentes"[48](RADHAKRISHNAN, 1977, v. 1, p. 58). Prabhavananda sustenta que as datas exatas referentes às origens dos clássicos *darśanas* ou sistemas filosóficos ortodoxos são desconhecidas, sendo entretanto "[...] certo que, as ideias gerais, que formaram sua substância existiam antes do Budismo[49] e mesmo durante o Período Épico"[50] (PRABHAVANANDA; MANCHESTER, 1964, p. 223).

Talvez seja oportuno considerar que existe uma tradição de classificação dos sistemas filosóficos ortodoxos da Índia, mas de forma independente de uma possível ordem cronológica. Fundamentado nessa tradição, Prabhavananda menciona que o estudo desses seis *darśanas* ortodoxos costuma ser feito em três grupos de dois, por compartilharem perspectivas doutrinárias, plataformas terminológicas e organicidade. Nessa perspectiva, ele argumenta: "Por causa de certas similaridades metafísicas, esses seis sistemas [...] podem ser por conveniência reduzidos a três [grupos], Vaiśeṣika e Nyāya formando um grupo, Sāṃkhya e Yoga, um segundo, e Mimānsa e Vedānta, um terceiro"[51] (PRABHAVANANDA; MANCHESTER, 1964, p. 223).

---

47 "*It should be emphatically stated that all six schools believe in the law of karma, in pre-existence, in rebirth, and in the attainment of mokṣa as the highest goal of human endeavour. All of them are concerned with the nature of the true Self, immediate experience of which makes one free*" (PRABHAVANANDA; MANCHESTER, 1964, p. 225).

48 "*[...] we cannot say definitely which are earlier and which later*" (RADHAKRISHNAN, 1977, v. 1, p. 58).

49 Convém reiterar que a maioria dos autores concorda que o Budismo teria se originado, aproximadamente ou no entorno, do século VI a.C. Entretanto, com base nas escrituras cingalesas, Olcott (2019, p. 38) fixa o ano de nascimento de Buddha em 623 a.C.

50 "[...] *it is certain that the general ideas that make up their substance existed prior to Buddhism and even during the Epic Period*" (PRABHAVANANDA; MANCHESTER, 1964, p. 223).

51 "*Because of certain metaphysical similarities, the six systems [...] may for convenience sake be reduced to three [groups], Vaiśeṣika and Nyāya forming one group, Sāṃkhya and Yoga a second, and Mimānsa and Vedānta a third*" (PRABHAVANANDA; MANCHESTER, 1964, p. 223).

1.2 OS SISTEMAS DO MĪMĀṂSĀ E DO VEDĀNTA

O primeiro *darśana* ortodoxo a ser considerado, independentemente de ter sido ou não o mais antigo, chama-se Pūrva-Mīmāṃsā ou "investigação ou análise primária", que se refere à porção mais antiga dos Vedas (PRABHAVANANDA; MANCHESTER, 1964, p. 308). Esse *darśana*, também chamado simplesmente de Mīmāṃsā, se caracteriza, dessa forma, por ser essencialmente uma reflexão sobre os *Brāhmaṇas* e *mantras* que constituem um sistema ritualístico que prega, principalmente[52], a conquista do céu (*svarga*) pelo cumprimento do dever (*dharma*), particularmente, pelos rituais védicos. A palavra *mīmāṃsā* significa "analisar" ou "compreender completamente", neste caso sugerindo um aprofundamento dos Vedas, oferecendo uma orientação prática com um estilo de vida que enfatiza a ética na conduta, os *mantras* e os rituais, pois considera a própria vida como um grande ritual (TIGUNAIT, 1983, p. 32). Dessa forma, a filosofia Mīmāṃsā refere-se ao ensinamento primitivo ou ensinamento inicial dos Vedas com enfoque predominante nos rituais. O outro *darśana*, chamado Uttara-Mīmāṃsā, ou simplesmente Vedānta, refere-se aos ensinamentos finais ou superiores dos Vedas com enfoque predominante no conhecimento, embora ambos os *darśanas* tenham uma associação muito próxima por sua associação umbilical com os Vedas.

O sistema filosófico Mīmāṃsā foi fundado por Jaimini, que compilou os *Mīmāṃsā-Sūtras*, divididos em doze capítulos. Entretanto, duas foram as principais escolas que surgiram neste sistema, a saber: a de Kumārila Bhatta e a de Prabhākara, dois pioneiros ao agregar comentários neste sistema. Praticamente com os mesmos ensinamentos, ambas as escolas aceitam como fontes de conhecimento válido (*pramāṇas*) a percepção, a inferência, a comparação, o testemunho e a postulação. Além destas, surge a diferença de que a escola de Kumārila Bhatta ainda aceita a não cognição (*anupalabdhi*) como fonte de conhecimento válido, como a percepção de que algo não está presente (TIGUNAIT, 1983, p. 32).

Um dos princípios fundamentais do sistema Mīmāṃsā é a ênfase no cumprimento do dever (*dharma*) moral ou ritual. No sistema Mīmāṃsā, é mais específica a meta de conquistar o céu (*svarga*) (RADHAKRISHNAN, 2019, v. 2, p. 1). Entretanto, Tigunait salienta que mesmo que uma ação seja apropriada, ela não

---

52 Radhakrishnan considera que a ênfase do Sistema Pūrva-Mīmāṃsā reside na conquista do céu (*svarga*), e não tanto na conquista da Libertação (*mokṣa*): "Exceto talvez o Pūrva-Mīmāṃsā, todos os sistemas visam ao fim prático da salvação". No original: "*Except perhaps the Pūrva-Mīmāṃsā, all the systems aim at the practical end of salvation*" (RADHAKRISHNAN, 2019, v. 2, p. 1).

é considerada como real ou pleno cumprimento do dever "[...] se for executada sob pressão ou com a intenção de ganhar recompensa"[53] (TIGUNAIT, 1983, p. 187), talvez na possibilidade mais remota de alcançar *mokṣa*. Portanto, o conceito de *dharma*, geralmente traduzido por "dever", é mais complexo e implica, num sentido mais profundo, uma ação desinteressada, ou seja, cumprida apenas e primariamente, pelo dever, sem intenção de busca de ganhos secundários. Desta forma, "O termo *dharma* é traduzido de várias maneiras como "virtude", "dever", "moralidade", "retidão", ou "religião", mas nenhuma palavra [isoladamente] em inglês [ou em português] traduz o completo ou correto significado de *dharma*"[54] (TIGUNAIT, 1983, p. 186). Além desses significados, pode-se acrescentar: "Lei, [...] direito, justiça, [...] condição peculiar ou qualidade essencial"[55] (MONIER-WILLIAMS, 1995, p. 510). Adquiriu, pelo uso e por associação, outros significados práticos. Por exemplo, no primeiro verso da *Bhagavad-Gītā* a expressão *Dharmakṣetra* adquire um sentido de "campo da lei"[56] (MONIER-WILLIAMS, 1995, p. 510) ou "campo do dever" com uma conotação de um campo mais universal e atemporal, ou seja, antes da histórica batalha no campo de Kuru, na constante luta entre o bem e o mal (BHAGAVAD-GĪTĀ, 2014, p. 31).

A palavra *dharma* também parece adquirir uma conotação de interdependência entre deveres e direitos, pois deveria ser óbvio que a defesa dos direitos de uns depende de outros cumprirem seus deveres e vice-versa. Tigunait também assim considera: "Demandar direitos sem aceitar o dever conduz uma pessoa a muitos problemas. O dever é aquilo pelo que uma pessoa é responsável, e sem o qual uma pessoa não pode viver uma vida feliz e em paz"[57] (TIGUNAIT, 1983, p. 186). O dever une todos os diversos membros de uma simples família, enquanto célula da sociedade, "[...] e mantém sua paz e harmonia"[58] (TIGUNAIT, 1983, p. 186). O dever ou *dharma* também é o elo de ligação de estruturas mais complexas como a sociedade, a nação, e é a lei universal pela qual o Universo, como um todo,

53 "*[...] if it is performed under pressure or with the intention of earning reward*" (TIGUNAIT, 1983, p. 187).

54 "*The term dharma is variously translated as 'virtue', 'duty', 'morality', 'righteousness' or 'religion', but no single English word conveys the whole or the correct meaning of dharma*" (TIGUNAIT, 1983, p. 186).

55 "*Law, [...] right, justice, [...] peculiar condition or essential quality*" (MONIER-WILLIAMS, 1995, p. 510).

56 "*Law-field*" (MONIER-WILLIAMS, 1995, p. 510).

57 "*Demanding rights without accepting duty leads one to many problems. Duty is that for which one is responsible, that without which one cannot live a happy and peaceful life*" (TIGUNAIT, 1983, p. 186).

58 "[...] *maintains its peace and harmony*" (TIGUNAIT, 1983, p. 186).

continua a existir. Tigunait (1983, p. 186) complementa: "De acordo com o sistema Mīmāṃsā, *dharma* é a intrísenca natureza de *ṛta*, o alento da vida cósmica"[59].

O sistema Mīmāṃsā proclama que o mais elevado dever, inferior apenas à busca por *mokṣa*, autorrealização (TIGUNAIT, 1983, p. 186) ou compreensão profunda do verdadeiro Ser, é a execução dos rituais védicos para alcançar o céu. Porém, Tigunait considera que "[...] eles têm de ser pensados e executados no tempo e local próprios ou então perdem sua validade"[60] (TIGUNAIT, 1983, p. 187). Dessa forma, os rituais não se restringem às práticas externas tais como acender velas, recitar mantras, oferecer flores, fazer certos gestos ou aspergir água, mas podem incluir praticamente qualquer outra atividade de rotina: qualquer ação pode ser transformada em um ritual, se for executada a partir um ponto de vista mais elevado (TIGUNAIT, 1983, p. 187). Ele sustenta que o verdadeiro papel dos rituais é o de espiritualizar as ações, "[...] de modo a expandir o centro da consciência enquanto [o indivíduo] executa as ações necessárias"[61] (TIGUNAIT, 1983, p. 188). O ritual passa a ser visto assim como uma atitude mental e exemplifica que o próprio desjejum passa a ser uma oferenda do alimento aos "fogos" transformadores dos ácidos gástricos, a serviço da divindade no interior do ser humano. Dessa forma, os rituais provêm treinamento durante a vida cotidiana, mas por meio do cumprimento do dever. Assim, "Os rituais são executados não por adoração ou agrado a alguma divindade, mas simplesmente porque os Vedas determinam que a pessoa os execute"[62] (TIGUNAIT, 1983, p. 188-189). Os alimentos são dessa forma preparados e, por meio dos *mantras*, a divindade é assim invocada para os compartilhar, e a pessoa é levada a sentir mentalmente a presença divina, de modo que o processo abrange o nível físico, mental e espiritual. Durante tal processo, não é dado tempo à mente para a dispersão por causa do "[...] intenso sentimento da presença da Divindade"[63] (TIGUNAIT, 1983, p. 189). Tigunait considera que o sistema Mīmāṃsā propõe a execução de rituais como um meio de criar um *karma* no presente que auxilia a cortar aquela planta venenosa

59 "*According to the Mīmāṃsā system, dharma is the intrinsic nature of ṛta, the breath of cosmic life*" (TIGUNAIT, 1983, p. 186).

60 "*[...] they must be thought of and performed in the proper time or else they lose their validity*" (TIGUNAIT, 1983, p. 187).

61 "*[...] in order to expand the center of consciousness while performing necessary actions*" (TIGUNAIT, 1983, p. 188).

62 "*Rituals are performed not to worship or please any deity but rather simply because the Veda commands one to perform them*" (TIGUNAIT, 1983, p. 188-189).

63 "*[...] the intense feeling of the presence of the Divinity*" (TIGUNAIT, 1983, p. 189).

que representa seu *karma* passado e, assim, essa rotina diária cria uma estrutura de natureza positiva facilitando a tomada de consciência da divindade. Dessa forma, "[...] capacita a pessoa a usufruir desta vida aqui e agora e simultaneamente explorar as avenidas interiores do ser"[64] (TIGUNAIT, 1983, p. 190).

De acordo com Tigunait, os diferentes deuses e deusas dos Vedas são apenas aspectos de uma abrangente unidade divina subjacente ou personificações de forças e fontes de energia da natureza relacionadas a seus respectivos *mantras*, "[...] uma metafórica representação de progressivos estágios da manifestação [...]; a mente moderna usualmente prefere o termo 'arquétipo' mais que 'deidade', ambos os termos são essencialmente sinônimos neste nível de utilização"[65] (TIGUNAIT, 1983, p. 196).

Portanto, torna-se importante compreender o uso dos mantras e seu significado no sistema Mīmāṃsā para melhor poder compreendê-lo: "Uma deidade é a forma física mais densa de um *mantra*, e um *mantra* é a forma sutil de uma deidade"[66] (TIGUNAIT, 1983, p. 197). Tigunait compara o *mantra* com uma vibração, considerando que "As deidades e os *mantras* operam ambas num princípio similar à conversão de energia em matéria e matéria em energia na física"[67] (TIGUNAIT, 1983, p. 197). A questão dos *mantras* está evidentemente ligada ao som (*vāk*), mas inclui também os seus aspectos mais sutis, abrangendo no sistema Mīmāṃsā quatro estágios, a saber: *parā vāk* (transcendente), *paśyantī vāk* (em pensamento), *madhyamā vāk* (intermediário ou murmurado[68]) e *vaikharī vāk* (falado ou pronunciado com palavras) (TIGUNAIT, 1983, p. 192-194).

O segundo *darśana* ortodoxo a ser considerado, que guarda com a filosofia Mīmāṃsā uma fidelidade umbilical como os Vedas, chama-se Vedānta e se caracteriza originalmente por significar um "comentário final dos Vedas", que é o significado literal do termo sânscrito, uma vez que *anta* em sânscrito significa 'fim'. Vedānta é, por isso, também chamado de Uttara Mīmāṃsā, que significa a

---

64 "*[...] enables one to enjoy this very life here and now and to simultaneously explore the inner avenues of being [...]*" (TIGUNAIT, 1983, p. 190).

65 "*[...] a metaphoric representation of the progressive stages of manifestation [...] the modern mind usually prefers the term 'archetype' rather than 'deity', both terms are essentially synonymous in usage [...]*" (TIGUNAIT, 1983, p. 196).

66 "*A deity is a gross physical form of a mantra, and a mantra is a subtle form of a deity*" (TIGUNAIT, 1983, p. 197).

67 "*Both deities and mantras operate on a principle similar to the conversion of energy into matter and matter into energy in physics*" (TIGUNAIT, 1983, p. 197).

68 Os efeitos do Mantra-Yoga em geral e particularmente do estágio de repetição silenciosa ou murmurada dos *mantras*, que é predominante sobre o *prāṇamayakośa* ou duplo etérico, como é visto, foi desenvolvido e aprofundado no livro *Gayatri:* o mantra sagrado da Índia (TAIMNI, 1991, p. 50).

"última investigação", como foi visto. Como as Upaniṣads são a quarta e última parte de cada Veda, originalmente eram consideradas como *Vedānta*. Atualmente, porém, o termo *Vedānta* é fundamentalmente usado para este sistema ortodoxo de filosofia que se baseia nas Upaniṣads (RADHAKRISHNAN, 1990, p. 24).

Por outro lado, diferentemente da filosofia Mīmāṃsā, o sistema filosófico Vedānta enfatiza a busca da Libertação (*mokṣa*). Indica uma prática progressiva clássica, mencionada na *Bṛhadāraṇyaka Upaniṣad:* "Em verdade, ao ver, ao ouvir, ao pensar, ao compreender o Ser, tudo isso é conhecido"[69] (BṚHADĀRAṆYAKA UPANIṢAD, II.iv.5 *apud* RADHAKRISHNAN, 1990, p. 197). Essa prática progressiva clássica é geralmente resumida em três passos ou estágios, a saber: *śravaṇa* (ouvir), *manana* (refletir), e *nididhyāsana* (meditar) (RADHAKRISHNAN, 1990, p. 197). O primeiro passo para obtenção deste conhecimento que conduz à Libertação, conforme explica Tigunait, é chamado *śravaṇa*, que significa ouvir a verdade por meio dos santos e das pessoas de autoridade ou estudar as escrituras. O segundo passo, *manana*, significa refletir ou ponderar por si mesmo sobre o que se ouviu, aprendeu ou leu. O terceiro, chamado *nididhyāsana,* significa meditar ou se concentrar e contemplar a alma, confirmando aquele conhecimento, "[...] e praticar essa verdade em sua vida [...]"[70] (TIGUNAIT, 1983, p. 97-98). Dasgupta considera que, dessa forma, com base nas *Upaniṣads*, a filosofia Vedānta "[...] inclui todos os processos de concentração do Yoga, [para] tentar realizar a verdade como una"[71] (DASGUPTA, 2018, v. 1, p. 490). Na verdade, o curso de Filosofia Indiana Clássica, da *University of Calicut* (Universidade de Calicute, Índia), considera que a "[...] realização da felicidade suprema é o fim, e *śravaṇa*, *manama* e *nididhyāsana* são os meios – em quase todas as Escolas de Filosofia Indiana"[72] (PRABHAKARAN, 2011, p. 12).

O sistema filosófico Vedānta tem, segundo Tigunait, pelo menos cinco escolas ou subdivisões principais, a saber:

> Advaita (não dualista) [fundada por Gauḍapāda], Dvaita (dualista) [fundada por Madhva], Dvaitādvaita (dualista e não dualista) [fundada por Nimbārka],

---

69 "*Verily, by the seeing, of, by the hearing of, by the thinking of, by the understanding of the Self, all this is known*" (BṚHADĀRAṆYAKA UPANIṢAD, II.iv.5 *apud* RADHAKRISHNAN, 1990, p. 197).

70 "[...] *and practice that truth in his life* [...]" (TIGUNAIT, 1983, p. 98).

71 "[...] *includes all the Yoga processes of concentration, try to realize the truth as one*" (DASGUPTA, 1922, p. 490).

72 "[...] *realization of supreme happiness is the end and śravaṇa, manama and nididhyāsana are the means – in almost all Schools of Indian Philosophy*" (PRABHAKARAN, 2011, p. 12).

> Viśiṣṭādvaita (não dualista qualificada) [fundada por Rāmānujacārya], e Viśuddhādvaita (não dualista pura) [fundada por Vallabha][73] (TIGUNAIT, 1983, p. 33).

Vyāsa, conhecido também como Bādarāyaṇa, que compilou ou sistematizou o *Brahma-Sūtra* (texto fundante do sistema Vedānta), é considerado o fundador do Vedānta. Outra subdivisão é o Acintyabhedābheda (unicidade e diferença inconcebíveis) fundada por Caitanya Mahāprabhu. Tigunait considera que as escolas ou subdivisões Advaita (não dualista ou monista) e Viśiṣṭādvaita (não dualista qualificada) são as mais importantes. Śaṅkarācārya (c. século VI ou VIII d.C.) é frequentemente considerado o fundador da escola Advaita (ou o mais proeminente instrutor, pois historicamente Gauḍapāda o antecedeu), enquanto Rāmānujacārya (século XI d.C.) é considerado o fundador da escola de Viśiṣṭādvaita (TIGUNAIT, 1983, p. 32-33).

Apesar de tanta diversidade, estas escolas têm alguns pontos em comum que merecem destaque. Conforme Tigunait resume:

> [i] a autorrealização [ou o autoconhecimento, portanto o conhecimento do Ser] é o [verdadeiro] objetivo da vida; [ii] a essência do Ser [ou *Ātman*] é sempre existência, consciência e bem-aventurança; [iii] o Ser é livre de todas qualificações e limitações – ele não vem de algum lugar nem vai para parte alguma, mas ele assume muito formas e nomes; [iv] o Ser individual é essencialmente Brahman, [ou] suprema consciência; e [v] esse Brahman é o Absoluto, Realidade transcendente e sem atributos, mas [que] eternamente corporifica em si a capacidade ou poder chamado *māyā*, que é a base da mente e da matéria[74] (TIGUNAIT, 1983, p. 33).

Na escola Viśiṣṭādvaita, sustenta-se uma situação intermediária entre o dualismo e o não dualismo, que é o chamado "não dualismo com atributos". Essa escola postula que a divindade não está totalmente separada da natureza nem das almas

---

73 "*Advaita (nondualistic); Dvaita (dualistic); Dvaitādvaita (both dualistic and nondualistic); Viśiṣṭādvaita (qualified nondualism); e Viśuddhādvaita (pure nondualism)*" (TIGUNAIT, 1983, p. 33).

74 "*The main teachings of Vedānta are that Self-realization is the goal of life; that the essence of the Self is ever--existent consciousness and bliss; that the Self is free from all qualifications and limitations – it does not come from anywhere nor go anywhere, but it assumes many forms and names; that the individual Self is essentially Brahman, supreme consciousness; and that this Brahman is the Absolute, transcendent, attributeless reality, but it eternally embodies within itself the capacity or power called māyā, which is the basis of mind and matter*" (TIGUNAIT, 1983, p. 33).

humanas, mas é vista como a essência de tudo, onipresente e subjacente, ou a alma das almas. Entretanto, conforme comenta Radhakrishnan, essa escola considera que "a alma individual e a natureza inanimada são essencialmente diferentes dele [divindade], embora não tenham existência ou propósito de servir à parte dele ou de seu serviço"[75] (RADHAKRISHNAN, 2019, v. 2, p. 617). Dessa forma, essa escola de Rāmānujacārya "[...] admite a pluralidade, visto que o supremo espírito subsiste em uma pluralidade de formas como almas e matéria"[76] (RADHAKRISHNAN, 2019, v. 2, p. 617).

Destaque é dado à escola do monismo Advaita Vedānta. Śaṅkarācārya, também conhecido simplesmente como Śaṅkara, foi seu mais proeminente instrutor. Ele viveu na Índia como monge errante, escreveu importantes comentários e obras, mas há incerteza sobre seu período de vida. Supostamente teria vivido em algum tempo entre os séculos VI e IX d.C. (TIGUNAIT, 1983, p. 216-217), mas, segundo parece convergir a maioria dos autores, provavelmente ele teria vivido no século VIII d.C. Feuerstein, por exemplo, parece estar mais convicto quando afirma que Śaṅkara "viveu no começo do século VIII d.C., [e] não é lembrado somente como o maior defensor da metafísica não dualista hindu, o Advaita Vedānta, mas também como um grande adepto do Yoga" (FEUERSTEIN, 2006, p. 271).

Śaṅkarācārya identifica, em sua clássica obra *Viveka-Chūḍāmaṇi:* a joia suprema da sabedoria (ŚAṄKARĀCĀRYA, 1992), a ignorância ou *avidyā* como a causa não somente do sofrimento, mas de toda manifestação: "Quando aquela *avidyā* é destruída, tudo é destruído; e quando [*avidyā*] é manifestada tudo é manifestado" (ŚAṄKARĀCĀRYA, 1992, 171, p. 72). Śaṅkarācārya menciona pelo menos quatro qualificações ou qualidades necessárias que o discípulo deve preencher para poder iniciar proveitosamente a senda espiritual que é a busca da Libertação (*mokṣa*) por meio da superação da ignorância ou *avidyā*. Essas quatro qualificações são: *viveka* (discernimento), *vairāgya* (desapego ou ausência de desejos), *ṣaṭsampatti* (seis possessões) e *mumukṣutva* (aspiração à Libertação ou *mokṣa*). Śaṅkarācārya assim menciona essas qualificações: "Somente é considerado digno de inquirir sobre o Espírito (Brahman) aquele que tem discernimento, não tem apegos ou desejos, tem *śama* e as outras qualificações, e que possui a vontade de emancipar-se [desejo

---

75 "*The individual soul and inanimate nature are essentially different from him, though they have no existence or purpose to serve apart from him or his service*" (RADHAKRISHNAN, 2019, v. 2, p. 617).

76 "*[...] it admits plurality, since the supreme spirit subsists in a plurality of forms as souls and matter*" (RADHAKRISHNAN, 2019, v. 2, p. 617).

pela Libertação da roda de nascimentos e mortes]" (ŚAṄKARĀCĀRYA, 1992, sl. 17, p. 21).

O primeiro passo, portanto, nessa senda espiritual em busca da verdade ou do real é aprender a discernir o Espírito (eterno) daquilo que é transitório: "*Viveka* é reconhecido como sendo o discernimento do eterno em relação ao que é transitório; então, segue-se *vairāgya* [desapego], a renúncia do desejo de usufruir dos frutos da ação aqui e agora" (ŚAṄKARĀCĀRYA, 1992, sl. 19, p. 21-22).

O segundo passo, que é *vairāgya* (desapego), pode criar um "círculo virtuoso", por assim dizer, reforçando o discernimento e vice-versa, pois quanto maior for a imparcialidade gerada pelo desapego, maior pode ser o discernimento para perceber o real ou para perceber as coisas como elas realmente são. Talvez justamente por poderem se reforçar mutuamente, essas qualificações recebam de Śaṅkarācārya esse destaque de serem posicionadas como as duas primeiras.

O terceiro passo, chamado *ṣaṭsampatti* ou seis possessões, abrange seis qualidades de boa conduta, a saber: *Śama* (concentração ou domínio da mente), *dama* (domínio da ação), *uparati* (silente tolerância ou independência do mundo externo), *titikṣā* (paciente contentamento ou capacidade de suportar toda dor sem lamento), *śraddhā* (confiança ou fé), *samādhāna* (unidirecionalidade ou fixação da mente). Śaṅkarācārya afirma: "*Śama* é a imperturbável concentração da mente sobre o objeto de percepção" (ŚAṄKARĀCĀRYA, 1992, sl. 23, p. 22). Pode-se observar uma lógica nessa importante sucessão de qualificações: o domínio da mente em prol da concentração mental segue depois do discernimento das coisas transitórias e consequente desapego em relação a estas, já que as mesmas são aquelas causadoras maiores das distrações. Śaṅkarācārya acrescenta: "*Dama* diz-se ser o confinamento, às suas próprias esferas, dos órgãos de ação e de percepções sensoriais, após tê-los feito desprender dos objetos dos sentidos" (ŚAṄKARĀCĀRYA, 1992, sl. 24, p. 22). Assim, a partir do domínio da mente, se chega ao domínio do corpo, da ação e dos sentidos. Śaṅkarācārya complementa ao comentar sobre *uparati*: "Uma condição não relacionada com ou [não] dependente do mundo externo é o verdadeiro *uparati*" (ŚAṄKARĀCĀRYA, 1992, sl. 24, p. 22). Portanto, *uparati* é aquela silente tolerância ou condição não dependente de cerimônias ou quaisquer eventos do mundo externo. Ademais, Śaṅkarācārya caracteriza *titikṣā* (paciente contentamento): "*Titikṣā* é o suportar de toda dor e sofrimento sem nenhum pensamento de retaliação, sem abatimento e sem lamento" (ŚAṄKARĀCĀRYA, 1992, sl. 25, p. 23) Esse contentamento paciente está relacionado a uma profunda compreensão da teoria do *Karma*, que, como foi considerado, é comum aos diversos *darśanas* ou sistemas filosóficos ortodoxos da Índia. Shankara também considera sobre a importância de *śraddhā* (confiança ou fé): "Uma meditação fixa sobre os ensinamentos de *Śāstra* (Escrituras) e do *Guru* (Mestre) com uma firme fé neles, por meio da qual o objeto do pensamento é realizado, é descrito como *śraddhā*" (ŚAṄKARĀCĀRYA, 1992, sl. 26, p. 23). Tal tipo de confiança ou fé na eficácia dos ensinamentos e do conhecimento do *Guru* é essencial para a prática e o progresso do discípulo. E Śaṅkarācārya ainda acrescenta a definição de *samādhāna* (unidirecionalidade ou fixação da mente): "O fixar constantemente da mente no Espírito é chamado *samādhāna*, a não distração da mente com objetos puramente ilusórios" (ŚAṄKARĀCĀRYA, 1992, sl. 27, p. 23). Essa unidirecionalidade naturalmente prepara a mente para transcender quaisquer atrativos por objetos ilusórios, direcionando a mente para o passo seguinte que é o último desejo, ou seja, o desejo de Libertação da roda de nascimentos e mortes.

Finalmente, o quarto passo é a qualificação de *mumukṣutva* ou desejo pela Libertação (*mokṣa*) da roda de nascimentos e mortes. Essa qualificação é a mais importante, pois alcança o âmago da questão, e se for suficientemente intensa no discípulo, torna-se a força propulsora que leva ao desenvolvimento das demais. Śaṅkarācārya assim define essa última qualificação necessária para o discípulo poder iniciar proveitosamente a senda espiritual: "*Mumukṣutva* é a aspiração à libertação [*mokṣa*], através do conhecimento de nosso verdadeiro Ser, de todo os elos criados pela ignorância [*avidyā*], começando pelo sentimento da personalidade e terminando com a identificação de si mesmo com o corpo físico" (ŚAṄKARĀCĀRYA, 1992, sl. 28, p. 24).

Além dessas qualificações preliminares do discípulo, deve-se destacar, na mesma obra, que uma das expressões mais características da filosofia Advaita Vedānta é a de que "*Ātman* é Brahman" (ŚAṄKARĀCĀRYA, 1992, sl. 292, p. 113), ou seja, numa tradução mais livre, que "a alma ou Espírito é Deus". A expressão completa se encontra contextualizada por Śaṅkara quando aborda a busca por Libertação ou *mokṣa*, que é a meta final: "Compreendendo que *Ātman* é Brahman e que nele este Universo é refletido, como uma cidade num espelho, tu alcançarás a meta final" (ŚAṄKARĀCĀRYA, 1992, sl. 292, p. 113). Neste sentido, porém, surge a discussão de *ātman* ser individual ou universal. Śaṅkara, diferentemente de outros sistemas, considera o ser, *ātman* (Espírito), como sendo "todo-penetrante, a consciência autoiluminada"[77] (TIGUNAIT, 1983, p. 218).

77 "*Self is the all-pervading, self-illumined Consciousness [...]*" (TIGUNAIT, 1983, p. 218).

Parece, pois, oportuno discorrer melhor sobre os conceitos de *Ātman* e Brahman na filosofia Advaita Vedānta. *Ātman*, nesta filosofia, além de ser considerado todo-penetrante, é a consciência que está dentro e fora do corpo, mas "ao mesmo tempo está separada dele"[78] (TIGUNAIT, 1983, p. 218).

Brahman deve ser compreendido como sendo a Verdade última, pois ele é todo-penetrante, remetendo a tudo o que pode ser conhecido, absoluta Realidade infinita, sempre livre. "Brahman e *Ātman* são idênticos exatamente como a floresta e as árvores são idênticas. [...] Da mesma forma, existem numerosas almas individuais (*vyaṣṭi*), mas isso não altera o fato de que sua natureza conglomerada (*samaṣṭi*) é Brahman"[79] (TIGUNAIT, 1983, p. 221).

Tigunait faz uso da tradicional analogia das ondas no oceano, muito usada pelos vedantinos, para apresentar o conceito do ser individual imortal (*ātman*) que permanece sem ser afetado pela variação das ondas, que são comparáveis aos cinco envoltórios chamados *koṣas*. A mesma analogia pode ser também aplicada em relação à imutabilidade de Brahman, que é o Absoluto (TIGUNAIT, 1983, p. 220). Dessa forma, aquilo que corresponde à personalidade mortal, ou seja, o corpo físico e sua mente, pode ser comparado à espuma da crista da onda. A crista é como uma extensão ou pseudópode da onda, e a onda é como um pseudópode do oceano. Prosseguindo com a analogia, o ser individual ou *ātman* imortal pode ser comparado com a onda que parece ser uma separação, enquanto o oceano se compara a Brahman. No oceano, tudo é água, caracterizando uma unidade, sendo a espuma e a onda apenas ilusões passageiras na superfície do oceano. Tudo é Brahman, mas a espuma parece ser separada, muitas vezes se apresentando até mesmo de outra cor. Entretanto, trata-se de uma ilusão passageira, pois a espuma será em breve dissolvida novamente no oceano. A espuma, que são apenas bolhas de ar, surge principalmente a partir de uma maior interação do movimento da crista da onda com a atmosfera. A onda pode ser comparada com *ātman* e o oceano com Brahman, mas os dois são essencialmente a mesma coisa. "*Ātman*, o puro Ser, sempre testemunha todos os fenômenos mutáveis dentro e fora [...], mas o próprio *Ātman* não pode ser experimentado através dos sentidos"[80] (TIGUNAIT, 1983, p. 219). Para tornar possível tal experiência direta de *ātman* (Espírito), são necessárias as clássicas técnicas de meditação.

---

78 "*[...] at the same time is separate from it*" (TIGUNAIT, 1983, p. 218).

79 "*Brahman and Ātman are identical, exactly as the forest and the trees are identical. [...] Likewise, there are numerous individual souls (vyaṣṭi), but this does not alter the fact that their conglomerate nature (samaṣṭi) is Brahman*" (TIGUNAIT, 1983, p. 221).

80 "Ātman, the pure Self, ever witnesses all the changing phenomena within and without *[...]*, but Ātman itself

A doutrina vedantina dos *koṣas*, cascas ou envoltórios, é muito relevante dentro deste contexto da relação do verdadeiro Ser (*ātman*) com sua manifestação no reino de *māyā* (ilusão). Essa manifestação se dá por meio de cinco envoltórios chamados *koṣas*, comparados a coberturas ou bainhas com as quais *ātman* se reveste. Conforme Tigunait comenta: "O Ser está oculto no mais íntimo aposento do coração, e os cinco envoltórios velam-no. A vida humana é um composto destes cinco envoltórios e o Ser [*ātman* ou Espírito]"[81] (TIGUNAIT, 1983, p. 235).

Os cinco envoltórios (*koṣas*) – frequentemente simbolizados por analogia com esferas concêntricas – ou veículos do Ser (*ātman*), que pode ser simbolizado no centro, como se fosse um Sol, são assim descritos, a partir da esfera mais externa, pelos envoltórios: da alimentação ou corpo físico (*annamayakośa*); da energia vital ou *prāṇa* (*prāṇamayakośa*); da sensação com a mente (*manomayakośa*); da consciência ou individualidade (*vijñānamayakośa*); de bem-aventurança (*ānandamayakośa*)[82] (ŚAṄKARĀCĀRYA, 1992, sl. 156, 167, 169, 186, 187, 209, p. 67, 71, 77, 84).

Śaṅkarācārya sustenta que, negando-se ou subtraindo os cinco envoltórios (*koṣas*), pode-se encontrar o Ser (*ātman*): "De acordo com os Vedas, *Ātman* é o que permanece após a subtração (desaparecimento) dos cinco envoltórios. *Ātman* é a Testemunha, é conhecimento absoluto" (ŚAṄKARĀCĀRYA, 1992, sl. 212, p. 85). É o método do *neti-neti*, ou seja, não isso, não aquilo. Dessa forma, Prabhavananda considera que por meio da negação das coisas externas aquele que medita alcança a percepção do Ser (*ātman*):

> O primeiro passo em direção à experiência mística é a negação ou recusa de todas as coisas externas. Brahman (ou *Ātman*) não é nem 'isso' nem 'aquilo' – *neti neti Ātmā*. À medida que os sábios se absorviam na meditação, eles se elevavam acima do plano da percepção física[83] (PRABHAVANANDA; MANCHESTER, 1964, p. 29).

Outra maneira de buscar essa essência do Ser (*ātman*), que se encontra além dos cinco envoltórios (*koṣas*), é apresentada por Ramana Maharshi (1879-1950), um sábio hindu contemporâneo da escola Advaita Vedānta. Ao invés de se utilizar somente de uma técnica de negação ou de subtrair os envoltórios (*koṣas*) que, obviamente, não são esse Ser (*ātman*), mas apenas o envolvem, Ramana Maharshi introduz ou

---

cannot be experienced through the senses" (TIGUNAIT, 1983, p. 219).

81 "*The Self is hidden in the innermost chamber of the heart, and five sheaths veil it. Human life is a composite of these five sheaths and the Self*" (TIGUNAIT, 1983, p. 235).

82 Termos sânscritos também conforme *A Sanskrit – English Dictionary* (MONIER-WILLIAMS, 1995, p. 314).

83 "*The primary step towards mystical experience is the negation or denial of all external things. Brahman (or Ātman) is neither 'this' nor 'that'- neti neti Ātmā. As the sages became absorbed in meditation, as they rose above the plane of physical perception [...]*" (PRABHAVANANDA; MANCHESTER, 1964, p. 29).

acrescenta um elemento que, na verdade, não se trata propriamente de uma declarada afirmação, mas da insistente repetição de uma pergunta que visa focalizar a atenção no Ser (*ātman*) e, assim, constitui-se numa maneira alternativa de também afastar a atenção ou subtraí-la dos cinco envoltórios (*koṣas*). Ele indica uma técnica de meditação ou perquirição do Ser (*ātman*), denominada Maha-Yoga-Vicāra, a qual consiste num questionamento, ou seja, em sempre inquirir "Quem sou eu?":

> [...] nós consideramos que o corpo é identificado com o 'eu', porque os movimentos e as funções similares pertencem ao corpo. Pode o corpo então ser essa 'consciência do eu'? Ele [o corpo] não estava lá antes do nascimento, é composto dos cinco elementos, está ausente [da nossa consciência] durante o sono, e (finalmente) se torna um cadáver. Não, ele não pode ser [essa 'consciência do eu']. Este senso de 'eu', que surge no corpo por enquanto, é de outro modo chamado de ego, ignorância, ilusão, impureza, ou eu individual. A finalidade de todas as Escrituras é esta perquirição do Ser[84] (RAMANA, [19--] *apud* OSBORNE, 1997, p. 18-19).

Entretanto, Ramana Maharshi não trata essa perquirição do Ser (*ātman*), ou Maha-Yoga-Vicāra, como mera repetição da pergunta "Quem sou eu?", como se fosse apenas mais um *mantra*. Ele sustenta o fato de que a pergunta deve levar a um "mergulho", por assim dizer, dentro do indivíduo, de modo a buscar a fonte na qual o pensamento do "eu" surge. É ali que a atenção deve se manter com firmeza, excluindo qualquer outro pensamento. Então, depois dessa contínua e persistente busca, como Ramana Maharshi considera, "[...] aquilo que permanece separado e só por si mesmo, essa consciência pura é o que Eu sou. Esta consciência é por sua própria natureza *Sat-Cit-Ānanda* (Existência - Consciência - Bem-aventurança)"[85] (RAMANA, [19--] *apud* OSBORNE, 1997, p. 40).

Quando se descobre a essência do Ser (*ātman*) no centro do coração, segundo Ramana Maharshi, também Brahman é descoberto, porque ambos são um: "Quando a mente na forma do ego, que toma o corpo como [se fosse] o Ser e

---

84 "*[...] we find that the body is identified with 'I', because movements and similar functions pertain to the body. Can the body then be this 'I-consciousness'? It [the body] was not there before birth, it is composed of the five elements, it is absent [from our awareness] in sleep, and it (eventually) becomes a corpse. No, it cannot be [this 'I-consciousness']. This sense of 'I', which arises in the body for the time being, is otherwise called the ego, ignorance, illusion, impurity, or individual self. The purpose of all the scriptures is this enquiry (into the Self)*" (RAMANA, [19--] *apud* OSBORNE, 1997, p. 18-19).

85 "*[...] that which remains separate and alone by itself, that pure Awareness is what I am. This awareness is by its very nature Sat-Cit-Ānanda (Existence-Consciousness-Blis.)*" (RAMANA, [19--] *apud* OSBORNE, 1997, p. 40).

se projeta para fora, é contida dentro do Coração, a sensação de 'Eu' no corpo é abandonada, uma iluminação sutil será experimentada como 'Eu – Eu', que não é outro senão o Absoluto [...]"[86] (RAMANA, [19--] *apud* OSBORNE, 1997, p. 40).

Śaṅkarācārya afirma, além disso, que somente Brahman existe, e nada mais pode existir separado de Brahman (TIGUNAIT, 1983, p. 221). E Tigunait ainda comenta que "[...] se alguém percebe alguma coisa como diferente do Real (Brahman), é devido à ignorância [...]. Em seu sentido cósmico, a ignorância é conhecida como *Māyā*, a ilusão cósmica"[87] (TIGUNAIT, 1983, p. 221).

Na verdade, o conceito de *māyā* é essencial para que se compreenda a filosofia Advaita *Vedānta*. *Māyā* não é consciente ou real e tampouco independente, mas é um poder inerente a Brahman. Tigunait considera que *māyā* pode ser removida pela compreensão ou conhecimento correto, mas seu substrato é Brahman, ainda assim "Brahman não é tocado por ela"[88] (TIGUNAIT, 1983, p. 224).

Segundo a filosofia Advaita Vedānta, através do poder de *māyā*, a ilusão da serpente se superpõe ou é projetada sobre a corda, quando vista de modo turvo ou sem muita distinção, no crepúsculo, para mencionar e comentar um dos exemplos clássicos de Śaṅkara. Assim, o observador desatento pode ficar assustado com uma corda, pensando que viu uma serpente. O próprio Universo manifestado com os seus três *guṇas*, seria essencialmente uma superposição aparente ou ilusória sobre Brahman, pelo poder de *māyā*:

> Os efeitos de *māyā* podem ser destruídos pela compreensão de Brahman não dual, assim como a ilusão de uma serpente é destruída pela constatação de que é uma corda. As qualidades da matéria são chamadas *rajas, tamas* e *sattva* e são conhecidas pelos seus efeitos (ŚAṄKARĀCĀRYA, 1992, sl. 122, p. 51).

Prabhavananda também comenta sobre essas semelhanças entre o sistema Vedānta e o Sāṃkhya, que também são aplicáveis ao Yoga, pois os três *guṇas* são derivações ou evoluções da matéria indiferenciada ou *prakṛiti* (natureza material), origem da manifestação. No sistema Sāṃkhya, no qual Śaṅkarācārya está

86 "*When the mind in the form of the ego, which takes the body for the Self and strays outwards, is curbed within the Heart, the sense of "I" in the body relinquished, a subtle illumination will be experienced as 'I – I', which is no other than the Absolute [...]*" (RAMANA, [19--] *apud* OSBORNE, 1997, p. 40).

87 "*If one perceives something as different from the Real (Brahman), it is due to ignorance [...] In its cosmic sense, ignorance is known as Māyā, the cosmic illusion*" (TIGUNAIT, 1983, p. 221).

88 "*Brahman is untouched by it*" (TIGUNAIT, 1983, p. 224).

parcialmente se apoiando na citação acima, a manifestação ou criação, por assim dizer, vem de uma perturbação do equilíbrio entre os três *guṇas*. As inúmeras combinações dos *guṇas* criariam assim os elementos individuais, as criaturas e os objetos. Prabhavananda comenta:

> Este conceito de *prakṛti* corresponde, mais ou menos, ao conceito de *māyā* segundo Śaṅkara – mas com essa importante diferença: Diz-se que *prakṛti* é diferente e independente de *Puruṣa* (a Realidade absoluta), enquanto *māyā* não tem nenhuma realidade absoluta, mas depende de Brahman. Portanto, de acordo com Śaṅkara, é Īśvara, em vez de *prakṛti*, que pode ser descrito como a causa última do Universo[89] (PRABHAVANANDA; MANCHESTER, 1964, p. 337).

Mas então a lógica traz a pergunta inevitável: existiriam dois Deuses, um impessoal chamado Brahman, e outro pessoal chamado Īśvara? A resposta da filosofia Advaita Vedānta a essa pergunta é muito singular e envolve o conceito de *māyā*: "Não – pois Brahman aparece como Īśvara apenas quando visto na relativa ignorância de *Māyā*. Īśvara tem o mesmo grau de realidade que *Māyā* tem"[90] (PRABHAVANANDA; MANCHESTER, 1964, p. 337). Em outras palavras, o Deus pessoal é uma versão limitada pelo véu de *māyā* do Deus impessoal ou Absoluto, e pode ser considerado *conforme* **as palavras de Swami Vivekananda: "O Deus pessoal é a mais elevada leitura possível do Absoluto pela mente humana"[91] (VIVEKANANDA, 1948, v. 3, p. 37).**

Tigunait também desenvolve essa ideia da condição relativa da existência da divindade na filosofia Advaita Vedānta:

> Para entender o conceito de Deus, um estudante do Vedānta deve primeiro ser muito claro se ele está falando do ponto de vista da realidade aparente ou

---

89 "*This concept of prakṛti corresponds, more or less, to Śaṅkara's concept of māyā – but with this important difference: prakṛti is said to be other than and independent of Puruṣa (the absolute Reality) while māyā is said to have no absolute reality but to be dependent on Brahman. Therefore, according to Śaṅkara, it is Īśvara, rather than Prakṛti, who can be described as the ultimate cause of the universe*" (PRABHAVANANDA; MANCHESTER, 1964, p. 337).

90 "*No – for Brahman appears as Īśvara only when viewed in the relative ignorance of māyā. Īśvara has the same degree of reality that māyā has*" (PRABHAVANANDA; MANCHESTER, 1964, p. 337).

91 "*The personal God is the highest possible reading of the Absolute by the human mind*" (VIVEKANANDA, 1948, v. 3, p. 37).

> da Realidade absoluta. De acordo com Śaṅkara, se o Universo é real, então o conceito de Deus também é real porque Deus é aquele estado de consciência que está unido a *Māyā*, seu potencial essencial [...], mas do ponto de vista da Realidade absoluta, Deus é irreal assim como este Universo[92] (TIGUNAIT, 1983, p. 232-233).

1.3 OS SISTEMAS DO NYĀYA E DO VAIŚEṢIKA

O terceiro *darśana* ortodoxo a ser considerado chama-se Nyāya e caracteriza-se por ser um sistema que busca a Libertação ou *mukti* e apresenta um sistema de lógica que busca o conhecimento válido por meio do criticismo lógico. Talvez, por ser um sistema de ênfase na lógica, Tigunait parece preferir tratá-lo em primeiro lugar, considerando que "[...] todos os outros sistemas da filosofia indiana usam o sistema de lógica Nyāya, no todo ou em parte, como um fundamento para o raciocínio e debate filosóficos"[93] (TIGUNAIT, 1983, p. 30). Foi fundado por um sábio chamado Gotama, também conhecido como Akṣapāda. A principal ocupação deste sistema é a de desenvolver e usar um método para discernir entre o conhecimento válido e o inválido, e para distinguir *ātman* de não *ātman*. De acordo com este sistema a escravidão é consequência de uma má compreensão dos doze objetos conhecíveis, chamados *prameyas*, a saber (TIGUNAIT, 1983, p. 72):

> [1] *Ātman*, o Ser [às vezes chamado de Espírito] [...];
> [2] *śarīra*, o corpo;
> [3] *indriyas*, os cinco sentidos;
> [4] *artha*, os objetos dos sentidos;
> [5] *buddhi*, cognição;
> [6] *manas*, a mente [considerada como um sentido interno] [...];
> [7] *pravṛti*, atividade [...];

---

92 *"To understand the concept of God, a student of Vedānta must first be very clear whether he is talking the standpoint of apparent reality or absolute Reality. According to Śaṅkara, if the universe is real, then the concept of God is also real because God is that state of consciousness that is united with Māyā, its essential potential [...] but from the standpoint of absolute Reality, God is unreal as this universe"* (TIGUNAIT, 1983, p. 232-233).

93 *"[...] all the other systems of Indian philosophy use the Nyāya system of logic, in whole or in part, as a foundation for philosophical reasoning and debate"* (TIGUNAIT, 1983, p. 30).

[8] *doṣa*, defeitos mentais que incluem apego (*rāga*), ódio (*dveṣa*) e paixão ou ilusão (*moha*);

[9] *pretyabhāva*, renascimento ou vida após a morte;

[10] *phala*, frutos ou resultados das ações sejam de dor ou prazer;

[11] *duḥkha*, sofrimento;

[12] [...] *apavarga*, libertação ou completa cessação de todo e qualquer sofrimento sem qualquer possibilidade de seu ressurgimento.[94]

Portanto, o objetivo da vida é conquistar a compreensão ou o correto conhecimento destes doze *prameyas* como eles realmente são e, assim, obter a Libertação (*mukti*).

Na escola Nyāya, a realidade é estudada segundo seu aspecto manifestado, bem como segundo seu aspecto não manifestado, sob dezesseis divisões filosóficas (*padārthas*), a saber (TIGUNAIT, 1983, p. 70):

[1] *pramāṇa*, fontes do conhecimento;

[2] *prameya*, objetos do conhecimento;

[3] *saṃśaya*, dúvida ou estado de incerteza;

[4] *prayojana*, o objetivo;

[5] *dṛṣṭānta*, exemplo;

[6] *siddhānta*, doutrina;

[7] *avayava*, os constituintes de inferência;

[8] *tarka*, argumento hipotético;

[9] *nirṇaya*, conclusão;

[10] *bādha*, discussão;

[11] *jalpa*, disputa;

[12] *vitaṇḍā*, argumento irracional;

[13] *hetvābhāsa*, raciocínio capcioso;

---

94 *"Ātman, the Self; śarīra, the body [...]; indriyas, the five senses [...]; artha, the object of the senses; buddhi, cognition; manas, the mind [...]; pravṛti, activity [...]; doṣa, mental defects that include attachment (rāga), hatred (dveṣa) and infatuation or delusion (moha); pretyabhāva, rebirth or life after death; phala, the fruits or results of actions experienced as pain or pleasure; duḥkha, suffering [...]; and apavarga, liberation or complete cessation of all suffering without any possibility of its reappearance"* (TIGUNAIT, 1983, p. 72).

[14] *chala*, resposta injusta;

[15] *jāti*, generalização baseada em uma falsa analogia;

[16] *nigrahasthāna*, fundamentos para a derrota.[95]

O conceito de alma individual no sistema Nyāya é o de uma substância singular, indestrutível e eterna, cujo atributo é a consciência, que seria conhecida por inferência ou testemunho. As memórias do passado não poderiam ser explicadas a não ser por meio de uma entidade permanente. Existem muitas almas, pois as experiências de uma alma não se sobrepõem às de outras (TIGUNAIT, 1983, p. 95-97).

O conceito de Libertação na filosofia Nyāya é o de ficar livre, de modo absoluto, de toda dor e miséria, que é a meta última da condição da vida humana. Neste sistema filosófico, parece não existir o conceito de *jīvanmukti* ou Libertação em vida, uma vez que na escola Nyāya é considerado impossível para a alma ou Espírito conquistar a completa libertação da dor ou miséria sem estar "[...] totalmente desconectado do corpo e dos sentidos [...]"[96] (TIGUNAIT, 1983, p. 97).

Para que o estado de Libertação (*mukti*) possa ser atingido, o sistema Nyāya sustenta que o verdadeiro conhecimento sobre a alma e todos outros onze objetos de experiência, chamados acima de *prameyas*, precisa ser obtido. Tal conhecimento é o *tattvajñāna*, que tem o significado, segundo Tigunait, de "[...] conhecer a realidade como completamente distinta da irrealidade"[97] (TIGUNAIT, 1983, p. 97). Assim, o fogo do verdadeiro conhecimento tosta as sementes dos *karmas* de modo que não possam mais germinar, libertando definitivamente a alma ou espírito da roda de nascimentos e mortes.

Numa comparação parcial com a terminologia ocidental, Deus, na filosofia Nyāya, é considerado como a causa eficiente da criação. Com efeito, o Deus do sistema Nyāya não cria o Universo do nada nem de si mesmo, mas "[...] a partir dos eternos átomos do espaço, tempo, mente e alma [...]"[98](TIGUNAIT, 1983, p. 98). Deus é o criador do Universo como primeira causa eficiente que ordena estas

95 *"[...] pramāṇa, the sources of knowledge; prameya, the objects of knowledge; saṃśaya, doubt or state of uncertainty; prayojana, the aim; dṛṣtānta, example; siddhānta, doctrine; avayava, the constituents of inference; tarka, hypothetical argument; nirṇaya, conclusion; bādha, discussion; jalpa, wrangling; vitaṇḍā, irrational argument; hetvābhāsa, specious reasoning; chala, unfair reply; jāti, generality based on a false analogy; and nigrahasthāna, the grounds for defeat"* (TIGUNAIT, 1983, p. 70).

96 *"[...] totally disconnected from the body and the senses [...]"* (TIGUNAIT, 1983, p. 97).

97 *"[...] to know reality as completely distinct from unreality"* (TIGUNAIT, 1983, p. 97).

98 *"[...] out of the eternal atoms of space, time, mind and soul [...]"* (TIGUNAIT, 1983, p. 98).

entidades eternas. Deus também pode ser visto como o preservador, enquanto mantém os átomos unidos e mantém a ordem que dá, assim, continuidade ao Universo manifestado. Deus é ainda chamado de destruidor e, às vezes, também de regenerador do Universo, porque pode liberar forças destrutivas "[...] quando as energias do mundo mortal o requerem"[99] (TIGUNAIT, 1983, p. 98). Deus é também considerado uno, infinito e eterno, não sendo limitado pelo universo de alma e mente, ou de espaço e tempo. Seriam seis as perfeições de Deus: "[...] glória infinita, soberania absoluta, virtude ilimitada, beleza suprema, conhecimento perfeito, e desprendimento completo"[100] (TIGUNAIT, 1983, p. 98).

Diversos argumentos são apresentados pela filosofia Nyāya para sustentar a existência de Deus. O primeiro é conhecido como o argumento causal, uma vez que o Universo é uma combinação de átomos, e as montanhas, constituídas por eles, bem como os campos e os rios, não têm inteligência, não podendo ser a causa de si mesmos. Então, Deus teria de ser a sua causa. O segundo argumento se baseia em *adṛṣṭa*, palavra sânscrita que significa o " 'não visto' ou o 'desconhecido' "[101] (TIGUNAIT, 1983, p. 99). De acordo com a teoria do *karma* que, como já citado, é comum às diversas *darśanas* ortodoxas, a soma dos diversos resultados de boas e más ações é chamada em sânscrito de *adṛṣṭa* (destino). Essas diversas ações necessitam de um princípio inteligente que as conduza à sua frutificação como alegrias ou sofrimentos. A filosofia Nyāya sustenta assim que há necessidade de um todo-poderoso agente inteligente que guie e dirija *adṛṣṭa* (destino), para que se produzam as consequências apropriadas das ações: este necessário agente o próprio supremo Deus onipotente, onipresente e eterno (TIGUNAIT, 1983, p. 99-100). O terceiro argumento fundamenta-se no testemunho das escrituras. Esse argumento sustenta que escrituras consideradas de autoridade, tais como os Vedas e as Upaniṣads, entre outras, que afirmam que Deus existe, não foram escritas por pessoas comuns, mas por sábios e santos que tiveram a experiência direta da existência de Deus. Como mencionado, essa experiência direta de contemplação, seria obtida por *nididhyāsana*.

O quarto *darśana* ortodoxo a ser considerado chama-se Vaiśeṣika e caracteriza-se por ser essencialmente uma escola atomista, tendo ainda vários pontos de concordância com a filosofia Nyāya, considerada por isso como sua aliada.

---

99 "*[...] when the energies of the mortal world require it*" (TIGUNAIT, 1983, p. 98).

100 "*[...] infinite glory, absolute sovereignty, unqualified virtue, supreme beauty, perfect knowledge, and complete detachment*" (TIGUNAIT, 1983, p. 98).

101 "*[...] 'the unseen' or 'the unknown'*" (TIGUNAIT, 1983, p. 99).

Foi fundado por um sábio chamado Kaṇāda, também conhecido como Ulūka, razão pela qual esta filosofia é também denominada Aulūkya. O *Vaiśeṣika Sūtra*, a primeira obra sistemática, é de autoria de Kaṇāda (TIGUNAIT, 1983, p. 103).

Dentre os diversos pontos comuns da filosofia Vaiśeṣika com a Nyāya, destaca-se que ambas adotam a Libertação individual (*mukti*) como sua meta final, implicando a libertação definitiva do sofrimento. Outro ponto comum é que ambas assumem a ignorância como causa de todas as misérias e sofrimentos e da vida. Coerentemente, ambas afirmam que é somente por meio de um correto conhecimento da realidade que a meta final da Libertação pode ser atingida (TIGUNAIT, 1983, p. 103-104).

Por outro lado, estas filosofias apresentam duas principais diferenças. Enquanto a Vaiśeṣika aceita somente duas fontes independentes de conhecimento, a saber, percepção e inferência, a filosofia Nyāya, que parece ser historicamente mais recente, aceita, também, além destas, ainda mais duas, a saber, comparação e testemunho. A segunda principal diferença encontra-se no número de categorias, uma vez que a filosofia *Vaiśeṣika* aceita somente sete Categorias da Realidade (*padārthas*), a saber: "[...] [1] *dravya* (substância), [2] *guṇa* (qualidade), [3] *karma* (ação), [4] *sāmānya* (generalidade), [5] *viśeṣa* (singularidade), [6] *samavāya* (inerência), e [7] *abhāva* (não existência)"[102] (TIGUNAIT, 1983, p. 104). Estas são distintas das dezesseis *padārthas* já mencionadas da filosofia Nyāya.

O termo *padārtha* significa "O objeto denotado por uma palavra [...]"[103] (TIGUNAIT, 1983 p. 104), e de acordo com tal filosofia os objetos como um todo podem ser classificados de forma geral em duas classes: aqueles que existem, abrangendo as seis primeiras categorias; e aqueles que não existem, abrangendo apenas a categoria de não existência (*abhāva*), que é a sétima e última categoria (TIGUNAIT, 1983, p. 104).

A primeira categoria do sistema Vaiśeṣika é chamada Substância (*dravya*). Ela se refere ao substrato onde reside ou pode existir "[...] uma qualidade ou uma ação [...]"[104] (TIGUNAIT, 1983 p. 104). Entretanto essa Substância "[...] é diferente tanto da qualidade quanto da ação [...]"[105] (TIGUNAIT, 1983, p. 104). Por outro lado, como ela é o substrato da qualidade ou da ação, nem a qualidade nem a ação podem existir sem a substância, e "[...] ela é também a causa material das coisas

102 "*[...] dravya (substance), guṇa (quality), karma (action), sāmānya (generality), viśeṣa (uniqueness), samavāya (inherence), e abhāva (nonexistence)*" (TIGUNAIT, 1983, p. 104).

103 "*The object denoted by a word [...]*" (TIGUNAIT, 1983, p. 104).

104 "*[...] a quality or an action [...]*" (TIGUNAIT, 1983, p. 104).

105 "*[...] is diferent from both quality and action [...]*" (TIGUNAIT, 1983, p. 104).

compostas, produzidas a partir dela"[106] (TIGUNAIT, 1983, p. 104). Pode-se usar como exemplo um tecido, que é uma combinação de fios e cores, pois os fios são as causas material e constitutiva do tecido.

Existem, dessa forma, nove tipos de Substâncias (*dravyas*), a saber: "[...] terra, água, fogo, ar, éter, tempo, direção, alma, e mente"[107] (TIGUNAIT, 1983, p. 104). Pode-se notar que as cinco primeiras são os cinco elementos tradicionais correspondentes aos cinco sentidos, pois cada um deles possui, dessa forma, uma qualidade específica que pode ser percebida por uma respectiva faculdade sensorial externa. Pode-se exemplificar que a propriedade particular que corresponde à terra é o olfato, sendo percebida pelas narinas. A propriedade particular da água é o gosto, sendo percebida pelo órgão que lhe corresponde, que é a língua. A propriedade particular do fogo ou luz é a cor, sendo percebida, similarmente, pelos olhos. A propriedade particular do ar é o tato, sendo percebida ou experimentada, similarmente, pela pele. E, finalmente, a propriedade particular do éter é o som, sendo percebida, similarmente, pelos ouvidos (TIGUNAIT, 1983, p. 105-106).

Na verdade, associado à categoria de Substância (*dravya*) surge um conceito muito característico do sistema Vaiśeṣika que é o *paramāṇu*, ou o átomo indivisível, conceito essencial, ainda que aparentemente redundante, enquanto menor partícula constitutiva possível de terra, água, fogo ou ar. Por outro lado, é importante enfatizar que este conceito milenar não deve ser confundido com o conceito de átomo da ciência moderna, pois tal átomo científico contemporâneo é na verdade ainda divisível e constituído de partículas subatômicas (TIGUNAIT, 1983, p. 106). O *paramāṇu* é definido como átomo indivisível e eterno na filosofia Vaiśeṣika, mas as composições que ele fará para constituir os respectivos elementos (*mahābhūtas*) já mencionados (ar, fogo, água e terra), com os quais o Universo é criado, não são eternas. Dessa forma, vem à existência o mundo físico em sua vasta expansão. Por outro lado, de acordo com a vontade de Deus, o Universo será também aniquilado ou destruído em seu devido tempo. Como considera Tigunait, segundo a filosofia Vaiśeṣika: "[...] o funcionamento dos átomos é guiado ou dirigido pela vontade criativa ou destrutiva do Ser Supremo"[108] (TIGUNAIT, 1983, p. 115). A filosofia Vaiśeṣika introduz também o conceito de uma "Lei universal (*adṛṣṭa*) do processo de criação e aniquilação que influencia os seres individuais a funcionar ou ser

---

106 "*[...] it is also the material cause of the composite things produced from it*" (TIGUNAIT, 1983, p. 104).

107 "*[...] earth, water, fire, air, ether, time, direction, soul, and mind*" (TIGUNAIT, 1983, p. 104).

108 "*[...] the functioning of atoms is guided and directed by the creative or destructive will of the Supreme Being*" (TIGUNAIT, 1983, p. 115).

ativos na direção da vontade criadora"[109] (TIGUNAIT, 1983, p. 116). Dirigidos por tal força ou lei "[...] a alma faz contato com um átomo do ar; e assim o movimento primordial vem à existência"[110] (TIGUNAIT, 1983, p. 116). Na verdade, sob o ponto de vista dos átomos, não haveria propriamente um processo de criação e aniquilação do mundo, mas antes "[...] uma composição e decomposição ordenada e moralmente sistematizada de compostos"[111] (TIGUNAIT, 1983, p. 117).

Por outro lado, é importante destacar o aspecto cíclico do Universo, como lembra Prabhavananda, ou seja, que, de acordo com a filosofia Vaiśeṣika, a destruição será seguida de uma nova criação, segundo a Lei de Causa e Efeito:

> O mundo como um efeito, que é não eterno, é uma produção das eternas substâncias preexistentes, com suas propriedades e relações, mas é também algo absolutamente novo. Cada ciclo de criação, portanto, é chamado *ārambhavāda* – que admite uma criação inteiramente nova[112] (PRABHAVANANDA; MANCHESTER, 1964, p. 231).

Dessa forma, os átomos de terra, água, fogo e ar constituem os quatro primeiros tipos de Substância do sistema Vaiśeṣika. A quinta Substância do sistema Vaiśeṣika é o éter (*ākāśa*), também chamado de espaço, não tem dimensão perceptível ou cor, não sendo constituído de átomos, mas é o substrato da qualidade do som. O éter ou espaço é ilimitado e sem forma, sendo uno e eterno, pois não é constituído de partes, mas é todo-penetrante. Uma vez que não se pode afirmar que o som é qualidade de outras substâncias tais como tempo, direção, alma ou mente, porque estas existem independentemente do som, "[...] deve haver alguma outra substância que tenha a qualidade do som em si, e esta substância é chamada de *ākāśa* [éter]"[113] (TIGUNAIT, 1983, p. 107).

---

109 *"The universal law (adṛṣṭa) of the process of creation and annihilation influences the individual selves to function or to be active in the direction of the creative will"* (TIGUNAIT, 1983, p. 116).

110 *"[...] the soul makes contact with an atom of air; thus the primeval motion comes into being"* (TIGUNAIT, 1983, p. 116).

111 *"[...] an orderly and morally systematized composition and decomposition of compounds"* (TIGUNAIT, 1983, p. 117).

112 *"The world as an effect, which is noneternal, is a production of the eternally pre-existing substances, with their properties and relations, but is also something absolutely new. Every cycle of creation, therefore, is called ārambhavāda – that which admits of an entirely fresh creation"* (PRABHAVANANDA; MANCHESTER, 1964, p. 231).

113 *"[...] there must be some other substance that has the quality of sound in it; that substane is called ākāśa"* (TIGUNAIT, 1983, p. 107).

A sexta Substância do sistema Vaiśeṣika é o tempo e, a sétima, é a direção. Ambas são Substâncias imperceptíveis e, também, singulares, eternas, indivisíveis e sem partes, todo-penetrantes, assim como o espaço, ainda quando "[...] elas são [Substâncias] mencionadas como muitas ou múltiplas por causa de certas condições limitantes [...] [como] por exemplo, quando o todo-penetrante e indivisível espaço é limitado pelas paredes de um recipiente"[114] (TIGUNAIT, 1983, p. 107). Passaria, então, o espaço limitado por certas madeiras a ser chamado de "espaço do armário", ou, por exemplo, o intervalo de tempo de uma hora, ou a direção norte etc.

A oitava Substância do sistema Vaiśeṣika é a alma (*ātman*), que de acordo com esta filosofia pode ser individual, conhecida como *jīvātman*; ou suprema, mais conhecida como *Paramātman* ou Īśvara. A Alma Suprema, conforme menciona Tigunait, "[...] é inferida como sendo o criador do mundo"[115] (TIGUNAIT, 1983, p. 108), assim como na filosofia Nyāya.

A nona Substância do sistema Vaiśeṣika é a mente, que é considerada atômica e indivisível como a alma. Existe somente uma mente em cada corpo, caracterizando-se como "A eterna faculdade sensória da alma individual e das qualidades da alma, tais como prazer e dor"[116] (TIGUNAIT, 1983, p. 108). A mente é a faculdade ou o sentido interno que permite "[...] a percepção de objetos internos como alma, cognição, sentimento, prazer, dor, e assim por diante"[117] (TIGUNAIT, 1983, p. 108).

A mente também é necessária para coordenar as diversas percepções oriundas dos cinco sentidos externos, de modo que mesmo havendo mais de uma simultaneamente "[...] somente aquela sobre a qual se presta atenção é realmente percebida"[118] (TIGUNAIT, 1983, p. 108). A atenção exerce a coordenação da mente com os cinco sentidos, sempre necessária à percepção de algum objeto por meio dos sentidos externos.

---

114 *"[...] they are spoken of as many because of certain limiting conditions, [...as] for example, when the all-pervading, indivisible space is limited by the walls of a jar"* (TIGUNAIT, 1983, p. 107).

115 *"The Supreme Soul is inferred to be the creator of the world"* (TIGUNAIT, 1983, p. 108).

116 *"It is the eternal sense faculty of the individual soul and the soul's qualities, such as pleasure and pain"* (TIGUNAIT, 1983, p. 108).

117 *"[...] the perception of internal objects, such as soul, cognition, feeling, pleasure, pain, and so on"* (TIGUNAIT, 1983, p. 108).

118 *"[...] only that which is being attended to is actually perceived"* (TIGUNAIT, 1983, p. 108).

Vista a primeira categoria da Realidade chamada Substância (*dravya*), passa-se à segunda categoria do sistema Vaiśeṣika que é chamada Qualidade (*guṇa*)[119], sendo existente somente numa Substância e não por si mesma, e pode assim ser considerada como uma causa não material das coisas, mas que "[...] determina a natureza de uma coisa"[120] (TIGUNAIT, 1983, p. 109). Neste sistema, constituem-se em 24 tipos de qualidades que, para exemplificar, pode-se pelo menos enumerar (TIGUNAIT, 1983, p. 109):

[1] *rūpa* (cor);
[2] *rasa* (sabor);
[3] *gandha* (odor);
[4] *sparaśa* (tato);
[5] *śabda* (som);
[6] *sāṃkhya* (número);
[7] *parimāṇa* (magnitude);
[8] *pṛthaktva* (distinção);
[9] *saṃyoga* (conjunção ou união);
[10] *bibhāga* (separação);
[11] *paratva* (distanciamento);
[12] *aparatva* (proximidade);
[13] *buddhi* (cognição);
[14] *sukha* (prazer);
[15] *dukha* (dor);
[16] *icchā* (desejo);
[17] *dveṣa* (aversão);
[18] *prayatna* (esforço);
[19] *gurutva* (peso);

119 Não se deve confundir o termo sânscrito *guṇa*, segundo seu significado na filosofia Vaiśeṣika e na filosofia Sāṃkhya, como enfatiza Tigunait: "Na [filosofia] Vaiśeṣika, '*guṇa*' se refere à qualidade, enquanto na [filosofia] Sāṃkhya este termo é usado para denotar uma natureza essencial de *Prakṛti*, a causa material do Universo". No original: "*In Vaiśeṣika 'guṇa' refers to quality, whereas in Sāṃkhya this term is used to denote an essential nature of Prakṛti, the material cause of the universe*" (TIGUNAIT, 1983, p. 109).
120 "*[...] it determines the nature of a thing*" (TIGUNAIT, 1983, p. 109).

[20] *dravatva* (fluidez);

[21] *sneha* (viscosidade);

[22] *saṃskāra* (tendência);

[23] *dharma* (mérito ou virtude);

[24] *adharma* (demérito ou não virtude)"[121].

Por sua vez, estas diversas qualidades podem possuir subdivisões como, por exemplo: (2) *rasa* (sabor) se subdivide em "[...] doce, ácido, amargo, picante, adstringente e salgado"[122] (TIGUNAIT, 1983, p. 109), e assim por diante nos diversos *guṇas*.

As outras cinco categorias da Realidade remanescentes do sistema Vaiśeṣika são, como acima enumeradas, Ação (*karma*), Generalidade (*sāmānya*), Singularidade (*viśeṣa*), Inerência (*samavāya*), e Não Existência (*abhāva*), e parecem ser menos detalhadas, como segue (TIGUNAIT, 1983, p. 111).

A terceira categoria do sistema Vaiśeṣika é a Ação (*karma*). Ela é essencialmente movimento, e ainda que completamente diferente da Qualidade e da Substância, é sempre dependente desta última (TIGUNAIT, 1983, p. 111).

A quarta categoria do sistema Vaiśeṣika é a Generalidade (*sāmānya*). Ela é abstrata e eterna, sendo essencialmente "universalidade" enquanto "[...] característica comum que une diferentes entidades em uma classe"[123] (TIGUNAIT, 1983, p. 112).

A quinta categoria do sistema Vaiśeṣika é a Singularidade (*viśeṣa*). Ela é o conceito oposto à Generalidade: trata-se da característica de uma coisa que a distingue de todas as outras. Em outras palavras, tudo no Universo misteriosamente tem sua Singularidade (TIGUNAIT, 1983, p. 112). Dessa forma, é de se notar que a categoria de Singularidade se destaca por dar nome à este sistema filosófico, ainda quando é o caráter atomista, que caracteriza esse sistema, predominantemente, uma vez que a palavra *vaiśeṣika* deriva de viśeṣa (TIGUNAIT, 1983, p. 103).

---

121 *"rūpa (color), rasa (taste), gandha (smel), sparaśa (touch), śabda (sound), sāṃkhya (number), parimāṇa (magnitude), pṛthaktva (distinctness), saṃyoga (conjunction ou union), bibhāga (separation), paratva (remotness), aparatva (nearness), buddhi (cognition), sukha (pleasure), dukha (pain), icchā (desire), dveṣa (aversion), prayatna (effort), Gurutva (heaviness), dravatva (fluidity), sneha (viscidity), saṃskāra (tendency), dharma (merit or virtue), adharma (demerit or nonvirtue)"* (TIGUNAIT, 1983, p. 109).

122 *"[...] sweet, sour, bitter, pungent, astringent, and salty"* (TIGUNAIT, 1983, p. 109).

123 *"[...] universality [...] common characteristics that unites different entities into one class"* (TIGUNAIT, 1983, p. 112).

A sexta categoria do sistema Vaiśeṣika é a Inerência (*samavāya*). Ela é "[...] uma relação eterna ou permanente entre duas entidades, uma das quais depende da outra para sua existência"[124] (TIGUNAIT, 1983, p. 113). Assim, por exemplo, o todo depende de suas partes.

A sétima categoria do sistema Vaiśeṣika é a Não existência (*abhāva*). Ela é realmente distinta das seis anteriores por ser negativa. É logicamente necessário poder caracterizar, por exemplo, a não existência de quadros em um aposento, tanto quanto a existência de uma mesa ou de cadeiras nele. Portanto, segundo a filosofia Vaiśeṣika, a categoria da Não existência (*abhāva*) existe.

1.4 OS SISTEMAS DO SĀṂKHYA E DO YOGA

O quinto *darśana* ortodoxo a ser considerado chama-se Sāṃkhya. Caracteriza-se por ser essencialmente um sistema dualista. A palavra *Sāṃkhya*, literalmente, significa "enumeração" em sânscrito, pois enumera os elementos constitutivos da realidade, como será visto (MONIER-WILLIAMS, 1995, p. 432-1199). Vários autores, incluindo Garbe, sustentam que "Sāṃkhya é a escola mais antiga. Depois vem Yoga, depois Mīmāṃsā e Vedānta e por último Vaiśeṣika e Nyāya"[125] (GARBE, [c. 1900] *apud* RADHAKRISHNAN, 1977, v. 1, p. 58-59). A antiguidade e importância do sistema Sāṃkhya estão referendadas no fato de um dos capítulos da *Bhagavad-Gītā*, a saber o capítulo II, é intitulado "O Yoga do Sāṃkhya" (BHAGAVAD-GĪTĀ, 2014, p. 49-75).

O texto mais antigo do sistema Sāṃkhya, intitulado *Sāṃkhya Sūtra*, que não sobreviveu até a atualidade, é atribuído ao sábio Kapila (TIGUNAIT, 1983, p. 121). Na *Bhagavad-Gītā*, Kapila é mencionado por Kṛṣṇa: "Dos grandes sábios, Eu sou Kapila"[126] (BHAGAVAD-GĪTĀ, X: 26, [3-- a.C.] *apud* PRABHAVANANDA; MANCHESTER, 1964, p. 235). Prabhavananda considera que não é possível determinar uma data definida para o período de vida de Kapila, mas "[...] pode

---

124 "*[...] an eternal or permanent relation between two entities, one of which depends for its existence upon the other*" (TIGUNAIT, 1983, p. 113).

125 "*Professor Garbe holds that the Sāṃkhya is the oldest school. Next came Yoga, next Mīmāṃsā and Vedānta and last of all Vaiśeṣika and Nyāya*" (GARBE, [c. 1900] *apud* RADHAKRISHNAN, 1977, v. 1, p. 58-59).

126 "*Of the great sages, I am Kapila*" (BHAGAVAD-GĪTĀ, X: 26, [3-- a.C.] *apud* PRABHAVANANDA; MANCHESTER, 1964, p. 235).

ser afirmado com segurança, todavia, que ele viveu antes do tempo de Buda"[127] (PRABHAVANANDA; MANCHESTER, 1964, p. 235), lembrando que Buddha teria nascido em 623 a.C. (OLCOTT, 2019, p. 38).

Com o desaparecimento da forma original do *Sāṃkhya Sūtra*, o texto histórico talvez considerado como mais representativo do sistema Sāṃkhya é o chamado *Sāṃkhya Kārikā* escrito por Īśvarakṛṣṇa, no século III d.C. (PRABHAVANANDA; MANCHESTER, 1964, p. 235). O aspecto singular do sistema Sāṃkhya, como comenta Tigunait, "[...] está em resumir todas as categorias da realidade como são descritas em Nyāya e Vaiśeṣika em duas categorias – *Puruṣa* e *Prakṛti* – e deste modo introduzir uma filosofia dualista"[128] (TIGUNAIT, 1983, p. 121).

Prakṛti é um princípio inconsciente na filosofia Sāṃkhya, em contraposição ao *puruṣa* que representa a consciência. O sistema Sāṃkhya sustenta que *prakṛti* é um princípio eterno, sem causa, e todo-penetrante, sendo a natureza ou causa material de todo o Universo, incluindo o corpo e os sentidos, e até mesmo componentes mais sutis como a mente (*manas*), o ego (*ahaṁkāra*) e o intelecto (*buddhi*), ou mesmo qualquer coisa que sofra alguma mudança ou qualquer tipo de desenvolvimento ou evolução (TIGUNAIT, 1983, p. 124). De acordo com o sistema Sāṃkhya, os desdobramentos emanacionistas de *prakṛti* são 23. Esse princípio emanacionista se fundamenta numa doutrina muito peculiar da relação causa e efeito, na qual o efeito – isto é, os 23 desdobramentos – já existe, de modo potencial ou não manifestado, na sua causa que é *prakṛti* (TIGUNAIT, 1983, p. 123). Essa teoria de manifestação ou evolução, chamada *pariṇāmavāda*, "[...] é essencial para a filosofia Sāṃkhya"[129] (TIGUNAIT, 1983, p. 124), sendo também um fundamento para suas outras teorias evolutivas.

Em suma, *prakṛti* representa esse potencial de transformação que, implicitamente, contém todo o Universo em seu processo evolutivo. *Prakṛti* é a natureza primordial não manifestada que é a primeira causa criativa do Universo de onde surgem, no processo evolutivo, os objetos da experiência, cujos constituintes mínimos irredutíveis são os átomos. Estes átomos chegarão subsequentemente a involuir e se aniquilar, se dissolvendo então novamente na natureza primordial não manifestada de *prakṛti* (TIGUNAIT, 1983, p. 124-125). Dessa forma, a filosofia Sāṃkhya não

---

127 "*[...] it can be safely affirmed, however, that he lived before the time of Buddha*" (PRABHAVANANDA; MANCHESTER, 1964, p. 235).

128 "*[...] lies in in its summing up of all the categories of reality as described in Nyāya and Vaiśeṣika into two categories – Puruṣa and Prakṛti – and thereby introducing a dualistic philosophy*" (TIGUNAIT, 1983, p. 121).

129 "*[...] is essential to Sāṃkhya philosophy*" (TIGUNAIT, 1983, p. 124).

sustenta nem uma criação única nem uma destruição final e definitiva, mas antes um eterno processo cíclico de manifestação e dissolução do Universo. Como enfatiza Prabhavananda: "O Universo atual é apenas um de uma série de mundos que têm existido no passado e ainda virão a ser"[130] (PRABHAVANANDA; MANCHESTER, 1964, p. 245).

Prakṛti não é um princípio consciente nem, necessariamente, atômico. Ela é composta de *guṇas*, também chamados de qualidades ou atributos. Literalmente, *guṇa* significa "[...] linha, fio, barbante, ou corda"[131] (MONIER-WILLIAMS, 1995, p. 357), ou feixes de linhas com os quais se trançam as cordas ou cabos, simbolizando assim que o Universo provém da tessitura trançada dessas causas raízes que são os *guṇas*. De acordo com a filosofia Sāṃkhya, existem três atributos ou qualidades de *prakṛti*: *sattva* (luz), *rajas* (atividade) e *tamas* (inércia). É importante lembrar a antiguidade e a relevância do conceito dos *guṇas*, que merece pelo menos um capítulo da *Bhagavad-Gītā* , a saber, o capítulo XIV, intitulado "O Yoga da Separação das Três Qualidades" (BHAGAVAD-GĪTĀ, 2014, p. 231-240).

O processo de manifestação do Universo, isto é, o processo por meio do qual *prakṛti* se converte em *vikṛti*, corresponde a uma situação em que os três *guṇas* de *prakṛti* se encontram numa condição de equilíbrio relativo, mas em constante mudança. Com efeito, tudo o que está manifestado no Universo tem estes três *guṇas* em diferentes proporções (TIGUNAIT, 1983, p. 126-129).

Diversas traduções têm sido propostas para esses três *guṇas, sattva, rajas* e *tamas*, tais como "[...] bondade, paixão e escuridão"[132] (MONIER-WILLIAMS, 1995, p. 357), respectivamente. Prabhavananda comenta que "Na mente do homem, *sattva* expressa-se como tranquilidade, pureza e calma; *rajas* como paixão, inquietude e atividade agressiva; *tamas* como estupidez, preguiça, e inércia"[133] (PRABHAVANANDA; MANCHESTER, 1964, p. 244). Com a variação do *guṇa* predominante da mente, muda também o seu estado de humor: "Mas o homem pode cultivar qualquer um dos *guṇas* por meio de suas ações, pensamentos e maneira de viver. Somos ensinados que *tamas* pode ser superado pelo cultivo de

---

130 "*The present universe is but one of a series of worlds which have existed in the past and are yet to be*" (PRABHAVANANDA; MANCHESTER, 1964, p. 245).

131 "*[...] thread [...], strand, [...] twine, [...] rope*" (MONIER-WILLIAMS, 1995, p. 357).

132 "*[...] goodness, passion and darkness*" (MONIER-WILLIAMS, 1995, p. 357).

133 "*In the mind of man, sattva expresses itself as tranquility purity, and calmness; rajas as passion, restlessness, aggressive activity; tamas as stupidity, laziness, inertia*" (PRABHAVANANDA; MANCHESTER, 1964, p. 244).

rajas, e *rajas* pelo cultivo de *sattva*"[134] (PRABHAVANANDA; MANCHESTER, 1964, p. 244). Entretanto, é somente transcendendo mesmo *sattva* que se pode alcançar o próprio *puruṣa*, que se encontra além dos *guṇas*.

Como foi mencionado, o processo de evolução do Universo compreende, a partir de *prakṛti*, 23 emanações ou entes verdadeiros, denominados em sânscrito de *tattvas*. O primeiro deles é *buddhi* ou *mahat*, geralmente traduzido como "intelecto". Literalmente, *mahat* significa "o grande", pois representa a semente de todo o Universo. Por outro lado, *mahat* é a expressão mais sutil de *prakṛti* que recebe a luz consciente de *puruṣa*. Dessa forma, como comenta Tigunait: "Embora *prakṛti* seja uma substância material inconsciente, parece ser consciente e compreender-se a si mesma como consciente por causa da presença do Ser consciente"[135] (TIGUNAIT, 1983, p. 133), ou seja, da luz de *puruṣa*. Assim, por influência de *buddhi*, fosse ele um instrumento de projeção especular, "O Ser [o *puruṣa*], vendo sua reflexão no espelho de *buddhi*, identifica-se a si mesmo com a imagem refletida e se esquece de sua verdadeira natureza"[136] (TIGUNAIT, 1983, p. 134). Dessa relação especular de *puruṣa* com *buddhi* ou intelecto, surge o segundo *tattva* ou emanação de *prakṛti* intitulado *ahaṁkāra* ("ego") (TIGUNAIT, 1983 p. 134). Como a conotação da palavra "ego" assume diferentes significados específicos, nas diversas escolas de psicologia, Tigunait alerta que talvez seja preferível definir *ahaṁkāra* como um "[...] 'eu' que separa o próprio eu de todos os outros e cria uma entidade individual"[137] (TIGUNAIT, 1983, p. 135). O *ahaṁkāra* apresenta três categorias ou aspectos em função do *guṇa* que neles predomina. Do aspecto ou faceta *sāttvika* de *ahaṁkāra* derivam outros onze *tattvas*, também conhecidos como "onze sentidos" a saber: "os cinco sentidos de percepção ([*buddhi-indriyas*:] audição, tato, visão, gustação e olfação), os cinco sentidos de ação ([*karma-indriyas:*] verbalização, apreensão, locomoção, excreção e procriação), e a mente (*manas*)"[138] (TIGUNAIT, 1983, p. 135). Do aspecto ou faceta *tāmasa*

---

134 "*But man can cultivate any one of the guṇas by his actions and thoughts and way of living. We are taught that tamas can be overcome by the cultivation of rajas, and rajas by the cultivation of sattva*" (PRABHAVANANDA; MANCHESTER, 1964, p. 244).

135 "*Though prakṛti is unconscious material substance, it seems to be conscious and realizes itself as conscious because of the presence of the conscious Self*" (TIGUNAIT, 1983, p. 133).

136 "*The Self, seeing its reflection in the mirror of buddhi, identifies itself with the reflected image and forgets its true nature*" (TIGUNAIT, 1983, p. 134).

137 "*[...] 'I' that separates one's own self from all others and creates an individual entity*" (TIGUNAIT, 1983, p. 135).

138 "*[...] the five senses of perception (hearing, touching, seeing, tasting, and smelling), the five senses of action (verbalization, apprehension, locomotion, excretion, and procreation), and the mind (manas)*" (TIGUNAIT,

de *ahaṁkāra* derivam outros dez *tattvas* ou desdobramentos de *prakṛti*, a saber: "[os] cinco elementos sutis [dos sentidos] ([*tanmātras*:] som, toque, cor, gosto, [e] olor), [e os] cinco elementos densos ([*bhūtas*:] éter, ar, fogo, água, [e] terra)"[139] (TIGUNAIT, 1983, p. 138).

O segundo elemento constitutivo da dualidade ontológica do sistema Sāṃkhya é o *puruṣa*. O *puruṣa* representa a consciência e mais propriamente a consciência pura e "[...] autoiluminada, imutável, não causada e todo-penetrante, realidade eterna"[140] (TIGUNAIT, 1983, p. 130). Pois, contrariamente, tudo que possa apresentar ou estar sujeito a qualquer tipo de mudança, decadência ou morte pertence aos desenvolvimentos evolutivos de *prakṛti*. Como enfatiza Prabhavananda, sobre o papel de *puruṣa* em relação a esses desenvolvimentos evolutivos de *prakṛti*: "Temos de lembrar, no entanto, que *prakṛti* não evolui por si só e isolada, mas sim por meio de sua proximidade com *puruṣa*; e *puruṣa* permanece totalmente inalterado"[141] (PRABHAVANANDA; MANCHESTER, 1964, p. 246). É, portanto, somente por ignorância que o *puruṣa* ou o verdadeiro Ser pode se identificar ou se confundir com o corpo e seus sentidos, ou mesmo com a mente, o ego e o intelecto, ou por meio destes com qualquer objeto do mundo. Desta forma, o *puruṣa* pode deixar-se envolver pela transitoriedade dos eventos do mundo e sentir-se consequentemente cativo ou sujeito ao prazer e à dor (TIGUNAIT, 1983, p. 130). O capítulo II da *Bhagavad-Gītā*, intitulado "O Yoga do Sāṃkhya", apresenta um exemplo prático a respeito deste tema:

> O homem, pensando insistentemente sobre os objetos dos sentidos, concebe um apego a estes; do apego surge o desejo; do desejo vem a ira [*krodha*]; da ira procede a ilusão; da ilusão, a memória confusa; da memória confusa, a destruição da Razão [*buddhi*[142]]; pela destruição da Razão, o homem perece[143] (BHAGAVAD-GĪTĀ, 2014, sl. II: 62-63, p. 70-71).

1983, p. 135).

139 "*[...] five subtle elements (sound, touch, color, taste, smell), five gross elements (ether, air, fire, water, earth)*" (TIGUNAIT, 1983, p. 138).

140 "*[...] self-illumined, unchanging, uncaused, all-pervading, eternal reality*" (TIGUNAIT, 1983, p. 130).

141 "*We must remember, however, that prakṛti does not evolve by itself, single and alone, but rather through its proximity to puruṣa; and puruṣa remains entirely unchanged*" (PRABHAVANANDA; MANCHESTER, 1964, p. 246).

142 Aqui implicando especificamente "Discernimento" (N.T. = Annie Besant).

143 O homem aqui mencionado, obviamente, não é o Espírito ou *ātman* que é imortal, mas a personalidade mortal cuja vida perde o sentido quando carece de Discernimento ou luz de buddhi, como foi mencionado na nota anterior.

Portanto, o *puruṣa*, o Espírito do homem, pode perder sua liberdade e se sentir sujeito ao prazer e à dor. A mente inferior costuma prender-se ao estímulo dos sentidos e acumular muitos fardos desnecessários e preocupações que bloqueiam o caminho que leva ao verdadeiro Ser interior. Por isso, o sistema Sāṃkhya prefere enfatizar o polimento ou purificação da mente de modo a exercer melhor o discernimento e filtrar o interesse ou apego pelos objetos do mundo, buscando, preferencialmente, o conhecimento correto do mundo externo e do Ser. Portanto, "A filosofia Sāṃkhya aconselha uma pessoa a não se afastar do mundo, mas ter um perfeito controle mental de modo a não ser agitada pelas marés do oceano dos objetos do mundo"[144] (TIGUNAIT, 1983, p. 150). Até a matemática indiana e a clássica medicina Āyurveda têm a filosofia Sāṃkhya como uma "mãe" (TIGUNAIT, 1983, p. 31), pois esta medicina está baseada no equilíbrio, no corpo físico, dos *doṣas*[145] que são compostos pelos elementos (*bhūtas*).

Mesmo o corpo sutil que sobrevive à morte do corpo físico, chamado *sūkṣmaśarīra*, não é o *puruṣa* ou o verdadeiro Ser, como comenta Larson, mas ainda pertence ao reino de *prakṛti* ou seus desenvolvimentos evolutivos. Segundo a filosofia Sāṃkhya, o *sūkṣmaśarīra*, antes de transmigrar para renascer num novo corpo, passa pelos estados *post-mortem* "[...] para algum tipo de existência intermediária"[146] (LARSON; BHATTACHARYA, 2011, p. 47).

Na filosofia Sāṃkhya, o conceito de Libertação (*mukti*) do ciclo da vida e da morte, ou seja, das dores e misérias das quais o Universo está repleto, é o de que ela só pode ser conquistada "[...] por meio do correto conhecimento discernente da realidade"[147] (TIGUNAIT, 1983, p. 143). O sistema Sāṃkhya considera que as fontes do conhecimento, válido para alcançar essa Libertação, são "[...] percepção, inferência e testemunho"[148] (TIGUNAIT, 1983, p. 137). Segundo o sistema Sāṃkhya, a Libertação (*mukti*) pode ser obtida de duas maneiras alternativas, a saber: *videha-mukti*, que caracteriza a Libertação após a morte, e *jīvana-mukti*, que caracteriza a Libertação em vida ainda no mundo, que Tigunait compara ao movimento de giro inercial de um ventilador, que continua mesmo quando o

---

144 "*Sāṃkhya philosophy advises a person not to run away from the world but to have perfect mental control so that he will not be agitated by the tides of the ocean of worldly objects*" (TIGUNAIT, 1983, p. 150).

145 Os três doṣas são: *vata (combinação de éter e ar), pitta (combinação de fogo e água) e kapha* (combinação de água e terra) (LAD, 2012, p. 31).

146 "*[...] some sort of intermediate existence*" (LARSON; BHATTACHARYA, 2011, p. 47).

147 "*[...] can be achieved only through the correct discriminative knowledge of reality*" (TIGUNAIT, 1983, p. 143).

148 "*[...] perception, inference and testimony*" (TIGUNAIT, 1983, p. 137).

aparelho já foi desligado (TIGUNAIT, 1983, p. 146).

Parece importante indicar que este sistema não menciona Deus, como considera Larson: "Sāṃkhya abstém-se de mencionar Deus e é considerado pela grande maioria (pelo menos em suas formulações sistemáticas) como sendo não teísta [...]"[149] (LARSON; BHATTACHARYA, 2011, p. 49). Tigunait, entretanto, menciona que alguns filósofos[150] dos desdobramentos posteriores do Sāṃkhya sustentam outra interpretação. Dessa forma, como esse sistema admite muitos *puruṣas* e somente uma *prakṛti*, esses filósofos dos desdobramentos posteriores sustentam que "Um *Puruṣa* ou todos os *Puruṣas* juntos possam inspirar *Prakṛti* para se manifestar. Se for um *Puruṣa*, então está contra o desejo dos outros *Puruṣas*; mas se forem todos os *Puruṣas*, então deve haver alguma comunicação e concordância entre os *Puruṣas*"[151] (TIGUNAIT, 1983, p. 147). Como parece difícil se produzir tal comunicação e concordância, Tigunait considera que tais desenvolvimentos posteriores da filosofia Sāṃkhya concluem sustentando que "[...] tem de haver um Supremo Ser que possa guiar *Prakṛti* independentemente"[152] (TIGUNAIT, 1983, p. 147). Outro argumento usado por Tigunait entende que, unanimemente, a filosofia do Yoga reconhece a existência de Deus, e que o Yoga seria o aspecto prático da filosofia Sāṃkhya (TIGUNAIT, 1983, p. 147), mas tal argumento parece ser mais apropriado para o próximo *darśana*.

O sexto e último *darśana* ortodoxo a ser considerado chama-se Yoga, e guarda relação umbilical, como já foi enfatizado, com o sistema acima apresentado do Sāṃkhya, com o qual compartilha uma base conceitual em comum. Tamanha é a importância do sistema do Yoga dentre as filosofias da Índia, que Mircea Eliade chega a afirmar que "não se conhece um único movimento espiritual indiano que não dependa de uma das inúmeras formas do Yoga" (ELIADE, 2000, p. 8). O Yoga é fundamentalmente um sistema filosófico caracterizado por disciplinas

---

149 *"Sāṃkhya refrains from mentioning God and is considered for the most part (at least in its systematic formulation) to be non-theistic [...]"* (LARSON; BHATTACHARYA, 2011, p. 49).

150 Talvez, neste ponto do sistema Sāṃkhya, haja alguma controvérsia entre os filósofos a respeito do conceito de Deus, como Tigunait prefere considerar, porque admite que o texto mais antigo disponível, o Sāṃkhya Kārikā, não discute sobre a existência de Deus. "Desenvolvimentos posteriores da filosofia Sāṃkhya, entretanto, claramente indicam aceitação da existência de Deus". No original: "*Later developments in Sāṃkhya philosophy, however, clearly indicate acceptance of the existence of God*" (TIGUNAIT, 1983, p. 147).

151 *"One Puruṣa or all the Puruṣas together may inspire Prakṛti to manifest. If one, then it is against the wish of the other Puruṣas; if all the Puruṣas then there must be some communication and agreement among the Puruṣas"* (TIGUNAIT, 1983, p. 147).

152 "*[...] there must be one Supreme Being who could guide Prakṛti independently*" (TIGUNAIT, 1983, p. 147).

práticas que formam um método que visa o autoconhecimento e, assim, o alcance da Libertação (*kaivalya*) do sofrimento ou das aflições da vida (*kleśas*), de modo que "o Yoga é a mais prática escola da filosofia indiana"[153] (TIGUNAIT, 1983, p. 153). Em sua conclusão do capítulo sobre o Yoga, Radhakrishnan resume a disciplina do Yoga da seguinte maneira: "A disciplina do Yoga nada mais é do que a purificação do corpo, da mente e da alma, e sua preparação para a visão beatífica"[154] (RADHAKRISHNAN, 2019, v. 2, p. 343). Tradicionalmente, o Yoga é considerado como tendo sido sistematizado ou codificado pelo sábio Patañjali, autor do texto mais antigo, aproximadamente em 200 a.C., ainda que seus princípios remontem aos períodos védico e pré-védico (TIGUNAIT, 1983, p. 31).

Historicamente, a primeira grande codificação do *Yoga* é considerada como sendo aquela presente no clássico *Yoga-Sūtra* de Patañjali, cuja data, conforme afirma Zimmer, "[...] é bastante questionável [...]. Os eruditos ocidentais o situam no século II a.C., mas o sistema cuja fundação lhe é atribuída certamente já existia nos séculos anteriores" (ZIMMER, 2012, p. 209-210). Não é considerado possível assegurar o período exato de vida do sábio Patañjali. Por outro lado, Prabhavananda menciona que houve um gramático do mesmo nome, autor de um comentário da gramática de Panini, que viveu na metade do século II a.C., embora haja incerteza se os dois eram ou não a mesma pessoa (PRABHAVANANDA; MANCHESTER, 1964, p. 258).

O sistema filosófico do Yoga deu origem a uma tradição comentarial em sânscrito. Radhakrishnan considera que:

> O comentário de Vyāsa sobre o *Yoga-Sūtra* (século IV d.C.) fornece a exposição padrão dos princípios do Yoga. Vācaspati escreveu um glossário sobre o Bhāṣya de Vyāsa chamado *Tattvavaiṣāradi* (século IX). O *Rājamārtāṇḍa* de Bhoja é uma obra de valor considerável. O *Yogavārttika* de Vijñānabhikṣu, um comentário corrente sobre *Yoga bhāṣya*, e *Yogasārasaṁgraha* são manuais úteis[155] (RADHAKRISHNAN, 2019, v. 2, p. 314).

153 "*Yoga is the most practical school of Indian philosophy*" (TIGUNAIT, 1983, p. 153).

154 "*The yoga discipline is nothing more than the purification of the body, mind and soul, and preparing them for the beatific vision*" (RADHAKRISHNAN, 2019, v. 2, p. 343).

155 "*Vyāsa's commentary on the Yoga-Sūtra (fourth century AD) gives the standard exposition of the Yoga principles. Vācaspati wrote a glossary on Vyāsa's Bhāṣya called Tattvavaiṣāradi (ninth century). Bhoja's Rājamārtāṇḍa is a work of considerable value. Vijñānabhikṣu's Yogavārttika, a running commentary on Yoga bhāṣya, and Yogasārasaṁgraha are useful manuals*" (RADHAKRISHNAN, 2019, v. 2, p. 314)

Śaṅkara também parece ser autor de um comentário ao *Yoga-Sūtra* (ŚAṄKARA, 2006), publicado primeiramente em 1952, como se fosse "[...] uma genuína obra perdida de Śaṅkara"[156] (ŚAṄKARA, 2006, p. 5), que Radhakrishnan obviamente não poderia mencionar em sua publicação de 1923.

O *Yoga-Sūtra* contém 196 *sūtras* e é dividido em quatro seções ou *pādas*, a saber: *Samādhi Pāda* (51 *sūtras* sobre o *Samādhi* – Êxtase), *Sādhana Pāda* (55 *sūtras* sobre a Disciplina), *Vibhūti Pāda* (56 *sūtras* sobre os Poderes, chamados de *Siddhis*) e *Kaivalya Pāda* (34 *sūtras* sobre a Libertação Final).

A palavra *yoga* é originada do sânscrito e tem vários significados. Deriva-se da "raiz *yuj* que significa 'unir'" [157] (TIGUNAIT, 1983, p. 153). Radhakrishnan considera que "Yoga" pode "[...] simplesmente significar método. É frequentemente usado no sentido de 'jungir'"[158] (RADHAKRISHNAN, 2019, v. 2, p. 309), mas esta conotação de "jungir" ou de "união" será melhor desenvolvida no Capítulo 3 desta tese.

Por outro lado, Radhakrishnan também enfatiza que: "Em Patañjali, Yoga não significa união, mas apenas esforço, ou, como diz Bhoja, separação (*viyoga*) entre *puruṣa* [Espírito] e *prakṛti* [natureza material ou matéria]"[159] (RADHAKRISHNAN, 2019, v. 2, p. 309).

Torna-se, pois, oportuno e necessário, para aprofundar essa definição de Yoga, abrir um pequeno parêntese, por assim dizer, com o objetivo de apresentar de forma prática e breve certos termos básicos, tais como *puruṣa* (Espírito) e *prakṛti* (natureza material ou matéria), os quais foram adotados pelo Yoga de outro sistema filosófico muito próximo, como foi supramencionado na primeira seção. Radhakrishnan esclarece essa questão: "Patañjali sistematizou as concepções do Yoga e as estabeleceu sobre o pano de fundo da metafísica do Sāṃkhya, que ele assume com ligeiras variações. Os vinte e cinco princípios[160] são aceitos pelo Yoga, que não se preocupa em discutir sobre eles"[161] (RADHAKRISHNAN, 2019, v. 2, p. 314). Se o próprio Patañjali não parecia considerar tal discussão ou detalhamento tão necessários para a prática do Yoga, serão feitas aqui apenas algumas considerações introdutórias sobre *puruṣa* e

156 "*[...] a genuine lost work of Śaṅkara*" (ŚAṄKARA, 2006, p. 5).

157 "*[...] root yuj, which means 'to unite'*" (TIGUNAIT, 1983, p. 153).

158 "*[...] simply mean method. It is often used in the sense of yoking*" (RADHAKRISHNAN, 2019, v. 2, p. 309).

159 "*In Patañjali, Yoga does not mean union, but only effort, or, as Bhoja says, separation (viyoga) between puruṣa and prakṛti*" (RADHAKRISHNAN, 2019, v. 2, p. 309).

160 Os vinte e cinco princípios são *puruṣa* (Espírito), *prakṛti* (natureza material) e seus 23 desdobramentos, como será mencionado.

161 "*Patañjali systematized the conceptions of the Yoga and set them forth on the background of the metaphysics of the Sāṃkhya, which he assumes with slight variations. The twenty-five principles are accepted by the Yoga, which does not care to argue about them*" (RADHAKRISHNAN, 2019, v. 2, p. 314).

prakṛti, principalmente aquelas que podem, por ventura, ter implicações significativas na filosofia do Yoga. Essa filosofia é o tema central desta pesquisa e será aprofundada ao longo do desenvolvimento de toda a tese.

Maior destaque será dado ao *puruṣa* ou Espírito, tendo em vista que o estudo aqui proposto trata do autoconhecimento, depois de se tratar brevemente de *prakṛti* ou natureza material. *Prakṛti* é um princípio inconsciente que se contrapõe ao *puruṣa*, o qual representa a consciência. *Prakṛti* é um princípio eterno, sem causa, e todo-penetrante, sendo a natureza ou causa material de todo o Universo, incluindo o corpo e os sentidos, e até mesmo componentes mais sutis como a mente (*manas*), o ego (*ahaṁkāra*) e o intelecto (*buddhi*), ou mesmo qualquer coisa que sofra alguma mudança ou qualquer tipo de desenvolvimento ou evolução (TIGUNAIT, 1983, p. 124). O *puruṣa* representa a consciência, mais propriamente a consciência pura e "[...] autoiluminada, imutável, não causada e todo-penetrante, realidade eterna"[162] (TIGUNAIT, 1983, p. 130). Pois, contrariamente, tudo que possa apresentar ou estar sujeito a qualquer tipo de mudança, decadência ou morte pertence aos desenvolvimentos evolutivos de *prakṛti*. Como enfatiza Prabhavananda ao falar sobre o papel de *puruṣa* em relação a esses desenvolvimentos evolutivos de *prakṛti*: "Temos de lembrar, no entanto, que *prakṛti* não evolui por si só e isolada, mas sim por meio de sua proximidade com *puruṣa*; e *puruṣa* permanece totalmente inalterado"[163] (PRABHAVANANDA; MANCHESTER, 1964, p. 246). É, portanto, somente por ignorância que o *puruṣa* ou o verdadeiro Ser pode se identificar ou se confundir com o corpo e seus sentidos, ou mesmo com a mente, o ego e o intelecto, ou por meio destes com qualquer objeto do mundo. Desta forma, o *puruṣa* pode deixar-se envolver pela transitoriedade dos eventos do mundo e sentir-se consequentemente cativo ou sujeito ou ao prazer e à dor (TIGUNAIT, 1983, p. 130).

Neste contexto, pode-se melhor compreender o supramencionado sentido de Yoga como separação (*viyoga*) entre *puruṣa* (Espírito) e *prakṛti* (natureza material ou matéria), caracterizando-se basicamente como um avançado tipo de discernimento entre *puruṣa* e *prakṛti*. Esse tipo de discernimento mais avançado é chamado de *viveka-khyāti*, como é mencionado na última técnica que leva ao último ou superior estado de Êxtase chamado *Dharma-Megha-Samādhi*, ou seja, à Libertação (*kaivalya*). Patañjali define tal separação ou dissociação de *puruṣa* (Espírito) e *prakṛti*

162 "*[...] self-illumined, unchanging, uncaused, all-pervading, eternal reality*" (TIGUNAIT, 1983, p. 130).

163 "*We must remember, however, that prakṛti does not evolve by itself, single and alone, but rather through its proximity to puruṣa; and puruṣa remains entirely unchanged*" (PRABHAVANANDA; MANCHESTER, 1964, p. 246).

(natureza ou matéria) por meio de um discernimento sutil nos *sūtras* YS, I: 25-26, como solução ou remédio para todas as aflições ou misérias da vida, como segue: "A dissociação de *puruṣa* e *prakṛti*, resultante da dispersão de *avidyā* [ignorância], é o verdadeiro remédio e (esta dissociação) é a Libertação do vidente. A prática ininterrupta do percebimento do Real é o meio para a dispersão de *avidyā*"[164] (PATAÑJALI, 1996, II: 25-26, p. 161-162). A própria palavra *kaivalya*, enquanto meta final do Yoga, tem o significado de "isolamento", "desprendimento" ou "separação" em relação às causas das misérias da vida, as quais estão enraizadas na ignorância (*avidyā*), que é causa de todos os males, sofrimentos ou aflições (*kleśas*). Esses *kleśas* ou aflições constituem parte fundamental da filosofia do Yoga. Radhakrishnan ainda considera que Yoga "[...] é a busca pelo que Novalis chamou de 'nosso eu transcendental', a parte divina e eterna do nosso Ser. Também significa esforço, empenho extenuante [intenso, persistente] e, portanto, passou a ser usado para o sistema de restrição dos sentidos e da mente"[165] (RADHAKRISHNAN, 2019, v. 2, p. 309).

O Yoga de Patañjali é conhecido Aṣṭāṅga-Yoga por se constituir numa senda óctupla ou com oito membros ou etapas e, também, como Rāja-Yoga ou Yoga Real "[...] ou a senda da meditação, que insiste em equilíbrio, autocontrole, tranquilidade e vida meditativa"[166] (PRABHAVANANDA; MANCHESTER, 1964, p. 96). A senda óctupla é explicada por Patañjali como "Rāja-Yoga [...] consistindo de *yama* (disciplinas morais), *niyama* [observâncias[167]], *āsana* (postura), *prāṇāyāma* (exercícios respiratórios), *pratyāhāra* (libertar a mente da escravidão dos sentidos), *dhāraṇā* (concentração), *dhyāna* (meditação) e *samādhi* (o estado 'superconsciente')"[168] (PRABHAVANANDA; MANCHESTER, 1964, p. 131).

---

164 "*Tad-abhāvāt saṃyogābhāvo hānaṃ tad dṛśeḥ kaivalyam. Viveka-khyātir aviplavā hānopāyaḥ*" (PATAÑJALI, 1996, II: 25-26, p. 161-162).

165 "*[...] it is the search for what Novalis called 'our transcendental me', the divine and eternal part of our being. It also signifies exertion, strenuous endeavour, and so came to be used for the system of the restraint of the senses and the mind*" (RADHAKRISHNAN, 2019, v. 2, p. 309).

166 "*[...] or the path of meditation, which insists on poise, self-control, tranquility, and the meditative live*" (PRABHAVANANDA; MANCHESTER, 1964, p. 96).

167 Prabhavananda parece ser o único comentador que traduz as cinco observâncias de Niyama como "disciplinas religiosas", mas somente a última delas, "Entrega a Īśvara (Deus)" (Īśvara-praṇidhāna) (PATAÑJALI, 1996, II: 32, p. 177 *et seq.*), como é visto no Capítulo 4, poderia sugerir tal ideia, o que parece desproporcional, de modo que neste caso preferiu-se traduzir Niyama de modo mais usual como "Observâncias" (PATAÑJALI, 1996, II: 29, p. 166).

168 "*Rāja-Yoga [...] consisting of yama (moral disciplines), niyama (religious disciplines), āsana (posture), prāṇāyāma (breathing exercises), pratyāhāra (releasing the mind from the thralldom of the senses), dhāraṇā (concentration), dhyāna (meditation), e samādhi (the superconscious state)*" [PATAÑJALI, 1996, II: 29]" (PRABHAVANANDA; MANCHESTER, 1964, p. 131).

É natural que haja pequenas variações na tradução dos nomes dos oito membros (*aṅgas*) ou etapas, segundo diferentes tradutores, que constituem o método central de Patañjali para a superação da ignorância (*avidyā*) e a consequente Libertação (*kaivalya*) do sofrimento ou das aflições da vida (*kleśas*). Entretanto, é importante apresentar-se algo do conteúdo, mesmo que com possíveis variações nessa nomenclatura, somente como um breve resumo introdutório destes oito membros (*aṅgas*) ou etapas, que serão mais aprofundados em capítulos posteriores.

O primeiro membro do Yoga de Patañjali é chamado *Yama* e é geralmente traduzido por restrições, autorrestrições, abstenções, disciplinas ou qualidades morais, formando parte da base ética do Yoga, cuja finalidade é evitar as perturbações emocionais. Dessa forma, este membro se subdivide em cinco qualidades, a saber: não ferir ou Abstenção de Violência (*Ahiṃsā*); não mentir ou Abstenção de Falsidade (*Satya*); honestidade ou Abstenção de Roubo (*Asteya*); castidade ou Abstenção de Incontinência (*Brahmacarya*); ausência de avareza ou Abstenção de Cobiça (*Aparigraha*).

A primeira qualidade moral de *Yama* (Autorrestrições) é não ferir ou Abstenção de Violência (*Ahiṃsā*), não somente no plano físico da ação, mas também na palavra e no pensamento, e caracteriza uma forma passiva de amor a todos os seres, ou de reconhecimento da unidade de toda a vida (TIGUNAIT, 1983, p. 161). Radhakrishnan dá mais importância à não violência ou Abstenção de Violência (*Ahiṃsā*) do que às outras qualidades supramencionadas, e afirma que "[...] todas as outras virtudes estão enraizadas [nesta qualidade]"[169] (RADHAKRISHNAN, 2019, v. 2, p. 325).

A segunda qualidade moral de *Yama* (Autorrestrições) é a veracidade, ou Abstenção de Falsidade (*Satya*). Para que a mente fique integrada e serena, sem o constante conflito de procurar criar novas mentiras para tentar encobrir as anteriores, o aspirante ou *sādhaka* deve se expressar em pensamento, palavra e ação, de modo que fale em conformidade com o que pensa, e faça em conformidade com o que diz (TIGUNAIT, 1983, p. 161).

A terceira qualidade moral de *Yama* (Autorrestrições) é a honestidade, ou Abstenção de Roubo (*Asteya*) ou abstenção de qualquer tipo de apropriação indébita que pretenda usufruir de créditos não merecidos é um meio de treinar o desapego (*vairāgya*) ou, talvez, mais importante, segundo Patañjali (1996, I: 12, p. 29), para exercitar ou cultivar o estado sereno da mente.

---

169 "*[...] all other virtues are said to be rooted in it*" (RADHAKRISHNAN, 2019, v. 2, p. 325).

A quarta qualidade moral de *Yama* (Autorrestrições) é a castidade ou Abstenção de Incontinência (*Brahmacarya*). Na verdade, esta qualidade está relacionada ao controle dos sentidos de modo geral, de maneira que se possa alcançar níveis mais profundos de serenidade e consciência (TIGUNAIT, 1983, p. 162). Tal qualidade não se refere somente à abstenção de atividade sexual, que se aplica ao caso das práticas avançadas do Yoga superior, como será aprofundado no capítulo 4. No Yoga Preliminar *(Kriyā-Yoga*), conforme o define Patañjali (1996, II: 1, p. 109), é apenas solicitada certa austeridade com moderação, para que o progresso a estágios mais avançados não seja prejudicado.

A quinta qualidade moral de *Yama* (Autorrestrições) é ausência de avareza ou Abstenção de Cobiça (*Aparigraha*). Esta refere-se à simplicidade ou renúncia ao desejo por posses ou pelo que não é necessário, o que pode perturbar a mente. Tigunait compara a cobiça com a gula, que leva o sujeito a querer ingerir mais do que caberia no estômago. A Abstenção de Cobiça não significa necessariamente renunciar a qualquer posse, mas não se apegar ao que se tem (TIGUNAIT, 1983, p. 163).

O segundo membro do Yoga de Patañjali é chamado *Niyama* e é geralmente traduzido por Observâncias prescritas para prática ativa, que são parte da base ética do Yoga e abrangem os dois primeiros membros, visando evitar as perturbações emocionais que poderiam causar distrações na meditação. Dessa forma, este membro se subdivide em cinco observâncias, a saber: Pureza (*Śauca*), Contentamento (*Saṃtoṣa*), Austeridade (*Tapas*), Autoestudo (*Svādhyāya*), Entrega a Īśvara (Deus) (*Īśvara-praṇidhāna*).

A primeira observância prescrita em *Niyama* (Observâncias) é Pureza (*Śauca*), que deve ser tanto física quanto mental. Num aspecto, prescreve hábitos de higiene física, os quais se mostram necessários para evitar doenças. No aspecto mental, prescreve hábitos que evitam perturbações as quais poderiam perturbar a concentração e a meditação (TIGUNAIT, 1983, p. 164).

A segunda observância prescrita em *Niyama* (Observâncias) é Contentamento (*Saṃtoṣa*), e se mostra essencial para a serenidade da mente. Ela está associada à compreensão do *karma*. Conforme afirma Tigunait, Contentamento "[...] é um estado mental no qual mesmo um pedinte pode viver como um rei"[170] (TIGUNAIT, 1983, p. 164).

---

170 "*Saṃtoṣa, contentment, is a mental state in which even a beggar can live like a king*" (TIGUNAIT, 1983, p. 164).

A terceira observância prescrita em *Niyama* (Observâncias) é Austeridade (*Tapas*), cujo significado está relacionado à geração de calor, e não a mortificações despropositadas. Está mais relacionado à ideia de gerar calor e força de vontade pela disciplina, exercícios físicos na prática do Yoga, livrando-se da dependência do conforto ou da preguiça, com dieta adequada, sem excessos de modo geral (TIGUNAIT, 1983, p. 164).

A quarta observância prescrita em *Niyama* (Observâncias) é o estudo ou Autoestudo (*Svādhyāya*), que abrange desde o estudo das escrituras sagradas até ouvir discursos de sábios e homens santos, passando também pela auto-observação (TIGUNAIT, 1983, p. 164 - 165). O Autoestudo deve estar dirigido principalmente para auxiliar ou alinhar-se ao desenvolvimento do aspecto mental, auxiliando a meditação (PATAÑJALI, 1996, II: 11, p. 130) e o autoconhecimento (PATAÑJALI, 1996, II: 23, p. 156).

A quinta observância prescrita em *Niyama* (Observâncias) é a autoentrega ou Entrega a Īśvara (Deus) (*Īśvara-praṇidhāna*). A autoentrega a Deus ou devoção é um caminho muito elevado e, segundo Patañjali (PATAÑJALI, 1996, I: 23, p. 54), pode por si só levar ao Êxtase (*Samādhi*), principalmente quando o aspirante ou *sādhaka* tem o temperamento emocional correspondente (TIGUNAIT, 1983, p. 165).

O conjunto dessas três últimas observâncias, ou seja, Austeridade (*Tapas*), Autoestudo (*Svādhyāya*) e Entrega a Īśvara (Deus) (*Īśvara-praṇidhāna*), é chamado por Patañjali de "Kriyā-Yoga" ou "Yoga Preliminar". Obviamente, é pelo Yoga Preliminar que a prática do Yoga deveria começar (PATAÑJALI, 1996, II: 1, p. 109).

O terceiro membro do Yoga de Patañjali é Postura (*Āsana*), que é muito importante para a saúde física e para evitar perturbações de origem física durante a meditação, mas também pode produzir harmonia mental, pois se o corpo está saudável e sereno, a mente também tende a aquietar-se. No Yoga de Patañjali, uma maior ênfase é dada às posturas de meditação, de modo que o corpo possa manter-se calmo e imóvel por longos períodos de tempo (TIGUNAIT, 1983, p. 166).

O quarto membro do Yoga de Patañjali é o Controle da Respiração (*Prāṇāyāma*), pelo qual, gradualmente, se adquire o controle sobre o *prāṇa* ou força vital e, posteriormente, a serenidade da mente para a Concentração (PATAÑJALI, 1996, II: 53, p. 211). Para tanto, convém conhecer algo dos tipos de forças vitais e seus respectivos fluxos no corpo sutil ou campo de energia (TIGUNAIT, 1983, p. 167), que recebe diferentes nomes em diferentes escolas, como será detalhado na próxima seção.

O quinto membro do Yoga de Patañjali é a Abstração (*Pratyāhāra*) e se refere ao controle ou abstração dos sentidos. Trata-se de uma prática de, voluntariamente, retirar a mente do contato exterior por meio dos sentidos e suas possíveis distrações para poder convergi-la para o interior, visando preparar a mente para a meditação (TIGUNAIT, 1983, p. 172). Esses cinco primeiros membros constituem o Yoga Externo (*Bahiraṅga*).

O sexto membro do Yoga de Patañjali é a Concentração (*Dhāraṇā*). É a prática de, voluntariamente, focalizar a mente no objeto escolhido para meditação. Quando a Concentração fica sem distrações, passa à etapa seguinte da Contemplação (*Dhyāna*). Sem concentração a mente se dispersa em fantasias e preocupações, divaga e perde energia (TIGUNAIT, 1983, p. 174).

O sétimo membro do Yoga de Patañjali é a Contemplação (*Dhyāna*). Trata-se de uma etapa mais avançada em que a Concentração (*Dhāraṇā*) sobre um objeto escolhido fica ininterrupta ou sem distrações (TIGUNAIT, 1983, p. 175 - 176). Todavia, na Contemplação (*Dhyāna*) ainda persiste uma subjetividade ou senso de identidade que serão vencidos somente na próxima etapa ou membro (RADHAKRISHNAN, 2019, v. 2, p. 329).

O oitavo membro do Yoga de Patañjali é a absorção espiritual, transe ou Êxtase (*Samādhi*). É o último membro do método de Patañjali, e é ele que permite a fusão da consciência com o objeto da meditação, tornando-se, dessa forma, una com sua verdade interna (TIGUNAIT, 1983, p. 176). Como descreve Radhakrishnan: "*Dhyāna* [Contemplação] culmina em *Samādhi* [Êxtase] onde o senso de identidade é perdido; corpo e mente tornam-se mortos para todas as impressões externas, e apenas o objeto de meditação, seja ele qual for, permanece brilhando"[171](RADHAKRISHNAN, 2019, v. 2, p. 329).

O *Samādhi* (Êxtase), considerado com o estado "superconsciente", é a meta e último membro da prática do Aṣṭāṅga-Yoga de Patañjali. Os três últimos membros, a saber, *Dhāraṇā* (Concentração), *Dhyāna* (meditação ou Contemplação) e *Samādhi* (Êxtase) constituem a dimensão essencial do caminho e são, conjuntamente, denominados de *saṃyama* ou Yoga interno (*antaraṅga*). Os cinco passos ou membros anteriores constituem uma mera preparação e são, conjuntamente, denominados Yoga externo (*bahiraṅga*). É por meio de *saṃyama* que se desenvolvem os potenciais humanos, dentre eles os *siddhis*, chamados de "perfeições" ou "poderes de percepção extrassensorial", e outros estados superiores de consciência. (TIGUNAIT, 1983, p. 178). Estes poderes apresentam, também, seus riscos e tentações. Desta

171 "*Dhyāna [Contemplation] culminates in Samādhi [Extasis] where the sense of identity is lost; body and mind become dead to all external impressions, and only the object of meditation, whatever it be, remains shining out*" (RADHAKRISHNAN, 2019, v. 2, p. 329)

forma, é fundamental o exercício prévio das práticas, ou seja, a preparação prévia de consolidação ética de *Yama* (disciplinas morais) e *Niyama* (observâncias). É também por meio do desenvolvimento dos *siddhis* e da prática de *saṃyama* que surge a possibilidade da verificação direta e não da mera crença, abrindo-se com isso espaço para a ideia de uma "Religião Científica".

Patañjali define Deus de modo paradigmático como sendo um espírito (*puruṣa*) particular que não é afetado pelas aflições (*kleśas*) da ignorância, egoísmo, atração, repulsão e medo da morte, sendo também livre de todos os *karmas* (ações) e seus resultados, bem como de todas as impressões latentes (PATAÑJALI, 1996, I: 24, p. 55). Essa concepção paradigmática pode trazer esperança ao ser humano de também conquistar a libertação na medida em que ele superar as mencionadas aflições (*kleśas*) e não se identificar com os *karmas* e sua colheita de resultados, bem como liberar-se de todos os *saṃskāras* ou impressões latentes (TIGUNAIT, 1983, p. 179).

O Yoga, sendo uma tradição ou ciência milenar, desenvolveu diversas escolas e especialidades, ao que parece, também, para atender, entre outros motivos, a diferentes temperamentos. Não é possível discorrer sobre todas as escolas neste trabalho, mas há um esforço para comentar ou caracterizar, pelo menos brevemente, algumas das suas principais subdivisões, que, eventualmente, parecem ter relação ou desenvolvido interação com outros *darśanas*.

O Rāja-Yoga (i), que literalmente significa o "Yoga Real", tem esse nome, especificamente referido no Yoga de Patañjali (FEUERSTEIN, 2006, p. 65), talvez por conter ou abranger partes dos outros principais Yogas. Feuerstein sustenta que nesse nome está implicada alguma forma de superioridade, entre outros motivos, por sua orientação direta ou prioritária para a prática da meditação e contemplação. E acrescenta: "Ou é possível que o termo *rāja* se refira ao 'Senhor' (Īśvara), ou Deus, que é reconhecido por Patañjali como um Ser especial dentre o número incontável de Seres transcendentais" (FEUERSTEIN, 2006, p. 65). A característica do Rāja-Yoga foi resumida por Prabhavananda: "[...] rāja-yoga [é] o caminho da realização por meio da meditação e do controle psíquico [ou da mente] [...]"[172] (PRABHAVANANDA; MANCHESTER, 1964, p. 95). O Yoga de Patañjali também é conhecido como Aṣṭāṅga-Yoga ou "Yoga dos oito membros" porque seu método tem oito membros ou etapas, como foi supramencionado, mas os três últimos

172 "*[...] rāja-yoga, or the path of realization through meditation and psychic control [...]*" (PRABHAVANANDA; MANCHESTER, 1964, p. 95).

membros são adequadamente descritos como a culminância de um processo de meditação.

O Karma-Yoga (ii) é o "Yoga da Ação" desinteressada por qualquer recompensa, estando muito associado com o ensinamento de Kṛṣṇa na *Bhagavad-Gītā*, particularmente no seu capítulo III. Tal caminho pretende diluir o ego pessoal (*ahaṁkāra*) por meio do cumprimento do dever de modo altruísta, renunciando aos frutos da ação, abrindo-se assim para a intuição espiritual da unidade da vida. Por isso, alguns autores[173] também o associam pelo ensinamento de Kṛṣṇa ao seu Buddhi-Yoga (BHAGAVAD-GĪTĀ, 2014, sl. XVIII: 57, p. 285). Patañjali adota suas práticas na Observância de Entrega a Deus ou *Īśvara-praṇidhāna* no Yoga Preliminar (*Kriyā-Yoga*) (PATAÑJALI, 1996, II: 1-32, p. 109-177). Tigunait prefere associar o Karma-Yoga ao Mīmāṃsā Darśana (TIGUNAIT, 1983, p. 184). A característica do Karma-Yoga foi resumida por Prabhavananda: "[...] karma-yoga [é] o caminho da união [*yoga*] por meio do serviço [...]"[174] (PRABHAVANANDA; MANCHESTER, 1964, p. 95).

O Jñana-Yoga (iii), ou o "Yoga do Conhecimento" ou Sabedoria, tem como sua principal técnica o desenvolvimento de *viveka* ou Discernimento entre o real e o irreal, ou entre o duradouro e o transitório. Patañjali adota suas práticas na Observância de Autoestudo ou *Svādhyāya* no Yoga Preliminar (*Kriyā-Yoga*) (PATAÑJALI, 1996, II: 1-32, p. 109-177), e, principalmente, para alcançar o último *Samādhi* (Êxtase) por meio da prática ininterrupta do mais elevado Discernimento: *Viveka-khyāti* (PATAÑJALI, 1996, II: 26, p. 162). O Jñāna-Yoga é frequentemente associado à filosofia Advaita Vedānta de Śaṅkarācārya, como considera Tigunait (TIGUNAIT, 1983, p. 247). A característica do Jñana-Yoga foi resumida por Prabhavananda: "[...] jñana-yoga [é] o caminho da união [yoga] por meio do conhecimento [...]"[175] (PRABHAVANANDA; MANCHESTER, 1964, p. 95).

O Haṭha-Yoga (iv), também chamado de "Yoga Vigoroso", conforme Feuerstein (2006, p. 66), parece ser o Yoga mais conhecido no Ocidente por estar predominantemente associado ao corpo físico e muitas vezes buscar a beleza de sua

173 O argumento do Prof. Wood (1990, p. 12) segue pelo caminho de que o serviço altruísta pelo próximo desperta a intuição espiritual (*buddhi*) pela percepção da unidade da Vida através do sentimento de amor ao próximo e renúncia (WOOD, 1990, p. 35-53), enquanto Feuerstein prefere associar Buddhi-Yoga ao Jñāna-Yoga pelo conhecimento (FEUERSTEIN, 2006, p. 68).

174 "*[...] karma-yoga, or the path of union through work [...]*" (PRABHAVANANDA; MANCHESTER, 1964, p. 95).

175 "*[...] jñana-yoga, or the path of union through knowledge [...]*" (PRABHAVANANDA; MANCHESTER, 1964, p. 95).

forma, sendo sua obra mais proeminente o *Haṭha-Yoga-Pradīpikā* de Svātmārāma. Trabalha para fortalecer o corpo, sendo que Patañjali adota suas práticas de *Āsanas* (PATAÑJALI, 1996, II: 46-48, p. 200-203) e *Prāṇāyāmas* (PATAÑJALI, 1996, II: 49-51, p. 204-209). Feuerstein sustenta, em sua roda dos vários Yogas, que o Haṭha-Yoga, por começar com práticas mais externas, se polariza com o Rāja-Yoga, que é mais orientado para a meditação, vendo-os enquanto complementares, como também sustentam outros autores. Feuerstein considera o Haṭha-Yoga intimamente ligado ao Laya-Yoga, ao Kuṇḍalinī-Yoga e ao Tantra-Yoga (FEUERSTEIN, 2006, p. 63-67).

O Laya-Yoga (v) é o "Yoga da Dissolução", pois a palavra *laya* se refere a "dissolver-se", conforme destaca Feuerstein e, portanto, dissolver-se na meditação (FEUERSTEIN, 2006, p. 93). Patañjali adota suas práticas inclusive para vencer a distração da mente (*vikṣepa*) (PATAÑJALI, 1996, I: 35, p. 80). Parece estar associado também à meditação nos sons superfísicos[176] dos *cakras* e ao Kuṇḍalinī-Yoga, como foi mencionado, bem como ao Mantra-Yoga, como segue, pelos *mantras* de cada *cakra* e até nas suas respectivas pétalas. Dessa forma, o Laya-Yoga, às vezes também chamado de Nada-Yoga por sua associação principalmente com o som do centro ou *cakra* do coração (*anāhata cakra*), é também aquela subdivisão do Yoga que está mais associada às práticas do Tantra-Yoga. Dessa forma, comenta Sivananda (1994, p. 102): "A mente está fixada nos sons de *Nada* ou do *Anāhata* [que] são ouvidos no ouvido. Obtém *Laya* ou dissolução. O *Yogi* entra no *Samādhi* e obtém o Conhecimento de Si Mesmo. Isso é Nada-Yoga. "[177]

O Bhakti-Yoga (vi) é o "Yoga da Devoção" ou do Amor, sendo, por isso, talvez o mais emocional e místico. Também Prabhavananda caracteriza o Bhakti-Yoga como: "[...] o caminho de realização por meio do amor e da devoção [a Deus] [...]"[178] (PRABHAVANANDA; MANCHESTER, 1964, p. 95). Patañjali adota suas práticas já no Yoga Preliminar (Kriyā-Yoga) (PATAÑJALI, 1996, II: 1, 32, p. 109, 177), até como caminho alternativo para o *Samādhi* ou Êxtase: "Ou pela autoentrega a Deus [Īśvara]"[179] (PATAÑJALI, 1996, I: 23, p. 54). Talvez sua obra mais representativa seja o *Bhakti-Sūtra*[180] de Nārada (FEUERSTEIN, 2006, p. 80-85). Ele assim define

176 Referência ao ultrassom e ao som em outros mundos (*lokas*), como será aprofundado.

177 "*The mind is fixed on Nada or Anāhata sounds are heard in the ear. It gets Laya or dissolution. The Yogi enters into Samādhi and attains Knowledge of the Self. This is Nada-Yoga*" (SIVANANDA, 1994, p. 102).

178 "*[...] bhakti-yoga, or the path of union through love and devotion [to the Godhead] [...]*" (PRABHAVANANDA; MANCHESTER, 1964, p. 95).

179 "*Īśvara-praṇidhānād vā*" (PATAÑJALI, 1996, I: 23, p. 54).

180 Taimni também faz uma tradução comentada do *Bhakti-Sūtra* de Nārada (TAIMNI, 2011).

a devoção ou o amor à Deus: "Segundo Nārada, a devoção é demonstrada pela dedicação de toda e qualquer prática a Deus, e pela sensação de extremo mal-estar ao perdê-Lo da memória"[181] (NĀRADA, 2011, p. 42). O Bhakti-Yoga também pode ter relação com os rituais do Mīmāṃsā Darśana (TIGUNAIT, 1983, p. 187-210).

O Mantra-Yoga (vii), o "Yoga do Som", está associado ao poder do som não só pela repetição (*japa*) de sílabas, palavras ou versos, mas também pela intensa meditação (*bhāvanā*) no seu significado, sendo que Patañjali o adota em suas práticas (PATAÑJALI, 1996, I: 27-28, p. 60-64). O Mantra-Yoga pode estar associado ao Bhakti-Yoga por meio da prática de louvores ao divino (PRABHAVANANDA; MANCHESTER, 1964, p. 11), ou a aspectos específicos das divindades, como no caso clássico do Gāyatrī, que foi citado na seção 1.1. O Gāyatrī *mantra* é dirigido ao aspecto espiritual do Sol (*Savitā*) e costuma ser preferencialmente recitado ao nascer do Sol na prática diária ou *saṃdhyā* (MONIER-WILLIAMS, 1995, p. 1145). O Mantra-Yoga pode também estar associado a muitas cerimônias ritualísticas do Mīmāṃsā Darśana (TIGUNAIT, 1983, p. 184). A questão dos *mantras* está evidentemente ligada ao som (*vāk)*, mas inclui também os seus aspectos mais sutis, abrangendo no sistema Mīmāṃsā quatro estágios, a saber: *parā vāk* (transcendente), *paśyantī vāk* (em pensamento), *madhyamā vāk* (intermediário ou murmurado[182]) e *vaikharī vāk* (falado ou pronunciado com palavras) (TIGUNAIT, 1983, p. 192-194).

Embora o sistema Vedānta também tenha uma escola dualista, como foi visto, a comparação com o sistema do Yoga se torna, evidentemente, mais contrastante quando se trata da escola Advaita Vedānta, que é uma escola monista. À sua maneira, tanto o Yoga quanto a escola Advaita Vedānta mencionam a existência de Deus, embora descrevam Deus de formas distintas. Assim, como a própria palavra *darśana* sugere, ambos podem ser considerados como diferentes pontos de vista, a partir de estados de consciência diversos, que podendo ser comparados com diversos *lokas* (mundos). Por outro lado, de certa forma, tudo se passa como se o sistema Vedānta não reconhecesse "[...] o conceito de escravidão ou de Libertação porque o Espírito (*ātman*) e a Suprema Consciência (Brahman) são uma e a mesma coisa e permanecem sempre não afetadas pela mutabilidade e parcialidade"[183] (TIGUNAIT, 1983, p. 222).

---

181 "*Nāradas tu tad-arpitākhilācāratā tad-vismaraṇe paramavyākulateti*" (NĀRADA, 2011, p. 42).

182 Os efeitos do Mantra-Yoga em geral e particularmente do estágio de repetição silenciosa ou murmurada dos *mantras*, que é predominante sobre o *prāṇamayakośa* ou duplo etérico, como é visto, foi desenvolvido e aprofundado no livro *Gayatri: o mantra sagrado da Índia* (TAIMNI, 1991, p. 50).

183 "*[...] the concept of bondage or the concept of liberation because the soul (ātman) and the Supreme*

Prabhavananda considera, então, que "Yoga e Vedānta são aceitas como as principais das seis escolas [*darśanas* ortodoxos]"[184] (PRABHAVANANDA; MANCHESTER, 1964, p. 225) e, também, que "a maioria dos críticos das Filosofias da Índia percebem a harmonia por detrás da aparente discórdia, e então reconciliariam os Sistemas como uma percepção da mesma verdade a partir de diferentes pontos de vista"[185] (PRABHAVANANDA; MANCHESTER, 1964, 224-225). Importa notar, pois, que tal classificação do Yoga e do Vedānta como *darśanas* ortodoxos, porque seguem os Vedas, não deve impedir sua comparação com a tradição tântrica ou outros sistemas filosóficos considerados heterodoxos, o que significa que não seguem exatamente a autoridade dos Vedas em alguns pontos. Essa comparação ou estudo complementar parece relevante para este trabalho, particularmente no que se refere ao Tantra-Yoga, que tem suas raízes na tradição tântrica, como será aprofundado na próxima seção.

1.5 A TRADIÇÃO DO TANTRA-YOGA

Outra tradição que deve ser considerada relevante pela sua importância para a interpretação teosófica do *Yoga-Sūtra*, particularmente pelo desenvolvimento de métodos, técnicas e práticas meditativas relativas ao fenômeno de *kuṇḍalinī*[186], é a tradição do Tantra-Yoga, embora não se constitua propriamente num *darśana* ortodoxo do Hinduísmo. A palavra Tantra significa, segundo o *A Sanskrit-English Dictionary*, "[...] tear [...], teoria, trabalho científico [...], classe de trabalhos que ensinam formulações mágicas e místicas (principalmente na forma de diálogos entre Śiva e Durgā)"[187] (MONIER-WILLIAMS, 1995, p. 436) – sua consorte também chamada Śakti (Divina mãe). Este significado da palavra, relativo à ciência, parece se referir a estas escrituras que ensinam métodos ou técnicas como um conhecimento

---

Consciousness (Brahman) are one and the same and remain always non affected by changeability and partiality" (TIGUNAIT, 1983, p. 222).

184 "*Yoga and Vedānta are accepted as the chief of the six schools [darśanas]*" (PRABHAVANANDA; MANCHESTER, 1964, p. 225).

185 "*Almost without exception, critics of Indian philosophy, perceive the harmony behind the apparent discord, and so would reconcile the Systems as a perception of the same truth from different angles of vision*" (PRABHAVANANDA; MANCHESTER, 1964, 224-225).

186 O significado da energia criativa chamada de *kuṇḍalinī* será visto a seguir.

187 "*[...] loom [...] theory, scientific work [...] class of works teaching magical and mystical formularies (mostly in the form of dialogues between Śiva and Durgā)*" (MONIER-WILLIAMS, 1995, p. 436).

mais prático ou aplicado por meio de suas formulações, inclusive com objetivo de desenvolver os poderes psíquicos (*siddhis*), sendo esta uma relação ou aspecto de semelhança com os métodos aplicados que caracterizam a Ciência ou sabedoria oculta do Yoga. É oportuno lembrar que, similarmente, o *Yoga-Sūtra* dedica toda uma parte de suas quatro partes originais aos *siddhis* (*Vibhūti Pāda*), e outra aos meios ou à disciplina (*Sādhana Pāda*) que antecede o seu desenvolvimento.

Os Tantras caracterizam uma tradição distinta dos Vedas e são escrituras orientais, cuja data é incerta e sua autoria desconhecida. Em sua maioria, são escrituras muito antigas, pois se o Buddha demonstrava as conhecer, elas foram anteriores ao Budismo – embora existam Tantras budistas, que são, portanto, posteriores (PRABHAVANANDA; MANCHESTER, 1964, p. 151). Os Tantras originais, também chamados de Āgamas, enquanto revelações cujos registros escritos observam também uma preocupação de conformidade com os Vedas, tem três principais divisões de acordo com a deidade em questão que foi escolhida para adoração, a saber: "Viṣṇu, Śiva, ou Śakti [...], além dos posteriores Āgamas Budistas compostos no Tibet"[188] (PRABHAVANANDA; MANCHESTER, 1964, p. 151). Talvez por conta de tais divisões dessa tradição, Radhakrishnan praticamente não menciona a palavra Tantra em sua obra *Indian Philosophy* (*Filosofia Indiana)* (RADHAKRISHNAN, 1977), mas se refere a *Śaktismo* (RADHAKRISHNAN, 2019, v. 2, p. 610, 618, 685 *et seq.*).

Os Tantras são as escrituras orientais que geraram mais controvérsias e possíveis preconceitos devidos a algumas partes[189] desta tradição que não deveriam ser generalizadas, mas que antes merecem aqui esclarecimento, como considera Prabhavanada: **"De todas as escrituras indianas, os Tantras são as mais frequentemente incompreendidas pelos estudiosos ocidentais e, até mesmo, os estudiosos nativos não estão completamente livres de erro ao lidar com elas"** [190] (PRABHAVANANDA; MANCHESTER, 1964, p. 151).

188 "*Viṣṇu, Śiva, or Śakti [...], besides the later Buddhistic Āgamas composed in Tibet*" (PRABHAVANANDA; MANCHESTER, 1964, p. 151).

189 John Woodroffe faz uma defesa do Tantra contra as acusações mais frequentes ao afirmar: "O Tantra Śāstra [... é] geralmente referido como uma mistura de 'magia negra' e 'misticismo erótico', consolidados por um ritual que é uma 'múmia sem sentido'. [...] Eles [os Tantras] podem ser maus, ou podem ser bons, mas têm um significado. Os homens não são tolos a ponto de acreditar no que não tem sentido". No original: "*Tantra Śāstra [...is] generally spoken of as a jumble of 'black magic', and 'erotic mysticism', cemented together by a ritual which is 'meaningless mummery'. [...] They [the Tantras] may be bad, or they may be good, but they have a meaning. Men are not such fools as to believe in what is meaningless*" (WOODROFFE, [c. 1900] *apud* PRABHAVANANDA; MANCHESTER, 1964, p. 151).

190 No original:"*Of all Indian scriptures, the Tantras are most often misunderstood by Western scholars, and even native scholars are not altogether free from error in dealing with them*" (PRABHAVANANDA; MANCHESTER,

A palavra Tantra, que significa, segundo o *A Sanskrit-English Dictionary*, "[...] tear [...], teoria, trabalho científico [...], **classe de trabalhos que ensinam formulações mágicas e místicas (principalmente na forma de diálogos entre** Śiva e **Durgā)"**[191] (MONIER-WILLIAMS, 1995, p. 436), ou seja, sua consorte também chamada Śakti (Divina mãe). Este significado da palavra, relativo à ciência, parece se referir a estas escrituras que ensinam métodos ou técnicas como um conhecimento mais prático ou aplicado por meio de suas formulações, inclusive com objetivo de desenvolver os poderes psíquicos (*siddhis*), sendo está uma relação ou aspecto de semelhança com os métodos aplicados que caracterizam a ciência do Yoga. É oportuno relembrar que, similarmente, o *Yoga-Sūtra* dedica toda uma parte de suas quatro partes aos *siddhis* (*Vibhūti Pāda*), e outra à disciplina (*Sādhana Pāda*) que antecede o seu desenvolvimento, como foi parcialmente visto.

Prabhavananda menciona que os Tantras, de modo geral, são todos basicamente subdivididos em três partes, a saber: "[...] *sādhana*, que inclui práticas e disciplinas espirituais e formas ritualísticas de adoração, *siddhi*, ou conquistas de tais práticas, e filosofia"[192] **(PRABHAVANANDA; MANCHESTER, 1964, p. 152). A respeito dessa última, ele destaca que "[...] a filosofia dos Tantras é baseada nas Upaniṣads. Ela é não dualista, sustentando a identidade da alma individual com Śiva-Śakti – isto é, na linguagem das Upaniṣads e de Śaṅkara, a identidade do eu individual com Brahman, ou o Eu Universal"**[193] (PRABHAVANANDA; MANCHESTER, **1964, p. 152). Assim, Prabhavananda parece correlacionar, por analogia, o poder criativo de *māyā*, no Advaita Vedānta de Śaṅkara, com o poder criativo de Śakti no Tantra. Representam expressões de poder criativo na medida em que criam o Universo. Entretanto, para Śaṅkara, o Universo criado por *māyā* (ilusão) não possui realidade em si mesmo; enquanto os Tantras consideram o Universo como o jogo do poder criativo de Śakti "[...] quando ela se torna mente e matéria"**[194] **(PRABHAVANANDA; MANCHESTER, 1964, p. 152).**

1964, p. 151).

191 No original "*[...] loom [...] theory, scientific work [...] class of works teaching magical and mystical formularies (mostly in the form of dialogues between Śiva and Durgā)*" (MONIER-WILLIAMS, 1995, p. 436).

192 "*[...] sādhana, which includes spiritual practices and disciplines and ritualistic forms of worship, siddhi, or attainments from such practices, and philosophy*" (PRABHAVANANDA; MANCHESTER, 1964, p. 152).

193 "*The philosophy of the Tantras is based on the Upaniṣads. It is non dualistic, upholding the identity of the individual soul with Śiva-Śakti – that is, in the language of the Upaniṣads and of Śaṅkara, the identity of the individual self with Brahman, or the Universal Self*" (PRABHAVANANDA; MANCHESTER, 1964, p. 152).

194 "*[...] regard the universe as her play when she has become mind and matter*" (PRABHAVANANDA; MANCHESTER, 1964, p. 152).

Uma tentativa de resumo ou sumário da temática desses diálogos dos Tantras entre Śiva e Śakti é apresentada por esse mesmo Dicionário – *A Sanskrit-English Dictionary*, como segue: "1. a criação, 2. a destruição do mundo, 3. a adoração dos deuses, 4. a conquista de todos os objetos, especialmente de seis faculdades superfísícas [*siddhis*], 5. as quatro maneiras de união com o supremo espírito pela meditação"[195] (MONIER-WILLIAMS, 1995, p. 436).

O Tantra-Yoga refere-se mais especificamente àquela porção do Tantra que prioriza ou trata sobre o fenômeno de *kuṇḍalinī* e, por extensão, seus estudos, disciplinas e práticas. A palavra *kuṇḍalinī*, em sânscrito, significa literalmente "enrodilhada"[196] (PRABHAVANANDA; MANCHESTER, 1964, p. 158). Ela faz referência à imagem de uma serpente psicoenergética, invisível para a visão comum, enrodilhada espiraladamente em três voltas e meia, segundo o *Garuḍa Purāṇa*[197], adormecida na base da coluna vertebral, como geralmente os *yogis* a descrevem (PRABHAVANANDA; MANCHESTER, 1964, p. 158). Por isso, Woodroffe (que utiliza o pseudônimo de Avalon) e outros traduzem ou referem-se à *kuṇḍalinī* como "poder da serpente ou poder serpentino"[198] (AVALON, 1974, p. 1). Como considera Feuerstein: "O despertar da *kuṇḍalinī*, da princesa adormecida, é o coração do Tantra. [...] Sob o ponto de vista metafísico, a *kuṇḍalinī* é uma manifestação microcósmica de Shakti, a Energia Primordial" (FEUERSTEIN, 2006, p. 433-435).

Outra importante relação do Tantra-Yoga com o Yoga de Patañjali está na sua preocupação com a verificabilidade, sendo que neste caso ambos se aproximam ou apresentam alguma analogia aos métodos de experimentação científica, seja pela percepção direta no Êxtase (*Samādhi*), seja pela utilização dos *siddhis* (poderes psíquicos) como um tipo de instrumento de experiência e investigação. Assim ressalta Prabhavananda: "A obtenção desse conhecimento, embora possível somente através do esforço, deve ser direta e imediata. [...] A autoridade das escrituras não depende da mera crença nelas como revelações, mas do fato de que suas verdades

---

195 "*1. the creation, 2. the destruction of the world, 3. the worship of the gods, 4. the attainment of all objects, especially of 6 superhuman faculties, 5. the 4 modes of union with the supreme spirit by meditation*" (MONIER-WILLIAMS, 1995, p. 436).

196 "*Coiled up*" (PRABHAVANANDA; MANCHESTER, 1964, p. 158). A tradução para a língua portuguesa da obra de Feuerstein também traduz *kuṇḍalinī* pela palavra "enrodilhada" (FEUERSTEIN, 2006, p. 542).

197 "Depois meditará em *kuṇḍalinī* [...] colocada em três e meia espirais" (GARUḌA PURĀṆA *apud* LEADBEATER, 1974, p. 132).

198 O próprio nome do livro de Arthur Avalon (pseudônimo de John Woodroffe) é *The Serpent Power: the secrets of tantric and shaktic yoga* (*O Poder Serpentino*: os segredos do yoga tântrico e *sháktico*). Constitui-se na tradução comentada do *Ṣaṭ-Cakra-Nirūpaṇa* e do *Pādukā-Pañcaka* (AVALON, 1974, p. iii).

podem ser reveladas na própria alma [do indivíduo]"[199] (PRABHAVANANDA; MANCHESTER, 1964, p. 154-155). Mais do que somente isso, a expressão de Prabhavananda explicitamente insiste numa analogia com a experimentação da hipótese, caso se pretenda tomar assim a revelação para a submeter à verificação, como um teste: "[...] o teste de validade delas [das escrituras] é principalmente positivo [...]"[200] (PRABHAVANANDA; MANCHESTER, 1964, p. 1545).

O Tantra-Yoga, além de ser, obviamente, um dos desdobramentos fundamentais da tradição tântrica, tem também relações muito próximas com o Haṭha-Yoga, bem como com outras linhagens chamadas Mantra-Yoga e, principalmente, o Laya-Yoga, que é às vezes também chamado de Kuṇḍalinī-Yoga e está relacionado à existência e ao estudo de *kuṇḍalinī*. Antes, porém, de que seja possível aprofundar esse estudo, faz-se necessário discorrer sobre o corpo sutil ou *sūkṣma śarīra* e algumas de suas forças vitais. Como comenta Feuerstein: "A literatura tântrica é repelta de descrições dos 'centros' (*cakra*) e das 'correntes' ou 'canais' (*nāḍī*) que são as estruturas básicas do corpo sutil [*sūkṣma śarīra*]" (FEUERSTEIN, 2006, p. 427).

A força vital é chamada pelos hindus, de modo geral, de *prāṇa* (FEUERSTEIN, 2006, p. 427), mas ela tem diversas subdivisões ou especializações. Porém, esse tema ainda é polêmico no campo da ciência moderna, particularmente da medicina, conforme assinala Feuerstein: "Enquanto a ciência ocidental ainda se debate para encontrar explicações para fenômenos como os meridianos da acupuntura, o despertar da *kuṇḍalinī* e a fotografia Kirlian, os *yogins* continuam explorando e desfrutando da pirotecnia do corpo sutil, como tem feito há centenas de gerações" (FEUERSTEIN, 2006, p. 428).

Segundo as autoridades em Tantra-Yoga, essa força vital universal é responsável por uma série de atividades no corpo sutil individual, em que se especializa em pelo menos cinco subdivisões, conforme suas respectivas funções. Pode-se mencionar que pelo menos dez subdivisões da força vital são consideradas nos tratados clássicos da Índia, a saber: "*prāṇa*, *apāna*, *samāna*, *udāna*, *vyāna*, *nāga*, *kūrma*, *kṛkala*, *devadatta* e *dhanañjaya*"[201] (TIGUNAIT, 1983, p. 168). Feuerstein apresenta, assim, um detalhamento dessas cinco principais especilizações da força

---

199 "*The attainment of this knowledge, though possible only through effort, must be direct and immediate. [...] The authority of the scriptures does not depend upon mere belief in them as revelations, but upon the fact that their truths can be revealed in one's own soul*" (PRABHAVANANDA; MANCHESTER, 1964, p. 154-155).

200 "*[...] the test of their validity is primarily a positive one [...]*" (PRABHAVANANDA; MANCHESTER, 1964, p. 155).

201 "*[...] prāṇa, apāna, samāna, udāna, vyāna, nāga, kūrma, kṛkala, devadatta, e dhanañjaya*" (TIGUNAIT, 1983, p. 168).

vital e suas respectivas funções, bem como seus órgãos ou respectivas áreas de atuação no corpo sutil (*sūkṣma śarīra*) (FEUERSTEIN, 2006, p. 428):

1. *Prāṇa* ('respiração' ou 'inspiração'; lit. 'prospiração') – traz força vital para dentro do corpo (principalmente pelo ato da inalação); segundo a doutrina mais comum, localiza-se na metade superior do tronco, especialmente na região do coração, mas também na cabeça.
2. *Apāna* ('expiração') – expele a força vital (principalmente pelo ato da exalação), está associado com o umbigo e o abdômen, mas também com a região genital.
3. *Vyāna* ('perspiração') – distribui e faz circular a força vital (principalmente pela ação do coração e dos pulmões); está sempre presente, mesmo quando a atividade de *prāṇa* e *apāna* por algum motivo se suspende; segundo a opinião geral, distribui-se pelo corpo inteiro.
4. *Samāna* ('respiração média') – responsável pela assimilação dos nutrientes; localiza-se no sistema digestivo.
5. *Udāna* ('respiração ascendente') – é responsável principalmente pela fala, mas também pelo ato de arrotar (que sempre foi encarado como um sinal positivo de que a comida ou a bebida estão sendo bem digeridas); é especificamente ligado à garganta.

Entretanto, Feuerstein oportunamente considera que existem algumas variações menores nos detalhes e fluxos dessas forças vitais, pois "os diversos textos explicam essas energias de maneiras um pouco diferentes e, também, lhes dão localizações diversas dentro do corpo. A versão acima é a mais comum" (FEUERSTEIN, 2006, p. 429). Entretanto, é importante perceber que os diversos fluxos dessas subdivisões dos ares vitais ou forças vitais genericamente chamadas de *prāṇa* estão relacionados ao despertar de *kuṇḍalinī*. Assim, comenta Sivananda a relação dessas forças vitais: "Pela conquista da citada união de *Prāṇa* e *Apāna* o *yogi* alcança a perfeição no Yoga, desperta *Kuṇḍalinī* e bebe o néctar da Imortalidade"[202] (SIVANANDA, 1976, p. 127).

O sistema da *kuṇḍalinī* envolve uma série ou sistema de circuitos ou canais (*nāḍīs*), dentre os quais existem três principais que estão relacionados, por assim dizer, com os sete centros principais ou *cakras* que ela desperta à plena atividade, quando por eles passa, ao longo da coluna vertebral até o topo da cabeça.

---

202 "*Por el logro de la citada unión de Prana y Apana el Yogui alcanza la perfección en Yoga, despierta al Kundalini y bebe el néctar de la Inmortalidad*" (SIVANANDA, 1976, p. 127).

Woodroffe (ou Avalon) acrescenta: "Certos *siddhis* ou poderes ocultos são adquiridos em cada centro à medida que o praticante opera seu caminho [de *kuṇḍalinī* ou fogo serpentino] para cima"[203] (AVALON, 1974, p. 7). Feuerstein considera que as forças vitais fluem no corpo sutil (*sūkṣma śarīra*) por meio de canais (*nāḍīs*) que não devem ser confundidos com veias, artérias ou nervos, mas que se comportam mais como circuitos ou correntes de energia. Ele menciona que esses circuitos são muito numerosos: "Em geral, os textos de Yoga dizem que os *nāḍīs* são 72.000 ao todo" (FEUERSTEIN, 2006, p. 429).

Existem três circuitos, canais ou *nāḍīs* principais, como enfatiza Feuerstein, considerados mais importantes para o sistema da *kuṇḍalinī*, segundo a tradição indiana e, particularmente, do Tantra-Yoga. Eles são conhecidos como *iḍā*, *piṅgalā* e *suṣumṇā* (FEUERSTEIN, 2006, p. 429).

O circuito, canal ou *nāḍī* chamado *iḍā* é considerado frio, feminino ou lunar, e seu nome significa "lívido". Inicia sua trajetória ascendente na base da coluna pelo lado esquerdo do canal central (FEUERSTEIN, 2006, p. 429).

O circuito, canal ou *nāḍī* chamado *piṅgalā* é quente, masculino ou solar, e seu nome significa "avermelhado". Inicia sua trajetória ascendente na base da coluna pelo lado direito do canal central (FEUERSTEIN, 2006, p. 429).

O circuito, canal ou *nāḍī* chamado *suṣumṇā* é neutro, e seu nome significa "graciosíssima". É o canal central e correto para toda a trajetória ascendente de *kuṇḍalinī* desde a base da coluna (FEUERSTEIN, 2006, p. 429).

Os *cakras*, em sânscrito, literalmente "rodas"[204] (MONIER-WILLIAMS, 1995, p. 380) invisíveis para a visão comum, são caracterizados como centros de força ou centros psicoenergéticos que têm relação direta com plexos nervosos e glândulas no corpo físico. A enumeração da lista dos sete *cakras* principais, "enraizados como flores de lótus", por assim dizer, ao longo da coluna vertebral desde a sua base ou raiz até o topo no cérebro, segue pela ordem e localização aproximada: (1) *mūlādhāra* (raiz), (2) *svadhiṣṭāna* (genital ou esplênico[205]), (3) *maṇipūra* (umbilical), (4) *anāhata* (cardíaco), (5) *viśuddha* (laríngeo), (6) *ājñā* (frontal), (7) *sahasrāra* (coronário) (ver Figura 1).

---

203 "*Certain Siddhis or occult powers are acquired at each centre as the practitioner works his way upwards*" (AVALON, 1974, p. 7).

204 "*Wheel[s]*" (MONIER-WILLIAMS, 1995, p. 380).

205 Leadbeater comenta, em seu livro Os *Chakras*, que se deveria evitar estimular os *cakras* inferiores, particularmente o segundo que ele associa ao baço (LEADBEATER, 2020, p. 22), como será aprofundado no próximo capítulo.

Figura 1: Os sete principais centros psicoenergéticos ou *cakras*

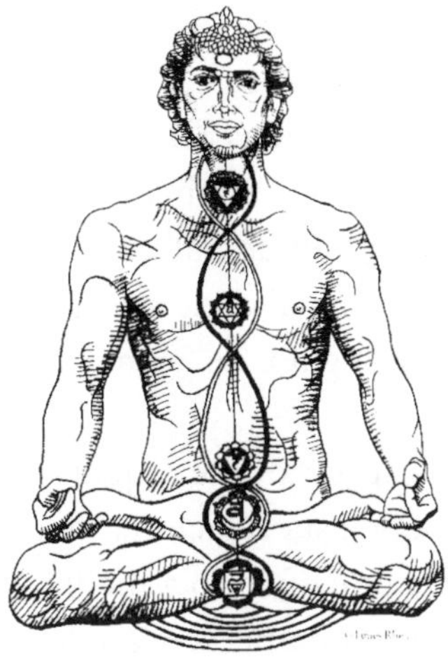

Fonte: FEUERSTEIN, 2006, p. 427.

Os três primeiros *cakras* são considerados inferiores, relacionados às funções consideradas, talvez, mais fisiológicas e de sobrevivência, e os quatro últimos, superiores, mais espirituais, como ensina Ramakrishna Paramahamsa:

> Nas escrituras, mencionam-se os sete centros de consciência. Quando a mente é apegada à mundanalidade, a consciência habita nos três centros inferiores, os plexos sacro-coccígeno, sacral e solar [*mūlādhāra, svadhiṣṭāna* e *maṇipūra cakras,* respectivamente]. Então não há ideais elevados ou pensamentos puros. Ela permanece imersa em luxúria e ganância[206] (RAMAKRISHNA, [18--] *apud* PRABHAVANANDA; MANCHESTER, 1964, p. 159).

206 "*In the scriptures mention is made of the seven centres of consciousness. When the mind is attached to worldliness, consciousness dwells in the three lower centres, the plexus sacro-coccygeal, sacral, and solar. Then there are in it no high ideals or pure thoughts. It remains immersed in lust and greed*" (PRABHAVANANDA; MANCHESTER, 1964, p. 159).

Este é um importante ponto de relação ou convergência do verdadeiro Tantra, comentado por Ramakrishna, com a tradição do Yoga de Patañjali, pois por motivo similar esse Yoga evita despertar ou ativar as tendências inferiores da natureza humana. Por exemplo, o Yoga evita ativar forças de atração simbolizadas pela luxúria (*kāma*) e ganância (*lobha*), mencionadas acima por Ramakrishna, como também evita ativar desejos de repulsão porque também a frustração dos desejos inferiores ativados é a causa da ira (*krodha*) ou de outras forças de repulsão como o medo, dos quais resulta a perda de imparcialidade no discernimento ou ilusão (*moha*), como é visto na análise deste "triângulo" de forças subsequentemente (PATAÑJALI, 1996, II: 34, p. 186).

A relação aos *cakras* superiores, desde o quarto até o sétimo, já foi mencionada. Sobre o quarto *cakra*, que está relacionado à região do coração (*anāhata cakra*), Ramakrishna comenta que quando a mente o alcança ocorre um despertar espiritual, e o aspirante tem uma percepção da Luz Divina: "Sua mente, então, não corre mais atrás dos prazeres mundanos"[207] (RAMAKRISHNA, [18--] *apud* PRABHAVANANDA; MANCHESTER, 1964, p. 159). O quinto *cakra* está relacionado à região da garganta (*viśuddha cakra*). Quando a mente toma consciência das qualidades inerentes a este *cakra*, o aspirante inicia um processo de libertação de níveis de ignorância, passa a falar apenas sobre Deus e se torna "[...] impaciente se qualquer tema mundano é discutido"[208] (RAMAKRISHNA, [18--] *apud* PRABHAVANANDA; MANCHESTER, 1964, p. 159). O sexto *cakra* está relacionado à área entre as sobrancelhas ou *cakra* frontal (*ājñā cakra*), e quando a mente o alcança, o aspirante mergulha na consciência divina, embora perdure o ego como obstáculo sutil: "Vendo a visão beatífica de Deus, ele fica louco de alegria e deseja aproximar-se Dele e unir-se a Ele. Mas ele não pode, pois ainda há o ego que se interpõe entre eles"[209] (RAMAKRISHNA, [18--] *apud* PRABHAVANANDA; MANCHESTER, 1964, p. 159). O sétimo *cakra* está relacionado à região do cérebro, ou melhor, do topo da cabeça, e é chamado *cakra* coronário (*sahasrāra cakra*) por ser similar ou ter um feitio de coroa na cabeça: "Quando alguém se eleva a este plano, alcança-se o *samādhi*. Essa é a consciência transcendental, na qual

---

207 "*His mind then no longer runs after worldly pleasures*" (PRABHAVANANDA; MANCHESTER, 1964, p. 159).

208 "*[...] impatient if any worldly topic is discussed*" (PRABHAVANANDA; MANCHESTER, 1964, p. 159).

209 "*Seeing the beatific vision of God he becomes mad with joy and longs to come closer to him and be united with him. But he cannot, for there is still the ego which stands between them*" (PRABHAVANANDA; MANCHESTER, 1964, p. 159).

[o aspirante] percebe sua unidade com Deus"[210] (RAMAKRISHNA, [18--] *apud* PRABHAVANANDA; MANCHESTER, 1964, p. 160).

A tradição do Tantra-Yoga também costuma associar certas gravuras e diagramas místicos (*yantras*) de cada *cakra* ou lótus e suas associações com números de pétalas, *mantras*, etc., auxiliando nas respectivas meditações em cada *cakra* ou centro psicoenegético. O primeiro *cakra* ou centro psicoenegético, chamado de *mūlādhāra* ou raiz, é constituído por quatro pétalas, e é descrito como associado ao *mantra* sânscrito *laṁ*. O nome *mūlādhāra* significa "apoio da raiz" (FEUERSTEIN, 2006, p. 431).

O segundo *cakra* ou centro psicoenegético, chamado de *svadhiṣṭāna*, genital ou esplênico[211], é constituído por seis pétalas, e é descrito como associado ao *mantra* sânscrito *vaṁ*. O nome *svadhiṣṭāna* significa "própria base" (FEUERSTEIN, 2006, p. 431).

O terceiro *cakra* ou centro psicoenegético, chamado de *maṇipūra* ou umbilical, é constituído por dez pétalas, e é descrito como associado ao *mantra* sânscrito *raṁ*. O nome *maṇipūra* significa "cidade da jóia" (FEUERSTEIN, 2006, p. 431).

O quarto *cakra* ou centro psicoenegético, chamado de *anāhata* ou cardíaco, é constituído por doze pétalas, e é descrito como associado ao *mantra* sânscrito *yaṁ*. O nome *anāhata* significa "não tocado" (FEUERSTEIN, 2006, p. 431).

O quinto *cakra* ou centro psicoenegético, chamado de *viśuddha* ou laríngeo, é constituído por dezesseis pétalas, e é descrito como associado ao mantra sânscrito *haṁ*. O nome *viśuddha* significa "puro" (FEUERSTEIN, 2006, p. 432).

O sexto *cakra* ou centro psicoenegético, chamado de *ājñā* (frontal), é constituído de duas (ou duas vezes quarenta e oito[212]) pétalas, e é descrito como associado ao *mantra* sânscrito *oṁ*. O nome *ājñā* significa "comando" (FEUERSTEIN, 2006, p. 432).

O sétimo *cakra* ou centro psicoenegético, chamado de *sahasrāra* (coronário), é constituído por mil pétalas. Por ser um *cakra* associado à transcendência, seu *mantra* poderia ser também associado ao silencioso *oṁ* ou à voz do silêncio (*nāda*), mas Woodroffe (Avalon) o associa ao *mantra* "*Haṁ-Sah* [Eu Sou]" (AVALON, 1974, p. 437-439). O nome *sahasrāra* significa "de mil pétalas" (FEUERSTEIN, 2006, p. 432).

Depois deste detalhamento dos *cackras* que podem ser despertados pela ascensão da energia de *kuṇḍalinī*, pode-se melhor considerar certos efeitos de tais

---

210 "*When one rises to this plane, there is samādhi. That is the transcendental consciousness, in which one realizes his oneness with God*" (PRABHAVANANDA; MANCHESTER, 1964, p. 160).

211 Tema que será discutido no capítulo 2, seção 2.2.

212 Tema que será discutido no capítulo 2, seção 2.2.

práticas. Sivananda ressalta que por meio das práticas e meditações do Tantra-Yoga são adquiridos certos *siddhis* ou poderes psíquicos:

Os oito *Siddhis* principais são *Aṇimā* (o poder de se tornar pequeno), *Mahimā* (o poder de se tornar grande), *Laghimā* (o poder de se tornar leve), *Garimā* (o poder de se tornar pesado), *Prāpti* (o poder de chegar a qualquer lugar, o poder de aproximar coisas distantes até mesmo da lua, de alcançá-la com a ponta do dedo), *Prākāmya* (o poder de realizar todos os desejos), *Īśitva* (senhorio), *Vaśitva* (o poder de comandar todos ou o controle perfeito sobre os elementos)[213] (SIVANANDA, 1994, p. 26).

Os *siddhis* costumam ser traduzidos como "poderes psíquicos", mas também é possível que sejam traduzidos como "realizações", e podem oferecer marcas corroborativas ou serem considerados como conquistas indiretas no caminho que busca a experiência direta da verdade. Sivanada, coerentemente, afirma que a maior realização é *moksha* ou Libertação: "O maior de todos os *Siddhis* é a Libertação ou *Mokṣa*, liberdade do ciclo de nascimentos e mortes e união com Parabrahman ou Ser Supremo"[214] (SIVANANDA, 1994, p. 26). Novamente, se torna clara uma importante relação de semelhança entre a tradição do Tantra-Yoga e o Yoga de Patañjali, já que ambos culminam no *Samādhi* ou Êxtase, o que representa o último passo na senda espiritual da Libertação do sofrimento. O importante tema da tradicional necessidade do acompanhamento de um instrutor ou mestre verdadeiramente qualificado para se evitar os verdadeiros perigos do despertar prematuro de *kuṇḍalinī* será ainda discutido em capítulos posteriores.

Entretanto, talvez seja oportuno mencionar aqui um exemplo contemporâneo do despertar espontâneo de *kuṇḍalinī* ocorrido com Gopi Krishna (1903-1984), considerado importante por Feuerstein: "No caso de Gopi Krishna, o fenômeno foi inesperado e não foi posto sob controle. A meta do Tantra-Yoga e do Haṭha-Yoga, por sua vez, é de induzir esse despertar em condições controladas, de modo que o praticante não venha a sofrer os efeitos colaterais desastrosos" (FEUERSTEIN, 2006, p. 434). Depois da sublime e indescritível alegria do Êxtase gerado pela ascensão de *kuṇḍalinī*, o próprio Gopi Krishna chegou a duvidar do que havia experimentado:

---

213 *"The eight major Siddhis are Aṇimā (the power of becoming small), Mahimā (the power of becoming great), Laghimā (the power of becoming light), Garimā (the power of becoming heavy), Prāpti (the power of reaching anywhere, the power to aprach distant things even to moon, to reach it with tip of finger), Prākāmya (the power to have all desires realised), Īśitva (lordship), Vaśitva (the power to command all or the perfect control over elements)" (SIVANANDA, 1994, p. 26).*

214 *"The greatest of all Siddhis is liberation or Moksha, freedom from the cicle of birth and deaths and union with Parabrahman or Supreme Being"* (SIVANANDA, 1994, p. 26).

"Não teria acontecido que em minha condição de concentração extremada, eu confundira o sol com o halo refulgente que me rodeava no estado de superconsciência?" (KRISHNA, 1970, p. 20-21). Ele menciona que se sentiu por meses suspenso por um fio entre a vida e a morte, com um calor que o queimava por dentro. O que o salvou foi a descoberta de que a *kuṇḍalinī* estava seguindo o *nāḍī* ou circuito *piṅgalā* ou solar que fica à direita do central (*suṣumṇā*) e é quente, mas que deveria neutralizar tal efeito conduzindo-a por meio de meditação ao circuito *iḍā* ou lunar, que fica à esquerda do central e é frio (KRISHNA, 1970, p. 23, 72, 78). Além disso, leu num livro que seu corpo assim hipersensibilizado pelo despertar da *kuṇḍalinī* necessitava de uma dieta com refeições especiais e leves a cada três horas. Considerou tal informação como um aviso que chegou em um momento crítico: "[...] quando eu pairava entre a vida e a morte e tinha perdido qualquer esperança de sobrevivência, alerta esse que salvou minha vida e o equilíbrio mental, o qual continuo praticando até o dia de hoje" (KRISHNA, 1970, p. 73). Gopi Krishna ainda comenta sobre a importância do controle das energias fisiológicas nesse delicado processo do despertar e posterior controle da energia de *kuṇḍalinī*: "O sêmen sublimado formava uma parte integral da energia irradiante..." (KRISHNA, 1970, p. 103-104). Em outras palavras, há sérios perigos em manipular tais energias poderosas sem conhecimento e autocontrole, ou tentar despertar *kuṇḍalinī* prematuramente, sem preencher os necessários pré-requisitos. Para controlar tão poderosa energia com segurança, é necessário estar devidamente preparado na teoria e na prática, e sob supervisão de um instrutor realmente qualificado e experiente.

Apresentaram-se assim, numa visão geral, esses três principais sistemas filosóficos ou tradições mais relacionadas ao Yoga. Entretanto, se o próprio Gopi Krishna chegou inicialmente a duvidar da realidade da experiência de Êxtase depois que já a havia experimentado diretamente, parece fazer sentido a preocupação de Radhakrishnan com a visão que o público pode ter do Yoga em geral. Radhakrishnan apresenta sua preocupação sobre a confusão popular em relação ao objetivo final do Yoga das suas meditações solitárias, particularmente sobre as práticas mais avançadas de *Samādhi* ou Êxtase: "Para a mente moderna, no Oriente ou no Ocidente, todo o esquema do Yoga para atingir a perfeição parece ser somente um elaborado processo de auto-hipnotização"[215] (RADHAKRISHNAN, 2019, v. 2, p. 343).

215 "*To the modern mind, in the East or West, the whole Yoga scheme of attaining perfection appears to be only an elaborate process of self-hypnotisation*" (RADHAKRISHNAN, 2019, v. 2, p. 343).

Embora o Yoga milenar, obviamente, não necessite de qualquer demonstração de sua eficácia para aquelas mentes que aprofundaram o seu estudo e experimentaram a sua prática, talvez essa mente moderna, mencionada por Radhakrishnan, possa ser auxiliada pelas evidências indiretas representadas pelos chamados poderes psíquicos ou *siddhis*.

Talvez seja oportuno concluir esse capítulo acrescentando uma visão geral sobre o propósito da vida apresentado por Arthur Woodroffe (1865-1936), autor que reconhecidamente contribuiu para trazer o Tantra-Yoga ao Ocidente, principalmente com suas fiéis traduções, como ressaltam, entre outros, Feuerstein (2006, p. 420) e Prabhavananda e Manchester (1964, p. 151). **Woodroffe cita *o Tantra* resumindo a filosofia desta tradição: "É o desejo pela vida com forma que produz o Universo"[216] (WOODROFFE, [c. 1900] *apud* PRABHAVANANDA; MANCHESTER, 1964, p. 153). Woodroffe segue afirmando que tal desejo se origina de "*Vāsanās* [sede ou desejos]"[217] de natureza coletiva num estado incipiente na "Mãe-Poder" ou Śakti. Depois de um dia de Brahmā, longo como um *éon*, o Universo retorna para seu grande útero causal (*yoni*) que o havia originado.** Woodroffe considera que os seres são levados ao Universo, quando o processo criativo inicia, "[...] cada um aparecendo naquela forma e estado que o seu *karma* anterior havia criado para si"[218] (WOODROFFE, 1959 *apud* PRABHAVANANDA; MANCHESTER, 1964, p. 153). Dessa forma, Woodroffe prossegue considerando que o Universo tem uma finalidade ou propósito moral de modo a criar um cenário onde os seres possam colher os frutos que suas ações semearam, detalhando:

> Aqueles que geram bom *karma*, mas com desejo e autoestima (*Sakāma*) vão, na morte, para o Céu e depois colhem sua recompensa em um bom nascimento futuro na Terra – pois o Céu também é um estado transitório. Os maus são punidos por maus nascimentos na Terra e sofrem nos Infernos que também são transitórios. Aqueles, no entanto, que se livraram de todo desejo de autoestima e trabalham desinteressadamente (*Niṣkāma Karma*), realizam a natureza de Brahman que é *Sacchidānanda*. Tais são liberados [...]"[219] (WOODROFFE, 1959 *apud* PRABHAVANANDA; MANCHESTER, 1964, p. 153).

---

216 "*It is the desire for the life of form which produces the universe*" (WOODROFFE, [c. 1900] *apud* PRABHAVANANDA; MANCHESTER, 1964, p. 153).

217 "*Vāsanās [thirst or desires]*" (WOODROFFE, [c. 1900] *apud* PRABHAVANANDA; MANCHESTER, 1964, p. 153).

218 "*[...] each one appearing in that form and state which its previous karma had made for it*" (PRABHAVANANDA; MANCHESTER, 1964, p. 153).

219 "*Those who do good karma but with desire and self-regard (Sakāma) go, on death, to Heaven and thereafter*

Este resumo não se aplica apenas ao Tantra-Yoga, mas se relaciona também ao Yoga em geral e aos outros sistemas de Filosofia da Índia, como enfatiza Prabhavananda: "Esta citação resume adequadamente a atitude não apenas dos Tantras, mas de todo o corpo das escrituras hindus em relação à origem e à finalidade do homem"[220] (PRABHAVANANDA; MANCHESTER, 1964, p. 154).

No próximo capítulo será tratado o tema da origem da Teosofia, que também apresenta similarmente o propósito da vida visando a Libertação do ser humano do sofrimento, e uma breve história da Sociedade Teosófica, bem como da grande relevância do *Yoga-Sūtra* em sua relação com a Teosofia, de modo a se poder dar continuidade ao estudo do Yoga por meio de uma abordagem teosófica.

---

reap their reward in good future birth on earth – for Heaven is also transitory state. The bad are punished by evil births on earth and suffering in the Hells, which are also transitory. Those, however, who have rid themselves of all self-regarding desire and work selflessly (Niṣkāma Karma), realize the Brahman nature, which is Sacchidānanda. Such are liberated [...]" (WOODROFFE, 1959 *apud* PRABHAVANANDA; MANCHESTER, 1964, p. 153).

220 "*This quotation adequately summarizes the attitude not merely of the Tantras but of the whole body of the Hindu scriptures toward the origin and end of man*" (PRABHAVANANDA; MANCHESTER, 1964, p. 154).

CAPÍTULO 2

A SOCIEDADE TEOSÓFICA, A TEOSOFIA E A RELEVÂNCIA DO *YOGA-SŪTRA*

O objetivo deste capítulo é contextualizar, historicamente, a abordagem teosófica, a partir da fundação da Sociedade Teosófica em 1875. Além disso, faz menção a Blavatsky e a outros autores e conteúdos relacionados à Teosofia: suas fontes tradicionais e contemporâneas. Examina, também, a influência do Positivismo, no século XIX, relacionada à analogia da hipótese ou ideal da Religião Científica: poder **testar ou** investigar, por meio de algum método **experimental [ou de experimentação]** cuja base é o *Yoga-Sūtra*, as crenças oriundas da revelação religiosa. Ademais, objetiva-se mostrar a relevância do Rāja-Yoga para a Teosofia. Fecha-se o capítulo com uma introdução resumida da obra *A Doutrina Secreta*, de Blavatsky, bem como das coletâneas de cartas dos Mahatmas. Esses Mahatmas podem ser vistos, neste contexto, como *yogis* que conquistaram a Libertação (*kaivalya*).

2.1 A SOCIEDADE TEOSÓFICA, BLAVATSKY E AS FONTES CONTEMPORÂNEAS DA TEOSOFIA

A Sociedade Teosófica, um dos pontos centrais desta investigação, une a filosofia oriental, que foi tratada em grande parte no capítulo anterior, e a ocidental. Tornou-se, assim, uma ponte importante para o diálogo entre as tradições de conhecimento do Oriente e do Ocidente. Visando apresentar uma abordagem "teosófica" do *Yoga-Sūtra* de Patañjali, enquanto ciência do autoconhecimento, essa investigação apresenta, também, a origem histórica do termo e seu significado.

A fundação da Sociedade Teosófica ocorreu em Nova Iorque, EUA, em 17 de novembro de 1875, a partir do discurso inaugural de seu primeiro Presidente, o norte-americano Coronel Henry Steel Olcott (1832-1907), como foi confirmado nas *Cartas do Mahatmas* (BARKER, 2001, v. 1, p. 207). Reuniões prévias haviam ocorrido na casa de uma russa, Helena Petrovna Blavatsky (1831-1891), com apenas "[...] dezesseis ou dezessete pessoas na casa de HPB [Blavatsky] em Irving Place 46" (CRANSTON, 1997, p. 167). essa reunião ocorrera para eleger a primeira diretoria da Sociedade e aprovar os seus estatutos. Dessa forma, os participantes dessas reuniões prévias são considerados como os fundadores da Sociedade Teosófica, ainda que seja tradicional dar mais destaque aos que nela permaneceram, como o Cel. Olcott e Helena Blavatsky, e seu primeiro Secretário, um irlandês chamado William Quan Judge (1851-1896). Blavatsky considera que a Sociedade Teosófica preserva as mesmas ideias do Neoplatonismo e Ecletismo filosófico e religioso da antiga Escola Teosófica Eclética de Alexandria (BLAVATSKY, 1991a, p. 16).

Com a viagem de Olcott e Blavatsky para a Índia, em 1879, a sede internacional estabeleceu-se, em 1882, em Adyar, Chennai (antiga Madras), capital do estado de Tamil Nadu, no sudeste da Índia. Essa sede internacional encontra-se lá até hoje, e de lá seu trabalho se expandiu para mais de cinquenta países. A Sociedade Teosófica foi legalmente registrada em Chennai (Madras), em 1905, como uma associação internacional, democraticamente organizada, que elege seu presidente por voto direto de seus membros, sob "uma Lei, de 1860, para o Registro de Sociedades Literárias, Científicas e Beneficentes"[221] (HARRIS, 2006, p. 629).

A Sociedade Teosófica possui três objetivos que, atualmente, têm a seguinte formulação:

> (i) Formar um núcleo da Fraternidade Universal da Humanidade, sem distinção de raça, credo, sexo, casta ou cor; (ii) Encorajar o Estudo de Religião Comparada, Filosofia e Ciência; e (iii) Investigar as leis não explicadas da Natureza e os poderes latentes no homem (THEOSOPHIA, 2019, p. ii).

Para poder realizar tais objetivos, ela trabalha num espírito de Independência e Liberdade de Pensamento, conforme resolução de seu Conselho Geral:

> Como a Sociedade Teosófica espalhou-se amplamente pelo mundo e como membros de todas as religiões tornaram-se filiados a ela sem renunciar aos dogmas, aos ensinamentos e às crenças especiais de suas respectivas fés,

221 "*An Act for the Registration of Literary, Scientific and Charitable Societies, 1860*" (HARRIS, 2006, p. 629).

> é desejável enfatizar o fato de que não há nenhuma doutrina, nenhuma opinião, ensinada ou sustentada, por quem quer que seja, que esteja de algum modo constrangendo qualquer membro da Sociedade, nenhuma que qualquer membro não esteja livre para aceitar ou rejeitar. A aprovação de seus três objetivos é a única condição para a filiação [...] (THEOSOPHIA, 2019, p. iii).

Ainda que não seja mencionada diretamente em seus objetivos, nesse ambiente de liberdade de pensamento tem sido encorajado o estudo da Teosofia, donde se origina o nome da Sociedade Teosófica. Como afirma Blavatsky: "A Sociedade [Teosófica] não tem sabedoria própria para sustentar ou ensinar" (BLAVATSKY, 1991a, p. 62). Isso quer dizer que a Sociedade Teosófica, segundo Blavatsky, não é possuidora ou única portadora da Teosofia, uma vez que as fontes da "Teosofia", que ela considera sinônima de "Sabedoria Divina" (BLAVATSKY, 1991b, p. 685), já existiam milênios antes da fundação dessa Sociedade. E a autora, coerentemente, conclui: "Ela [a Sociedade Teosófica] é meramente o canal através do qual maior ou menor porção da verdade, como encontrada nos ensinamentos acumulados dos grandes mestres da humanidade, é derramada sobre o mundo" (BLAVATSKY, 1991a, p. 62). Por outro lado, nesta tese será considerada institucionalmente a palavra "Teosofia" [***moderna***] a partir da fundação da Sociedade Teosófica, pelos motivos que serão expostos a seguir.

É oportuno considerar algo do contexto histórico e do pensamento da época da fundação da Sociedade Teosófica. No século XIX, parecia haver forte influência do Empirismo, principalmente do Positivismo de Auguste Comte, que era contra a metafísica e negava "[...] a possibilidade do conhecimento de objetos físicos inobserváveis" (AUDI, 2011, p. 167). Provavelmente, a importância dada aos poderes psíquicos e aos fenômenos espíritas, nesta época, buscava oferecer uma resposta a esse preponderante Positivismo por meio de **provas, evidências ou** experiências observáveis e verificações para encontrar leis da Natureza, o que contribuiu para, então, expressar-se uma necessidade de aproximação entre religião e ciência, como se apresenta no supramencionado ideal da Religião Científica. A preocupação com a verificabilidade da possível existência da alma imortal ou Espírito, conforme for o caso, faz parte dos primórdios da Sociedade Teosófica. Porém, tal pesquisa, como de qualquer ciência, depende de imparcialidade e liberdade de pensamento para poder ser realizada em condições favoráveis.

Foi a partir do interesse nos poderes psíquicos – que o *Yoga-Sūtra* denomina *siddhis* – ou de sua relação com os fenômenos paranormais, como hoje são chamados pela parapsicologia moderna, que dois principais fundadores da Sociedade Teosófica, Helena Blavatsky, que era dotada de certos poderes psíquicos, e o Cel. Olcott, se conheceram na fazenda dos Eddy, em 14 de outubro de 1874, em Chittenden, Vermont, Estados Unidos (CRANSTON, 1997, p. 14). Ali estavam ocorrendo inúmeros fenômenos espíritas que atraíram a atenção de diversos jornais, pois havia um grande interesse do público pelo tema. O Cel. Olcott, que também era jornalista, fora enviado pelo *The Daily Graphic*, de Nova Iorque. Seu encontro com Blavatsky – encontro este que originou a Sociedade Teosófica – foi narrado pelo escritor Arthur Conan Doyle na obra *História do Espiritismo* (DOYLE, 1999, p. 218, 223).

Blavatsky inicia sua definição geral de "Espiritismo" como "[...] a crença de que os 'espíritos' dos mortos voltam à Terra para se comunicar com os vivos" (BLAVATSKY, 1991b, p. 174). Especula-se que uma das prováveis causas da expansão do Espiritismo, naquela época que sucedeu à Guerra de Secessão, nos Estados Unidos, foi o anseio de muitas famílias por se comunicar com seus entes perdidos em batalha.

Blavatsky considerava que seu encontro com Olcott, na fazenda dos Eddy, não fora casual, mas tinha uma intenção de criar uma via no mundo para o trabalho dos Mahatmas. A palavra "Mahatma", em sânscrito *Mahātman*, literalmente significa "grande espírito, [...] grande alma [...]"[222] (MACDONELL, 1954, p. 220-221), e pode ser traduzida, por semelhança ocidental, como "Homem Perfeito", **para usar o ideal bíblico proposto por São Paulo**[223] **(Ef 4,13).** Doravante, nesta tese, a palavra "Mahatma" é grafada em português (HOUAISS; VILLAR, 2001, p. 1813), com este sentido específico utilizado por Blavatsky (1991b, p. 343) de um ser humano que atingiu a Libertação e completou "[...] o ciclo da evolução humana". Blavatsky parecia preferir, frequentemente, chamar aos Mahatmas simplesmente de "Mestres", mas tal simplificação poderia gerar confusão com o uso comum da palavra. Talvez se possa especular por que a fundação da Sociedade Teosófica, para poder melhor criar essa via no mundo para o trabalho dos Mahatmas, devesse começar no Ocidente para, posteriormente, poder criar uma ponte com o Oriente. Assim relata Blavatsky, como se cumprisse ordens dos Mahatmas:

---

222 "*Great spirit, [...] great-soul [...]*" (MACDONELL, 1954, p. 220-221).

223 "Até que alcancemos todos nós a unidade da fé e do pleno conhecimento do Filho de Deus, o estado de Homem Perfeito, a medida da estatura da plenitude de Cristo" (Ef 4,13).

> Fui enviada para a América com um propósito definido, e mandada aos Eddy. Lá encontrei Olcott apaixonado pelos espíritos [...] Recebi ordens de fazê-lo saber que os fenômenos espíritas sem a filosofia do Ocultismo eram perigosos e ilusórios. Provei a ele que tudo o que os médiuns podiam fazer através dos [chamados] espíritos, outros poderiam fazer à vontade sem qualquer espírito; que as batidas, sons de sinos, leituras de pensamento, ruídos e fenômenos físicos poderiam ser feitos por qualquer um que tivesse a capacidade [...]; e eu tinha essa faculdade desde os meus quatro anos de idade, como bem sabe a minha família (CRANSTON, 1997, p. 145).

Evidentemente, Blavatsky referia-se ao Espiritismo norte-americano do século XIX, que era, de forma geral, fenomênico e não tinha maiores considerações em relação às Doutrinas do *Karma* e da Reencarnação e da Evolução, como tinha o Espiritismo francês de Allan Kardec (1804-1869), o qual, nesse ponto, se assemelha mais ao Pensamento Teosófico. Em *História do Espiritismo*, admite-se que foi, predominantemente, no Espiritismo francês de Allan Kardec (DOYLE, 1999, p. 393-400) que se acrescentou, como sendo um novo ramo específico (*new-espiritualism*), uma "doutrina que admite Deus e a alma [...] ou espírito, força atuante e inteligente da natureza, instrumento do Criador para a evolução geral da vida, admite ainda que o ser humano tem vidas sucessivas, solidárias e sempre progressivas [...]" (DOYLE, 1999, p. 29). Por isso, Blavatsky ressaltava a importância de alguma filosofia e indicava e denominava a "filosofia do Ocultismo" ou "filosofia esotérica" como necessária para compreender tais fenômenos, uma vez que, na época, ainda não era usual tratar do tema pelo termo "teosofia". Naqueles primórdios da Sociedade Teosófica, a nomenclatura de sua literatura não estava suficientemente definida. Leadbeater parece ter sido particularmente feliz em definir o Ocultismo como: "[...] o estudo do lado oculto da Natureza; ou melhor, é o estudo da Natureza em sua totalidade, e não apenas daquela parte mínima que é objeto de investigação da ciência moderna" (LEADBEATER, 2017, p. 22).

Talvez seja oportuno considerar um reconhecimento de Blavatsky em relação ao Espiritismo, nesse ponto em comum de seu combate ao materialismo, uma vez que ela "[...] aplaudiu as investigações científicas do Espiritismo" (CRANSTON, 1997, p. 143). Além disso, pode-se considerar que aquele encontro de Blavatsky com Olcott foi devido aos fenômenos espíritas relatados na fazenda dos Eddy. A tentativa anterior de Blavatsky de fundar uma Sociedade para estudar os fenômenos espíritas, em 1871, no Cairo, Egito, indica que ela talvez considerasse o Espiritismo como uma espécie de primeiro passo, quando as pessoas ainda não conheciam algo mais amplo do que o mundo dos mortos, também chamado de plano astral. Dessa forma, por gratidão e compaixão, ela se submeteu ao sacrifício "[...] até [...] de ser considerada durante algum tempo como uma médium" (CRANSTON, 1997, p. 131), mas explicou: "[...] isso não me faz mal algum, pois logo mostrarei a eles a diferença entre uma médium passiva e uma trabalhadora ativa" (CRANSTON, 1997, p. 131). Blavatsky via problemas ou mesmo perigos na mediunidade ou faculdade característica do médium, particularmente quando passiva. Ela define o médium como:

> [...] um instrumento passivo de influências estranhas [...] exposto à influência de qualquer entidade [do mundo ou plano] astral que se encontre nas imediações. Normalmente é inconsciente; não sabe o que se faz através de seu organismo nem quem o faz; não recorda nada ao despertar de sua espécie de sono (BLAVATSKY, 1991b, p. 368).

Blavatsky preocupava-se com essas sessões de fenômenos espíritas, "[...] pois elas são muito perigosas e não tenho a prática e a força necessárias para controlar os fantasmas maldosos que podem se aproximar dos meus amigos durante as sessões de trabalho" (BLAVATSKY, 1991b, p. 131). Por isso, ela não estimulava o desenvolvimento generalizado da mediunidade, mas preferia indicar a meditação e o domínio da mente, prática predominante do Rāja-Yoga, visando a libertação do sofrimento e a conquista do autoconhecimento.

Para além disso, existe uma maior complexidade no ensinamento teosófico, que, por exemplo, considera que o Espírito (*ātman*) é revestido por sete veículos ou envoltórios que estão relacionados aos sete planos, mundos (*lokas*). Dessa forma, a interpretação dos mesmos fenômenos é também bem mais complexa no ensinamento teosófico do que no Espiritismo. Leadbeater (2014), em sua obra *O Plano Astral*, classifica pelo menos dezoito diferentes categorias de entidades que ali habitam.

É necessário, porém, antes de adentrar nos conteúdos da Teosofia, analisar as origens do termo. Conforme menciona a *New Encyclopaedia Britannica*: "O termo *teosofia* é derivado do grego *theos*, 'deus' e *sophia*, 'sabedoria' e geralmente é traduzido como 'sabedoria divina'"[224] (YESHUA, 2003, p. 696). Segundo o *Dicionário Grego-Português*, "*Θεοσοφία* [theosophia significa...] ciência dos

224 "*The term theosophy is derived from the Greek theos, 'god', and sophia, 'wisdom', and is generally translated as 'divine wisdom'*" (YESHUA, 2003, p. 696).

deuses, teosofia" (PEREIRA, 1998, p. 265). A palavra *Θεοσοφία* ("Theosophia" ou "Sabedoria Divina") é grega e, segundo Blavatsky, foi cunhada por Amônio Sacas[225]. Ele viveu entre os séculos II e III d.C. e foi, junto com seus discípulos, fundador do Neoplatonismo, em Alexandria, no Egito, no século III d.C. Entre os discípulos, destaca-se Plotino (205-270 d.C) (BLAVATSKY, 1991a, p. 15-16). Encontra-se registro do uso da palavra *Θεοσοφία* ("theosophia"), por Porfírio (c. 234 – c. 304), que foi discípulo e compilador dos escritos de Plotino, no renomado *Dictionnaire Grec-Français*, de Anatole Bailly; nesse contexto, a palavra aparece significando "conhecimento das coisas divinas"[226] (BAILLY, 2000, p. 926). Tal referência é confirmada pelo Dicionário de Filosofia, de Nicola Abbagnano: "Este termo [teosofia] já era usado pelos neoplatônicos para indicar o conhecimento das coisas divinas, proveniente de inspiração direta por Deus **(PORFÍRIO, De abst., IV, 1 7; JÂMBLICO, De myst., VII, 1; PROCLO, Theol. plat., V, 35)**" (ABBAGNANO, 1999, p. 954). Reale prefere considerar o uso do termo "teosofia" como uma tendência já presente no Neoplatonismo tardio, "[...] consistindo particularmente na transposição em termos ocidentais de crenças orientais. **Mas já na antiguidade tardia esta tendência está presente [...], sobretudo [em] ou [...] as doutrinas herméticas [...e] ou [...e], em certa medida, [em] ou [...] as do tardio neoplatonismo**" (REALE, 1995, v. 5, p. 254).

É, portanto, necessário admitir, como uma primeira conotação, que o termo "teosofia" foi utilizado muito antes da fundação da Sociedade Teosófica, e que, portanto, seu conteúdo pode se enquadrar dentro do que se denomina de "teosofia tradicional" (HARRIS, 2006, p. 636), conforme se encontra nos dicionários supracitados. Entretanto, parece difícil comprovar, por meio de documentos, que tal conotação corresponda exatamente a uma corrente de pensamento definida. Blavatsky, apoiando-se em Wilder, faz menção a uma origem ainda mais antiga do termo "teosofia": remontaria ao antigo Egito, mas essa menção ainda não pode ser comprovada documentalmente[227] (BLAVATSKY, 1991a, p. 16).

Encontra-se uma segunda conotação na maioria dos dicionários acadêmicos e enciclopédias que parecem assumir a posição de que foi na Sociedade Teosófica que o termo "teosofia" assumiu uma maior relevância, denominando uma corrente de

---

225 Segue-se a grafia adotada por Reale, ainda que outros autores utilizem a grafia Saccas.

226 "*Connaissance des choses divines, Porph. Abst. 327*" (BAILLY, 2000, p. 926).

227 "Embora a Teosofia – ou sistema Teosófico Eclético – seja geralmente atribuída ao terceiro século, se for dado algum crédito a Diógenes Laertius, sua origem é muito anterior, pois ele atribuiu o sistema a um sacerdote egípcio, Pot-Amun, que viveu nos primeiros dias da Dinastia Ptolomaica" (BLAVATSKY, 1991a, p. 16).

pensamento com uma doutrina definida. Nesse sentido, é importante destacar que a "Teosofia", que nesta tese se diferencia como termo específico com a primeira letra maiúscula, é uma construção contemporânea, caracterizando uma segunda conotação que se poderia denominar de "Pensamento Teosófico" **ou "teosofia moderna"**[228] **(HARRIS, 2006, p. 636)**. Pode-se encontrar essa conotação na *New Encyclopaedia Britannica*: "Desde o século XIX, a teosofia é identificada com a Sociedade Teosófica [...]" **(YESHUA, 2003,** v. 11, p. 696). Em uma de suas obras fundamentais e históricas, publicada originalmente em 1889, na Sociedade Teosófica, chamada *A Chave para a Teosofia* (BLAVATSKY, 1991a), as definições citadas são complementadas com as seguintes palavras: "Teosofia é Ciência ou Conhecimento Divinos [...] 'Sabedoria Divina', *Θεοσοφία* (*Theosophia*) ou Sabedoria dos deuses. [...] Teosofia é o equivalente a *Brahma-Vidyā*[229], conhecimento divino" (BLAVATSKY, 1991a, p. 15-16). Nestas poucas linhas que introduzem a própria definição do termo Teosofia, já aparece a correlação com fontes ocidentais antigas e com, ainda mais antigas, fontes orientais. No que tange às primeiras, nessa mesma obra, Blavatsky refere-se aos filósofos neoplatônicos de Alexandria, no Egito, em seu período Helenístico, no século III d.C., quando afirma sobre a origem do termo "teosofia":

> Ele nos foi transmitido pelos filósofos alexandrinos, conhecidos como os amantes da verdade, *Philaleteus* [...] O nome Teosofia data do terceiro século de nossa era, e foi introduzido por Amônio Sacas e seus discípulos, os quais iniciaram o Sistema Teosófico Eclético (BLAVATSKY, 1991a, p. 15).

O tema é ainda complementado, em nota de rodapé, na qual Blavatsky se apoia em Wilder e relaciona as fontes tradicionais da Teosofia no Ocidente e no Oriente: "O sistema de meditação usado pelos filaleteus foi o êxtase, um sistema semelhante à prática do Yoga indiano. Tudo o que se sabe sobre a Escola Eclética deve-se a Orígenes, Longino e Plotino, os discípulos imediatos de Amônio Sacas" (BLAVATSKY, 1991a, p. 17).

É difícil comprovar, documentalmente, esta afirmativa de Blavatsky porque, como afirma Reale, "Amônio [...] nada escreveu" (REALE, 1994, v. IV, p. 403). O próprio Plotino tinha um sistema peculiar de escrita e, por isso, a partir de uma miscelânea de seus textos, coube ao seu discípulo Porfírio organizá-los em nove partes e, assim,

---

228 "*Modern Theosophy [...]*" (HARRIS, 2006, p. 636).

229 "*Knowledge of Brahman or of sacred things*" (MACDONELL, 1954, p. 199).

compilar sua principal obra, *As Enéadas*. Além disso, segundo Reale, "Plotino, Orígenes [...] e Herênio, por respeito à orientação peculiar dada pelo mestre [Amônio Sacas] ao próprio ensinamento, fizeram entre si um pacto rigoroso de não divulgar as doutrinas recebidas nas lições" (REALE, 1994, v. IV, p. 405). Nessas condições, torna-se provável que a suposta "Escola Teosófica Eclética", de Alexandria, mencionada por Blavatsky (1991a, p. 16), fosse secreta, esotérica ou pouco divulgada. É isso que afirma Wilder: "A peculiaridade dos *Philaleteus*, sua divisão em neófitos, iniciados e mestres, foi copiada dos mistérios e sistemas filosóficos. Está registrado que Amônio obrigou seus discípulos por juramento a não divulgar suas doutrinas mais elevadas [...]"[230] (WILDER, 1869, p. 9). Nota-se, entretanto, que esse sigilo não se aplicava, é claro, à instrução dos discípulos que preenchessem os pré-requisitos e fossem previamente preparados, mas provavelmente também seriam submetidos aos mesmos juramentos de sigilo perpétuo perante terceiros. É muito provável e plausível que a teosofia, dada a sua definição como sabedoria divina, fosse palavra cunhada por Amônio e seus discípulos, e se tratasse de uma doutrina secreta entre eles por ser "mais elevada", como Blavatsky sustenta, e, por isso, só mencionada por Porfírio, isto é, numa terceira geração desta escola de neoplatônicos. Então, sendo difícil encontrar documentos que comprovem tais ensinamentos, encobertos por votos de sigilo perpétuo, é prudente considerar o uso institucional da palavra "Teosofia" enquanto escola de pensamento, mais apropriado para o período após a fundação da Sociedade Teosófica, pois esta Sociedade sim está documentada.

Por outro lado, é oportuno tomar como hipótese de trabalho nesta tese a ideia de Blavatsky sobre a Religião-Sabedoria ou Teosofia, quando ela declara a intenção central de sua obra *Ísis sem Véu* ao afirmar:

> O que desejamos **provar** é que, subjacente a todas as religiões populares antigas, havia a mesma doutrina da sabedoria antiga, única e idêntica, professada e praticada pelos iniciados de todos os países, que somente eles estavam cientes de sua existência e importância[231] (BLAVATSKY, 1982, v. 2, p. 99).

230 "*The peculiarity of the Philaletheians, their division into neophytes, initiates and masters, was copied from the Mysteries and philosophical systems. It is recorded that Ammonius obligated his disciples by oath not to divulge his higher doctrines [...]*" (WILDER, 1869, p. 9).

231 "*What we desire to prove is, that underlying every ancient popular religion was the same ancient wisdom--doctrine, one and identical, professed and practiced by the initiates of every country, who alone were aware of its existence and importance*" (BLAVATSKY, 1982, v. 2, p. 99).

A *Theosophical Enciclopaedia*, a partir desta hipótese de Blavatsky, menciona pelo menos três conotações para a palavra *Θεοσοφία* (*Theosophia*), que se poderia denominar como uma "hipótese teosófica" que tenta, didaticamente, organizar a hipótese de Blavatsky, a saber: "Teosofia Moderna, Teosofia Tradicional, e Teosofia Primordial"[232] (HARRIS, 2006, p. 636). É importante mencionar que, talvez com a intenção de demonstrar sua hipótese ou já tomando-a como certa, Blavatsky e alguns de seus seguidores frequentemente utilizavam a palavra "Teosofia" sem as preocupações técnicas de definir essas três conotações, pois como foi considerado, o termo "Teosofia" foi muitas vezes usado na literatura teosófica "com ambiguidade intencional entre esses três sentidos"[233] (HARRIS, 2006, p. 636).

A terceira conotação de teosofia é a "teosofia primordial" que é a aquela "Religião-Sabedoria", a própria essência da mencionada hipótese de Blavatsky: "[...] é algo cujo desenvolvimento histórico não pode ser rastreado e que só pode ser conhecido pela gnose ou por seu reflexo nas [outras] formas da teosofia [...]"[234] (HARRIS, 2006, p. 640). A teosofia primordial, sendo eterna e universal, contém um aspecto de sabedoria esotérica e vivencial difícil de ser definido. Esse tema é desenvolvido, em melhor forma, no clássico artigo, de autoria de N. Sri Ram, "Teosofia: por que a demora em ser definida?" (SRI RAM, 2005). O autor afirma: "O conceito de qualquer coisa não é essa coisa. Um conceito de Deus ou da Divindade não é Deus vivo. Para tanto, para conhecer a Verdade, na mente não deve existir nada a projetar"[235] (SRI RAM, 2005, p. 6).

Pode-se ainda apontar para duas outras conotações, segundo outro critério de classificação, a saber, a relação da Teosofia com a verdade (BLAVATSKY, 1978, v. 1, p. 48; BURNIER, 2016, p. 24). Em primeiro lugar, é importante enfatizar a declaração de Blavatsky de que "[...] a Teosofia não é uma religião, mas uma filosofia ao mesmo tempo religiosa e científica [...]"[236] (BLAVATSKY, 1990, v. 8, p. 268). A Teosofia caracteriza-se mais por uma busca pela verdade através de uma experiência direta. Essa verdade pode ser, pedagogicamente, dividida em dois aspectos classicamente reconhecidos[237] (LINDEMANN; OLIVEIRA, 2011, p. 34-35): (i)

---

232 "*Modern Theosophy [...], Traditional Theosophy [...], Primordial Theosophy*" (HARRIS, 2006, p. 636).

233 "*The term 'theosophy' is often used in the writings of Modern Theosophy with intentional ambiguity among those three senses*" (HARRIS, 2006, p. 636).

234 "*[...] [it] is something whose historical development cannot be traced and which can be known only by gnosis or through its reflection in forms of traditional theosophy*" (HARRIS, 2006, p. 640).

235 Isso se assemelha à condição de *Nirbīja Samādhi,* como será aprofundado.

236 "*Theosophy is not a religion, but a philosophy at once religious and scientific*" (BLAVATSKY, 1990, v. 8, p. 268).

237 Colocação feita, pelo Departamento de Divulgação da Sociedade Teosófica no Brasil, em seu folheto oficial.

verdade absoluta (*Pāramārthika Satya*) ou "Teosofia primária"; e (ii) verdade relativa (*Vyāvahārika Satya*) ou "Teosofia secundária"[238]. Segundo Blavatsky, em seu aspecto de verdade absoluta ou Teosofia primária ou primordial, trata-se de uma sabedoria universal e vivencial: "[...] o verdadeiro Ocultismo ou Teosofia é a 'Grande Renúncia ao eu', incondicional e absolutamente, tanto em pensamento como em ação – é Altruísmo [...]" (BLAVATSKY, 2011b, p. 174-175). E ainda complementa: "Teosofia é sinônimo de Verdade Eterna" (BLAVATSKY, 1991a, p. 259), Divina, Absoluta, *Pāramārthika Satya* ou *Brahma-Vidyā*, que são seus equivalentes muito mais antigos na filosofia oriental (BLAVATSKY, 1991a, p. 15-16).

Por sua pálida imagem, refletida na esfera do limitado pensamento humano, a palavra "Teosofia" adquiriu um significado posterior, denominado "Teosofia Secundária". Essa Teosofia Secundária, que seria preferível denominar de "Pensamento Teosófico" ou "Filosofia Esotérica", compreende uma série de ensinamentos, cuja prática conduz logicamente à Teosofia Primária. A definição desse Pensamento Teosófico, atribuída à Annie Besant, **que se ancora nas heranças da teosofia tradicional,** o apresenta como sendo constituído "[...] daquele corpo de verdades que forma a base de todas as religiões e que não pode ser reivindicado como posse exclusiva de nenhuma" (LINDEMANN; OLIVEIRA, 2011, p. 35). A obra *Cartas dos Mestres de Sabedoria,* que se trata de cartas compiladas por Jinarajadasa (2014a), apresenta uma espécie de fórmula para encontrar a "Teosofia Primária" ou Sabedoria Esotérica comum a todas as religiões a partir da "Teosofia Secundária" ou Pensamento Teosófico:

> As doutrinas fundamentais de todas as religiões se **comprovarão** idênticas em seu significado esotérico, uma vez que sejam desagrilhoadas e libertadas do peso morto das interpretações dogmáticas, dos nomes pessoais, das concepções antropomórficas e dos sacerdotes assalariados[239] (JINARAJADASA, 1973, v. 1, p. 5). [240]

238 As conotações de Teosofia Primária e Secundária são mais desenvolvidas por Hugh Sherman (1953, p. 5-7).

239 O grande voto, que inclui Aparigraha no *Yoga-Sūtra* (PATAÑJALI, 1996, II: 30-31, p. 166-175), bem como os clássicos votos de pobreza de diversas religiões tradicionais (OLCOTT, 2019, p. 152), parecem tentar evitar ligar os sacerdotes a possíveis interesses em posses materiais.

240 "*Once unfettered and delivered from their dead-weight of dogmatic interpretations, personal names, anthropomorphic conceptions and salaried priests, the fundamental doctrines of all religions will be proved identical in their esoteric meaning*" (JINARAJADASA, 1973, v. 1, p. 5).

Com relação à palavra "esotérica", o prefixo "eso", de origem grega, significa "dentro, no interior de" (HOUAISS; VILLAR, 2001, p. 1220). É, portanto, em seu significado esotérico ou interno que as diferentes religiões têm mais chance de apresentar algo em comum, pois seu aspecto externo, exotérico e ritualístico, frequentemente realça as diferenças aparentes que surgem das suas origens em diferentes épocas, locais, culturas etc.

Nesse sentido, talvez seja possível resumir o projeto de conciliação entre a Teosofia Primária ou verdade absoluta, e a Teosofia Secundária ou verdade relativa, também conhecida como Pensamento Teosófico, como uma interpretação consistente do segundo objetivo da Sociedade Teosófica: a Teosofia é aquela Sabedoria Esotérica comum a todas as religiões, que está de acordo com a lógica da filosofia, e os fatos e as Leis da Natureza estudados pela ciência.

É oportuno mencionar, além do contexto histórico geral, alguns dados biográficos dos principais líderes da Sociedade Teosófica e autores teosóficos, bem como de suas obras mais importantes. Helena Petrovna Blavatsky nasceu em 12 de agosto de 1831, 31 de julho de 1831 pelo antigo calendário Juliano, em Ekaterinoslav, atual Dnepropetrovsk, na Ucrânia, então parte do Império Russo. Blavatsky tinha notáveis poderes psíquicos ou paranormais e foi batizada como Helena Petrovna Hahn. Faleceu em 8 de maio de 1891, em Londres. Sua avó materna era a princesa Helena Pavlovna Fadeyev. Helena Petrovna casou-se em 7 de julho de 1849, portanto, antes de completar 18 anos, com Nikifor Blavatsky, muito mais velho do que ela, e que se tornou o governador em exercício da província em Erivan. O casamento durou apenas três meses. Seu intenso interesse pelo esoterismo levou-a a viajar extensivamente pelo mundo, tendo conhecido em 1851, numa exposição no *Hide Park*, de Londres, seu Mestre ou Mahatma, um "Homem Perfeito" ou um ser liberado: um Príncipe indiano muito alto[241] que morava no Tibete.Como explica Cranston, "[...] os instrutores de HPB [Blavatsky] não eram tibetanos, mas indianos. O seu *Guru* individual, o Mahatma Morya (usualmente chamado de Mestre M) nasceu no Punjab" (CRANSTON, 1997, p. 107). Blavatsky passou alguns anos no Tibete com ele para treinar e aprender a dominar seus poderes psíquicos ou faculdades paranormais (CRANSTON, 1997, p. 13-32, 60, 70, 104-129). Blavatsky chegou a afirmar à Condessa Wachtmeister, no final de sua vida, que a produção de fenômenos psíquicos havia dissipado grande parte de sua vitalidade[242] (WACHTMEISTER

---

241 Tinha dois metros de altura (LEADBEATER, 2015, p. 53).

242 Ela afirmou à Condessa Wachtmeister: "Para escrever uma obra como *A Doutrina Secreta*, preciso estar com todos os meus pensamentos naquela direção. É muito difícil mesmo agora, estorvada como estou por

et al., 1980, p. 39), donde se conclui que essa seria uma das causas da relativa brevidade de sua vida: não completou sessenta anos. Além disso, Blavatsky pagou um alto preço, em sua reputação, pela produção desses fenômenos psíquicos, devido às acusações de fraude feitas contra ela pelo Relatório Hodgson, da Sociedade de Pesquisas Psíquicas de Londres, em 1885, que deveria ter feito um estudo do seu caso com mais rigor científico e imparcialidade. Somente depois de mais de um século, em 1997, o Relatório Harrison, da mesma Sociedade de Pesquisas Psíquicas de Londres, apresenta uma retratação, com a devida pesquisa das evidências em microscópio, isentando Blavatsky daquelas acusações. Nas próprias palavras de Harrison: "Peço desculpas a ela [Blavatsky] por termos levado cem anos para demonstrar que ela escreveu a verdade" (HARRISON, 2015, p. 44).

O Cel. Henry Steel Olcott (1832-1907), outro dos fundadores da Sociedade Teosófica, foi um agricultor bem-sucedido em sua mocidade, chegando a ficar internacionalmente conhecido por usar técnicas científicas (CRANSTON, 1997, p. 146). Cranston destaca que "[...] após ter servido na Guerra Civil, ele [Olcott] fez parte da Comissão de três homens nomeados pelo governo para investigar o assassinato de Lincoln" (CRANSTON, 1997, p. 18). Destacou-se, na Guerra Civil, como Investigador especial para combater a corrupção no Departamento de Guerra, pois tinha habilidade para detectar fraudes. Posteriormente, veio a se tornar advogado, e, além disso, escreveu para vários jornais, principalmente em Nova Iorque. Arthur Conan Doyle admirava o trabalho de Olcott acerca da "Investigação sobre o Espiritismo" (CRANSTON, 1997, p. 18).

Pode-se assim destacar uma primeira geração de líderes e escritores da Sociedade Teosófica, incluindo os principais fundadores, que foram o Cel. H. S. Olcott (1832-1907) e H. P. Blavatsky (1831-1891), e, entre outros, Mabel Collins (1851-1927), T. Subba Row (1856-1890, nascido em Kakinada, Índia) – ainda que tenha morrido jovem deixou obras importantes –, e Damodar K. Mavalankar (nascido em Ahmedabad, Índia, em 1857, cuja data de morte não se tem registro) – conquanto tenha escrito pouco e se retirado, como discípulo ideal, para morar com os Mahatmas no Tibete (HARRIS, 2006, p. 408-409).

---

este corpo doente e gasto [...] Não tenho mais nem a vitalidade nem a energia necessárias [...] Grande parte já foi gasta na época em que produzia fenômenos" (WACHTMEISTER *et al*, 1980, p. 39). Wachtmeister comentou que para lutar contra o materialismo científico vigente na época da fundação da Sociedade Teosófica, se Blavatsky tivesse se apresentado apenas como mera professora de Filosofia, teria atraído pouca atenção para a causa: "[...] parecia necessário atrair a atenção do público para o fato e os fenômenos atendiam mais efetivamente a essa finalidade do que qualquer outra coisa que se pudesse fazer" (WACHTMEISTER *et al*, 1980, p. 40).

A literatura teosófica surge, principalmente, a partir das publicações de Helena Petrovna Blavatsky e da fundação Sociedade de Teosófica, em 1875, encorajando o estudo comparado de Religião, Filosofia e Ciência. Blavatsky publicou várias obras dentre as quais se destacam como as mais importantes: *Isis Unveiled* (*Ísis sem Véu*), em 1877; *The Secret Doctrine* (*A Doutrina Secreta*), em 1888; e *The Key to Theosophy* (*Chave para a Teosofia*), em 1889 (CRANSTON, 1997, p. 14-15). Outro gênero de obras, ou fontes importantes, deste período, são aquelas atribuídas aos Mahatmas ou "Homens Perfeitos", como será visto. Também se deve citar Mabel Collins, uma romancista inglesa e escritora mística que tinha certos poderes paranormais e foi, inicialmente, uma colaboradora de Blavatsky. Ela publicou, originalmente, em 1884, uma importante obra intitulada *The Idyll of the White Lotus* (*O Idílio do Lótus Branco*) (COLLINS, 2000a, 2000b), mas cuja autoria ela atribuiu a um Mahatma[243]. Esse foi, da mesma forma, o caso da obra *Light on the Path* (*Luz no Caminho*) (HARRIS, 2006, p. 162-163). O livro *O Idílio do Lótus Branco* (COLLINS, 2000a) pode ser visto como uma introdução aos conceitos teosóficos que foram mais tarde aprofundados em *A Doutrina Secreta*.

Outras obras importantes, que devem ser incluídas neste período da primeira geração de autores, são: *A Buddhist Catechism* (*O Catecismo Budista*) (1881) e *Old Diary Leaves* (1935), cujo título em português é *História da Sociedade Teosófica* (2019), ambos do Cel. Olcott. Várias obras foram publicadas por T. Subba Row, destacando-se: *Esoteric Writings* (*Escritos Esotéricos*) (1896) e *Philosophy of the Gita* (*A Filosofia da Bhagavad-Gītā*) (1886). Sven Eek publicou uma coletânea de artigos de Damodar K. Mavalankar intitulada *Damodar and the Pioneers of the Theosophical Movement* (*Damodar o os Pioneiros do Movimento Teosófico*) (1978), assim como textos sobre ele.

Na época, predominantemente da primeira geração, irrompem cartas de uma correspondência com os Mahatmas ou "Homens Perfeitos" (1880-1900). Essas *Cartas dos Mahatmas* foram publicadas, posteriormente, e seu conteúdo é outra importante fonte do Pensamento Teosófico. A obra abrange temas como a relação entre o Absoluto, o *Logos* (Deus), a Unidade da Vida, as Leis de Periodicidade, as Doutrinas da Reencarnação, *Karma* e Evolução e o Plano Divino, características da relação Mestre (Mahatma) e discípulo etc. Depois, surge uma segunda geração

---

243 T. Subba Row menciona que a autoria poderia ser de um Mahatma (COLLINS, 2000a, p. 125) e Leadbeater corrobora que a autoria do texto seria do Mestre H. (BESANT; LEADBEATER, 1981, v. 3, p. 289). Collins assim declara em sua dedicatória: "Dedico esta obra AO VERDADEIRO AUTOR, que a inspirou" (COLLINS, 2000a, p. 7).

de autores, tais como Annie Besant (1847-1933) e Charles Webster Leadbeater (1847-1934). Besant e Leadbeater também desenvolveram poderes psíquicos, constituindo-se, também nesse aspecto, em sucessores desse trabalho de Blavatsky.

Annie Wood Besant nasceu em 01 de outubro de 1847, em Londres, Reino Unido, e faleceu em 20 de setembro de 1933, em Adyar, Chennai, Índia, foi uma teósofa, líder da Independência da Índia, inicialmente socialista fabiana, influenciada por Charles Bradlaugh. A *New Encyclopaedia Britannica* também registra que em 1889 se entusiasmou pelo Pensamento Teosófico ao conhecer Blavatsky e sua obra, o que mudou sua vida. E complementa: "Os ensinamentos da sociedade enfatizavam o serviço humano, um evolucionismo espiritual extraído tanto da filosofia esotérica oriental quanto da ocidental, e o papel dos mestres supra-humanos da sabedoria"[244] (*YESHUA*, 2003, v. 2, p. 165). Foi a segunda Presidente Internacional da Sociedade Teosófica, desde 1907 até sua morte, e Presidente do Congresso Nacional Indiano em 1917 (BESANT, 2001, p. 7-8). Recebeu seu merecido Doutorado *Honoris Causa* (HARRIS, 2006, p. 87) pela *Benares Hindu University* (Universidade Hindu de Benares), uma vez que tal distinção lhe fora negada a partir de seus estudos no Bacharelado em Ciências, pela *London University* (Universidade de Londres), na qual conquistou láureas em vários exames, mas "[...] devido ao preconceito do examinador contra seu ateísmo [na época] e sua defesa do controle da natalidade, ela foi reprovada três vezes em química"[245] (HARRIS, 2006, p. 89). Por ironia, foi em Química que ela teve maior notoriedade na área científica, especialmente em seu livro com Leadbeater, *Occult Chemistry* (*Química Oculta*).

Annie Besant foi, também, muito ativa em difundir, internacionalmente, a Maçonaria Mista[246], que também aceita mulheres, não fazendo distinção de sexo, pois se entende derivada das antigas Escolas de Mistérios da Grécia, de Roma e do

---

244 "*The teachings of the society emphasized human service, a spiritual evolutionism drawn from both Eastern and Western esoteric philosophy, and the role of suprahuman masters of wisdom*" (YESHUA, 2003, v. 2, p. 165).
245 "*[...] due to the examiner's prejudice against her atheism and her advocacy of birth control, she was failed three times in chemistry*" (HARRIS, 2006, p. 89).
246 **"A Ordem do Oriente da Franco-Maçonaria Mista Internacional, com Zênite em Adyar, Chennai (Madras), Índia, embora ativa também no Brasil, especializou-se em preservar o aspecto esotérico adaptado do Rito Escocês Antigo e Aceito de 33 graus, conforme foi escrito nos livros *Pequena História da Maçonaria* e *A Vida Oculta na Maçonaria* (Editora Pensamento), ambos de autoria de C.W. Leadbeater, 33º, cuja leitura recomendamos. Esta Ordem do Oriente também se caracteriza pela admissão de mulheres e homens, pois se derivou da Ordem Maçônica Mista Internacional Le Droit Humain, pelo trabalho de expansão da Dra. Annie Besant 33º, quando foi criada Vice-Presidente Grão-Mestre do Supremo Conselho e Deputada para a Grã-Bretanha e seus domínios. Ela deu um grande impulso a esse movimento na Inglaterra, Índia, Austrália, África do Sul e América" (LINDEMANN, 2012, p. 332).**

Egito (LINDEMANN, 2012, p. 302). Além disso, apoiou uma restauração desses antigos Mistérios pela Sociedade Teosófica (RANSOM, 1989, p. 477). Foi tutora de Jiddu Krishnamurti, quem ela proclamou como futuro veículo de uma nova mensagem ou "[...] ensinamentos para despertar a intuição espiritual (*buddhi*) [...]"[247] (HARRIS, 2006, p. 91 *et seq.)*, o que ele nunca declarou aceitar, mas jamais negou.

Charles Webster Leadbeater nasceu em 17 de fevereiro de 1847[248], em Stockport, Reino Unido, e faleceu em 01 de março de 1934, em Perth, Austrália, foi um proeminente escritor e líder teosófico da chamada segunda geração, conferencista internacional e autor de mais de quarenta livros. Viveu aproximadamente um ano (1858) de sua juventude no Brasil (OLIVEIRA, 2021, p. 1). Era um sacerdote anglicano e abandonou tudo, após receber cartas de um Mahatma, para seguir com Blavatsky rumo à Índia, onde se submeteu às práticas de meditação e desenvolveu a clarividência em um nível extraordinário (HARRIS, 2006, p. 367-373). Em 1916, tornou-se, juntamente com James I. Wedgwood (1883-1951), Bispo Fundador da *Liberal Catholic Church* (Igreja Católica Liberal), hoje estabelecida nos cinco continentes. Tem sucessão apostólica derivada, indiretamente, da Igreja Católica Apostólica Romana, por meio da *Old Catholic Church* – Igreja Veterocatólica ou Velho-Católica, de Utrecht, Holanda, e liberdade de pensamento na interpretação das escrituras, ou seja, "[...] não requer nenhum compromisso específico quanto à doutrina ou crença de qualquer um que participe de seus serviços" (LEADBEATER, 2019a, p. 23-24).

Desta segunda geração de autores, entre várias outras, deve-se destacar as principais obras de Besant: *The Ancient Wisdom* (*A Sabedoria Antiga*) (1897) ⟶ sugestão: *The Ancient Wisdom* – 1897 (*A Sabedoria Antiga*), *A Study in Consciousness* (*Estudos sobre a Consciência*) (1907), *An Introduction to Yoga* (*Introdução ao Yoga*) (1908), *Os Ideaes da Theosophya* (*Os Ideais da Teosofia*) (1915); e algumas principais obras de Leadbeater: *The Astral Plane* (*O Plano Astral*) (1894), *The Other Side of Death* (*O que Há além da Morte*) (1903), *The Masters and the Path* (Os Mestres e a Senda) (1925), *The Chakras* (*Os Chakras*) (1927), *The Christian Gnosis* (*A Gnose Cristã*) (1983); bem como obras conjuntas Besant e Leadbeater: *Occult Chemistry* (Química Oculta)(1908), *Thought Forms* (Formas-Pensamento)(1901), *Man: Whence, How and Whither* (O Homem: donde e como veio, e para onde vai)(1913).

---

247 "*[...] teachings to awaken the buddhi [...]*" (HARRIS, 2006, p. 91).

248 Data de nascimento que constava no passaporte de Leadbeater e que ele apresentava nas tabelas de seus livros (LEADBEATER, 2019a, p. 15) e que foi corroborada por Alan Leo (LEO, 1917, p. 25, p. 93) e C. Jinarajadasa (JINARAJADASA, 2014b, p. 74).

Pode-se considerar, como autores de uma terceira geração, C. Jinarajadasa (1875-1953), Geoffrey Hodson (1886-1983), N. Sri Ram (1889-1973) e Jiddu Krishnamurti (1895-1986). Krishnamurti, provavelmente o autor com maior número de obras publicadas e palestras gravadas em vídeo, enfatizou, em seu ensinamento, a importância do autoconhecimento independente de qualquer tradição ou autoridade, incluindo ele próprio (HARRIS, 2006, p. 94). Algumas obras importantes, que devem ser destacadas neste período da terceira geração de autores, são: de Jinarajadasa, *First Principles of Theosophy* (*Fundamentos de Teosofia*) (1921); de Hodson, *The Hidden Wisdom in the Holy Bible (A Sabedoria Oculta na Bíblia Sagrada)* (1963), *The Christ Life from Nativity to Ascension* (*A Vida de Cristo do Nascimento à Ascensão*) (1975); de Krishnamurti, *At the Feet of the Master* (*Aos Pés do Mestre*) (1910), *Towards Discipleship* (1926), *The First and Last Freedom* (*A Primeira e Última Liberdade*) (1954), *Freedom from the Known* (*Liberte-se do Passado*) (1969), bem como, em coautoria com o físico David Bohm, *The Ending of Time* (*A Eliminação do Tempo Psicológico*) (1985); e de Sri Ram, *The Way of Wisdom* (*O Caminho da Sabedoria*) (1989).

Dr. Iqbal Kishen Taimni (1898-1978), também faz parte desta geração e adquiriu notoriedade nos temas do Yoga e da meditação. Por ter nascido em Lucknow, Índia, numa família brâmane, e posteriormente ter recebido seu Doutorado em Química Inorgânica, pela *London University* (Universidade de Londres), em 1928, desenvolveu uma rara habilidade em seus escritos, qual seja, combinar seu conhecimento de filosofia oriental e sânscrito com filosofia oculta e ciência exata moderna. Além disso, seus escritos são notáveis pela pedagogia e clareza, pois foi, por muitos anos, professor da *University of Allahabad* (Universidade de Allahabad), Índia. Sua principal contribuição à Sociedade Teosófica foi como escritor de diversas obras, pelo que recebeu a Medalha Subba Row em 1975 (HARRIS, 2006, p. 601-602, p. 613). Entre suas obras, pode-se destacar *Self-Culture in the light of Occultism* (*Autocultura à Luz do Ocultismo*) (1976), *Preparação para o Yoga* (1992), *The Science of Yoga: the Yoga Sutras of Patanjali* (*A Ciência do Yoga*) (1961).

Talvez deva ainda ser mencionada uma quarta geração de autores teosóficos, representada, principalmente, por Radha Burnier (1923-2013). Aplicou-se em conciliar, harmônica e sabiamente, a mensagem das três gerações anteriores. Ela escreveu, entre outras obras: *Aprendendo a Viver a Teosofia* (2007) e *No other Path to Go* (*Não Há outro Caminho a Seguir*) (1996).

Em língua portuguesa, surgem clássicas traduções de Fernando Pessoa (1888-1935), que eventualmente assinava com o pseudônimo de Fernando de Castro, como em *Introdução ao Yoga*, de Annie Besant (2019). Dentre outras de suas traduções encontram-se *A Voz do Silêncio*, de H. P. Blavatsky (2011a) e *Os Ideais da Teosofia*, de Annie Besant (2001). Fernando Pessoa, ao traduzir tais obras, veio a se interessar por Teosofia (BLAVATSKY, 2011a, p. lxiv). Dirigiu, assim, uma série de traduções denominada *Biblioteca de Estudos Teosóficos* em cuja apresentação declara:

"De todo esse renascimento esotérico de [18]86, é a Teosofia o aspecto mais empolgante e fecundo. Não lhe faremos aqui a história, aliás demasiado longa para ser feita numa breve e resumida apresentação, mas já soou a hora de ser vulgarizada em língua portuguesa" (FERNANDO PESSOA, [193-?] *apud* LINDEMANN, 2019, p. 7)

Dessa forma, em síntese, quanto às principais fontes do Pensamento Teosófico na atualidade, pode-se citar as quatro gerações de autores apresentadas e as contribuições das *Cartas dos Mahatmas*[249]. Conhecidas estas destacadas obras, parece, oportuno e didático, introduzir, gradual e progressivamente, alguns conteúdos, mesmo que resumidamente, do Pensamento Teosófico. Assim, talvez seja mais adequado partir de suas versões mais simples, deixando as mais complexas para o momento da análise de *A Doutrina Secreta*. Provavelmente, a tentativa mais curta e audaciosa para resumir a Teosofia tenha sido feita por Leadbeater: "Deus é bom, [...] o homem é imortal, e [...] o que ele semear, isso também ele colherá" (LEADBEATER, 2019a, p. 256). Em apenas uma linha, Leadbeater propõe declaradamente fazer uma síntese das três verdades apresentadas por Collins, publicadas em *The Idyll of the White Lotus* (COLLINS, 2000b), que já são em si mesmas uma síntese magistral do Pensamento Teosófico.

Nesta obra, *The Idyll of the White Lotus* (COLLINS, 2000b), Collins apresenta três verdades que podem ser consideradas como um pequeno resumo do Pensamento Teosófico, como segue: "Há três verdades que são absolutas e não podem ser perdidas, mas podem permanecer em silêncio por falta de quem as proclame: [i] a alma do homem é imortal e o seu futuro é o de algo cujo crescimento e esplendor não têm limites"[250] (COLLINS, 2000b, p. 161). Nesta expressão, evidentemente, a palavra "homem", naquela época, significava "ser humano", uma vez que também no primeiro objetivo da Sociedade Teosófica não se faz distinção de

---

249 Assunto detalhado na subcapítulo 2.4.

250 "*There are three truths which are absolute, and which cannot be lost, but yet may remain silent for lack of speech. The soul of man is imortal, and its future is the future of a thing whose growth and splendour has no limit*" (COLLINS, 2000b, p. 161).

sexo, como foi visto. Nesta primeira verdade, que também se poderia denominar ou relacionar, conforme considerei em anterior estudo, ao Princípio da Perfectibilidade Humana (LINDEMANN, 2014, p. 61), pode-se encontrar referências às ideias básicas de Evolução e, talvez, de Reencarnação. Isso ainda de forma muito veladamente ou subentendida, pois tudo parece indicar que havia uma intenção pedagógica de inicialmente não "chocar" a mente ocidental revelando ensinamentos esotéricos que poderiam assim ser sumariamente rejeitados. Pode-se argumentar que a Reencarnação é uma condição necessária para dar condições para uma Evolução, que se apresenta como ilimitada até a reabsorção, no Absoluto ou Parabrahman, no final do período de manifestação. Dessa forma, a Evolução, como é proposta pelo Pensamento Teosófico, não é apenas restrita a uma expectativa de vida humana média de talvez uns oitenta anos. Fica, porém, estrategicamente aberta a possibilidade de evolução em outros mundos, como preferem muitas religiões não reencarnacionistas. Um dos motivos pelos quais um ensinamento é considerado esotérico ou secreto, numa certa época ou cultura, é o motivo relacionado aos ensinamentos que "[...] poderiam provocar irreverência [...]" (LEADBEATER, 2019a, p. 256), ou talvez, como já afirmado, rejeição sumária. A primeira obra mais importante de Blavatsky, *Isis Unveiled* (*Ísis sem Véu*) (1992), publicada originalmente em 1877, não considera claramente a Doutrina da Reencarnação. A *Theosophical Enciclopaedia* comenta esse fato:

Em *Ísis sem Véu*, o tratamento [...] [do tema da] reencarnação por Blavatsky foi tão prudente que alguns leitores entenderam que ela estava negando completamente sua realidade. De fato, ela parece ter se preocupado em refutar certos conceitos ingênuos de reencarnação que imaginam uma sobrevivência e um renascimento da personalidade de um indivíduo[251] (HARRIS, 2006, p. 638).

A Doutrina da Reencarnação somente é explicitamente declarada, na literatura teosófica, a partir de Olcott no seu *A Buddhist Catechism* (*Catecismo Budista*) (OLCOTT, 2019, p. 10-11), cuja primeira edição data de 1881.

Collins prossegue proclamando, no *The Idyll of the White Lotus*, a segunda verdade, que poderia também ser denominada ou relacionada ao Princípio da Imanência ou Onipresença divina (LINDEMANN, 2014, p. 35): "[ii] O princípio que dá a vida habita em nós e fora de nós; é imortal e eternamente benéfico; não

---

251 "*In Isis Unveiled, Blavatsky's treatment of reincarnation was so circumspect that some readers have understood her to be denying its reality altogether. In fact, she seems there to have been concerned with refuting certain naive concepts of reincarnation that imagine a survival and rebirth of an individual's personality*" (HARRIS, 2006, p. 638).

é ouvido, nem visto, nem sentido pelo olfato, mas é percebido pelo homem que deseja a percepção"[252] (COLLINS, 2000b, p. 161-162). A possibilidade de expansão da percepção e/ou da consciência é um dos temas mais desenvolvidos no *Yoga-Sūtra*. A possibilidade da percepção da Divindade é um dos pontos importantes da Hipótese da Religião Científica, bem como da própria tradição teosófica.

Collins, na sua terceira verdade, que poderia também ser relacionada ao Princípio do Mérito pelas Obras (LINDEMANN, 2014, p. 61) ou à Lei do *Karma*, proclama: "[iii] Cada homem é seu próprio absoluto legislador, o dispensador de glória ou trevas para si mesmo; é o decretador de sua vida, sua recompensa e sua punição"[253] (COLLINS, 2000b, p. 162). Obviamente, tal verdade expressa ou apresenta uma descrição, magistralmente simples e sintética, da Lei do *Karma*, um dos mais importantes pilares de *A Doutrina Secreta*.

Collins conclui, de forma excepcional, o resumo feito, e parece ter um caráter soteriológico ou consolador para as clássicas dúvidas humanas sobre a existência: "Estas verdades, que são grandes como a própria vida, são tão simples como a mais simples das mentes humanas. Alimenta com elas os famintos" (COLLINS, 2000b, p. 111). Posteriormente, Blavatsky, em sua obra *The Key to Theosophy* (*A Chave para a Teosofia*) (BLAVATSKY, 1991a), publicada originalmente em 1889, a autora sustenta, em seu subcapítulo "Teosofia para as Massas" (BLAVATSKY, 1991a, p. 213), que, para as massas da população humana, "[...] a questão principal é erradicar aquela fonte demasiado fértil de todo crime e imoralidade – a crença de que é possível para as pessoas escaparem das consequências de seus atos" (BLAVATSKY, 1991a). Portanto, Blavatsky considerava que a crença na possibilidade da impunidade, que está alicerçada em certo tipo de ignorância espiritual, é a causa dos diversos sofrimentos e males humanos. E ela acrescenta: "Uma vez ensinada a elas [às massas] a maior de todas as leis, *karma e reencarnação*, além de sentirem em si mesmas a verdadeira dignidade da natureza humana, elas se afastarão do mal e o evitarão como fariam em caso de perigo físico" (COLLINS, 2000b, p. 215).

Talvez seja oportuno aprofundar a definição da palavra sânscrita *karma*, que *A Sanskrit-English Dictionary* define como "[...] ação, [...] ação anterior que conduz a resultados inevitáveis, destino (como consequência de atos em uma vida anterior)

---

252 "*The principle which gives life dwells in us and without us, is undying and eternally beneficent, is not heard or seen, or smelt, but is perceived by the man who desires perception*" (COLLINS, 2000b, p. 161-162).

253 "*Each man is his own absolute lawgiver, the dispenser of glory or gloom to himself; the decreer of his life, his reward, his punishment*" (COLLINS, 2000b, p. 162).

[...]"[254] (MONIER-WILLIAMS, 1995, p. 258). Portanto, a conotação primária do significado de *karma* é "ação", mas outros dicionários também admitem uma conotação secundária como "resultado, [...] destino, a determinada consequência de atos praticados em uma vida anterior [...]"[255] (APTE, 2015, p. 158); "Efeito, [...] destino (resultado de um ato realizado num nascimento anterior) [...]"[256] (MACDONELL, 1954, p. 64). No sentido teosófico, é enfatizado o aspecto metafísico da palavra sânscrita *karma*, como uma Lei de caráter universal, "[...] a Lei de Retribuição, a Lei de Causa e Efeito" (BLAVATSKY, 1991b, p. 283). Isso se aplica também à visão teosófica da Lei da Reencarnação e à Lei de Evolução, como é enfatizado na análise da obra de Blavatsky: *A Doutrina Secreta.*

Parece ainda importante salientar que, principalmente, à época da fundação da Sociedade Teosófica, ou nos seus primeiros dezesseis anos, havia pelo menos duas linhas ou tendências distintas de trabalho representadas pela ênfase dos seus principais fundadores, enquanto ambos ainda estavam vivos. Uma mais externa e universalista, representada por seu Presidente Fundador, o Cel. H. S. Olcott; outra mais esotérica, representada por H. P. Blavatsky. O Cel. Olcott sustentava que o segredo do crescimento da Sociedade Teosófica dependia da sua Constituição e da simplicidade de seus objetivos, quando afirmava: "Não contaminados pelo sectarismo, desprovidos de toda ofensividade dogmática, eles [seus objetivos] não repelem quem os examina com imparcialidade"[257] (HARRIS, 2006, p. 465).

Tamanha é a força desta tendência na Sociedade Teosófica, que nem sequer a palavra Teosofia é mencionada em seus objetivos atuais – aliás, nunca foi. Em 1888, enquanto Blavatsky ainda estava viva e, provavelmente, no auge de sua influência, pela publicação de *A Doutrina Secreta*, a versão de seu segundo objetivo era: "Promover o estudo da literatura Ariana [da Índia] e outras literaturas orientais, religiões, filosofias e ciências"[258] (HARRIS, 2006, p. 632), o que obviamente incluía o Yoga e sua Filosofia. Tal destaque para a Filosofia Indiana diminuiu na versão atual, usada a partir de 1896, quando Blavatsky já havia falecido: "Encorajar o estudo de

---

254 "*[...] action, [...] former act as leading to inevitable results, fate (as the consequence of acts in a previous life) [...]*" (MONIER-WILLIAMS, 1995, p. 258).

255 "*Result, [...] fate, the certain consequence of acts done in a former life [...]*" (APTE, 2015, p. 158).

256 "*Effect, [...] fate (result of an act done in a former birth) [...]*" (MACDONELL, 1954, p. 64).

257 "*Untainted by sectarianism, divested of all dogmatic offensiveness, they repel none who examine them impartially*" (HARRIS, 2006, p. 465).

258 "*To promote the study of Aryan and other Eastern literatures, religions, philosophies and sciences*" (HARRIS, 2006, p. 632).

religião comparada, filosofia e ciência"[259] (HARRIS, 2006, p. 632), que parece mais corresponder ao que Blavatsky chamava de "Ocultismo teórico" (BLAVATSKY, 2011b, p. 107-108).

Por outro lado, a história indica o surgimento de uma Seção Interna como outra linha complementar de trabalho, mais esotérico, na Sociedade Teosófica, sob liderança de Blavatsky: "Em 1888, a resposta de Blavatsky a isto [à posição sustentada por Olcott] foi constituir declarada a formação de uma Seção Esotérica da Sociedade [...]"[260] (HARRIS, 2006, p. 465), que visava uma introdução ao "Ocultismo prático" ou "Ciência [ou sabedoria] Oculta" (BLAVATSKY, 2011b, p. 107-108).

2.2 FONTES TRADICIONAIS DA TEOSOFIA NO OCIDENTE E NO ORIENTE

Como foi visto na seção anterior, o contexto original do termo denominado *Θεοσοφία* (*Theosophia*), traduzido geralmente por "sabedoria divina", inclui sua utilização significativa em particular no universo religioso-filosófico greco-romano. Seu primeiro uso, documentado em dicionário (BAILLY, 2000, p. 926), foi feito por Porfírio (c. 234 – c. 304), discípulo de Plotino, dando assim continuidade à linhagem do Neoplatonismo de Amônio Sacas. Dessa forma, a literatura produzida na Sociedade Teosófica, que pode ser denominada como Teosofia ou Pensamento Teosófico, herda de fontes antigas, tanto do Ocidente quanto do Oriente, grande parte dos seus ensinamentos. Nesse sentido, essa herança é aproveitada pela Teosofia, conforme se encontra nas diferentes enciclopédias e nos diversos dicionários de filosofia e, também, na obra de Blavatsky, a qual abrange um período de fontes que vêm desde a própria origem da palavra, ainda no período clássico, avançando pelo período medieval e mesmo além, até se aproximar da fundação da Sociedade Teosófica. Nesse sentido, constitui uma herança da Teosofia como está consagrado no verbete da *New Encyclopaedia Britannica*, que relaciona alguns filósofos e místicos, que antecedem a fundação da Sociedade Teosófica, e cujos ensinamentos são, em parte, destacados nesta seção:

---

259 "*To encourage the study of comparative religion, philosophy and science*" (HARRIS, 2006, p. 632).
260 "*In 1888, Blavatsky's response to this was to form announced the formation of an Esoteric Section of the Society [...]*" (HARRIS, 2006, p. 465).

> Teosofia: filosofia religiosa com [fontes e] preocupações místicas que podem ser rastreadas desde o mundo antigo [...] O termo também pode ser usado em um sentido mais geral para se referir a um certo tipo de pensamento místico encontrado em pensadores como os antigos filósofos gregos Pitágoras e Platão, os mestres gnósticos Simão, o Mago, e Valentino, os filósofos neoplatônicos Plotino e Proclo, os místicos medievais do norte da Europa Meister Eckhart e Nicolau de Cusa, os místicos especulativos renascentistas Paracelsus e Giordano Bruno, o filósofo romântico alemão Friedrich Scheling. Mas a fonte mais rica e profunda de visões teosóficas tem sido o pensamento indiano [...][261] **(YESHUA, 2003, v. 11, p. 696).**

Um dos aspectos importantes, que cabe ser observado, é a existência de semelhanças ou pontos em comum nesse estudo de filosofias e religiões comparadas que costumam ser indicativos de heranças, afinidades ou influências recebidas de tais fontes antigas. Isso favorece a mencionada hipótese de Blavatsky de que "[...] subjacente a todas as religiões populares antigas, havia a mesma doutrina da sabedoria antiga"[262] (BLAVATSKY, 1982, v. 2, p. 99). Nesse espírito, Annie Besant tem um livro com o nome de *Sabedoria Antiga* (BESANT, 2013), e outro denominado *Sete Grandes Religiões* (BESANT, 2011), ambos inspirados nessa ideia de uma conciliação. No último, ela comentou sobre sete religiões, classificadas principalmente por seu grande número de seguidores nas palestras que proferiu na Índia. São elas: Hinduísmo, Zoroastrismo, Budismo, Cristianismo, Islamismo, Jainismo e Siquismo (Figura 2). A autora afirma que o livro: "[...] tem por finalidade auxiliar os membros de cada uma das religiões a reconhecer o valor e a beleza das crenças diferentes da sua, e demonstrar a unidade que lhes é subjacente" (BESANT, 2011, p. 9). Pode-se acrescentar aí a Fraternidade Universal, que é o primeiro objetivo da Sociedade Teosófica, bem como o diálogo inter-religioso e a paz mundial.

---

261 "*Theosophy: religious philosophy with mystical concerns that can be traced to the ancient world [...] The term may also be used in a more general sense to refer to a certain strain of mystical thought found in such thinkers as the ancient Greek philosophers Pythagoras and Plato, the Gnostic teachers Simon Magus and Valentinus, the Neoplatonist philosophers Plotinus and Proclus, the medieval northern European mystics Meister Eckehart and Nicholas of Cusa, the Renaissance speculative mystics Paracelsus and Giordano Bruno, the German philosophical mystic Jakob Böhme, and the German Romantic philosopher Friedrich Schelling. But the richest and most profound source of theosophical views has been Indian thought [...]*" **(YESHUA, 2003, v. 11, p. 696).**

262 "*What we desire to prove is, that underlying every ancient popular religion was the same ancient wisdom--doctrine, one and identical, professed and practiced by the initiates of every country, who alone were aware of its existence and importance*" (BLAVATSKY, 1982, v. 2, p. 99).

Figura 2: Sete Grandes Religiões

Fonte: Obra *Sete Grandes Religiões* de Annie Besant (BESANT, 2011)

Portanto, sob este ponto de vista, qualquer das grandes religiões pode ser considerada como uma fonte teosófica tradicional, como fica subentendido no supracitado segundo objetivo da Sociedade Teosófica: "Encorajar o Estudo de Religião Comparada, Filosofia e Ciência" (THEOSOPHIA, 2019, p. ii). Adyar, a sede mundial da Sociedade Teosófica, tem um templo ou santuário de cada uma dessas religiões, além de um templo maçônico, que pode representar as Religiões de Mistérios, e também vários nichos no *hall* central para as religiões menores em número de seguidores, de modo que cada eventual visitante possa encontrar uma representação de sua própria religião. Pode, porém, haver uma tendência a considerar tal conciliação das religiões como um sincretismo, definido no *Dicionário de Filosofia*, como "[...] qualquer conciliação que se considere mal feita ou mesmo os pontos de vista que auspiciem uma conciliação desejável [...], ou sobreposição e fusão de crenças de origens diversas [...] não tendo, portanto, significado preciso" (ABBAGNANO, 1999, p. 903). Cabe questionar quem poderá avaliar, ou com qual critério, se a conciliação foi bem ou mal feita. É importante considerar que, diferentemente da interpretação exotérica ou literal, mais acessível ao público externo, como foi visto, o esoterismo ou o ensinamento esotérico, interno ou secreto, depende de o discípulo estar pronto ou "ter ouvidos para ouvir" (Mt 11,15) a interpretação alegórica ou parabólica, que não é explícita, pois costuma demandar uma chave simbólica de interpretação. Essa é uma diferença essencial na exegese feita por Orígenes de Alexandria (*c.* 185 – *c.* 253) conforme menciona o *Dicionário de Filosofia de Cambridge* (AUDI, 2011, p. 688).

O esoterismo teosófico busca ressaltar, como foi mencionado na seção anterior, que "as doutrinas fundamentais de todas as religiões se [demonstrarão] idênticas em seu significado esotérico [...]"[263] (JINARAJADASA, 1973, v. 1, p. 5) se os diversos grilhões e superstições agregados pelos seres humanos puderem ser removidos. A discussão gira em torno de optar por considerar (i) a Teosofia como se fosse uma mera construção evolutiva artificial ou mentalmente elaborada a partir da ignorância humana, como se fosse um sincretismo que tenta conciliar as religiões a partir de meras mitologias comparadas – como esta tese e a maioria dos dicionários devem científica, prudente e provisoriamente considerar –, ou se (ii) seriam as religiões que declinariam, por interferência humana dos seus seguidores, e derivariam a partir de uma visão ou percepção original da única e suprema sabedoria divina ou verdade primordial atemporal obtida por seus instrutores ou fundadores, e iriam se diferenciando e se distanciando gradualmente daquela unidade simbolizada nas religiões comparadas, como Blavatsky e Besant sustentam. Na verdade, o autor teosófico mais explícito em buscar essa verdade primordial atemporal é Krishnamurti, quando declara que "[...] a Verdade é uma terra sem caminhos" (KRISHNAMURTI, 1929 *apud* LUTYENS, 1978, p. 272).

Nesse sentido da possibilidade de as religiões declinarem, deduzir-se-ia que o ápice de uma religião ocorreria enquanto seu fundador ainda estivesse vivo, porque teria a experiência ou percepção direta da verdade. Besant afirma que, segundo os ensinamentos das escrituras sagradas, "[...] os Fundadores das religiões [...] excedem infinitamente o nível da humanidade ordinária. [...] É impossível citar um só exemplo de aperfeiçoamento gradual nas religiões em geral. Ao contrário, citam-se números casos de ensinamentos puros que degeneraram" (BESANT, 1978, p. 17). Isso se deveria à falta da experiência direta, aquela que proporciona a percepção da verdade "[...] seja pela união com um Ser divino exterior, seja abrindo os olhos à existência divina dentro dele. Esse estado toma o nome de êxtase, um iogue [*yogi*] hindu chamá-lo-ia o *Samādhi* superior [...]" (BESANT, 1978, p. 23). Dessa forma, pode-se ter mais um indicativo da importância do *Yoga-Sūtra*, como Ciência ou

---

263 "*Once unfettered and delivered from their dead-weight of dogmatic interpretations, personal names, anthropomorphic conceptions and salaried priests, the fundamental doctrines of all religions will be proved identical in their esoteric meaning*" (JINARAJADASA, 1973, v. 1, p. 5).

sabedoria, que conduz ao *Samādhi* no Pensamento Teosófico: o *Samādhi* (Êxtase) será visto como essência da experiência religiosa.

Além disso, deve-se ressaltar um outro ponto de vista teosófico que decorre da importância da experiência direta do *Samādhi* ou da profundidade dos estados mentais que o antecedem. Segundo Ravi Ravindra, toda e qualquer tentativa de comparação "horizontal", conforme diz ele, entre duas ou mais religiões, nunca mostrará tantas diferenças quanto a possível comparação "vertical", ou de profundidade, entre situações de vivência ou compreensão entre seguidores de uma mesma religião (RAVINDRA, 1991, p. 55). Mais importante, portanto, seria buscar os pontos de convergência, individual ou coletivamente, na vivência espiritual.

Dessa forma, se mostra importante atentar ou mesmo buscar as supracitadas semelhanças, características ou pontos em comum nesse estudo de filosofias e religiões comparadas, pois costumam ser indicativos de heranças, afinidades, ou influências recebidas de tais fontes antigas, como são apresentadas na continuação do verbete supracitado da *New Encyclopaedia Britannica* (YESHUA, 2003, v. 11, p. 696):

> Apesar de sua diversidade, a especulação teosófica revela certas características comuns. A primeira delas é uma ênfase na experiência mística. Quer antigos ou modernos, os escritores teosóficos concordaram que existe uma realidade espiritual mais profunda e que o contato direto pode ser estabelecido com essa realidade através da intuição, meditação, revelação ou algum outro estado que transcenda a consciência humana normal[264].

Nota-se que essa importante característica em comum, referente à "experiência mística", tem relação com postulações, por parte de Collins (2000b, p. 161-162) e Blavatsky (1980, v. 1, p. 81), referentes a uma percepção direta do princípio de imanência ou onipresença divina ou Vida Una. É relevante observar que tal possibilidade de percepção direta costuma aparecer nas diversas definições de Teosofia apresentadas e têm relação com a percepção direta através do Êxtase (*Samādhi*), almejada pelo Yoga de Patañjali. Sobre este tema, é oportuno citar uma passagem de Wilder, em sua obra *New Platonism and Alchemy* (*Neoplatonismo e Alquimia*), que

264 "*Despite its diversity, theosophical speculation reveals certain common characteristics. The first of these is an emphasis on mystical experience. Whether ancient or modern, theosophical writers have agreed that a deeper spiritual reality exists and that direct contact may be established with that reality through intuition. Meditation, revelation, or some other state transcending normal human consciousness*" (*YESHUA, 2003, v. 11, p. 696*).

trata dos filaleteus ou teósofos neoplatônicos de Alexandria. É considerável salientar que essa obra fora publicada seis anos antes da fundação da Sociedade Teosófica:

> O nome pelo qual Amônio Sacas designava a si mesmo e a seus discípulos era o de Filaleteus ou "amantes da verdade". Eles também eram às vezes denominados Analogistas, por causa de sua prática de interpretar todas as lendas e narrativas sagradas, mitos e mistérios, por meio de uma regra ou princípio de analogia ou correspondência, de modo que os eventos que eram relatados como tendo ocorrido no mundo externo eram considerados como expressão de operações e experiências da alma humana[265] (WILDER, 1869, p. 3).

Essa mesma prática, ou sistema de interpretação, "[...] por meio de uma regra ou princípio de analogia ou correspondência [...]", é usada, em certa medida, nesta seção, para identificar pontos em comum subjacentes às diversas filosofias e religiões, indicativos de heranças, afinidades, ou influências recebidas, como faziam os "Analogistas". Na verdade, ao mencionar que se apoia em obra de Wilder (1869), Blavatsky sustenta que os Analogistas ou Filaleteus constituíam, naquela época, uma "Escola Teosófica Eclética" (BLAVATSKY, 1991a, p. 16): "O sistema de meditação usado pelos filaleteus foi o êxtase, um sistema semelhante à prática do *Yoga* indiano. Tudo o que se sabe sobre a Escola Eclética deve-se a Orígenes, Longino e Plotino, os discípulos imediatos de Amônio Sacas" (BLAVATSKY, 1991a, p. 17). Além dessa escassez de documentação de informações relativas a essa escola, Wilder menciona a dificuldade, talvez pelas diferenças culturais de costumes e linguagem, dos "[...] estudantes dos últimos séculos para apreender adequadamente os elementos predominantes da teosofia dos Filaleteus"[266] (WILDER, 1869, p. 9). Seu sistema de meditação foi praticado por Plotino, que atingiu o Êxtase – chamado de *Samādhi* no Rāja-Yoga indiano, como ele próprio menciona em sua carta a Flaccus: "É somente agora e então que nós podemos experimentar a elevação tornada possível

265 "*The name by which Ammonias Sacas, designated himself and his disciples, was that of Philaletheians, or, lovers of the truth. They were also sometimes denominated Analogeticists, because of their practice or interpreting all sacred legends and narratives, myths and mysteries, by a rule or principle of analogy and correspondence, so that events which were related as having occurred in the external world were regarded as expressing operations and experiences of the human soul*" (WILDER, 1869, p. 3).

266 "*[...] students of the later centuries for apprehending properly the predominating elements of the Philaletheian theosophy*" (WILDER, 1869, p. 9).

para nós, acima dos limites do corpo e do mundo. Eu a realizei apenas três vezes até agora"[267] (PLOTINO, [2—d.C.] *apud* TAYLOR, 1980, p. 66).

É oportuno reiterar que existem menções a um conhecimento direto, Êxtase ou inspiração direta por Deus, **na teosofia neoplatônica**, que parecem ser indicativas da influência neoplatônica no Pensamento Teosófico, e que tais menções são apresentadas por Porfírio[268], discípulo de Plotino, e, também, por Jâmblico e por Proclo: "Este termo [teosofia] já era usado pelos neoplatônicos para indicar o conhecimento das coisas divinas, proveniente de *inspiração direta por Deus* (*PORFÍRIO, De abst., IV, 1 7; JÂMBLICO, De myst., VII, 1; PROCLO, Theol. plat., V, 35*)" (ABBAGNANO, 1999, p. 954, **grifo do autor**). Reale prefere considerar o uso do termo como uma tendência já presente no Neoplatonismo tardio:

> Com este termo [**teosofia**] entende-se a representação do Divino [...] consistindo particularmente na transposição em termos ocidentais de crenças orientais. Mas já na antiguidade tardia esta tendência está presente [...], sobretudo [em] as doutrinas herméticas [...] [e], em certa medida, [em] as do tardio neoplatonismo (REALE, 1995, v. 5, p. 254).

Além disso, mostra-se, ao longo desta seção, em que medida a Teosofia recebe as heranças das fontes ocidental ou oriental, a partir de princípios que podem ser correlacionados às "verdades de Collins", enquanto resumo da Teosofia, ou podem apoiar ou indicar afinidades com tais verdades. Isso é feito investigando, isto é, identificando as semelhanças, correspondências ou influências recíprocas nas passagens relevantes nos autores e em suas obras mais expressivas. Evidentemente, não há espaço, nesta tese, para uma discussão aprofundada desses temas. Pretende-se, pelo menos, verificar a existência de indícios suficientes, nas obras de autores escolhidos, dessas semelhanças que podem, por isso mesmo, apontar para um aprofundamento em pesquisa futura.

A primeira investigação ou busca de afinidades é feita através dos ensinamentos de Platão, os quais originaram o chamado Neoplatonismo. Um dos pontos fundamentais do pensamento de Platão (428-347 a.C.), que constitui um dos desdobramentos do Neoplatonismo, é o de que a alma é imortal. Sendo assim, tem

---

267 Wilder afirma que mais tarde esse número de experiências do Êxtase ou *Samādhi* por Plotino aumentou para um total de seis vezes (WILDER, 1869, p. 13).

268 Porfírio declara também ter alcançado o Êxtase uma vez, mas somente após seus sessenta anos de idade (PORFÍRIO [*c.* 300 d.C.] *apud* WILDER, 1869, p. 13).

correspondência com a primeira verdade de Collins e o Princípio da Perfectibilidade Humana, vistos na seção anterior. Platão argumenta em *A República*, que nem a febre ou a doença, ou a má qualidade dos alimentos podem matar a alma, nem mesmo seus próprios vícios ou a injustiça. E conclui: "Logo, quando uma coisa não perece devida a um mal, quer lhe seja próprio, quer estranho, é evidente que é forçoso que exista sempre. E, se existe sempre, é imortal" (PLATÃO, 2010, § 611a, p. 479). Evidentemente, se a alma fosse um mero derivado do corpo e dele dependesse, ou se não houvesse algum tipo de individualidade que sobrevivesse à morte, se recairia num materialismo que o Pensamento *Teosófico* sempre combateu.

Mais importante talvez seja a afirmação de Platão, no *Fédon*, de que a alma, que ao morrer ainda é fascinada pelos apetites e deleites do corpo, é levada por tais desejos a transmigrar para outro corpo. Tais almas "[...] que não se libertaram puras do corpo [...] se veem obrigadas a vagar [desde o *Hades*...] até que o apetite do elemento corporal a que sempre estão ligadas volte a prendê-las noutros corpos" (PLATÃO, 2011, § 81d-e, p. 119). Ele então descreve a natureza da próxima vida de tais almas por afinidade com tais desejos: "Como é natural, voltam a ser aprisionadas em naturezas de costumes iguais aos que elas praticaram em vida" (PLATÃO, 2011, § 81e, p. 119). Descreve, então, as tais vidas animais por afinidade, o que usualmente se chama de "metempsicose", renascendo como asnos, lobos, abutres etc., no *Fédon* (PLATÃO, 2011, § 82a, p. 119 *et seq.)* e em *A República* (PLATÃO, 2010, § 614b, p. 484 *et seq*.). Entretanto, Proclo (412 – 485 d.C.), o último grande filósofo neoplatônico grego e sucessor na Academia, apresentado por Reale (1995, v. 4, p. 578) como "[...] o maior dos neoplatônicos pós-plotinianos", sustenta uma sábia interpretação própria do Neoplatonismo para tal polêmica envolvendo a questão do renascimento:

> [Proclo] em seu *Comentário sobre o Timeu* reivindica: "É usual [...] inquerir como almas humanas podem descer para animais irracionais. E alguns de fato pensam que há certas semelhanças dos homens com as bestas, que chamam de vidas selvagens; pois de nenhuma maneira pensam ser possível que a essência racional possa tornar-se a alma de um animal selvagem. [...] Nós acrescentamos que, em sua *República*, ele [Platão] diz que a alma de Tersites assumiu um macaco, mas não o corpo de um macaco; e no Fedro, que a alma desce a uma vida selvagem, mas não a um corpo selvagem. Pois a vida é unida com sua própria alma. E nessa passagem ele diz que é transformado numa

> natureza bestial. Pois uma natureza bestial não é um corpo bestial, mas uma vida bestial"[269] (PROCLUS, [4--] *apud* MEAD, 1966, p. 36-37).

Jâmblico (nasceu *c.* 240 d.C., em Cálcis, Síria, e faleceu *c.* 325, Apameia, Síria) também sustentava que "[...] a reencarnação só podia ocorrer em corpos humanos" (REALE, 1995, v. 4, p. 565), conforme as tendências da **teosofia neoplatônica** (ABBAGNANO, 1999, p. 954). Na verdade, essa talvez seja uma aparente diferença entre o platonismo clássico e a escola neoplatônica. Pode-se dizer "aparente", pois há indícios **ou evidências** de que Platão tinha ensinamentos não escritos e que, talvez, só seriam revelados mais tarde pelos neoplatônicos, como sugere Reale: "Naturalmente, os neoplatônicos exploraram de maneira notável doutrinas provenientes das 'Doutrinas não escritas' platônicas, difundidas pelos antigos acadêmicos, por Aristóteles, e apropriadas pelos neopitagóricos" (REALE, 1997, p. 35). Reale considera Aristóteles como sua fonte ou indicação principal da sua tese a respeito da existência das "Doutrinas não escritas", e conclui:

> Poder-se-ia até mesmo afirmar que sem as "Doutrinas não escritas" o neoplatonismo não teria se desenvolvido. Particularmente, a doutrina do "Uno" como Princípio supremo coincidindo com o Bem [...] são desenvolvimentos radicais da grande doutrina platônica (REALE, 1997, p. 35).

O fato é que a Teosofia sustenta a Reencarnação, juntamente com a Evolução, como os antigos neoplatônicos Jâmblico e Proclo faziam. A Teosofia sustenta que, num certo momento entre a condição evolutiva animal e humana chamada de individualização, ocorre a formação do corpo mental superior ou abstrato, condição necessária para a autoconsciência, também conhecido como "corpo causal" (*kāraṇa śarīra*) ou "corpo dos *karmas*" (*karmāśaya* no *Yoga-Sūtra*), que passa a acumular os *karmas* individuais. Portanto, por regra, a individualização caracteriza a conquista de um estágio evolutivo irreversível, ou seja, um ser humano conquistou a autoconsciência e não poderá ser levado a reencarnar em um corpo animal ou vegetal.

---

269 *"[...] Proclus, in his Commentaries on the Timaeus vindicates [...] (V.329): "It is usual [...] to enquire how human souls can descend into brute animals. And some, indeed, think that there are certain similitudes of men to brutes, which they call savage lives; for they by no means think it possible that the rational essence can become the soul of a savage animal. [...] We add that in his Republic he [Plato] says, that the soul of Thersites assumed an ape, but not the body of an ape; and in the Phaedrus, that the soul descends into a savage life, but not into a savage body. For life is conjoined with its proper soul. And in this place he says it is changed into a brutal nature. For a brutal nature is not a brutal body but a brutal life"* (PROCLUS [4-- d.C.] *apud* MEAD, 1966, p. 36-37).

Outro ponto a destacar na citação de Reale, é que a ideia do Uno, "[...] entendido como *acima-do-ser-e-do-pensamento* [...]" (REALE, 1997, p. 35), está relacionada ao Princípio da Imanência e à segunda verdade de Collins. Talvez um dos pontos mais característicos do método Socrático, bem como da busca da Reminiscência ou *Anamnese* de Platão, sejam também baseados no Princípio da Imanência. Ou seja, o pressuposto do método socrático, como considera Evans[270]: "[...] caracteriza o pensamento pagão sob o princípio Platônico-Socrático da imanência: Essencialmente, a verdade já está *dentro* do homem"[271] (EVANS, 1983, p. 24).

Na expressão de Platão, no *Mênon*, contudo, a Reminiscência parece mais relacionada à imortalidade da alma e à reencarnação: "Sendo então a alma imortal e tendo nascido muitas vezes, e tendo visto tanto as coisas [que estão] aqui quanto as [que estão] no *Hades* [o mundo dos mortos], enfim todas as coisas, não há nada que não tenha aprendido" (PLATÃO, 2001, § 81c, p. 51). Na verdade, sua conclusão relaciona a Reminiscência com o próprio processo da aprendizagem: "[...] de modo que não é nada de admirar [...] ser possível a ela rememorar aquelas coisas justamente que já antes conhecia. [...] Pois, pelo visto, o procurar e o aprender são, no seu total, uma rememoração [reminiscência]" (PLATÃO, 2001, § 81c-d, p. 53).

Outra herança ou ponto comum muito relevante entre o Platonismo e a Teosofia, que Jaeger chega a considerar como o parágrafo mais importante de *A República* de Platão, presente no Livro X, sobre o Mito de Er: "A virtude é livre, e cada um participará mais ou menos dela conforme a estima ou o menosprezo em que a tiver. A responsabilidade é de quem escolhe: Deus está inocente nisso" (PLATÃO, 1996, § 617e, p. 234). Desta forma, Platão proclama o livre-arbítrio, similarmente à terceira verdade de Collins relacionada ao *karma*, resolvendo, magistralmente, o assim chamado "problema do mal", que, portanto, não tem origem em Deus, mas se origina na livre escolha humana. Jaeger comenta: "A obra de Platão alcança o apogeu naquela passagem do mito final em que, depois de destronada a poesia, é aclamado o *logos* de Láquesis, filha de Ananke [§ 617 d-e]" (JAEGER, 2003, p. 994). Esta passagem, visivelmente, relaciona-se com a Lei do *Karma*, simbolizada na tradição grega pela deusa Nêmesis (BLAVATSKY, 1991b, p. 407).

---

270 Esse autor parece ainda estender tal correlação com o Princípio da Imanência para religiões orientais: "Religiões tais como o Budismo e o Hinduísmo, que assumem que a capacidade para a compreensão da Verdade está presente dentro dos seres humanos, certamente têm de ser consideradas como recaindo sob tal designação" (EVANS, 1992, p. 30).

271 *"[...] characterizes pagan thought under the Platonic-Socratic principle of immanence: Essentially, the truth is within man already"* (EVANS, 1983, p. 24).

Talvez seja relevante considerar que foi o arauto de Láquesis quem fez a proclamação do livre-arbítrio, um intérprete divino (PLATÃO, 2012, § 617e, p. 411) ou profeta (PLATÃO, 1996, § 617e, p. 234), conforme se encontra no Mito de Er, associada ao Princípio do Mérito pelas Obras (*karma*), ou seja, o mérito do cultivo da virtude que assim determina a escolha das vidas (Reencarnação). Entretanto, tal escolha está condicionada, sendo feita dentre opções limitadas dos efeitos resultantes de causas escolhidas no passado, pois não é por acaso que, conforme considerei, "Láquesis é a moira do passado [...]"[272] (LINDEMANN, 2014, p. 23). Jaeger ressalta que o próprio ato da escolha parece se situar "[...] num momento único decisivo anterior à vida [...]" (JAEGER, 2003, p. 995), porque a alma preexiste a este último nascimento. Na verdade, ela está presa ao ciclo dos nascimentos e mortes, ou seja, da metempsicose ou reencarnação. Jaeger conclui coerentemente que "[...] sua opção [da alma] está predeterminada pela vida que a precedeu [...]" (JAEGER, 2003, p. 995). Portanto, cada homem tendo, inicialmente, o poder da escolha na semeadura, é responsável pela colheita, pelo seu destino, decretando por sua própria escolha a sua vida, colhendo sua alegria ou tristeza[273], pois como conclui Jaeger, a culpa não é dos deuses, mas "[...] a alma tem de aceitar a vida que escolheu, e à qual já está permanentemente vinculada" (JAEGER, 2003, p. 994).

Blavatsky afirma que Platão era "[...] um iniciado nos Mistérios [...]" (BLAVATSKY, 1991b, p. 494), o que confere grande importância ao pensamento de Platão no Pensamento Teosófico. Conforme acrescentei, é possível que tenha havido:

> [...] uma influência das Escolas de Mistérios no pensamento de Platão[274], não somente dos Mistérios Órficos, como foi visto, mas também dos Mistérios de

---

272 Platão menciona que as filhas da Necessidade (Ananke), chamadas de Moiras, são três: "[...] Láquesis, Cloto e Átropos, cantam, acompanhando a harmonia das Sereias [dos planetas]: Láquesis o passado, Cloto o presente, Átropos o futuro" (PLATÃO, 2012, *República* § 617c, p. 409). **Jaeger, comentando as *Leis* (PLATO, 1984, § 966, p. 797), lembra a declaração de Platão de que "[...] duas são as fontes de onde brota a fé na existência do divino: o conhecimento das órbitas circulares matemáticas, eternamente invariáveis, em que se movem os corpos celestes e o 'ser que eternamente flui' dentro de nós, isto é, a alma" (JAEGER, 2003, p. 1373-1374).**

273 Similarmente, no *Yoga-Sūtra*, Patañjali afirma: "Elas [as vidas sucessivas na roda do *Saṁsāra*] terão alegria ou tristeza como seu fruto, conforme sua causa seja virtude ou vício" (PATAÑJALI, 1996, II: 14, p. 134).

274 **Conforme menciona Platão no *Mênon*: "Na verdade, a maneira aberta e natural como Sócrates se dirige a Mênon no início do Diálogo homônimo sugerindo que estendesse sua estadia para receber a iniciação nos Mistérios, quando afirmou: 'não te fosse necessário ir embora antes dos Mistérios, mas ficasses e fosses iniciado'"(PLATÃO, 2001, § 76 e, p. 39), o que parece sugerir que era relativamente fácil para um distinguido cidadão como Mênon conquistar a iniciação que possibilitava o acesso aos ensinamentos dos Mistérios, tais como, entre outros, a imortalidade da alma, sua vida póstuma e transmigração para expiação de suas faltas, a busca da libertação ou "salvação final da alma"(BERNABÉ, 2011, p. 158), como foi visto, que parecem ter**

> Elêusis, que eram diretamente relacionados ao mito de Demeter[275] e sua filha Perséfone, incluindo a ideia de libertar a alma do corpo, que também aparece no *Fédon*[276] (LINDEMANN, 2014, p. 30).

As Escolas ou Religiões de Mistérios da Antiguidade têm relevante e direta relação com a Teosofia. Dessa forma, pode-se mostrar que essas três verdades do Pensamento Teosófico, apresentadas por Collins, – alma imortal reencarnante em evolução, Deus Onipresente e a relação de causa e efeito com o livre-arbítrio –, também podem ser encontradas em passagens de Platão e, particularmente, no antigo Neoplatonismo.

Há indícios de que Pitágoras (LEADBEATER, 1978, p. 128) e Platão, principalmente no *Fédon*[277] (PLATO, 1984, § 250 b-c, p. 126) e no *Mênon* (PLATÃO, 2001, § 76 e, p. 39), representando as origens da filosofia ocidental, poderiam ter sido iniciados nos Mistérios Egípcios e/ou Gregos, que continham em comum os assim chamados "mistérios ocultos" ou esotéricos.

Na verdade, conforme considerei, é do voto de sigilo perpétuo – *muon*, que em grego significa "fechar os lábios"[278] (LINDEMANN, 2012, p. 303) –, que deriva o próprio nome das antigas Religiões ou Escolas de Mistérios, que representam as origens remotas da ciência no Ocidente, particularmente aquelas localizadas na

---

influenciado o pensamento de Platão. [...] Poder-se-ia, pois, supor que também teria sido relativamente fácil para Platão ou Sócrates terem sido iniciados nesses Mistérios, pois segundo Rocha Pereira os requisitos eram 'apenas ter conhecimento da língua grega (para entender o que se dizia em partes essenciais das cerimônias) e estar livre do crime de homicídio.' (PEREIRA, 1979, v. 1, p. 262)" (LINDEMANN, 2014, p. 30).

Como afirma Giordani: "[...] o santuário de Elêusis era consagrado a Demeter, onde eram celebrados os famosos Mistérios [...]" (GIORDANI, 1967, p. 484).

275 Giordani afirma que o templo de Elêusis era dedicado a Demeter, e nele eram celebrados os renomados Mistérios (GIORDANI, 1967, p. 484).

276 Conforme menciona Platão no *Fédon*: "[...] a vida que os filósofos desejam é, na verdade, morte [...]". No original: "*[...] the life which philosophers desire is in reality death [...]*" (PLATO, 1984, § 64 b, p. 223). Também como Jaeger prefere interpretar: "a diária e constante preparação do filósofo para a morte" (JAEGER, 2003, p. 716).

277 "[...] contemplamos a visão beatífica e fomos iniciados em um mistério que pode ser verdadeiramente chamado [250c] de mais abençoado, [...] quando fomos admitidos [como iniciados] à visão de aparições inocentes, simples, calmas e felizes, que vimos brilhando em pura luz, nós [ficamos] puros [...]" (PLATO, 1984, *Phaedrus* § 250 b-c, p. 126). No original: "*[...]we beheld the beatific vision and were initiated into a mystery which may be truly called [250c] most blessed, [...] when we were admitted [as initiates] to the sight of apparitions innocent and simple and calm and happy, which we beheld shining in pure light, pure ourselves [...]*" (PLATO, 1984, *Phaedrus* § 250 b-c, p. 126).

278 A própria palavra "mistério" é proveniente do termo grego *mystérion*, que por sua vez "deriva do verbo '*myen*', [que significa] 'fechar, estar fechado'. Também associada à mesma ideia está a palavra '*muon*', 'fechar os lábios'" (LINDEMANN; OLIVEIRA, 2011, p. 31).

Biblioteca de Alexandria e seu Serapeum (LINDEMANN, 2012, p. 263-272). Os Mistérios foram assim definidos por Blavatsky:

> Eram cerimônias que geralmente se mantinham ocultas aos profanos e às pessoas não iniciadas, e durante as quais se ensinavam, por meio de representações dramáticas e outros métodos, a origem das coisas, a natureza do espírito humano, as relações deste com o corpo e o método de sua purificação e reposição a uma vida superior. A ciência física, a medicina, as leis da música, a adivinhação, eram todas ensinadas da mesma maneira (BLAVATSKY, 1991b, p. 377).

Além do voto de Sigilo Perpétuo, outras estruturas e doutrinas comuns entre as antigas Religiões ou Escolas de Mistérios incluem a Hierarquia das Iniciações, Vida Póstuma (imortalidade da alma) e Reencarnação, os Mistérios Internos ou Ocultos e o Êxtase como Meio de Conhecimento. Essas estruturas comuns, conforme mencionei, indicariam a unidade subjacente a essas diversas Escolas de Mistérios (LINDEMANN, 2012, p. 300-330). Por outro lado, algumas dessas mesmas estruturas e doutrinas estão igualmente presentes na Teosofia ou Pensamento Teosófico. A Hierarquia das Iniciações está ligada, de um lado, à Lei de Evolução da alma, e, de outro, à Perfectibilidade Humana como expressões teosóficas já consideradas. A outra estrutura em comum, o Êxtase como Meio de Conhecimento, está possivelmente ligada à Hipótese da Religião Científica, como será visto na próxima seção.

Os Mistérios tinham ainda uma linguagem simbólica ou um simbolismo de linguagem comum ligada a uma doutrina, como sustenta Hodson: "A linguagem sagrada dos iniciados das escolas de mistérios é formada de hierogramas e símbolos, sendo seu significado mais constante, como também o é a doutrina que essa linguagem revela em qualquer lugar" (HODSON, 2007, p. 69).

Os Mistérios Ocultos eram, por sua própria natureza, velados por meio de símbolos e alegorias, tais como o fogo e a serpente. O simbolismo do poder transformador do fogo é proverbial e tal poder é conhecido até para assepsia de instrumentos. O simbolismo da serpente está associado ao seu poder criativo ou regenerador, à capacidade de regenerar sua pele etc. (HODSON, 2007, p. 550-551). O significado de tais mistérios, ou mesmo sua existência, usualmente não eram de conhecimento público.

Os Mistérios Egípcios combinavam os símbolos do fogo e da serpente, na figura mitológica da serpente Kéti, que consumia com seu fogo o inimigo de Osíris (CAMPBELL, 1988, p. 357). A serpente saindo entre os olhos de diversas divindades, bem como dos faraós, sempre foi um símbolo de clarividência (HODSON, 1983, p. 39, p. 45, 60).

Os Mistérios Gregos estão ligados ao símbolo do Caduceu Alado de Mercúrio ou Hermes (BRANDÃO, 2014, p. 323), com suas duas serpentes gêmeas entrelaçadas, adotado, contemporaneamente, nos Estados Unidos, como símbolo da Medicina. O Caduceu está relacionado aos Mistérios da Serpente de Esculápio ou Asclépios (BRANDÃO, 2014, p. 85), deus grego da Medicina, representado frequentemente só com uma serpente, posteriormente assimilados aos Mistérios de Elêusis[279] (BLAVATSKY, 1991b, p. 377). O Caduceu Alado de Mercúrio ou Hermes é um objeto sagrado dos Mistérios da Grécia antiga que indica o conhecimento, entre os gregos, da anatomia oculta, simbolizada ou constituída por três componentes (as duas serpentes e o báculo central) ou canais, como são também considerados por Leadbeater: "Um destes objetos era o caduceu, a vara do poder, cingido pelas serpentes enroscadas e encimado pelo pinhão. Era o mesmo que o tirso, e dizia-se que era oco para se enchê-lo de fogo" (LEADBEATER, 1978, p. 125). Com tal fundamento, Leadbeater comenta os símbolos da serpente e do fogo nas tradições de Mistérios com a denominação de "serpente ígnea" (LEADBEATER, 1977, p. 203) ou "fogo serpentino" (LEADBEATER, 2019a, p. 148).

O aspecto alado do caduceu é, obviamente, indicativo de um movimento ascensional. Héracles ou Hércules dominava as duas serpentes laterais já em seu berço, conforme conta a mitologia grega (BRANDÃO, 2014, p. 304). A interpretação desse simbolismo é aprofundada por Leadbeater em *A Vida Oculta na Maçonaria* (1977), e por Hodson em *The Concealed Wisdom in World Mythology* (*A Sabedoria Oculta na Mitologia Mundial*) (1983), que é a fonte do diagrama da Figura 3. **Hodson prossegue sua interpretação esotérica dessas serpentes gêmeas e sua relação com o Caduceu de Hermes:**

> Antes que essa inversão do fluxo da energia criativa possa acontecer, as correntes positiva e negativa devem ser despertadas e elas mesmas, como serpentes gêmeas, devem fluir para cima, enroscando-se enquanto fluem para induzir uma subida da energia neutra que as acompanha. Ao entrar no

279 Blavatsky considera que "O juramento de Hipócrates era apenas um compromisso místico. Hipócrates era um sacerdote de Asclépios (Esculápio), [...]. Porém os Asclepíades eram Iniciados do culto da Serpente de Esculápio, [...]" (BLAVATSKY, 1991b, p. 377) que era o deus da medicina na antiga Grécia. Nas antigas Tradições de Mistérios, bem como em suas herdeiras como a Maçonaria, a primeira serpente ou canal é estimulado no primeiro grau para a purificação das paixões, a segunda no respectivo grau para o domínio da mente, e a terceira no respectivo grau para a "influência superior do espírito" (LEADBEATER, 1977, p. 202-203).

> cérebro [o topo do Caduceu é alado], esse tríplice poder ilumina então a mente do homem, que se torna semelhante a um deus (HODSON, 2007, p. 103).

O simbolismo deste tríplice poder relacionado à energia criativa do fogo serpentino é representado pelo Caduceu Alado de Hermes ou Mercúrio [Figura 3].

Figura 3: Caduceu Alado de Hermes ou Mercúrio

Fonte: HODSON, 1983, p. xxii.

Dessa forma, pode-se notar inúmeras semelhanças, pontos em comum ou heranças que o Pensamento Teosófico recebe das tradições de Mistérios. Conforme resume Bernabé, essas semelhanças se dão sobre os principais ensinamentos dos Mistérios, tais como a imortalidade da alma, sua vida póstuma e transmigração para expiação de suas faltas, a busca da libertação ou "salvação final da alma" (BERNABÉ, 2011, p. 158).

Faz-se, também, alusão à existência de "Mistérios Judaicos" (FIGUEIREDO, 1996, p. 278), que teriam "[...] origem egípcia e influência judaica [...]" (FIGUEIREDO, 1996, p. 278), com base em relevante passagem bíblica sobre Moisés[280]: "Assim foi Moisés iniciado em toda a sabedoria dos egípcios, e tornou-se

280 "[...] recolheu-o a filha do faraó e o criou como seu próprio filho. Assim foi Moisés iniciado em toda sabedoria [ciência] dos egípcios, e tornou-se poderoso em suas palavras e obras" (At 7,21-22).

poderoso em suas palavras e obras" (At 7,22). A existência dos Mistérios Judaicos, sua relação com os Mistérios Egípcios e suas escolas de sucessão também está sustentada por outras passagens bíblicas[281], pois "[...] sem dúvida Moisés transmitiu algo dessa tradição [egípcia] aos seus sucessores" (FIGUEIREDO, 1996, p. 279).

O símbolo da serpente aparece, da mesma forma, numa clássica passagem do Gênesis, cuja autoria é tradicionalmente atribuída a Moisés e aos Mistérios Judaicos, tendo até Jesus incluído na Lei de Moisés[282] (Lc 24,44), como Geoffrey Hodson destaca e interpreta em sua obra *A Sabedoria Oculta na Bíblia Sagrada* (HODSON, 2007, p. 101-103):

> A primeira referência à serpente [na Bíblia] é feita no capítulo três do livro do Gênesis, onde ela está intimamente associada com o fruto da árvore do conhecimento do bem e do mal e com o comer simbólico deste fruto por Adão e Eva. [...] No ser humano, a vara [às vezes também simbolizada por um báculo, bordão, caduceu, haste, árvore etc.] refere-se [...] à medula espinhal[283] [...] Este fato está revelado no Gênesis 3:5, onde Adão e Eva representam as correntes opostamente polarizadas, a árvore do conhecimento do bem e do mal corresponde à vara e a serpente tentadora à força criativa que ascende ao longo do canal [central, que corresponderia ao tronco da árvore]. Assim, Adão e Eva estão proibidos de comer o fruto dessa árvore, pois se assim fizessem tornar-se-iam como que deuses.

Esta interpretação está, por certo, baseada em outras passagens bíblicas que enfatizam a possibilidade de a vara ser transformada em serpente e vice-versa (Ex 4,1-4, 30; 7,10), bem como do seu poder curativo, quando Moisés ergueu a

281 Moisés manteve essa tradição relacionada ao Egito e, também, Salomão que se casou com uma filha do faraó, conforme menciona Figueiredo, enumerando diversas passagens bíblicas: "I Reis 3:1, [...] Êxodo 7: 8-12; 4: 1-5, 17, 20, 28-30" (FIGUEIREDO, 1996, p. 279) Essa tradição interage com a tradição da cabala e seus "conhecimentos simbólicos que outrora foram exclusividade de iniciados" (FIGUEIREDO, 1996, p. 88).

282 "[...] era preciso que se cumprisse tudo o que está escrito sobre mim na Lei de Moisés, nos Profetas e nos Salmos" (Lc 24,44).

283 "No ser humano, a vara [às vezes também simbolizada por um báculo, bordão, caduceu, haste, árvore etc.] refere-se tanto à medula espinhal quanto a um canal ou meio superfísico e etérico, no seu centro, passando pela raiz da medula no sacro ao longo de toda sua extensão até penetrar no interior da *medulla oblongata* [bulbo raquidiano] e do cérebro. Esse canal é o veículo da energia da vida, uma parte da qual é acionada do alto no ato generativo. Essa corrente é unipolar ou mesmo de polaridade neutra, pois que se movimenta e produz seus efeitos tanto no organismo do macho como da fêmea. [...Este] canal é [central], entretanto, só é usualmente aplicado quando, por meios ocultos, a mesma força neutra é dirigida para cima, ao longo da medula espinhal, e não para baixo" (HODSON, 2007, p. 101-103).

serpente de bronze numa haste no deserto vencendo as "serpentes abrasadoras"[284] (Nm 21,6) ou aladas, que parecem semelhante ao fogo serpentino e seus poderes. A relação da vara, báculo, haste, tronco, arbusto ou árvore[285], com o fogo, apresenta-se no conhecido diálogo de Moisés com Deus na sarça ardente[286] na montanha de Horeb (Ex 3,2; 4,17). Dessa forma, pode-se notar inúmeras semelhanças ou pontos em comum entre as tradições de Mistérios e a Teosofia.

Ademais, o Cristianismo, particularmente o Cristianismo Primitivo, se apresenta como importante fonte do Pensamento Teosófico, tendo diversos pontos em comum ou de afinidade com a Teosofia. É verdade que o apóstolo São Paulo também utilizou o termo similar (*ΘΕΟΥ ΣΟΦΙΑΝ*, *Theou Sophian*), na sua Primeira Epístola aos Coríntios, mas possivelmente noutro contexto, quando é tradicionalmente traduzido como "Sabedoria de Deus": "Ensinamos a sabedoria de Deus, misteriosa e oculta, que Deus, antes dos séculos, de antemão destinou para a nossa glória" (1Cor 2,7).

A forma mais imparcial de investigar ou apresentar os pontos comuns em que a Teosofia herda ou tem afinidade com o Cristianismo pareceria ser por meio de citações ou passagens da própria escritura cristã. Por exemplo, O Princípio da Perfectibilidade Humana, que se encontra também na primeira verdade de Collins, se apresenta na Bíblia até como se fosse um novo mandamento do Cristo, pois está no imperativo: "Portanto, deveis ser perfeitos como o vosso Pai celeste é perfeito" (Mt 5, 48) e afirma ainda que pode chegar à perfeita semelhança de seu Mestre: "O discípulo não é superior a seu mestre, mas todo o que for perfeito será como o seu mestre"[287] (Lc 6,40). Por sua vez, São Paulo parece indicar a existência de uma meta evolutiva futura de perfeição para todos: "Até que alcancemos todos nós a unidade da fé e do pleno conhecimento do Filho de Deus, o estado de Homem Perfeito, a medida da estatura da plenitude de Cristo" (Ef 4,13).

No Cristianismo, a alma imortal é um conceito muito antigo, já herdada da tradição judaica, como se pode ver na citação atribuída ao Rei Salomão, que nesse caso ainda indica o ensinamento da sua preexistência, que é condição lógica para

---

284 "'Serpente abrasadora' traduz *saraf* = abrasador, que Is 30,6 representa como uma serpente alada ou dragão. O nome dos serafins de Is 6,2-6 vem da mesma raiz" (A BÍBLIA..., 1995, p. 248).

285 Hodson considera, por meio da interpretação da linguagem sagrada dos antigos mistérios, todos esses símbolos da vara ou tronco de árvore como similares ao canal central da coluna vertebral, por sua verticalidade, relacionados, por sua vez, com o símbolo da serpente ígnea, energia criativa ou fogo serpentino (HODSON, 2007, p. 103).

286 "[...] a sarça ardia no fogo, e a sarça não se consumia [...]. Toma, pois, esta vara na mão: é com ela que irás fazer os sinais" (Ex 3,2; 4,17).

287 Preferiu-se a tradução de outra Bíblia (A BÍBLIA..., 1969).

a Doutrina da Reencarnação: "Eu era uma criança de boas qualidades, com alma boa. Ou melhor, porque eu era bom, vim a um corpo sem mancha" [288] (Sb 8, 19-20). Pode-se salientar também a relação de causa e efeito (ou *karma*) entre a alma que era boa e o corpo que ela "mereceu", justamente pelo uso da palavra "porque" em forma de conjunção causal, isto é, representando a razão de algo ter ocorrido.

Na verdade, no Evangelho há indícios da existência de um Cristianismo Esotérico, nas palavras que o Cristo teria dito a seus discípulos: "A vós foi dado o mistério do Reino de Deus, aos de fora, porém, tudo acontece em parábolas, a fim de que vendo, vejam e não percebam, e ouvindo, ouçam e não entendam; para que não se convertam e não sejam perdoados" (Mc 4, 11-12). Na sequência do mesmo capítulo, se complementa explicando: "Anunciava-lhes a Palavra por meio de muitas parábolas como essas, conforme podiam entender; e nada lhes falava a não ser em parábolas. A seus discípulos, porém, explicava tudo em particular" (Mc 4, 33-34).

Por outro lado, as religiões chamadas bíblicas, a saber, o Judaísmo, o Cristianismo e o Islamismo, que são uma importante fonte de inspiração teosófica, recebem aqui um tratamento especial justamente no que tange à Doutrina da Reencarnação, porque ela não faz parte do ensinamento exotérico dessas tradições, e porque a exegese bíblica demandaria muitas páginas para que se pudesse desenvolver o tema sem saltos lógicos. Aqui, portanto, serão apresentados apenas alguns indícios esotéricos como possibilidades para reflexão.

Por causa da Doutrina da Reencarnação, entre outras, a interpretação bíblica e exegese do Padre Orígenes de Alexandria (*c.* 185 – *c.* 253) tornou-se muito importante para a Teosofia e, particularmente, para a Igreja Católica Liberal, considerada por muitos como um movimento paralelo da Sociedade Teosófica, como afirma Leadbeater em sua obra *A Gnose Cristã*: "Orígenes, o maior de todos os Padres da Igreja, sustentava-a [a Reencarnação] forte e claramente, e é significativo que afirmasse não tê-la tomado de Platão, mas que lhe fora ensinada por São Clemente de Alexandria [...]" (LEADBEATER, 2019b, p. 162).

Sustentando também a preexistência da alma e a salvação universal, Orígenes, que foi discípulo de Amônio Sacas (entre sec. II e III d.C.) e de São Clemente de Alexandria (*c.* 150 – *c.* 215 d.C.), representa uma espécie de elo perdido entre o Platonismo e o Cristianismo, como desenvolvi em mais de vinte páginas na

288 Nesse caso excepcional, preferiu-se a tradução de outra Bíblia (NOVA BÍBLIA..., 2014), porque *A Bíblia de Jerusalém* (1995, p. 1217) apresenta uma nota de rodapé que pode sugerir pouca imparcialidade nessa tradução.

Dissertação de Mestrado em Filosofia sobre *Reconciliação do Platonismo com o Cristianismo* (2014), mas que se pode tentar resumir:

> Deve ficar claro que nem todos os cristãos seguiam as doutrinas da Preexistência da alma, sua possível Transmigração (ORIGEN, 1973, p. xxxvii, p. 73-74, p. 145, p. 325) até a Salvação Universal (apocatástase) no juízo final que eram sustentadas pelo Pe. Orígenes de Alexandria (Alexandria, Egito c. 185 - Tiro c. 253), mas sim que seus inúmeros seguidores tiveram a liberdade de sustentar por três séculos uma linhagem dentro do Cristianismo, o origenismo (DICIONÁRIO Patrístico, 2002, p. 1051), que era oficialmente aceitável até 553 d.C.[aceitável pelo menos por um quarto da história do Cristianismo], data da condenação dessas doutrinas de Orígenes no Concílio Constantinopla II, convocado arbitrariamente pelo Imperador Justiniano I, que destituiu e exilou o Papa Silvério, morto neste exílio "poucos meses depois de subnutrição" (DUFFY, 1998, p. 43), num dos casos mais controversos e polêmicos de cesaropapismo, ou seja, de interferência do Estado na história da Igreja. O Papa Vigílio, indicado pelo Imperador, nem compareceu ao Concílio, inicialmente "alegando estar doente" (DAVIS, 1990, p. 241). "Apesar do convite do Imperador e dos Bispos, Vigílio não compareceu ao Concílio" (DAVIS, 1990, p. 243). (LINDEMANN, 2014, p. 8). O fato histórico é que até a resolução do Concílio Constantinopla II em 553 d.C. ainda havia espaço oficial no Cristianismo para a doutrina da reencarnação e que Orígenes ou seu grande número de seguidores em seu nome sustentaram a transmigração das almas pelo menos por três séculos ocupando tal espaço. Foi o Imperador Justiniano I quem não mediu esforços e usou todos os meios, inclusive destituindo e exilando o Papa anterior, o Papa Silvério que assim morreu de subnutrição[289], e nomeando seu sucessor, o Papa Vigílio, que se recusou a comparecer ao supramencionado Concílio[290], para condenar os três capítulos que acabaram por atingir a doutrina da preexistência da alma de Orígenes, condição *sine qua non*[291] para a transmigração das almas [...] (LINDEMANN, 2014, p. 98).

289 O Imperador Justiniano I destituiu e exilou o Papa Silvério, morto no exílio "[...] poucos meses depois de subnutrição" (DUFFY, 1998, p. 43), num dos casos mais controversos e polêmicos de cesaropapismo, ou seja, de interferência do Estado na história da Igreja.

290 O Papa Vigílio, indicado pelo Imperador Justiniano I, nem compareceu ao Concílio, inicialmente "alegando estar doente. ['*Pleading ilness...*']" (DAVIS, 1990, p. 241). "Apesar do convite do Imperador e dos Bispos, Vigílio não compareceu ao Concílio. ['*In spite of the invitation of the emperor and the bishops, Vigilius did not attend the Council.*']" (DAVIS, 1990, p. 243).

291 Em latim, literalmente: "sem a qual não" (TAIMNI, 1996, p. 72).

Mais diretos, Reale e Antisseri apresentam em sua obra a doutrina de Orígenes sobre a apocatástase[292] (REALE; ANTISERI, 2003, v. 2, p. 46), restauração final ou salvação universal e afirmam:

> Tal visão relaciona-se estreitamente com a concepção origeniana segundo a qual, no fim, todos os espíritos se purificarão [Apocatástase], resgatando suas culpas, mas, para se purificarem inteiramente é necessário que sofram longa, gradual e progressiva expiação e correção, passando, portanto, por muitas reencarnações em mundos sucessivos[293] (REALE; ANTISERI, 2003, v. 2, p. 46).

Essas doutrinas de Orígenes sobre reencarnação e apocatástase, consideradas como fontes importantes para o Pensamento Teosófico, foram condenadas, depois de três séculos, no Concílio Constantinopla II, mas a salvação universal pareceria ser uma verdadeira concepção de um Deus misericordioso, coerente com a ênfase no perdão e no amor[294] (1Jo 4,8), enquanto, conforme considerei, o Cristianismo pareceria ter entrado [**absurdamente**] em contradição ao sustentar a doutrina da danação no inferno eterno[295] (LINDEMANN, 2014, p. 93).

Na verdade, há indícios no Evangelho da existência de um Cristianismo Esotérico[296], nas palavras que o Cristo teria dito a seus discípulos: "A vós foi dado o mistério do Reino de Deus, aos de fora, porém, tudo acontece em parábolas,

---

292 Até que "Deus seja tudo em todos" (1Cor 15, 28), conforme interpretação de restauração final ou salvação universal (REALE; ANTISERI, 2003, v. 2, p. 46).

293 Conforme também considera o próprio Orígenes: "Talvez, entretanto, 'tristeza e trevas' devam ser tomadas como significando esse corpo grosseiro e terreno, por meio do qual no fim deste mundo cada homem que terá de passar para outro mundo receberá o princípio de um novo nascimento" (JEROME [*Ep. ad Avitum*, 7] *apud* ORIGEN, 1973, *De Principiis*, II. 10. 3, p. 145).

294 "Deus é amor" (1Jo 4,8).

295 Provavelmente o inferno eterno é a maior contradição do Cristianismo, pois nada poderia ser tão desproporcional ou caracterizar uma maior negação de uma justiça divina (teodiceia) do que se pudesse haver um Deus que cobrasse penalidades eternas, de seus próprios filhos, por erros *que* tivessem sido cometidos na finitude do tempo. Seria o mesmo que cobrar juros infinitos por causa de dívidas finitas (LINDEMANN, 2014, p. 93).

296 Faz-se, ademais, alusão à existência de Mistérios Cristãos e de Mistérios Essênicos (FIGUEIREDO, 1996, p. 263, p. 274), pelo menos até o III século, mas são de difícil comprovação devido às perseguições ocorridas na época do Cristianismo primitivo. Sobre essa última linhagem, Figueiredo considera que "O mais provável é que tenha sido absorvida ou transformada nas escolas místicas e filosóficas que depois sobreviveram até o século III da era cristã, como os Gnósticos, Neoplatônicos etc., e que acabaram sendo duramente perseguidos e aniquilados pela rancorosa intolerância dos cristãos de então" (FIGUEIREDO, 1996, p. 274). Clemente de Alexandria e Orígenes, entre outros, são mencionados na linhagem que defendia os Mistérios Cristãos (FIGUEIREDO, 1996, p. 265).

a fim de que vendo, vejam e não percebam, e ouvindo, ouçam e não entendam; para que não se convertam e não sejam perdoados" (Mc 4,11-12). Na sequência do mesmo capítulo, se complementa explicando: "Anunciava-lhes a Palavra por meio de muitas parábolas como essas, conforme podiam entender; e nada lhes falava a não ser em parábolas. A seus discípulos, porém, explicava tudo em particular" (Mc 4,33-34).

Talvez se possa considerar que o caso da reencarnação do profeta Elias, no corpo de João Batista, como comenta Leadbeater (2019a, p. 163), poderia indicar a existência de algum ensinamento esotérico sobre a Doutrina da Reencarnação. Por tais motivos, vários autores teosóficos (BLAVATSKY, 1991b, p. 166; BESANT, 2021, p. 149; LEADBEATER, 2019b, p. 163; HODSON, 1999, p 248) consideraram importante a possibilidade de uma interpretação da profecia do retorno do profeta Elias (Is 40,3; Ml 4,5; Mt 3,3), como se fosse reencarnado no corpo de João Batista, que assim poderia indicar a existência de algum ensinamento esotérico sobre a Doutrina da Reencarnação no Cristianismo Primitivo, como se poderia depreender da expressão atribuída ao Cristo, "para quem tem ouvidos para ouvir", a respeito de João Batista: "Porque todos os profetas bem como a Lei profetizaram até João. E, se quiserdes dar crédito, ele é o Elias que deve de vir. Quem tem ouvidos, ouça!"[297] (Mt 11,13-15). Leadbeater, em seu comentário sobre esta passagem, apresenta um questionamento lógico sobre a interpretação literal da Bíblia Sagrada, tradicionalmente fundamentada no conceito teológico da inspiração, segundo o qual se atribui ao Espírito Santo cada palavra da sagrada escritura, como se houvesse sido proferida "pela sua boca, e justamente a ele se atribuía a plenitude da verdade reconhecida no texto" (DICIONÁRIO Patrístico..., 2002, p. 496). A respeito desta passagem bíblica (Mt 11,13-15), Leadbeater comenta que Cristo:

> [...] estava bem ciente de que o retorno de Elias fora profetizado [Is 40,3; Ml 4,5; Mt 3,3], e que as pessoas o estavam aguardando [Mt 16, 13-16; 17,10-13], e, portanto, Ele deve ter sabido como seus ouvintes tomariam o que Ele dizia. Ele fez uma declaração clara e inequívoca. Se Ele não quisesse dizer aquilo, significaria decepcionar [enganar] intencionalmente o povo, e sabemos que Ele não podia fazê-lo. Ou Cristo o disse ou não o disse. Se não o disse, o que é feito da inspiração dos Evangelhos? E se Ele o disse, então a reencarnação

297 Caso se prefira verificar também uma tradução de outra Bíblia (A BÍBLIA..., 1969): "Porque todos os profetas e a lei profetizaram até João. E, se quereis dar crédito, é este o Elias que havia de vir. Quem tem ouvidos para ouvir, ouça" (Mt 11,13-15).

é um fato, porque existe Sua afirmação de que João Batista era Elias em um novo corpo (LEADBEATER, 2019a, p. 163).

Em qualquer caso, o ensinamento sobre o Princípio da Imanência de Deus, mencionado por Evans (1983, p. 24), ou sua Onipresença, é claro no Cristianismo até na pessoa do Filho de Deus: "Naquele dia conhecereis que estou em meu Pai, e vós em mim, e eu em vós"[298] (Jo 14,20), ou na expressão do apóstolo Paulo: "Cristo em vós; a esperança da glória!" (Cl 1,27).

O Princípio do Mérito pelas Obras ou Lei do *Karma* também está indicado no Cristianismo: "O que o homem semear, isso colherá" (Gl 6,7) e "Se alguém disser que tem fé, mas não tem obras, que lhe aproveitará isso?" (Tg 2,14). Deve-se chamar à atenção para a Parábola dos Talentos (Mt 25,14-30) e sua correlação com "o homem ser o absoluto decretador de seu destino" (COLLINS, 2000b, p. 162), como segue: "Acaso a fé poderá salvá-lo?" (Tg 2,14) e "Porque o Filho do homem virá na glória de seu Pai, com os seus anjos, e então dará a cada um segundo as suas obras"[299] (Mt 16,27). Dessa forma, pode-se mostrar que há algumas passagens importantes que podem ser encontradas no Cristianismo e se apresentam como fontes ou pontos de afinidade com essas três verdades do Pensamento Teosófico, apresentadas por Collins, o que é particularmente enfatizado no Cristianismo Primitivo de Orígenes de Alexandria.

Dentre as fontes orientais da Teosofia, o Budismo é uma das mais importantes, pois como comenta Tigunait, os seis *darśana*s ou Sistemas da Filosofia Indiana, mais o Budismo, são considerados como sendo "[...] a nata da cultura e sabedoria védicas"[300] (TIGUNAIT, 1983, p. 33).

O Sistema do Budismo é considerado como um *darśana* heterodoxo, particularmente por não mencionar, ou ter uma interpretação peculiar, a respeito das ideias de alma e de Deus, e, principalmente, por não ter aceitado formalmente a ritualística[301] e a autoridade dos Vedas. Foi fundado por Sidharta Gautama (623 a.C. - 543 a. C.)[302] que, após a sua iluminação aos 35 anos de idade, passou a ser chamado de Buddha.

---

298 Preferiu-se a tradução de outra Bíblia (A BÍBLIA..., 1969).

299 Preferiu-se a tradução de outra Bíblia (A BÍBLIA..., 1969).

300 "*[...] the cream of the Vedic culture wisdom*" (TIGUNAIT, 1983, p. 33).

301 Prabhavananda cita Vivekananda: "Buddha rejeitava todos os cerimoniais e a porção ritualística dos Vedas". No original: "*Buddha abhorred all ceremonials and the ritualistic portion of the Vedas*" (VIVEKANANDA, [18--] *apud* PRABHAVANANDA; MANCHESTER, 1964, p. 213).

302 Olcott considera tais datas baseando-se na tradição budista das escrituras de Sri Lanka, afirmando que "[...] existe alguma discordância quanto à data real, mas de acordo com as escrituras cingalesas [...]" (OLCOTT,

O ensinamento mais importante do Budismo, que é uma herança fundamental para a Teosofia [**moderna**], é o das Quatro Nobres Verdades (*Cattari Ariyasaccani*), apresentado pelo próprio Buddha logo após a sua Iluminação, no seu primeiro sermão, que foi para apenas cinco discípulos, o *Dhamacakkappavattanasutta*, em 589 a.C., em Isipatana[303], que o Prof. Rhys Davids traduz como "A Fundação do Reino da Retidão"[304] (OLCOTT, 2019, p. 107). Essas Quatro Nobres Verdades são: "[1] a Verdade da Existência do Sofrimento (*Dukkha Satya*); [2] a Verdade da Causa do Sofrimento (*Samudaya Satya*); [3] a Verdade da Cessação do Sofrimento (*Nirodha Satya*); e [4] o Caminho que Conduz à Cessação do Sofrimento (*Magga Satya*)" (SILVA; HOMENKO, 1999, p. 33-34, 83). Este Caminho, por constituir-se de oito passos, é frequentemente conhecido também como "[...] a Nobre Óctupla Senda ou Caminho do Meio" (SILVA; HOMENKO, 1999, p. 83). Tal nome deve-se ao fato de ser um caminho que evita os dois extremos, que são representados, como comenta Zimmer, de um lado pela "[...] busca desenfreada de prazeres mundanos, [e] de outro, [pela] disciplina severa, ascética, corporal como a de alguns contemporâneos do Buddha [...], cuja austeridade tinha por objetivo culminante a aniquilação do corpo físico" (ZIMMER, 2012, p. 339). **Um comentário geral sobre essas quatro nobres verdades, baseado nas considerações de Tigunait, pode ser esclarecedor quanto ao seu conteúdo mais profundo.**

A Verdade da Existência do Sofrimento (*Dukkha Satya*), ou primeira nobre verdade, é comentada por Tigunait. Ele considera que a expressão "(1) O sofrimento existe"[305] (TIGUNAIT, 1983, p. 29) representa, talvez, o maior problema que o ser humano geralmente não quer ver. O ser humano, usualmente, quer apenas fugir do sofrimento. O Buddha compreendeu que a vida tem muito sofrimento, ou que está plena dele, mas isto não deve ser visto como um pessimismo, mas antes como um primeiro passo para se libertar do sofrimento. Na vida dos seres humanos, parece haver mais sofrimento do que felicidade. Tal fato está ilustrado em sua própria vida, quando viu pela primeira vez a doença, a velhice e a morte. Na verdade, existe insatisfação (*dukkha*) e todo tipo de frustrações, medo e desesperança: não somente apenas naquelas condições de sofrimento extremo. Mesmo quando tudo vai bem, persiste o medo de que essa situação favorável acabe ou

---

2006, p. 3; 2019, p. 37-38). Mas parece haver consenso entre os diversos autores quanto ao século VI a.C.

303 Atual Sarnath, localidade próxima [10 km] à cidade de Benares [atual Varanasi], UP, Índia (SILVA; HOMENKO, 1999, p. 33). Próximo a esta localidade, o rio Varuna conflui com o rio Ganges.

304 "*The Foundation of the Kingdom of Righteousness*" (OLCOTT, 2006, p. 45).

305 "*(1) Suffering exists*" (TIGUNAIT, 1983, p. 29).

tenha fim. Por exemplo, um homem sofre para obter o que deseja, riqueza etc., mas depois continua sofrendo por medo de perder o que conquistou, pois as condições conquistadas são sempre transitórias. Todos os prazeres dos sentidos também acabam tendo um fim, culminando em despontamento e insatisfação. Devido à impermanência (*anicca*), pode-se notar que, como "Todas as coisas são compostas e tudo o que é composto decompõe-se, tudo que é um agregado, desagrega-se" (SILVA; HOMENKO, 1999, p. 33). É apenas uma questão de tempo. Aplica-se, no Budismo, a crença num ego pessoal: "[...] o eu, como entidade sempre idêntica a si própria, não existe [(*anatta*)] [...], é uma ilusão [...]" (SILVA; HOMENKO, 1999, p. 39).

A Verdade da Causa do Sofrimento (*Samudaya Satya*), ou segunda nobre verdade, pode também ser expressa como "(2) Existe uma causa do sofrimento"[306] (TIGUNAIT, 1983, p. 29). O Buddha ensinou que a causa imediata do sofrimento é o desejo (*tanha* em páli ou *tṛṣṇā* em sânscrito), significando principalmente "desejo de experiência sensorial" (SILVA; HOMENKO, 1999, p. 56). Isso deveria ser óbvio, pois se há frustração, deve haver pelo menos um desejo que foi frustrado. Há, porém, outras causas não tão imediatas, como é visto no ensinamento do Buddha sobre a originação interdependente. Textos mais especializados, além disso, classificam pelo menos três tipos de desejos, a saber: "[...] desejo dos prazeres dos sentidos (*kama-tanha*); desejo de existir e de vir a ser [autopreservação] (*bhava-tanha*); desejo de não existência [autoaniquilamento] (*vibhana-tanha*) [...]" (SILVA; HOMENKO, 1999, p. 65).

A Verdade da Cessação do Sofrimento (*Nirodha Satya*), ou terceira nobre verdade, recebe também outras denominações: "(3) Existe uma cessação do sofrimento"[307] (TIGUNAIT, 1983, p. 42). "[O] sofrimento pode ser superado"[308] (PRABHAVANANDA; MANCHESTER, 1964, p. 191). O nome tradicionalmente dado no Budismo para a cessação do sofrimento é *nirvāṇa*. A palavra *nirvāṇa* é constituída de pelo menos dois componentes. O prefixo *nir* indica negação (MONIER-WILLIAMS, 1995, p. 538) e a raiz *vā* indica "soprar"[309] (PRABHAVANANDA; MANCHESTER, 1964, p. 934). A palavra *vāna*, em sânscrito, significa "soprado"[310] (MONIER-WILLIAMS, 1995, p. 935), referindo-se à "extinção", como apagar uma vela. A palavra *nirvāṇa* refere-se, portanto, a um estado ou condição de eliminação

306 "*(2) There is a cause of suffering*" (TIGUNAIT, 1983, p. 29).

307 "*(3) There is a cessation of suffering*" (TIGUNAIT, 1983, p. 42).

308 "*(3) That suffering can be overcome*" (PRABHAVANANDA; MANCHESTER, 1964, p. 191).

309 "*To blow*" (MONIER-WILLIAMS, 1995, p. 934).

310 "*Blown*" (MONIER-WILLIAMS, 1995, p. 935).

ou "[...] absoluta extinção [...] de todas as paixões e desejos [...]"[311] (MONIER-WILLIAMS, 1995, p. 557) que constituem a causa do sofrimento, tendo por consequência também o significado de "bem-aventurança"[312] (MACDONELL, 1954, p. 143), como resultado desta extinção da causa do sofrimento.

O Caminho que Conduz à Cessação do Sofrimento (*Magga Satya*), ou quarta nobre verdade, pode ser expresso de outras formas: "(4) Existe um meio [caminho] para cessar o sofrimento"[313] (TIGUNAIT, 1983, p. 46). "Existe um caminho para superá-lo [o sofrimento]"[314] (PRABHAVANANDA; MANCHESTER, 1964, p. 191). Dessa forma, a tradição budista propõe a persecução do Nobre Óctuplo Caminho (*aṣṭāṅgamārga*), que é assim chamado porque é constituído de oito passos ou estágios (TIGUNAIT, 1983, p. 46). Passa-se a uma descrição mais detalhada destes oito passos.

O primeiro passo no Caminho Óctuplo, isto é, "[...] no caminho de progresso em direção à paz infinita é a 'reta visão' [*samyak dṛṣṭi*] ou 'reta crença'[315] [fé]"[316] (PRABHAVANANDA; MANCHESTER, 1964, p. 210). Pode significar a crença nas leis ou processos do *karma* e do renascimento, mas também é traduzido como reta ou perfeita percepção ou compreensão, principalmente, das Três Nobres Verdades anteriores, ou mesmo de todas as Quatro, como considera Tigunait (1983, p. 47). **Por exemplo, a perfeita compreensão do sofrimento deveria despertar a compaixão. O primeiro passo parece merecer uma atenção especial[317], pois representa não somente aquele impulso ou motivação[318] que vence a inércia inicial, mas também está determinando,**

---

311 "*[...] absolute extinction [...] of all desires and passions [...]*" (MONIER-WILLIAMS, 1995, p. 557).

312 "*[...] bliss*" (MACDONELL, 1954, p. 143).

313 "*There is a means to cease suffering*" (TIGUNAIT, 1983, p. 46).

314 "*There is a way to overcome it*" (PRABHAVANANDA; MANCHESTER, 1964, p. 191).

315 Olcott prefere traduzir *samyak dṛṣṭi* por "[...] reta crença (no que diz respeito à lei de Causação ou *Karma*)" (OLCOTT, 2019, p. 82-83). Considera que *Samyak dṛṣṭi* em sânscrito tem o significado literal de reta visão, ou de reta percepção ou ainda de "reta compreensão (provavelmente das três nobres verdades anteriores, incluindo a Lei do *Karma*)" (OLCOTT, 2019, p. 82). Está também subentendida na compreensão da roda do *saṁsāra*, como se expressa na primeira Nobre Verdade ou verdade do sofrimento: "As misérias da existência no processo evolutivo, que resultam em nascimentos e mortes, vida após vida" (OLCOTT, 2019, p. 80).

316 "The first step in the path of progress towards infinite peace is right view, or right faith [...]" (PRABHAVANANDA; MANCHESTER, 1964, p. 210).

317 Krishnamurti dizia que o primeiro passo é o último passo, como comenta Radha Burnier: "'O primeiro passo é o último passo', e o que importa é a direção tomada com o primeiro passo" (BURNIER, DATA *apud* LINDEMANN, 2004, p. 5).

318 A reta visão, ou reta compreensão, parece ter sido interpretada por Krishnamurti como uma compreensão do plano divino de evolução, com sua lei de harmonia ou *karma*, como segue: "Quando o homem o tiver visto uma vez, e realmente o conhecer, não poderá deixar de cooperar com ele, tornando-se uno com ele, por ser tão glorioso e tão belo" (KRISHNAMURTI, 2017, p. 16-17).

vigilantemente, a direção da caminhada a partir de uma constante compreensão da "[...] impermanência do mundo [...]"[319] (TIGUNAIT, 1983, p. 47).

O segundo passo é o reto pensamento [*samyak saṅkalpa*], que também é traduzido como perfeita ou "reta resolução"[320] (TIGUNAIT, 1983, p. 47) ou "reta aspiração"[321] (PRABHAVANANDA; MANCHESTER, 1964, p. 210). **A lógica parece sugerir que havendo reta compreensão, o reto pensamento seria sua expressão natural. Cada passo subsequente depende da eficiência com que se aperfeiçoou o anterior. Pensamentos suspeitos ou rudes deveriam ser descartados. Tigunait sustenta que mero conhecimento teórico não é suficiente, fazendo-se necessária uma resolução coerente com aquela reta compreensão, e deve ser firmemente estabelecida por meio de constante percebimento (TIGUNAIT, 1983, p. 47). Na verdade, parece demandar a renúncia do egoísmo na vontade formativa (*saṅkalpa*) que nutre os diversos desejos e apegos ao mundo, como já indicava a *Bhagavad-Gītā*: "[...] ninguém se torna um iogue sem renunciar à vontade formativa" (BHAGAVAD-GĪTĀ, 2014, sl. VI: 2, p. 121-122). *Saṅkalpa* é a faculdade imaginativa que faz planos para o futuro, que deve ser orientada corretamente com compaixão e sabedoria.**

O terceiro passo é a reta palavra, fala ou linguagem (*samyak vāk*), que parece ser a natural expressão do reto pensamento, afinal a palavra expressa o conteúdo da mente. **A "reta palavra" sugere que se fale somente expressando sabedoria e compaixão, ou seja, o que é "[...] verdadeiro, amável e útil [...]"[322] (KRISHNAMURTI, 2017, p. 48). Portanto, deve-se evitar a falsidade, a calúnia, a aspereza no falar (PRABHAVANANDA; MANCHESTER, 1964, p. 211). Parece que pela "reta palavra" também se entende que se assumem compromissos pelo que se expressará no passo seguinte pela ação.**

O quarto passo é a reta ação (*samyak karmānta*), também traduzido por reta conduta, como prefere Tigunait, que também relaciona este passo com as cinco observâncias do *pañcaśīla* que inclui cinco votos (que o autor mais parece corresponder, pela ordem, aos cinco votos de *Yama* no Rāja-Yoga, como será visto): "[...] não violência, veracidade, não roubar, não sensualidade [...], e não possessividade

---

319 "*[...] impermanence of the world [...]*" (TIGUNAIT, 1983, p. 47).

320 "*Right resolve*" (TIGUNAIT, 1983, p. 47).

321 "*Right aspiration*" (PRABHAVANANDA; MANCHESTER, 1964, p. 210).

322 A clássica disciplina sugerida por Krishnamurti é: "É bom falar pouco; melhor ainda é nada dizer, a menos que tenhas plena certeza de que o que desejas dizer é verdadeiro, amável e útil. Antes de falar, pensa cuidadosamente se o que ias dizer tem essas três qualidades; se assim não for, não o digas" (KRISHNAMURTI, 2017, p. 48).

(ou de acordo com algumas escrituras, não intoxicação)"[323] (TIGUNAIT, 1983, p. 48). Este passo constitui a base ética do Budismo[324], para que se viva no mundo sem ser do mundo. O *pañcaśīla* ou cinco preceitos éticos clássicos para a conduta do budista leigo são (os monges têm mais preceitos **que são** mais rigorosos): "Observo o preceito de me abster de destruir a vida dos seres, [...] de roubar, [...] de relação sexual ilícita, [...] de falsidade, [...] de usar substâncias intoxicantes" (OLCOTT, 2019, p. 95-96).

O quinto passo é o reto meio de vida (*samyak ājīva*). Esse passo sugere que, para viver no mundo sem ser do mundo, o Caminho do Meio (*Magga Satya*) demanda uma profissão ou meio de sobrevivência que seja honesto e não cause danos aos demais, e, também, nutra uma harmonia social (TIGUNAIT, 1983, p. 48). Dentro dessa ética budista, algumas profissões deveriam ser evitadas, pois são consideradas baixas ou vis, a saber: "Vender bebida alcoólica, vender animais para abate, vender veneno, vender armas mortíferas, e traficar escravos" (OLCOTT, 2019, p. 127). **Deve, portanto, ser uma expressão natural da reta ação na sociedade, mas também deve possibilitar que progressivamente se planeje e organize a vida de modo a liberar o tempo e energia necessários para o passo seguinte do reto esforço para possibilitar a reta meditação.**

O sexto passo é o reto esforço (*samyak vyāyāma*), frequentemente relacionado à energia[325] ou algum tipo de prática ou exercício. Significa não ser apenas passivo evitando o mal, mas também ser ativo na prática do bem. Portanto, significa esforço para evitar ou destruir quaisquer pensamentos negativos, mas também para "[...] fazer surgir [novos] pensamentos bons e sadios [...]" (SILVA; HOMENKO, 1999, p. 78) ou cultivar aqueles já existentes. **Pode também significar um certo discernimento no uso de uma reta energia em atividades benéficas e úteis, de modo a não a desperdiçar, e, particularmente, na prática do controle da mente, evitando distrações, a orientando, gradualmente, para a meditação (PRABHAVANANDA; MANCHESTER, 1964, p. 211-212).**

---

323 "*[...] nonviolence, truthfulness, nonstealing, nonsensuality (celibacy), and nonpossessiveness (or according to some scriptures, nonintoxication)*" (TIGUNAIT, 1983, p. 48).

324 Olcott sustenta que ao observar a ética do *pañcaśīla* se evitam os *karmas* pesados, pois "[...] toda a miséria humana se origina de uma ou outra dessas [cinco] causas; [e principalmente...] tirar a vida, a sensualidade, e o uso de intoxicantes causam pelo menos noventa e cinco por cento do sofrimento entre os homens" (OLCOTT, 2019, p. 96-97).

325 Às vezes chamada de "energia heroica" (*vīrya*): "[...] a energia indômita que abre o seu caminho para a verdade suprema, erguendo-se acima das mentiras [ilusões] terrenas" (BLAVATSKY, 2011a, p. 190).

O sétimo passo é a reta memória[326] (*samyak smṛti*), também traduzido por reta, perfeita ou plena atenção. No Yoga de Patañjali, a memória também precede ou está relacionada ao Êxtase (*Samādhi*) (PATAÑJALI, 1996, I: 20, p. 49). No enfoque budista, a ênfase está na constante lembrança da transitoriedade das coisas com plena atenção, sabendo perdoar agressões e mágoas ou esquecer frequentes preocupações[327], e, também, sabendo recordar sempre das quatro Nobres Verdades, preparando a mente para ficar voltada para a meditação. Assim, considerando estes sete passos, Tigunait afirma: "Estes sete passos preparam um fundamento concreto para a concentração, que requer uma mente forte e focalizada"[328] (TIGUNAIT, 1983, p. 49).

O oitavo e último passo é a reta concentração ou meditação (*samyak samādhi*), ou perfeito *samādhi*, que abre as portas da consciência superior para o *nirvāṇa*. Assim, como afirma Tigunait, que considera os sete passos anteriores como preparação necessária para a reta concentração ou meditação, Patañjali também considera, no *Yoga-Sūtra*, que há pré-requisitos para que a Concentração (*Dhāraṇā*) (PATAÑJALI, 1996, II: 53, p. 211) seja realmente eficaz, e para que, finalmente, o Êxtase (*Samādhi*) possa ser alcançado. **Portanto, o Yoga de Patañjali e o Budismo tem essa relação de semelhança ao culminar na prática do *Samādhi*. Este *samyak samādhi* ou reta meditação, conforme ensinou o Buddha, passa por quatro estágios até a perfeita equanimidade do *nirvāṇa*. Existem quatro estágios progressivos de iluminação do aspirante, por assim dizer, a saber: (i) aquele aspirante ou discípulo que entrou na corrente para Libertação (*śrotāpanna*); (ii) aquele que voltará a este mundo só mais uma vez (*sakṛdāgāmin*); (iii) aquele que não retornará mais a esse mundo (*anāgāmin*), subentendendo-se que nesta mesma vida ainda alcançará o quarto estágio; e (iv) aquele que durante esta mesma vida já está liberado (*arhat*) (TIGUNAIT, 1983, p. 50-51).**

---

326 Leadbeater menciona que muitos seguidores têm associdado a reta memória à recordação de vidas passadas, que o Buddha tinha plenamente desenvolvida (LEADBEATER, 2015, p. 376 - 377), mas este tema será desenvolvido no capítulo 5.

327 Aprendendo a esquecer o que merece ser esquecido, para manter a mente estável, como sugere Krishnamurti: "[...] de modo que possas dar menor importância às perturbações que todos encontram na vida diária, e evitar a incessante preocupação com as pequenas coisas nas quais muitas pessoas consomem a maior parte de seu tempo" (KRISHNAMURTI, 2017, p. 57).

328 "*These seven steps, prepare a concrete foundation for concentration, which requires a strong and one-pointed mind*" (TIGUNAIT, 1983, p. 49).

Por outro lado, Buddha sustentava a teoria da não existência da alma separada ou *Anātma Vāda*, que Tigunait busca reconciliar com o Vedānta, afirmando que tal teoria: já

> [...] [já] tinha sido descrita previamente nas Upaniṣads pelo conceito de *neti, neti* – "não isto, não isto" [lógica negativa][329]. Buddha recusou-se a se engajar em especulação metafísica, que ele considerava ser um desvio intelectual inútil. Seu enfoque era prático [...][330] (TIGUNAIT, 1983, p. 29).

Sua ênfase estava concentrada em ensinar o Nobre Óctuplo Caminho para libertação do sofrimento, no que se pode encontrar relação de semelhança com a disciplina do Yoga de Patañjali também mais voltada para um caminho prático de libertação do sofrimento.

Outro importante ensinamento do Budismo, que é uma herança fundamental para a Teosofia [**moderna**], é o dos Doze *Nidānas* ou dos Doze Elos de Originação Interdependente (*paticca-samuppādā*) (OLCOTT, 2019, p. 146), também chamado de Roda da Existência (*bhāva-cakra*), **que está relacionada à Segunda Nobre Verdade e considera a causa primeira do sofrimento, ou o primeiro *Nidāna*, como sendo a ignorância (*avijjā* em páli ou *avidyā* em sânscrito), da mesma forma que o Yoga Darśana. Ambos os sistemas consideram *avidyā* (ignorância) como a causa do sofrimento ou do mal, e ambos dão ênfase ao aspecto prático da libertação do sofrimento por meio da progressiva eliminação desta *avidyā* (ignorância)[331]. Prabhavananda comenta: "Esta ignorância é universal, e como ela veio ao mundo é um mistério que nem o Buddha nem nenhum outro vidente ou filósofo tenta explicar"[332] (PRABHAVANANDA; MANCHESTER, 1964, p. 202). Logo antes, mencionou os Doze *Nidānas*, citando a** escritura budista antiga, o *Mahāvāgga*:

---

329 Essa lógica negativa também é apresentada por Śaṅkarācārya: "Eu não sou isto ou aquilo, mas brilho em ambos e sou puro e supremo. Não estou nem dentro nem fora [sou infinito], mas sou Brahman não dual que a tudo permeia" (ŚAṄKARĀCĀRYA, 1992, sl. 493, p. 179).

330 "*This theory [Anātma Vāda* – a não existência de um 'eu'*] had been described previously in the Upaniṣads by the concept neti, neti – 'not this, not this'. Buddha refused to engage in metaphysical speculation which he considered to be useless intellectual sidetracking. His approach was practical [...]*" (TIGUNAIT, 1983, p. 29).

331 Tema aprofundado no Capítulo 3.

332 "*This ignorance is universal, and how it came into the world is a mystery which neither Buddha nor any other seer or philosopher attempts to explain*" (PRABHAVANANDA; MANCHESTER, 1964, p. 202).

> Da [1] Ignorância [*avidyā*] surgem os *Samkhāras*, dos [2] *Samkhāras* [*saṃskāras* ou impressões passadas, ação causal ou *karma*] surge a Consciência, da [3] Consciência [*vijñāna* ou consciência inicial] surgem Nome e Forma, de [4] Nome e Forma [*nāmarūpa*] surgem as seis Regiões (dos seis sentidos), das [5] seis Regiões [dos seis sentidos ou *ṣaḍāyatana*] surge o Contato, do [6] Contato [*sparśa*] surge a Sensação, da [7] Sensação [*vedanā*] surge a Sede (ou desejo), da [8] Sede [ou desejo – *tṛṣṇā*] surge o Apego, do [9] Apego [*upādāna*] surge a Existência [de um 'eu' ou vontade de vir a ser], da [10] Existência [de um 'eu' ou vontade de vir a ser – *bhāva*] surge o Nascimento, do [11] Nascimento [*jāti*] surgem [12] a Velhice e a Morte [*jarāmaraṇa*] [...][333] (MAHĀVĀGGA, I.i.2. *apud* PRABHAVANANDA; MANCHESTER, 1964, p. 202).

Dessa Roda da Existência e ação causal pode-se deduzir os princípios teosóficos de *karma* e renascimento (OLCOTT, 2019, p. 132-137), também encontrados nas verdades de Collins.

O Budismo, ao longo dos milênios, desenvolveu inúmeras subdivisões, dentre as quais as três principais são, em ordem cronológica, o Budismo Theravāda, também conhecido como Hināyāna ou "Pequeno Veículo"; o Budismo Mahāyāna ou "Grande Veículo"; e o Budismo Vajrayāna. O Budismo Theravāda (ou Hināyāna), restringiu-se mais à reclusão monástica, à santidade pessoal e aos ensinamentos do Buddha e desenvolveu-se mais no sul da Ásia, principalmente na Indonésia, Myanmar, Sri Lanka e Tailândia. O Budismo Mahāyāna ou Grande Veículo, mais flexível para se adaptar às várias culturas religiosas, enfatizou a sabedoria e a compaixão, incluindo o voto do Bodhisattva[334], que renuncia ao *nirvāṇa* até que os outros o alcancem. Desenvolveu-se mais a partir da Índia para o norte, principalmente no Tibete, Mongólia, China, Coreia e Japão (TIGUNAIT, 1983, p. 63). O Budismo Vajrayāna, ou Tântrico, que se desenvolveu mais no Nepal, Sikkim, Butão e Tibete, foi o que sofreu maior influência esotérica, incluindo o estado intermediário (*bardo*)

333 "*From ignorance spring the samkhāras, from the Samkhāras springs Consciousness, from Consciousness spring Name-and-Form, from Name-and-Form spring the six Provinces (of the six senses), from the six Provinces springs Contact, from Contact springs Sensation, from Sensation springs Thirst (or Desire), from Thirst springs Attachment, from Attachment springs Existence, from Existence springs Birth, from Birth spring Old Age and Death [...]*" (MAHĀVĀGGA, I.i.2 *apud* PRABHAVANANDA; MANCHESTER, 1964, p. 202).

334 O Voto de Bodhisattva consiste em prometer renunciar, "[...] desde o início de sua vida espiritual [...]" (PRABHAVANANDA; MANCHESTER, 1964, p. 215), à sua salvação ou bem-aventurança no *nirvāṇa* até que os outros também alcancem o *nirvāṇa*, como menciona *A Voz do Silêncio*: "'Por amor aos outros, abdico desta grande recompensa' – realiza a maior Renúncia. Ele é um Salvador do Mundo" (BLAVATSKY, 2011a, sl. 192-193, p. 180).

entre a morte e o novo nascimento regulado pelo *karma*[335] e, principalmente, tântrica (FEUERSTEIN, 2006, p. 228-235).

A correlação da Teosofia com a Filosofia do Yoga ainda será aprofundada, e é central nesta tese, mas as Filosofias da Índia já foram comentadas em resumo em relação aos seus pontos comuns. Para voltar a citar Prabhavananda, vê-se que ele resume esses pontos comuns dos seis *darśanas* ortodoxos, como segue com os itens ou pontos comuns que apresentam correlação entre as Filosofias da Índia e a Teosofia, também representada pelas três verdades de Collins, entre outros identificados entre colchetes:

> Deve ser enfaticamente declarado que todas as seis escolas acreditam na lei do *karma*, na preexistência, no renascimento [*saṁsāra* ou reencarnação], e na obtenção de *mokṣa* [Libertação] como o objetivo mais elevado do esforço humano. Todos eles estão preocupados com a natureza do verdadeiro Ser [*ātman* ou alma ou espírito imortal], experiência imediata [*samādhi*] que torna a pessoa livre[336] (PRABHAVANANDA; MANCHESTER, 1964, p. 225).

Por outro lado, como o Vedānta já foi considerado, talvez seja oportuno mencionar algo mais a respeito dos Tantras, que são considerados heterodoxos, e sobre o "véu esotérico" que intencionalmente cobre alguns de seus ensinamentos e pode dificultar a pesquisa para encontrar correlações explícitas com a Teosofia. Besant considera expressamente o valor dos Tantras, mas também considera seus pontos perigosos: "Os Tantras são úteis; seu valor é enorme e são instrutivos. As suas páginas contêm toda a ciência [ou sabedoria] oculta [...]" (BESANT, 1973, p. 16). Porém, ela também reconhece um dos principais motivos pelos quais eles têm má reputação: "[...] estudá-los sem instrutor é muito perigoso e acontece constantemente que pessoas, ao tentarem praticar sem guia os métodos tântricos, se tornam gravemente doentes. Eles granjeiam, pois, má reputação, tanto no Ocidente como na Índia" (BESANT, 1973, p. 16) Por tais motivos, é usual que os conhecimentos considerados perigosos sejam esotéricos ou secretos, ou cobertos por alguma parábola, alegoria ou véu, nas tradições iniciáticas ou como se enfatiza pelo comentário

---

335 Feuerstein destaca que "[...] esses bardos [ou estágios intermediários] são todos determinados pelas tendências *kármicas* da pessoa" (FEUERSTEIN, 2006, p. 235).

336 "*It should be emphatically stated that all six schools believe in the law of karma, in pre-existence, in rebirth, and in the attainment of mokṣa as the highest goal of human endeavour. All of them are concerned with the nature of the true Self, immediate experience of which makes one free*" (PRABHAVANANDA; MANCHESTER, 1964, p. 225).

de Besant: "É o que se chama 'um véu'; tem por fim impedir que o leitor se entregue a práticas perigosas" (BESANT, 1973, p. 17).

Um desses temas esotéricos considerados perigosos nos Tantras, e nos textos de Laya e Haṭha-Yoga, é o do despertar da energia criativa de *kuṇḍalinī* e sua passagem ascensional pelos *cakras*, como foi mencionado no capítulo 1 desta tese, e também é mencionado por Leadbeater. Em sua obra *Os Chakras*, uma das primeiras sobre o tema em língua inglesa e, também, na literatura Haṭha-Yoga. O autor menciona o *Garuḍa Purāṇa* (GARUḌA PURĀṆA, [1---?] XV: 72-87 *apud* LEADBEATER, 2020, p. 131) e comenta: "O objetivo dos iogues é despertar a parte adormecida de *kuṇḍalinī* e então causar a sua ascensão gradual pelo canal [*nāḍī*] *Suṣumṇā*" (GARUḌA PURĀṆA, [1---?] XV: 72-87 *apud* LEADBEATER, 2020, p. 130). Ele comenta sobre os três principais canais sutis chamados *nāḍīs*:

> No homem, *Iḍā* [o *nāḍī* ou canal lunar] começa da base da coluna exatamente à esquerda de *Suṣumṇā* [o *nāḍī* ou canal central e neutro], e *Piṅgalā* [o *nāḍī* ou canal solar] à direita (que fique entendido que é à direita do homem, não do espectador). Porém, numa mulher essas posições são invertidas (LEADBEATER, 2020, p. 50-51).

Blavatsky também manifesta interesse no tema e comenta: "*Iḍā* e *Piṅgalā* [na ordem inversa] funcionam em toda a extensão da parede curva da coluna [vertebral] em que se acha *Suṣumṇā*. São semimateriais, positivo e negativo, sol e lua e põe em ação a corrente livre espiritual de *Suṣumṇā*" (BLAVATSKY, 1980, v. 6, p. 182), como se pode ver na Figura 4.

Figura 4: Os *cakras* da Tradição Tântrica

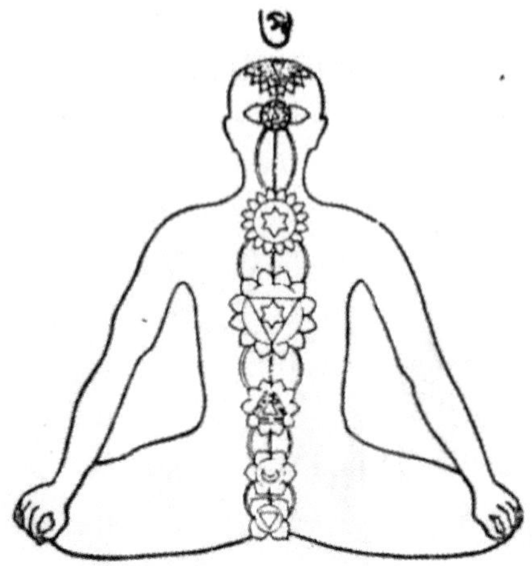

Fonte: HODSON, 1983, p. xxii

Hodson apresenta sua interpretação esotérica desses *nāḍīs* ou canais também comparados com serpentes:

> Antes que essa inversão do fluxo da energia criativa possa acontecer, as correntes positiva [*Piṅgalā*] e negativa [*Iḍā*] devem ser despertadas e elas mesmas, como [se fossem canais ou] serpentes gêmeas, devem fluir para cima, enroscando-se enquanto fluem para induzir uma subida da energia neutra que as acompanha. Ao entrar no cérebro esse tríplice poder ilumina então a mente do homem, que se torna semelhante a um deus (HODSON, 2007, p. 103).

À medida que vai ascendendo e despertando os *cakras*, diversos *siddhis* ou poderes psíquicos, como clariaudiência, clarividência e expansões de consciência e contatos com outras dimensões ou *lokas*, vão ocorrendo (LEADBEATER, 2020, p. 89-96).

Também, em *Cartas dos Mestres de Sabedoria*, obra compilada por C. Jinarajadasa, quarto Presidente Internacional da Sociedade Teosófica, que apresenta documentos de inspiração das origens desta Fundação ou das suas primeiras

Convenções, encontra-se menções do correspondente aspecto oriental da Teosofia [**antiga**] ou *Brahma-Vidyā*, numa das cartas do Mestre K. H.:

> Filhos da Índia, da antiga Āryāvarta – sejam filhos adotivos ou filhos de sangue – lembrem-se de que são teósofos e que a Teosofia ou *Brahma-Vidyā* é a mãe de cada religião antiga, mesmo que possa estar abandonada e repudiada agora pela maioria de seus filhos ingratos (JINARAJADASA, 2014a, p. 23).

Esta carta também menciona a já citada expressão *Brahma-Vidyā*, utilizada por Blavatsky[337] como sinônimo oriental milenar da *Θεοσοφία* (*Theosophia*), de origem grega, e que tem o mesmo significado literal em suas partes constituintes: Sabedoria Divina. Essa unidade original de todas as religiões está relacionada à hipótese de Blavatsky em seu aspecto **de teosofia** primordial (HARRIS, 2006, p. 636 – 640), como foi visto.

Dessa forma, pode-se mostrar que essas três verdades da Teosofia, apresentadas por Collins, também podem ser encontradas nas Filosofias da Índia, caracterizando algumas das principais fontes que a Teosofia herda da *Brahma-Vidyā*. Outras estão, principalmente, no Budismo Esotérico, como será visto em *A Doutrina Secreta.*

Além disso, essa seção pretende justificar por que o *Dicionário de Filosofia de Cambridge* apresenta uma definição da Teosofia [**tradicional**], em seu respectivo verbete, que abrange essas fontes do Ocidente e do Oriente:

> Qualquer misticismo filosófico, especialmente as formas que pretendem ter bases matemáticas ou científicas como o Pitagorismo, o Neoplatonismo e o Gnosticismo. Também o Hinduísmo védico e certos aspectos do Budismo, do Taoísmo e do Sufismo islâmico podem ser considerados teosóficos (AUDI, 2011, p. 941).

Esse aspecto da Teosofia que tem base matemática e científica, bem como o já citado aspecto de busca direta da verdade por meio do Êxtase (*Samādhi*), que

---

337 A citação de Blavatsky em questão afirmava, em *A Chave para a Teosofia*, obra publicada originalmente em 1889, que: "Teosofia é Ciência ou Conhecimento Divinos [...] 'Sabedoria Divina', *Θεοσοφία* (*Theosophia*) ou Sabedoria dos deuses. [...] Teosofia é o equivalente a *Brahma-Vidyā*, conhecimento divino" (BLAVASTY, 1991a, p. 15-16).

é técnica central do Rāja-Yoga de Patañjali, leva à hipótese da Religião Científica, tema central da próxima seção.

2.3 SOCIEDADE TEOSÓFICA, VIVEKANANDA, E A HIPÓTESE DA RELIGIÃO CIENTÍFICA

Parece oportuno, inicialmente, considerar como o Yoga e o Budismo chegaram ao Ocidente desde suas fontes orientais e em que medida a Sociedade Teosófica participou desse processo, seu contexto histórico e sua colaboração na organização do Parlamento Mundial das Religiões. Com certeza, a publicação do *Catecismo Budista*, pelo Cel. Olcott, em 1881, foi um fato sem precedentes, o qual contribuiu nessa direção, além de ter participado do processo de revivescência do Budismo, no Ceilão (atualmente Sri Lanka), e da introdução explícita da questão da reencarnação na literatura teosófica contemporânea (OLCOTT, 2019, p. 9-10). Os escritos de Blavatsky sobre Yoga e Budismo e sua difusão pela Sociedade Teosófica contribuíram significativamente para tal processo de apropriação, mas foi somente após sua morte, em 1891, que ocorreu um evento histórico indicativo desse florescimento: o Parlamento Mundial das Religiões, em Chicago, em 1893. Cranston menciona que Blavatsky, que tanto havia lutado pela conciliação das religiões do Oriente e do Ocidente, "[...] teria ficado feliz de ver o encontro" (CRANSTON, 1997, p. 465). O evento ocorreu "[...] em conjunção com a *World's Columbian Exposition*, em Chicago, para celebrar o quarto centenário do descobrimento da América por Cristóvão Colombo" [338] (HARRIS, 2006, p. 480).

A Sociedade Teosófica, depois de alguma resistência, recebeu, do próprio Presidente da organização do Parlamento Mundial das Religiões, Dr. John Henry Barrows, a responsabilidade pela organização de uma seção do Congresso. O Prof. R. B. G. N. Chakravarti, representando o Hinduísmo, e Kinza Hirai e Anagarika Dharmapala, representando o Budismo, foram representantes da Sociedade Teosófica. Entre outros, estavam W. Q. Judge, Vice-Presidente Internacional da Sociedade Teosófica, e J. D. Buck, ambos dos Estados Unidos. Outra oradora

338 "*[...] in conjunction with the World's Columbian Exposition in Chicago to celebrate the fourth centenary of the discovery of America by Christopher Columbus*" (HARRIS, 2006, p. 480).

teosófica foi Annie Besant, da Inglaterra, que abordou o tema do *karma* e do renascimento, e Isabel Cooper-Oakley (CRANSTON, 1997, p. 466-467).

Naquela seção, a Sociedade Teosófica providenciou, com seus esforços, que realmente todas as religiões representadas pudessem se expressar, inclusive os oradores orientais presentes. Esforços anteriores também haviam sido feitos por Blavatsky, como é lembrado em sua biografia:

> Isto parece algo muito diferente da visão prevalecente no Ocidente dezoito anos antes, quando HPB [Helena P. Blavatsky] começou seu trabalho público para desfazer a noção de que os asiáticos eram selvagens ignorantes e suas religiões apenas um amontoado de crenças supersticiosas (CRANSTON, 1997, p. 468).

O fato histórico é que foi somente nesse Parlamento Mundial das Religiões, que um *yogi* ou monge indiano falou pela primeira vez nas Américas, na pessoa de Swami Vivekananda (1863-1903)[339], a quem o jornal *The Critic* se referiu como "[...] a figura mais impressionante do Parlamento" (CRANSTON, 1997, p. 468). Entretanto, ainda que Vivekananda não tenha se filiado formalmente à Sociedade Teosófica[340], suas declarações naquele evento evidenciaram elos de afinidade, dados os ideais comuns de universalidade e ecletismo quanto às religiões. Ele elogiou o discurso de Chakravarti, representante da Sociedade Teosófica, como sendo ainda melhor que o de Mazoomdar, seu próprio amigo e líder dos teístas[341]: "Mazoomdar fez um belo discurso – Chakravarti outro ainda melhor, e eles foram muito aplaudidos"[342] (TATTWAVIDANANDA, 2015, v. 1, p. 416).

---

339 Swami Vivekananda (Narendranath Datta) (nasceu em 12 de janeiro de 1863, Calcutá, Índia, faleceu em 04 de julho de 1902, Calcutá, Índia) foi um filósofo, escritor, conferencista, reformador e líder espiritual hindu. Foi fundador da Ramakrishna Mission, tendo sido considerado o principal discípulo de Ramakrishna Paramahamsa. Por meio de sua influência, Vivekananda teria experimentado *Nirvikalpa Samādhi* ou realização da sua identidade com Brahman, como será visto (TATTWAVIDANANDA, 2015, v. 1, p. 179).

340 Talvez porque ele, entre outras questões, divergisse de alguns membros da Sociedade Teosófica quanto aos métodos de reforma para a Índia (BODHASARANADA, 2008, v. 2, p. 200).

341 Uma vez que, em 1893, o Parlamento Mundial das Religiões, em Chicago, teve representantes das mais diversas religiões e crenças do mundo, parece natural que algumas se agrupassem, por seus pontos de crença comum, como foi o caso de certas crenças teístas (Brahmo Samaj) da Índia que Mazoomdar representava.

342 "*Mazoomar made a nice speech – Chakravarti a nicer one, and they were much applauded*" (TATTWAVIDANANDA, 2015, v. 1, p. 416) e "*Mazzomar [was] leader of the Theists [Brahmo Samaj] in India*" (TATTWAVIDANANDA, 2015, v. 1, p. 416).

Vivekananda, que teria experimentado *Nirvikalpa Samādhi*, isto é, sua realização em Brahman (TATTWAVIDANANDA, 2015, v.1, p. 179), defendia a importância da percepção direta na esfera da religiosidade. A defesa dessa percepção direta é o que aqui se denomina como ideal ou hipótese da Religião Científica, uma possível resposta ao materialismo do final do século XIX, que Vivekananda bem conhecera em sua formação acadêmica (TATTWAVIDANANDA, 2015, v. 1, p. 46-47).

Swami Vivekananda afirma que a religião não deveria ser baseada apenas na revelação ou na crença na "experiência de tempos antigos". Ele afirma que "[...] nenhum homem pode ser religioso até que ele tenha as mesmas percepções por si mesmo. O Yoga é a ciência que nos ensina como obter essas percepções"[343] (VIVEKANANDA, 1982, p. 4). Ele sustenta, reiteradamente, que o Yoga é "Ciência": "Por milhares de anos, tais fenômenos têm sido estudados, investigados e generalizados, todo o território das faculdades religiosas do homem tem sido analisado, e o resultado prático é a ciência do Rāja-Yoga"[344] (VIVEKANANDA, 1982, p. ix-x).

Segundo esse ponto de vista, Vivekananda sustenta que o Rāja-Yoga é uma Ciência com seu método, isto é, uma espécie de "Religião Científica" cujo objetivo é investigar as grandes questões existenciais, tradicionalmente tratadas pelas tradições clássicas religioso-filosóficas, que, dessa forma, não se basearíam apenas em crenças que não pudessem ser diretamente investigadas. Ele também questionava: "Que direito tem um homem de dizer que tem uma alma se ele não a sente, ou que existe um Deus se não pode vê-Lo? Se existe um Deus, nós temos de vê-Lo, se existe uma alma, nós temos de percebê-la [...]"[345] (VIVEKANANDA, 1982, p. 4). Portanto, Vivekanada enfatiza a necessidade de verificar a verdade, mas não parece estar comparando o Rāja-Yoga a uma ciência positivista, senão talvez por analogia com sua ênfase à verificabilidade, porém, antes, compara o Rāja-Yoga a uma Ciência ou sabedoria de autoconhecimento, como se encontra na milenar expressão sânscrita *Ātma-Vidyā*, "conhecimento da alma"[346] (MONIER-WILLIAMS, 1995, p. 963) ou Ciência do Ser. A hipótese da Religião Científica refere-se mais especificamente ao Rāja-Yoga, como declara: "Rāja-Yoga é a ciência da religião, a racionalidade de todo

343 "*[...] the experience of ancient times, but that no man can be religious until he has the same perceptions himself. Yoga is the science which teaches us how to get these perceptions*" (VIVEKANANDA, 1982, p. 4).

344 "*For thousands of years such phenomena have been studied, investigated, and generalised, the whole ground of the religious faculties of man has been analysed, and the practical result is the science of Rāja-Yoga*" (VIVEKANANDA, 1982, p. ix-x).

345 "*What right has a man to say he has a soul if he does not feel it, or that there is a God if he does not see Him? If there is a God, we must see Him, if there is a soul, we must perceive it*" (VIVEKANANDA, 1982, p. 4).

346 "*[...] knowledge of the soul [...]*" (MONIER-WILLIAMS, 1995, p. 963).

culto, de todas as orações, formas, cerimônias e milagres"[347] (VIVEKANANDA, 1982, p. 61). O mesmo é, posteriormente, sustentado por Taimni (1996) quando denomina seu comentário sobre o *Yoga-Sūtra* de *A Ciência do Yoga*, e refere-se ao Yoga como a "Ciência das ciências [que] é demasiadamente abrangente em sua natureza e muito profunda em suas doutrinas, para enquadrar-se em qualquer filosofia, seja antiga ou moderna" (TAIMNI, 1996, p. 10).

Considerando a antiguidade do Rāja-Yoga, a ideia de uma Religião Científica, isto é, que permitisse a percepção direta das questões existenciais, não é realmente nova. As circunstâncias que envolviam o século XIX e seu materialismo científico talvez fossem sem precedentes e parecem ter criado essa demanda por [**evidências ou**] marcas corroborativas. Tal demanda, enquanto uma reação da época, parece ter despertado o interesse por fenômenos psíquicos em círculos religiosos e filosóficos. Notoriamente, no século XIX, havia uma forte influência do empirismo, principalmente através do positivismo de Augusto Comte (1798-1857), influência tão forte que adentrou o século XX, como menciona o *Dicionário de Filosofia de Cambridge*:

> A força impulsora do positivismo pode ter sido a adesão ao critério de verificabilidade para a significatividade de proposições cognitivas. A aceitação desse princípio levou os positivistas a rejeitar como problemáticas muitas afirmações de religião, moral e o tipo de filosofia que descreviam como metafísica (AUDI, 2011, p. 736).

Pode-se citar como exemplo extremo dessa tendência ao materialismo científico do século XIX, bem como ao reducionismo do positivismo (AUDI, 2011, p. 737), a afirmação do diretor do Departamento de Física da *Harvard University* (Universidade de Harvard), em 1893, que considerava ter sido alcançado o ápice do conhecimento da Física e desencorajava o seu estudo aprofundado, "[...] pois só bem poucos problemas pareciam sem solução"[348] (ZUKAV, 1980 *apud* CRANSTON, 1997, p. 471). Outro eminente cientista da época afirmava que "[...] era muito provável que as grandes descobertas no campo da Física já tivessem sido feitas" (ZUKAV, 1980 *apud* CRANSTON, 1997, p. 471). Ele chegou a afirmar, com certa tristeza, que "O físico do futuro [...] nada terá a fazer senão repetir e

---

347 *"Rāja-Yoga is the science of religion, the rationale of all worship, all prayers, forms, ceremonies, and miracles"* (VIVEKANANDA, 1982, p. 61).

348 *"The chairman of the physics department at Harvard discouraged graduate study because so few important matters remained unsolved"* (ZUKAV, 1980 *apud* CRANSTON, 1994, p. 471).

refinar as experiências do passado, acrescentando mais uma ou duas decimais a algum peso atômico ou constante da natureza" (CRANSTON, 1997, p. 471). Parece uma ironia do destino o que aconteceu em 1897, apenas quatro anos depois.

Com efeito, em 1897, como registra a *New Encyclopaedia Britannica*, deu-se a descoberta do elétron, pelo britânico Joseph John Thomson (1856-1940), que ganhou o prêmio Nobel de Física, em 1906, por tal descoberta **(YESHUA, 2003, v. 11, p. 720)**. Deve-se destacar que Blavatsky, no usufruto de seus assim chamados *siddhis* ou "poderes psíquicos", dá indícios de ter antecipado esse e outros desenvolvimentos da ciência moderna, o que pode ajudar a entender a relação entre a ideia de Religião Científica e aquilo que se denomina de Ciência ou sabedoria oculta[349]. Blavatsky apresenta, assim, importantes indícios de ter sido uma renomada clarividente, provavelmente entre os maiores do século XIX, quando antecipou em nove anos e descreveu sua visão, afirmando, em *A Doutrina Secreta* (1888), que: "[...] até o ano 1897 dar-se-á um rasgão no véu da Natureza, e a ciência materialista receberá um golpe mortal [...]" (BLAVATSKY, 1980, v. 2, p. 324). Ela não apenas apresenta a data, mas detalha, inclusive, o experimento do qual surgiria a descoberta: "[...] no dia em que a descoberta da matéria radiante do Sr. Crookes conduzir a um estudo mais completo sobre a verdadeira origem da luz, revolucionando todas as teorias atuais" (BLAVATSKY, 1980, v. 2, p. 333).

J. J. Thomsom fez a descoberta do elétron demonstrando a divisibilidade do átomo, a partir dos estudos das descargas elétricas em alto vácuo no tubo de Crookes, para grande surpresa do materialismo científico da época. Essa revolucionária descoberta abriu portas para todo um universo de pesquisa no reino das partículas subatômicas, culminando, posteriormente, na Física Quântica. Talvez seja relevante mencionar que William Crookes (1832-1919), famoso químico inglês, era interessado em fenômenos psíquicos. Ele e Leadbeater filiaram-se à Loja de Londres, da Sociedade Teosófica, na mesma noite, em 20 de novembro de 1883 (HARRIS, 2006, p. 179). Outro conhecido cientista muito interessado em fenômenos psíquicos, Thomas Alva Edison (1847-1931), inventor da lâmpada elétrica, também se filiou à Sociedade Teosófica, na seção dos Estados Unidos, em 1878 (HARRIS, 2006, p. 206).

Como se afirmou acima, a hipótese da Religião Científica não é totalmente nova, embora no contexto ocidental ela tenha parecido uma novidade a partir do brilhante discurso de Vivekananda no Parlamento Mundial das Religiões. Sua conexão com a chamada Ciência ou sabedoria oculta, mostraria, ao invés, a possibilidade

---

349 A definição de "Ciência [ou sabedoria] Oculta" será detalhada mais adiante, neste subcapítulo.

de sua preexistência na própria tradição ocidental. A *Doutrina Secreta* (1888), descrevendo o método da Ciência ou sabedoria oculta de Blavatsky, relata:

> *A Doutrina Secreta* é a Sabedoria acumulada dos séculos, e sua cosmogonia, por si só, é o mais prodigioso dos sistemas [...] Mas tal é o poder misterioso do simbolismo oculto que os fatos, que ocuparam a atenção de gerações inumeráveis de videntes e profetas iniciados, para os coordenar, classificar e explicar, durante as assombrosas séries do progresso evolutivo, estão todos registrados em algumas poucas páginas de signos geométricos e de símbolos. [...] anais ininterruptos de milhares de gerações de videntes, cujas experiências cuidadosas têm concorrido para testar e verificar as tradições, transmitidas oralmente [...][350] (BLAVATSKY, 1980, v. 1, p. 272).

Haveria, portanto, na Teosofia ou "Religião-Sabedoria", como Blavatsky frequentemente a denomina ou traduz, um método de verificação, que era transmitido oralmente, ou seja, de boca a ouvido, de mestre a discípulo. Nesse mesmo espírito, essa Religião-Sabedoria também pode ser denominada de "Tradição-Sabedoria", uma vez que Blavatsky afirma se ter apoiado em uma "tradição universal" (BLAVATSKY, 1980, v. 3, p. 390) que se estenderia inclusive à existência de antigos continentes submersos, como a Lemúria e a Atlântida, essa última corroborada por Platão (PLATO, 1984, § 108 e, p. 479 *et seq.*). Essa Tradição-Sabedoria seria tomada como hipótese pela nova geração para ser devidamente testada, experimentada e comprovada. Blavatsky, na sequência, descreve tal método, que aponta para a hipótese da Religião Científica ou ao conceito mais antigo de Ciência ou sabedoria oculta (*Gupta-Vidyā*), que ela afirma ser abrangida por *Ātma-Vidyā* ou Ciência do Ser (BLAVATSKY, 2011b, p. 166), e detalha como procediam os videntes e profetas iniciados:

> Examinando, testando e verificando, em cada um dos departamentos da Natureza, as tradições antigas, por meio de visões independentes dos grandes Adeptos, isto é, dos homens que desenvolveram e aperfeiçoaram, no mais

350 "*The Secret Doctrine is the accumulated Wisdom of the Ages, and its cosmogony alone is the most stupendous and elaborate system [...] But such is the mysterious power of Occult symbolism that the facts which have actually occupied countless generations of initiated seers and prophets to marshal, to set down and explain, in the bewildering series of evolutionary progress, are all recorded on a few pages of geometrical signs and glyphs. [...] That is the uninterrupted record covering thousands of generations of Seers whose respective experiences were made test and to verify the traditions passed orally [...]*" (BLAVATSKY, 1978, v. 1, p. 272).

> alto grau possível, seus organismos físico, mental, psíquico e espiritual. O que um Adepto via só era aceito depois de confrontado e comprovado com as visões de outros Adeptos, obtidas em condições tais que lhes conferissem um [indício] independente – e por séculos de experiências[351] (BLAVATSKY, 1978, v. 1, p. 273)

Blavatsky descreve, neste trecho, algo como um método de investigação que faz uso de poderes psíquicos. A esse método ela chamava de "ciência [ou sabedoria] oculta" ou "ocultismo prático", que ela considerava de essencial importância e que deveria ser distinguida do aspecto teórico da Teosofia: "A diferença essencial entre Ocultismo teórico e prático; ou o que é geralmente conhecido como Teosofia, de um lado, e Ciência [ou sabedoria] Oculta, do outro" (BLAVATSKY, 2011b, p. 108). Dessa forma, a hipótese da Religião Científica permitiria a verificação, por meio do uso dos poderes psíquicos submetidos ao método descrito por Blavatsky, de que as Leis do *Karma*, da Reencarnação e da Evolução são realmente Leis da Natureza. Poder-se-ia submeter à verificação direta, por exemplo, se a questão da reencarnação de um ser humano poderia ser involutiva, isto é, assumir, numa reencarnação futura, um corpo físico vegetal ou animal, ou se tal reencarnação teria de ser, necessariamente, evolutiva ou, pelo menos, irreversível, assumindo sempre um corpo humano. Nesse caso, a reencarnação deixaria de ser uma questão metafísica especulativa, ou mesmo uma questão apoiada em crenças ou, até, em superstições eventualmente agregadas a uma religião. Poderia então vir a ser uma questão passível de verificação direta, como sugere a denominação da hipótese da Religião Científica. Sobre a distinção entre a ciência moderna e a Ciência ou sabedoria chamada "oculta", bem como seus respectivos métodos, Besant afirma: "Mas qual a diferença entre os métodos? Nenhuma diferença na observação, nenhuma diferença no esforço, nenhuma diferença no raciocínio sobre a observação feita. Uma diferença de aparelhos [instrumentos] – eis tudo" (BESANT, 2001, p. 75). Ou seja, Besant menciona que a ciência moderna se utiliza de instrumentos de "[...] vidro ou metal, [papel tornassol e] líquidos corados" (BESANT, 2001, p. 75). Por outro lado, considera que o pesquisador iniciado na Ciência Oculta emprega poderes psíquicos (*siddhis*), chamados atualmente pela parapsicologia de "poderes

351 *"[...] by checking, testing, and verifying in every department pf nature the traditions of old by the independent visions of great adepts; i.e., men who have developed and perfected their physical, mental, psychic, and spiritual organisations to the utmost possible degree. No vision of one adept was accepted till it was checked and confirmed by the visions – so obtained to stand as independent evidence – of other adepts, and by centuries of experience"* (BLAVATSKY, 1978, v. 1, p. 273).

paranormais" ou "percepção extrassensorial", e utiliza esses poderes como se fossem seus instrumentos, o que, na verdade, implica um método significativamente distinto pela expansão dos sentidos. Ela assim afirma: "Arranjamos nossos aparelhos [instrumentos] desenvolvendo em nós um sentido que está em evolução natural, e nós desenvolvêmo-lo um pouco mais rapidamente do que a Natureza o pode fazer sem auxílio" (BESANT, 2001, p. 75).

Entretanto, talvez tenha sido somente Leadbeater quem, ainda no início do século passado, em 1913, tenha ousado explicitamente utilizar a expressão "Religião Científica", que ele descreve como um ideal a ser plenamente atingido no futuro: "É uma religião inteiramente científica, de sorte que, embora a religião e a ciência permaneçam ainda como instituições separadas, não se acham mais em oposição, como outrora" (BESANT; LEADBEATER, 1993, p. 336). Olcott também usa a expressão "Religião Científica"[352] numa pergunta, ainda em 1881, em sua obra *The Buddhist Catechism* (*Catecismo Budista*), mas não a responde diretamente, parecendo considerá-la apenas como uma religião que não está em contradição com a ciência moderna (OLCOTT, 2006, p. 91). Portanto, nesta tese, como nenhum dos seis autores mencionados que explicitam ou apenas sugerem a necessidade de uma Religião Científica chegam a defini-la, se adota provisoriamente, como hipótese de trabalho, uma definição convergente com suas ideias: o ideal de uma religião que não está em contradição com a ciência moderna, mas que busca a experiência direta da verdade e que pode sugerir caminhos de aproximação entre religião e ciência, apoiados por marcas corroborativas.

Além disso, Leadbeater considera importante salientar, em relação à ciência moderna aberta e à Ciência ou sabedoria oculta ou secreta, o porquê de alguns conhecimentos serem considerados ocultos, secretos ou esotéricos em relação a outros que são exotéricos ou apresentados ao público em geral. Ele classifica quatro tipos principais de conhecimentos que devem permanecer ocultos ou esotéricos: "1. Os que são perigosos. 2. Os que poderiam ser usados com o objetivo de fazer o mal. 3. Os que são incompreensíveis. 4. Os que poderiam provocar irreverência" (LEADBEATER, 2019a, p. 230).

Pode-se agregar que Blavatsky alertava sobre a "responsabilidade *kármica*"[353] que incide sobre os mestres recém-iniciados nessa Ciência ou sabedoria oculta, quer sejam os seus pecados de omissão ou comissão: "Desde o momento em que

---

352 "*[...] scientific religion [...]*" (OLCOTT, 2006, p. 91).

353 Esse tema da responsabilidade *kármica* é desenvolvido também por Taimni.

começam realmente a ensinar, a partir do momento em que conferem qualquer poder – seja psíquico, mental ou físico – aos seus discípulos, assumem para si próprios todos os pecados daquele discípulo" (BLAVATSKY, 2011b, p. 111). Essa responsabilidade *kármica* continua até que o discípulo, tornando-se um Mestre, passe a ser plenamente responsável por si mesmo no que tange à Ciência ou sabedoria oculta.

Dessa forma, embora essa responsabilidade se aplique a todos os quatro tipos de conhecimentos que devem permanecer secretos, talvez o primeiro deles, "Conhecimentos que são perigosos [...]", seja o mais evidente. Sobre este primeiro tipo de conhecimento, Leadbeater comenta:

> Uma grande quantidade de conhecimento [os que são perigosos] enquadra-se nesta categoria, pois existem forças na Natureza que só podem ser manejadas com segurança por homens que passaram por um longo curso de cuidadoso preparo. Ninguém largaria dinamite nas mãos de uma criança; contudo isso seria um assunto trivial comparado à responsabilidade de colocar o conhecimento das grandes forças ocultas em mãos destreinadas ou indignas (LEADBEATER, 2019a, p. 230).

Talvez um exemplo contemporâneo que envolve eminentes cientistas possa ser ilustrativo desses "conhecimentos perigosos", bem mais perigosos do que "dinamite nas mãos de crianças". Trata-se dos acidentes históricos referentes ao "Núcleo Demônio", nome popular, nos Estados Unidos, atribuído à "[...] terceira bomba atômica do Japão [que] matou sem nunca explodir" (MARTON, 2019, p. 1). Essa bomba nuclear era constituída de "[...] duas semiesferas e um anel de plutônio [...]" (MARTON, 2019, p. 1) e parecia destinada a ser lançada sobre Tóquio, no Japão. Apesar dessa bomba nuclear nunca ter sido lançada, devido ao tratado de paz sabiamente assinado antes, ela chegou a causar a morte de pelo menos dois cientistas e, provavelmente, de mais três pessoas. Tendo a II Guerra Mundial chegado, na prática, ao seu final, com o anúncio da rendição japonesa em 15 de agosto de 1945 (a rendição formal só foi finalmente assinada em 2 de setembro de 1945), o núcleo foi levado ao Laboratório de Los Álamos, Novo México, nos Estados Unidos, para mais pesquisas. Em 21 de agosto, o cientista Harry Daghlian fez um teste para colocar blocos de carbeto de tungstênio ao redor do núcleo, de modo a poder refletir os nêutrons, buscando obter uma reação nuclear com menos material radioativo. Apesar de seus cuidados, o cientista "[...] foi adicionando bloco a bloco até o último, quando o medidor revelou que isso poderia levar o núcleo a um estado supercrítico [...] E, ao puxar o tijolo na pressa, esse escorregou da sua mão, caindo direto no núcleo, que entrou em estado crítico imediato" (MARTON, 2019, p. 2-3). Teve, então, necessidade de desmontar toda a pilha e ficou exposto a uma radiação excessiva[354]: "Com as mãos queimadas, por 25 dias ele agonizaria de síndrome de radiação aguda, que basicamente faz uma pessoa se decompor em vida [até a morte]" (MARTON, 2019, p. 3).

Poder-se-ia pensar que tal tragédia fosse um exemplo e alerta suficientes, mas parece que pouco se aprendeu com a experiência. Destino semelhante ao de Harry Daghlian teve outro cientista, Louis Slotin, que faria um teste similar, no mesmo núcleo, em 21 de maio de 1946. Dessa vez, porém, usando duas semiesferas de berílio para refletir os nêutrons. Foi descuidado, contrariando as regras de segurança, afastando-as apenas com uma chave de fenda que manuseava com a mão esquerda, mas que acabou caindo: "Já havia feito a brincadeira diante de várias plateias de cientistas, desafiando seu medo. Isso havia levado Enrico Fermi, um dos principais cientistas do Projeto Manhattan, a prever que [Slotin] estaria morto em um ano" (MARTON, 2019, p. 3). Outro eminente cientista, do mesmo Projeto Manhattan, em que os Aliados construíram as primeiras bombas atômicas, na II Guerra Mundial, era Richard Feynman, que considerava que Slotin estava a "[...] fazer cócegas [*na cauda*] de um dragão dormindo" (MARTON, 2019, p. 4). É no mínimo estranho considerar como um cientista qualificado poderia ter feito tais brincadeiras com experimentos nucleares. Enfim, o que era previsível, de fato aconteceu: "[...] o dragão acordou quando a chave escorregou para fora do espaço entre as semiesferas refletoras. Ao se tocarem, um clarão azul visível foi provocado" (MARTON, 2019, p. 5). Slotin ainda lutou de modo a parar a reação, pondo de volta a chave de fenda para separar as semiesferas e jogar para o chão a parte de cima, mas já havia recebido radiação excessiva, pela qual agonizou por nove dias até a morte. Pelo menos mais três testemunhas[355] parecem ter sua *causa mortis* originada na radiação desses experimentos com o Núcleo Demônio (MARTON, 2019, p. 5). Nem se teria espaço para considerar aqui toda a tragédia e agonia das centenas de milhares de pessoas que foram feridas

354 Quarenta e cinco vezes maior que a recebida, em média, pelos liquidadores de Chernobyl (MARTON, 2019, p. 3).

355 É provável que a morte por leucemia, em 1978, do soldado Robert J. Hemmerly, única testemunha do experimento de Daghlian, tenha ocorrido por efeito posterior do mesmo excesso de radiação, ainda que ele estivesse mais longe do núcleo do que Daghlian. Similarmente, o mesmo raciocínio parece aplicar-se a outras testemunhas do experimento de Slotin, como o físico Marion Edward Cieslicki, que morreu de leucemia, em 1965, bem como ao fotógrafo David Smith Young, que morreu de anemia aplástica, em 1975 – doenças que podem ser causadas por excesso de radiação (MARTON, 2019, p. 5).

ou mortas pelas bombas que explodiram em Hiroshima (apelidada de "*Little Boy*" ou "Menininho"), em 6 de agosto de 1945, e em Nagasaki (apelidada de "*Fat Man*" ou "Homem Gordo"), em 9 de agosto de 1945.

Esses exemplos são suficientemente trágicos e lamentáveis para mostrar que conhecimentos perigosos não podem ser, irresponsável e impunemente, oferecidos a pessoas "destreinadas ou indignas", por mais brilhantes que possam parecer ou por mais educação formal que tenham recebido. Por tais motivos, a ética esotérica das antigas Escolas de Mistérios não democratizava o conhecimento. O mesmo ocorre nas diversas tradições iniciáticas e, assim, os Mahatmas adotam e preservam essa mesma ética. Nas suas cartas, o Mahatma, a respeito de certos conhecimentos esotéricos, chega a mencionar: "[...] confesso, muita coisa foi colocada propositalmente de modo obscuro [...]" (BARKER, 2001, v. 2., p. 283). Como afirma Leadbeater: "Quando o segredo é mantido, sempre o é no interesse da humanidade" (LEADBEATER, 2019a, p. 230).

Leadbeater assim complementa seu comentário sobre os conhecimentos perigosos: "As pessoas que aprenderam um pequeno fragmento de conhecimento interno com relação ao fogo serpentino [ou *kuṇḍalinī*], ou mesmo alguns exercícios respiratórios elementares, frequentemente conseguem arruinar sua saúde ou sanidade mental" (LEADBEATER, 2019a, p. 230). Dessa forma, ele conclui que, para a maioria dos seres humanos, este seria um daqueles casos nos quais não ter tais conhecimentos poderia ser mais favorável, pois aquele "[...] que se mantiver fora disso está razoavelmente protegido de seus perigos" (LEADBEATER, 2019a, p. 230). Por tais motivos, é comum que os conhecimentos considerados perigosos sejam esotéricos ou secretos, ou cobertos por alguma parábola, alegoria ou véu nas tradições iniciáticas, como se vê no comentário de Besant: "É o que se chama 'um véu'; tem por fim impedir que o leitor se entregue a práticas perigosas" (BESANT, 1973, p. 17).

Parece oportuno ressaltar que foi com a mesma intenção de preservar o conhecimento esotérico, para que não caísse em mãos "destreinadas ou indignas", que a disciplina das antigas Religiões ou Escolas de Mistérios incluía o voto de sigilo perpétuo, como já mencionado. Nessas Religiões ou Escolas de Mistérios, bem como no Tantra, o Êxtase era usado como meio de conhecimento, como também, como é descrito adiante, é o caso do Rāja-Yoga.

Os outros três motivos para que certos conhecimentos devam permanecer ocultos ou esotéricos, segundo Leadbeater, além do primeiro, que trata dos conhecimentos perigosos, são: "(2) Os que poderiam ser usados com o objetivo de fazer o mal, (3) os que são incompreensíveis, e (4) os que poderiam provocar irreverência"

(LEADBEATER, 2019a, p. 230). O motivo (2) se alinha, essencialmente, ao primeiro, variando talvez em grau de periculosidade. O motivo (3), por sua vez, refere-se a um tipo de conhecimento referente a estados de consciência que são intrinsecamente de natureza incomunicável, inefável ou incompreensível para o homem comum, pois geralmente dependem de faculdades de percepção ou experiência direta em outras dimensões de tempo e espaço: "Todas as tentativas de descrevê-lo para alguém que não tenha passado pela experiência são infrutíferas" (LEADBEATER, 2019a, p. 233). Portanto, pode-se deduzir que seja somente para o motivo (4) que se possa encontrar maior variabilidade nas condições. **Assim, aqui se encontra a clássica admonição de que não se devem dar pérolas de sabedoria aos profanos, nem ser irreverente ou conivente com a profanação do que é santo. Leadbeater exemplifica com o caso de Galileu Galilei (1564-1642), mostrando como ainda é viva a questão de se revelar mais conhecimentos do que uma época está em condições de compreender: "[...] a Igreja obrigou-o a retratar-se de declarações que ele sabia perfeitamente bem serem verdadeiras"** (LEADBEATER, 2019a, p. 234). Entretanto, o caso de Giordano Bruno (1548-1600), por motivo semelhante, depois de sete anos de prisão e julgamentos, até ser queimado vivo na fogueira da assim chamada Santa Inquisição, foi ainda mais indicativo de obscurantismo e crueldade e, reconhecidamente, tornou-se uma espécie de mártir da Liberdade de Pensamento **(YESHUA, 2003,** v. 2, p. 580-581) e ilustração eloquente dos riscos da pesquisa científica em tempos adversos. Os Mahatmas consideravam a ciência moderna como sua "melhor aliada"[356] (BARKER, 1993, p. 168), como considerei e é aprofundado adiante, para vencer as impurezas, o obscurantismo e as superstições que vão sendo agregadas ao ensinamento original do instrutor e produzem o progressivo declínio das religiões (LINDEMANN, 2012, p. 337) que eles buscavam regenerar.

Leadbeater comenta sobre a mobilidade da linha que separa a ciência moderna, oficial ou aberta, da Ciência ou sabedoria oculta (*Gupta-Vidyā*)[357], secreta ou esotérica: "Mas exoterismo e esoterismo – o aberto e o secreto – são apenas duas partes de um grande conjunto [de conhecimento] que vagarosamente está se revelando à medida que a humanidade progride. Consequentemente, a linha que os divide é uma linha móvel [...]" (LEADBEATER, 2019a, p. 235). A partir desse pano de fundo, pode-se examinar o porquê de determinada doutrina ser considerada secreta

356 "*Modern Science is our best ally*" (BARKER, 1993, p. 168).

357 A *Gupta-Vidyā* é traduzida por Blavatsky como "Conhecimento Secreto" (BLAVATSKY, 2011b, p. 160).

em uma época ou cultura, mas passível de ser gradualmente revelada ou deixar de ser secreta em outra época ou cultura.

2.4 *A DOUTRINA SECRETA*, AS CARTAS DOS MAHATMAS E O RĀJA-YOGA

Diante da explicação acima do porquê, em certa época ou cultura, determinada doutrina ser prudentemente considerada secreta, ainda que possa ser gradualmente revelada na medida em que mudem as circunstâncias, talvez se possa melhor apreciar o título da obra magna de Blavatsky e, posteriormente, sua relação com o Rāja--Yoga. Em 1888, ela publicou *A Doutrina Secreta*, que se baseia no *Livro de Dzyan*, que ela assim define: "Este livro, cujo nome deriva da palavra sânscrita *dhyān* (meditação mística), e o primeiro volume dos Comentários sobre as sete folhas secretas do *Kiu-te*, um glossário das obras públicas de mesmo nome" (BLAVATSKY, 1991b, p. 322). Portanto, o *Livro de Dzyan* consiste em comentários relacionados ao Budismo esotérico tibetano[358] dos livros de *Kiu-Te* [359] (BLAVATSKY, 1991b, p. 322). Humildemente, porém, ela jamais se considerou a autora de *A Doutrina Secreta*, reafirmando as palavras de Montaigne: "Senhores, eu fiz apenas um ramalhete de flores escolhidas: nele nada existe de meu, a não ser o laço que as prende" (BLAVATSKY, 1980, v. 1, p. 67)

Em filosofia, a essência de um sistema de pensamento encontra-se em suas premissas, sendo o desenvolvimento posterior mero corolário. Na óbvia impossibilidade de se comentar, no exíguo espaço deste trabalho, o conteúdo dos seis volumes[360] de *A Doutrina Secreta*, na versão brasileira de 1980, é feito aqui um

---

358 Blavatsky considera que o Budismo atual não deve ser avaliado apenas por suas expressões populares ou exotéricas, mas que "o verdadeiro *buddhismo* só pode ser apreciado combinando-se a filosofia da Igreja do Sul [principalmente de Sri Lanka, Tailândia, Myanmar] com a metafísica das Escolas do Norte [principalmente de Tibete, China, Nepal]" (BLAVATSKY. 1991b, p. 92).

359 Blavatsky sugere que nem todos os livros dessa coleção são de livre acesso ao público: "Na biblioteca de qualquer mosteiro pode-se encontrar na posse dos monges *gelugpa* tibetanos [budistas da linhagem do Dalai Lama] trinta e cinco volumes de *Kiu-te* para fins exotéricos e para uso dos leigos e, além disso, quatorze livros de comentários e anotações sobre os mesmos, escritos por Mestres Iniciados. Estes quatorze livros de *Comentários*, alguns dos quais são de antiguidade incalculável, contêm uma recompilação de todas as ciências ocultas" (BLAVATSKY, 1991b, p. 322).

360 A edição mais completa de *A Doutrina Secreta* que atualmente existe em língua portuguesa é uma tradução da Edição de Adyar, originalmente publicada em inglês, em 1938, com seis volumes. Os últimos dois volumes

resumo de seu ensinamento a partir das três Proposições apresentadas no proêmio, as quais constituem outras tantas premissas da obra. Antes disso, entretanto, é necessário apresentar os requisitos ou as ideias básicas propostos por Blavatsky para esse estudo. É importante mencionar que Blavatsky considerava que quatro ideias básicas deveriam ser sempre lembradas pelo estudante de *A Doutrina Secreta* (DS), na medida em que elas resumem pontos essenciais do ensinamento, algumas das quais já foram mencionadas acima e comentadas (BLAVATSKY, 1993, p. 83-85):

> a. A UNIDADE FUNDAMENTAL DE TODA EXISTÊNCIA;
>
> b. NÃO EXISTE MATÉRIA MORTA;
>
> c. O homem é o MICROCOSMO;
>
> d. A quarta e última ideia é aquela expressa no Grande Axioma Hermético. Na verdade, resume e sintetiza todas as outras. Como o Interno, assim é o Externo; como o Grande, assim é o Pequeno; como é acima, assim é embaixo: só existe UMA VIDA E UMA LEI; e o que atua é o UNO. Nada é Interno, nada é Externo; nada é GRANDE, nada é Pequeno; nada é Alto, nada é Baixo na Economia Divina. Deve-se buscar relacionar com essas ideias básicas qualquer coisa que se estude na DS.

A terceira (c) e a quarta (d) ideias básicas estão intimamente interligadas, mas, com um pouco de reflexão, percebe-se que todas decorrem da primeira (a), pois se tudo se desdobra da unidade fundamental, nada pode realmente estar fora de sua onipresença, e o próprio Universo se apresenta como um aparente jogo de múltiplos espelhos da própria unidade fundamental.

Essa unidade já parece estar implicada na primeira ideia básica destacada por Blavatsky como sendo a Unidade Fundamental de Toda Existência, pois a dualidade da manifestação é apenas ilusória ou aparente, segundo suas próprias palavras:

> Fundamentalmente existe Um Ser [Vida Una], que possui dois aspectos: positivo e negativo. O positivo é o Espírito [*Puruṣa*] ou Consciência; o negativo é Substância [*Prakṛti*], o objeto da consciência. Esse Ser é o Absoluto em sua manifestação primária (BLAVATSKY, 1993, p. 83).

---

constituem uma expansão da obra original de 1888, com outros textos da própria autora "[...] conforme as intenções originais de Blavatsky [...] que ela preparou para ulterior publicação" (BLAVATSKY, 1980, v. 1, p. 15).

Passa-se agora a apresentar as três proposições fundamentais do Pensamento Teosóficos contidas no proêmio de *A Doutrina Secreta*. A primeira das três proposições fundamentais do Pensamento Teosófico contidas no proêmio de *A Doutrina Secreta* é a mais universal e abrangente, representado a sua própria essência, como se fosse a premissa maior. É assim descrita:

> Um PRINCÍPIO Onipresente, [Eterno,][361] Sem Limites e Imutável, sobre o qual toda especulação é impossível, porque transcende o poder da concepção humana e porque toda expressão ou comparação da mente humana não poderia senão diminuí-lo. Está além do horizonte e do alcance do pensamento, ou, segundo as palavras d[a][362] *Māṇḍūkya* [*Upaniṣad*] é 'inconcebível e inefável' [Verso 7][363] (BLAVATSKY, 1980, v. 1, p. 81).

Tal princípio onipresente é chamado de Absoluto e tem relação com a segunda verdade proposta por Collins, como visto anteriormente. O Absoluto foi comparado por Taimni, na sequência numérica da manifestação do Universo, ao número zero, que contém potencialmente todos os números, ou, alternativamente, ao Princípio Último que "[...] deve ser uma síntese perfeitamente harmoniosa de todos os opostos possíveis e deve conter de forma integrada todos os princípios, atributos etc." (TAIMNI, 1989, p. 33). Este Absoluto se assemelha a um oceano que potencialmente contém todas as possibilidades e cuja superfície jamais se altera, ou, de outra forma, a uma contabilidade universal na qual todas as somas resultam em um grande zero. A comparação com um oceano é muito apropriada para apresentar uma ideia teosófica básica decorrente do Absoluto, que é a ideia da unidade fundamental de toda existência que permanece subjacente mesmo depois do processo de manifestação múltipla do Universo.

Muito antes de Albert Einstein[364] (1879-1955) ter demonstrado a equivalência da energia e da massa ($E = m.c^2$), ou seja, que matéria e energia são mutuamente

---

361 A palavra "Eterno" foi inexplicavelmente omitida nesta edição (BLAVATSKY, 1980, v. 1, p. 81), motivo pelo qual foi aqui inserida, sendo a totalidade do texto original desta citação publicada nas notas seguintes.

362 Adapta-se à concordância de gênero feminino a palavra *Upaniṣad* conforme Tinôco (1996, p. 15) (vide Capítulo 1 deste trabalho), e se acrescenta a mesma palavra que tal tradução havia omitido (Vide original na nota seguinte).

363 "*An Omnipresent, Eternal, Boundless, and Immutable PRINCIPLE on which all speculation is impossible, since it transcends the power of human conception and could only be dwarfed by any human expression or similitude. It is beyond the range and reach of thought – in words of Māṇḍūkya Upaniṣad, 'unthinkable and unspeakable' [Verse 7]*" (BLAVATSKY, 1978, v. 1, p. 14).

364 Deve-se ter em mente que Einstein tinha apenas nove anos de idade em 1888, quando *A Doutrina Secreta* foi publicada. Segundo sua sobrinha, Einstein "[...] sempre tinha uma cópia de *A Doutrina Secreta* da Sra.

conversíveis, Blavatsky comparava o Universo cíclico a um "Oceano Infinito de Luz" (BLAVATSKY, 1999, v. 2, p. 191). Seguindo a analogia que a ciência moderna torna possível, o imenso oceano de luz ou energia que se segue à manifestação do Universo consagra cada ser humano como uma diferenciação temporária desse mesmo oceano ou como uma forma viva de condensação dessa energia, tal como ocorre com um cubo ou fragmento de gelo ao flutuar no oceano. A percepção direta do oceano de luz corresponderia à iluminação. O corpo físico, por analogia, seria como energia ou luz temporariamente congelada ou cristalizada. Nesse caso, o gelo representaria o corpo físico do ser humano; a água líquida, a sua alma; e, o vapor d'água, seu Espírito: condensações distintas, e com distintas propriedades, mas todas essencialmente feitas de água, representando uma mesma energia primordial. Cranston comenta temas em que *A Doutrina Secreta*, em 1888, foi capaz de antecipar, para surpresa e resistência dos cientistas da época, descobertas da ciência moderna, a saber: "Os átomos são divisíveis. [...] Os átomos estão em movimento perpétuo. [...] A matéria e a energia são conversíveis" (CRANSTON, 1997, p. 475-476). Pode-se imaginar a resistência que teria sido oferecida pelos cientistas da época, que sustentavam que os átomos, salvo no estado gasoso, eram todos imóveis, quando Blavatsky afirmou em *A Doutrina Secreta*:

> Diz o ocultismo que nunca a Matéria se acha mais ativa do que quando parece morta. Um bloco de madeira ou de pedra está imóvel e é impenetrável em todos os sentidos. Não obstante, e *de facto*, suas partículas estão animadas de um movimento vibratório incessante, eterno, tão rápido que, para o olho físico, o objeto parece em absoluto desprovido de movimento [...] (BLAVATSKY, 1999, v. 2, p. 220).

Até este ponto, o argumento de Blavatsky já é mais do que surpreendente para a ciência de sua época, mas ela vai adiante, afirmando que, a partir deste "[...] movimento vibratório incessante [...]" (BLAVATSKY, 1999, v. 2, p. 220), "[...] não existe matéria morta [...]" (BLAVATSKY, 1993, p. 83-84) ou totalmente inerte. Além disso, na sua conclusão, ela fala a partir de um outro plano ou *loka*, descrevendo a distância entre as partículas subatômicas em termos inteiramente desconhecidos: "[...] e a distância daquelas partículas entre si, no seu movimento vibratório, é tão grande (vista de outro plano de existência e percepção) como a que separa os

Blavatsky na sua escrivaninha" (CRANSTON, 1997, Nota 11, p. 594).

flocos de neve ou gotas de chuva. Mas, para a ciência física, isto será um absurdo" (BLAVATSKY, 1999, v. 2, p. 220).

Quanto à descoberta da mútua conversibilidade da matéria e da energia, Blavatsky chegou a afirmar que a matéria é, por assim dizer, uma condensação ou cristalização do Espírito (*puruṣa*) no "Oceano Infinito de Luz":

> Tais seres são os 'Filhos da Luz', porque emanam e são autogerados naquele Oceano Infinito de Luz, de que um dos polos é o Espírito puro perdido no absoluto do Não Ser, e o outro polo é a Matéria, na qual ele se condensa, cristalizando-se em tipos cada vez mais grosseiros, à medida que desce na manifestação (BLAVATSKY, 1999, v. 2, p. 191).

Uma conclusão prática muito importante que procede do processo de manifestação do Universo a partir do supramencionado "Princípio Onipresente" não manifestado é a Lei do *Karma*, que assegura uma unidade de harmonia subjacente à multiplicidade. Ela corresponde à terceira verdade apresentada por Collins e, também, é conhecida como a Lei de Causa e Efeito. Desta maneira, poder-se-ia imaginar que uma pedra arremessada nesse oceano ou lago causaria uma perturbação que não se restringiria às gotas diretamente atingidas em sua trajetória. Pelo contrário, essa perturbação distribuir-se-ia por meio de ondas concêntricas que, a partir do ponto original de impacto, se expandiriam até a margem, onde sofreriam um processo de reflexão e, então, retornariam ao ponto original. A harmonia e a unidade do oceano ou lago são, nessa analogia, preservadas em meio de ondas que retornarão ao agente de qualquer perturbação, que será assim neutralizado ou equilibrado. Essa é a Lei do *Karma* "[...] operando no reino da vida humana e produzindo ajustes entre um indivíduo e outros indivíduos afetados por seus pensamentos, emoções e ações" (TAIMNI, 1989, p. 33). Taimni ainda comenta:

> [...] esta lei de compensação não governa somente esferas de vida limitadas ou fenômenos naturais, mas é universal em sua aplicação. E ela é universal e inviolável porque é a expressão do fato de que uma Realidade Suprema [Última] perfeitamente equilibrada, à qual nos referimos como o Absoluto, subjaz no cerne da manifestação. A compensação governa cada esfera da vida e da Natureza porque o Universo está enraizado no Absoluto e é uma expressão Dele (TAIMNI, 1989, p. 33).

Blavatsky complementa seus comentários sobre a primeira proposição que institui o "Princípio Onipresente" ou Absoluto comparando-o com Parabrahman da tradição do Vedānta: "Há uma Realidade Absoluta, anterior a tudo o que é manifestado ou condicionado" (BLAVATSKY, 1980, v. 1, p. 81). E, na sequência, acrescenta, pois: "[...] Parabrahman (a Realidade Una, o Absoluto) é o campo da Consciência Absoluta, vale dizer, daquela Essência que está fora de toda relação com a existência condicionada, e da qual a existência consciente é um símbolo condicionado" (BLAVATSKY, 1980, v. 1, p. 82). Portanto, em certo sentido, todo o Universo manifestado, e mesmo a divindade manifestada (Īśvara), que assim apresenta limitações, fazem parte da Grande Ilusão (*Māyā*). Conforme postula Blavatsky: "E quando os vedantinos afirmam que só a emanação de Parabrahman possui atributos – emanação que eles chamam Īśvara em união com *Māyā* e *Avidyā* [...] – dificilmente se verá ateísmo em tal concepção"[365] (BLAVATSKY, 1980, v. 1, p. 76).

A tradição esotérica, seguida por Blavatsky, associa números ao processo de manifestação do Universo[366]. Dessa forma, do número zero provém o número um como um ponto infinitesimal, intermediário para a manifestação que vem com o dois. O número dois caracteriza uma polarização ou dualidade do Universo manifestado, "[...] que vem a ser a essência mesma de sua 'EXistência' como 'manifestação'" (BLAVATSKY, 1980, v. 1, p. 83). Taimni comenta assim essa questão:

> Deve existir eternamente um Ponto ideal no estado não manifestado da Realidade a partir do qual todos os tipos de manifestação se iniciam [...] Então, o Espaço a que se refere *A Doutrina Secreta* é aquele aspecto da Realidade que equilibra o Ponto e assim mantém a condição perfeitamente indiferenciada requerida naquele estado mais elevado. [...] Não quer dizer que o Ponto ideal (Centro *Laya*) *aparece* quando a manifestação está para acontecer. Ele existe eternamente e simultaneamente com o Espaço Último e é o veículo do Nirguṇa-Brahman [Deus Impessoal (TAIMNI, 1989, p. 30)], a Realidade entre o Absoluto e o Śiva-Śakti Tattva [número 2 na série numérica, chamado 'Pai-Mãe' em *A Doutrina Secreta* (TAIMNI, 1989, p. 30)] e que corresponde ao número 1 na série numérica [...] (TAIMNI, 1989, p. 34-36).

---

365 "*And if the Vedāntin postulates attributes as belonging simply to its emanation [of Parabrahman], calling it "Īśvara plus Māyā," and Avidyā (Agnosticism and Nescience rather than ignorance), it is difficult to find any Atheism in this conception*" (BLAVATSKY, 1978, v. 1, p. 7).

366 **Alguns autores, como Besant e Leadbeater (BESANT; LEADBEATER, 1924, v. 2, p. 689-690; BESANT; LEADBEATER, 1993, p. 13; LEADBEATER, 2015, p. 309), consideram que essa tradição também teria relação com Pitágoras e sua cosmogonia numérica (HARRIS, 2006, p. 522-523).**

A tradição esotérica, a qual propõe uma sequência numérica, leva então ao três, ou à tríade, corrente em diversas religiões, como é o caso da Trimurti no Hinduísmo. Como resumo da sequência do zero ao três, Blavatsky também fez um resumo do ensinamento essencial sobre o Absoluto e os *Logoi*[367], ou "manifestações da divindade", para esclarecer o leitor (BLAVATSKY, 1980, v. 1, p. 83):

> [0]. O *ABSOLUTO*: o Parabrahman dos vedantinos, ou a Realidade Una, *Sat*, que é, como disse Hegel, ao mesmo tempo Absoluto Ser e Não Ser.
>
> [1]. [O Primeiro *Logos*:] A primeira manifestação, o impessoal e, em filosofia, o *Logos* não manifestado, o precursor do "manifestado". É a "Causa Primeira", o "Inconsciente" dos panteístas europeus.
>
> [2]. [O Segundo *Logos*:] O Espírito-Matéria, Vida; o "Espírito do Universo", *Puruṣa* e *Prakṛti*.
>
> [3]. [O Terceiro *Logos*:] A Ideação Cósmica, *Mahat* ou Inteligência, a Alma Universal do Mundo; o Númeno Cósmico da Matéria, a base das operações inteligentes da Natureza; também chamada de *Maha-Buddhi*.

A Segunda das três proposições fundamentais do Pensamento Teosófico, contidas no proêmio de *A Doutrina Secreta,* refere-se ao Universo manifestado dentro da sua dualidade característica, e enfatiza a Lei de Periodicidade ou Lei dos Ciclos, que se expressa num âmbito universal: no final do *manvantara* ou "período de manifestação", tudo é reabsorvido em Parabrahman por igual período de não manifestação (*pralaya*) ou de repouso. Nesse sentido, *A Doutrina Secreta* afirma a periodicidade ou ciclicidade do processo de manifestação do Universo (BLAVATSKY, 1980, v. 1, p. 84):

> A Eternidade[368] do Universo *in toto* como um plano sem limites: periodicamente 'cenário de Universos inumeráveis, manifestando-se e desaparecendo

367 A palavra grega *Logos*, plural *Logoi*, corresponde à latina *Verbo*, ou à portuguesa "Palavra" e pode equivaler ao termo Īśvara, conforme considera Blavatsky, *Logos* é "A Divindade *manifestada* [...] Saído das profundezas da Existência Una, do inconcebível e inefável Um, um *Logos*, impondo-se um limite, circunscrevendo voluntariamente a extensão de seu próprio Ser, torna-se o Deus manifestado e, ao traçar os limites de sua esfera de ação, determina também a área de seu Universo" (BLAVATSKY, 1991b, p. 323). Não se deve, entretanto, confundir os *Logoi* cósmicos com suas expressões menores ou reflexos em um Sistema Solar (HARRIS, 2006, p. 383).

368 Também se encontra ideia similar na *Cartas dos Mahatmas*: "Ao chegar o *Pralaya* [período não manifestado ou de repouso], nenhum homem, animal, ou mesmo entidade vegetal estará vivo para vê-lo, mas haverá a Terra, ou os globos, com seus reinos minerais; e todos esses planetas estarão fisicamente desintegrados no *Pralaya*, mas não destruídos; pois eles têm o seu lugar na sequência de evolução e quando suas 'necessidades' saírem novamente da subjetividade, encontrarão o ponto exato de onde devem seguir adiante ao redor da

> constantemente', chamados 'as estrelas que se manifestam' e as 'centelhas da Eternidade.' 'A Eternidade do Peregrino' é como um abrir e fechar de olhos da Existência por si Mesma (Livro de *Dzyan*). 'O aparecimento e o desaparecimento de Mundos são como o fluxo e o refluxo periódico das marés.' Este segundo asserto de *A Doutrina Secreta* é a universalidade absoluta daquela lei da periodicidade, de fluxo e refluxo, de crescimento e decadência, que a ciência física tem observado e registrado em todos os departamentos da Natureza. Alternativas tais como Dia e Noite, Vida e Morte, Sono e Vigília são fatos tão comuns, tão perfeitamente universais e sem exceção, que será fácil compreender por que divisamos nelas uma das leis absolutamente fundamentais do Universo.

É importante salientar que esta Segunda Proposição do proêmio de *A Doutrina Secreta* atua como uma Lei de Periodicidade Universal, e a sua manifestação prática dentro da esfera humana é a periodicidade da vida, com seu ciclo de nascimentos e mortes, ou Reencarnação, que tem como pressuposto a imortalidade da alma ou Espírito.

A Terceira das três proposições fundamentais do Pensamento Teosófico contidas no proêmio de *A Doutrina Secreta* refere-se à Lei de Evolução como expressão da manifestação do Universo. É descrita por Blavatsky como:

> A identidade fundamental de todas as Almas com a Alma Suprema Universal, sendo esta última um aspecto da Raiz Desconhecida; e a peregrinação obrigatória para todas as Almas, centelhas daquela Alma Suprema, através do Ciclo de Encarnação, ou de Necessidade, de acordo com a lei Cíclica e *Kármica*, durante todo esse período. Em outras palavras: nenhum *Buddhi* puramente espiritual (Alma Divina) pode ter uma existência consciente independente antes que a centelha, emanada da Essência pura do Sexto Princípio Universal – ou seja, da ALMA SUPREMA – haja (a) passado por todas as formas elementais pertencentes ao mundo fenomenal do *Manvantara*, e (b) adquirido a individualidade, primeiro por impulso natural e depois à custa dos próprios esforços, conscientemente dirigidos e regulados pelo *Karma*, escalando assim todos os graus de inteligência, desde o *Manas* inferior até o *Manas* superior; desde o mineral e a planta ao Arcanjo

cadeia de 'formas manifestadas'. Isto, como sabemos, se repete indefinidamente por toda a ETERNIDADE" (BARKER, 2001, v. 1., p. 210). É interessante a comparação que faz o Mahatma da retomada da evolução no próximo período de atividade ou novo *manvantara* com um relógio: "[...] o desenvolvimento planetário é tão progressivo quanto a evolução humana [...] até que o impulso de expansão do próximo *manvantara* o ponha em marcha, desde o ponto exato em que parou, como ocorre com um relógio parado a que se voltou a dar corda" (BARKER, 2001, v. 1, p. 210).

> mais sublime (*Dhyāni-Buddha*). A Doutrina axial da Filosofia Esotérica não admite a outorga de privilégios nem de dons especiais ao homem, salvo aqueles que forem conquistados pelo próprio Ego com o seu esforço e mérito pessoal, ao longo de uma série de metempsicoses e reencarnações (BLAVATSKY, 1980, v. 1, p. 84-85).

A mencionada "doutrina axial" é, evidentemente, a Lei do *Karma,* que apoiada na imortalidade da alma reencarnante, torna possível a sua perfectibilidade e o seu crescimento até o final do *manvantara*, processo esse que se expressa na Lei de Evolução. Pode-se perceber também a importância que é dada em *A Doutrina Secreta* à constituição da consciência da "individualidade" ou "condição humana" no processo de evolução, e que, por isso, se torna uma conquista evolutiva que não é regularmente reversível.

Tal é o resumo das proposições da obra-prima de Blavatsky, *A Doutrina Secreta*, que expressa o Pensamento Teosófico, no contexto do que foi mencionado, como Religião Científica, pois tem como subtítulo "Síntese da Ciência, da Religião e da Filosofia".

O encaminhamento transformacional para a realização experiencial das três proposições do proêmio de *A Doutrina Secreta*, que constituem o cerne do Pensamento Teosófico como explicado, é a disciplina espiritual clássica do Rāja-Yoga. Com efeito, em *A Doutrina Secreta*, Blavatsky afirma que "[...] como na Índia, de um e de outro lado dos Himalaias, nas escolas de Patañjali, de Aryāsanga ou da Mahāyāna[369], todo adepto [dessas diversas escolas] deve tornar-se um *Rāja-Yogi*" (BLAVATSKY, 1980, v. 1, p. 202). Nesta passagem, a palavra 'adepto' não está sendo usada no contexto ideal do *yogi* perfeito, Mahatma ou Homem Perfeito, conforme será aprofundado nesta tese.

O Rāja-Yoga, denominação dada a uma sequência de ensinamentos iniciada por Patañjali no *Yoga-Sūtra*, é claramente indicado por Blavatsky como uma predominância fundamental no trabalho da Seção Interna[370] da Sociedade Teosófica, embora se encontre pouco material publicamente disponível, como é próprio do seu caráter. Portanto, a influência do Rāja-Yoga na Sociedade Teosófica e em sua literatura é clara, porém, indireta. A Sociedade Teosófica, devido ao caráter imparcial e eclético dos seus três objetivos, não expressa, explicitamente, qualquer predominância de alguma filosofia. Entretanto, essa predominância fundamental do Rāja-Yoga se faz sentir na sua Seção Interna, fundada por Blavatsky, em 1888,

369 Blavatsky está se referindo a escolas do Yoga e do Budismo.

370 A Seção Interna da Sociedade Teosófica foi fundada por Blavatsky, como foi mencionado na seção 2.1.

como um caráter introdutório à obra *Ocultismo Prático* (BLAVATSKY, 2011b, p. 94-95). Essa Seção Interna era reservada e de ingresso voluntário, mas não secreta. Isso se torna óbvio pelo caráter público do livro *A Chave para a Teosofia*, de autoria da própria Blavatsky: "A maioria, senão todos, dos que entram para a nossa Seção Interna são apenas principiantes, preparando-se, nesta vida, para entrar naquela Senda, realmente, em vidas futuras" (BLAVATSKY, 1991a, p. 227). Blavatsky declara essa importância fundamental do Rāja-Yoga ao comentar sobre o propósito da Seção Interna: "[...] seu propósito geral é preparar e adequar o estudante para o estudo do Ocultismo prático ou *Rāja-Yoga*"[371] (BLAVATSKY, 1998, v. XII, p. 488). Tal tema constava também em seu artigo *Memorando Preliminar* (*Ibidem*, v. XII, p. 488 – 501). Talvez se possa mesmo inferir da ideia acima mencionada de "preparar o estudante" que a prática predominante dessa Seção Interna fosse o Yoga Preliminar ou Kriyā-Yoga (PATAÑJALI, 1996, II: 1, p. 109). Também no supracitado *Memorando Preliminar*, Blavatsky indicava para estudo, na parte das regras, além das revistas que poderiam ter um caráter introdutório, apenas quatro livros que parecem ter especial relevância. O último desses livros, talvez numa sequência progressiva orientada para a prática, é o *Yoga-Sūtra* de Patañjali, com comentários: "[...] todos os membros desta Seção [Interna] devem ter os seguintes livros [...]: '*A Doutrina Secreta*.' '*Bhagavad-Gītā*.' '*Luz no Caminho*.' '*Filosofia do Yoga de Patañjali*'"[372] (BLAVATSKY, 1998, v. XII, p. 497).

Tudo parece sugerir que o caráter reservado e voluntário dessa prática do Rāja-Yoga também pudesse ter relação com possíveis preconceitos e dificuldades a superar no remoto ano de 1888, quando o Yoga ainda era praticamente desconhecido na Europa e na América. Tal dificuldade poderia se apresentar quando, no Ocidente, se solicitasse que os aspirantes dessem passos na prática do Rāja-Yoga, que, depois da fase preliminar, culmina em práticas mais avançadas de castidade e outras purificações que constam em *Yama* e *Niyama* (TAIMNI, 1996, p. 166-185).

O Rāja-Yoga também tem predominância fundamental em outra importante fonte teosófica, já citada, que são as "cartas dos Mahatmas". Gordon White (2014), em seu em capítulo "*The Yoga Sutra and The Theosophical Society*" ("O *Yoga-Sūtra* e a Sociedade Teosófica"), também menciona a participação histórica dos Mahatmas

---

371 "*[...] its general purpose is to prepare and fit the student for the study of practical occultism or Rāja-Yoga*" (BLAVATSKY, 1998, v. XII, p. 488).

372 "*[...] all members of this Section shall have the following books [...]: 'The Secret Doctrine.' 'The Bhagavad-Gītā.' 'Light on the Path.' 'Patanjali's Yoga Philosophy*'" (BLAVATSKY, 1998, v. XII, p. 497).

ou os "Mestres Himalaicos"[373] (WHITE, 2014, p. 103) na inspiração da fundação da Sociedade Teosófica e no moderno ressurgimento do *Yoga-Sūtra* de Patañjali, inclusive no Ocidente. Dessa forma, pode-se encontrar a relação histórica do Rāja-Yoga e o *Yoga-Sūtra*, vista no capítulo 1, com os Mahatmas e suas cartas. As "cartas dos Mahatmas" são cerca de trezentas cartas e notas atribuídas aos Mahatmas e recebidas entre 1870 e 1900. Elas foram publicadas principalmente em duas obras, a saber: *Cartas dos Mestres de Sabedoria*, compiladas[374] por C. Jinarajadasa (1996), e *Cartas dos Mahatmas para A. P. Sinnett*, compiladas[375] por A. T. Barker (2001). Poderia-se, também, depreender da instrução de uma das cartas a A. P. Sinnett, que o ensinamento dos Mahatmas visava preparar os estudantes, muito gradualmente, para a prática monástica do Rāja-Yoga:

> É verdade que o homem casado não pode ser um Adepto [Mahatma ou *Yogi* Perfeito e Liberado], no entanto, sem esforçar-se para ser um '*Rāja-Yogi*', ele pode adquirir certos poderes e fazer o mesmo bem pela humanidade e, frequentemente mais, pelo fato de permanecer dentro dos limites do seu mundo (BARKER, 2001, v. 1, p. 60).

O fato é que tais citações explicitam claramente o Rāja-Yoga, que Blavatsky igualava ao ocultismo prático, como prática essencial da Teosofia relacionada a um círculo interno ou à Seção Interna da Sociedade Teosófica. Isto se aprofunda em seu livro intitulado *Rāja-Yoga ou Ocultismo* (BLAVATSKY, 1973), que constitui uma coletânea de artigos sobre o tema. Mas tal era o caráter esotérico desses textos na época, que, por exemplo, a palavra *kuṇḍalinī*, que originalmente é um assunto restrito ou secreto, só é mencionada uma vez (BLAVATSKY, 1980, v. 1, p. 321) na edição original de *A Doutrina Secreta*, e nenhuma vez nas *Cartas dos Mahatmas* (BARKER, 2001). Entretanto, convém lembrar que a *Enciclopédia Teosófica* também considera que a meditação é a prática principal do Rāja-Yoga, "[...] disciplina que é baseada nos *Yoga-Sūtras* de Patañjali, e envolve um tipo de meditação designada para controlar os movimentos (*vṛttis*) da mente (*citta*) e realização do Ser"[376] (HARRIS, 2006, p. 683). Essa prática culmina nos mais altos estágios de *Samādhi* **(Êxtase)**, e de percepção direta da unidade da vida. O ensinamento dos Mahatmas,

---

373 "*Himalayan Masters*" (WHITE, 2014, p. 103).

374 Publicadas originalmente em inglês em duas séries ou volumes, a primeira em 1919, com prefácio de Annie Besant, e, a segunda, em 1925 (JINARAJADASA, 2014a).

375 Publicadas originalmente em inglês (BARKER, 2001), em1923.

376 "*[...] discipline which is based on the Yoga-Sūtras of Patañjali and involves a type of meditation designed to control the movements (vṛttis) of the mind (citta) and realization of the Self*" (HARRIS, 2006, p. 683).

em uma de suas cartas a A. P. Sinnett, também enfatiza o *Samādhi* (**Êxtase**) como caminho da percepção direta de Īśvara (o Senhor ou a Divindade):

> "Īśvara" [...] significa, quando corretamente interpretado, em um sentido, "o Eu *divino* percebido ou visto pelo *eu*", o *Ātman* ou sétimo princípio livre de sua diferenciação *mayávica* [ilusória] da sua Fonte Universal – que se torna objeto de percepção para e pela individualidade [...], algo que só acontece no mais alto estado de *Samādhi* (BARKER, 2001, v. 2, p. 211).

A ênfase na meditação e no Rāja-Yoga também foi apresentada por pelo menos mais três autores, a saber, Besant, Leadbeater e Taimni, que representam a segunda e terceira gerações teosóficas mencionadas. Besant enfatiza esses temas em seus livros *Introdução ao Yoga* (1973), que mereceu tradução de Fernando Pessoa, *Yoga: ciência da vida espiritual* (1968), entre outros. Por outro lado, Leadbeater, em sua obra *O Lado Oculto das Coisas*, chega a considerar que a meditação é o melhor meio para desenvolver os veículos mais sutis do ser humano e que "[...] aqueles que pertencem à Sociedade Teosófica sabem que há nela uma escola que ensina tais práticas, podendo a ela dirigir-se quem desejar outras informações [...]" (LEADBEATER, 2017, p. 274). Dessa forma, Leadbeater reconhece também a meditação como prática teosófica essencial. É provável que possa ter sido por meio de práticas de meditação do Rāja-Yoga que Leadbeater tenha desenvolvido com segurança seus alegados *siddhis* ou poderes psíquicos, tais como o *Yoga-Sūtra* os descreve, já que recomendava[377] tais práticas de meditação (LEADBEATER, 1974, p. 95). Ele também define ocultismo, que Blavatsky igualava ao Rāja-Yoga, de uma forma contemporânea, como sendo "[...] o estudo do lado oculto da Natureza; ou melhor, [...] o estudo da Natureza em sua totalidade, e não apenas daquela parte mínima que é objeto de investigação da ciência moderna" (LEADBEATER, 2017, p. 22).

Em suma, Leadbeater atribui à meditação, prática central do Rāja-Yoga, pelo menos quatro principais objetivos, *que são* assim descritos:

> [...] primeiro, assegurar que pelo menos uma vez por dia ela [a pessoa] pensará em tais coisas [santas], e que seus pensamentos estarão, pelo menos

377 Em seu livro *Os Chakras* (1974), Leadbeater afirma: "Todos os sistemas de Yoga reconhecem a existência e importância dos *chakras* [*cakras*], mas cada qual emprega um método distinto para desenvolvê-los. O do Rāja-Yoga consiste em meditar sucessivamente sobre cada um deles e em despertá-los por puro esforço de vontade. É um método muito recomendável" (LEADBEATER, 1974, p. 95).

> uma vez em cada vinte e quatro horas, libertos do círculo da vida quotidiana mesquinha, de suas frivolidades e de suas preocupações; segundo, habituar-se a pensar naquelas coisas, de modo que no fim de algum tempo estejam sempre presentes no fundo de sua mente, como segundo plano de sua vida diária – algo a que o seu espírito retorne com prazer quando estiver livre das questões imediatas dos negócios; terceiro, conforme principiei dizendo, como uma espécie de ginástica astral [emocional] e mental, para conservar a saúde destes corpos mais elevados e manter circulando a corrente de vida divina (e, para tanto, cumprirá ter presente que a regularidade dos exercícios é de capital importância); quarto, porque esse é o meio – mesmo que apenas o primeiro passo hesitante no caminho – que conduz ao desenvolvimento superior e a um conhecimento mais amplo, a porta [ou o portal] da estrada que, através de muita luta, muito esforço, propicia chegar à clarividência e, em última análise, à vida superior além deste mundo (LEADBEATER, 2017, p. 275).

Portanto, Leadbeater, concordando com o Rāja-Yoga de Patañjali[378], menciona o fato de que somente pelo controle da técnica de *Samādhi* **(Êxtase), a partir da meditação e seu correspondente desenvolvimento interior** (LEADBEATER, 2017, p. 275), é possível adquirir, com segurança, resultados que não dependam de estímulos externos e que sejam de fato permanentes. Entretanto, Patañjali reconhece a existência de outras técnicas, com resultados talvez mais instáveis, para o desenvolvimento dos *siddhis* ou poderes psíquicos, além da maestria na meditação[379] (PATAÑJALI, 1982, IV: 1, p. 245).

Taimni, que é o outro autor teosófico a mencionar no contexto da importância do Rāja-Yoga, adverte sobre a instabilidade e os riscos de algumas dessas técnicas: "[...] a menos que resultem de um desenvolvimento geral da consciência pela prática do Yoga, [os *siddhis*] são de natureza restrita e não duram mais que uma vida" (TAIMNI, 1996, p. 293). Em outras palavras, na ausência de um desenvolvimento moral, os *siddhis* poderão levar a pessoa a cair na tentação de fazer deles mau uso, podendo com isso acarretar para si mesma "[...] muito sofrimento e um mau *karma*" (TAIMNI, 1996, p. 293).

---

378 Patañjali considera que a ilusão cognitiva, ou *avidyā*, é a causa do mal e do sofrimento, e está basicamente relacionada a hábitos mentais ou condicionamentos. Portanto, a prática da meditação é o caminho para produzir a substituição desses hábitos impróprios por outros hábitos mentais que levem progressivamente à Libertação (PATAÑJALI, 1982, II: 11-33, p. 130-185).

379 Com efeito, com relação ao desenvolvimento dos *siddhis* ou poderes psíquicos, Patañjali admite a existência de outros caminhos: "Os *siddhis* (poderes) são obtidos por nascimento, meios químicos, poder das palavras, mortificações [austeridades], ou concentração [*Samādhi*]". No original: "*The Siddhis (powers) are attained by birth, chemical means, power of words, mortification, os concentration*" (PATAÑJALI, 1982, IV: 1, p. 245).

Taimni ganhou notoriedade com seus escritos sobre Yoga e Meditação. Destacou-se, principalmente, por sua tradução comentada do *Yoga-Sūtra* de Patañjali, intitulada *The Science of Yoga*[380] (2010). Essa obra é, provavelmente, a mais atual expressão da relevância do Rāja-Yoga na literatura teosófica, e foi escolhida, por isso, como livro fonte desta tese, e será comentado no próximo capítulo.

380 *The Science of Yoga* foi uma obra originalmente publicada em 1961 e traduzida para o português como *A Ciência do Yoga* (1996).

CAPÍTULO 3

A FILOSOFIA DO *YOGA-SŪTRA* E A IMPORTÂNCIA DO AUTOCONHECIMENTO NA ABORDAGEM TEOSÓFICA

O objetivo deste capítulo é adentrar o texto central da tese, a saber, o *Yoga-Sūtra* de Patañjali. Tendo apresentado a herança filosófica indiana no capítulo 1, a fundação da Sociedade Teosófica e os desdobramentos contemporâneos da Teosofia e seus princípios constitutivos no capítulo 2, chega-se ao ponto de apresentar, deste ponto em diante, a versão teosófica do *Yoga-Sūtra* de Patañjali. Para tanto, a interpretação combina algumas tradições como o Vedānta e o Tantra-Yoga, de forma sincrética visando uma síntese.

Esta interpretação teosófica se baseia em autores teosóficos já mencionados, tais como Taimni que, quanto ao *Yoga-Sūtra*, é o mais específico. Destaca-se, também, entre outros, Blavatsky, Besant, Leadbeater, Krishnamurti e Mehta. Quanto aos comentários do *Yoga-Sūtra*, são utilizadas, principalmente, obras clássicas de Śaṅkara, Vyāsa, Vācaspati, Vijñānabhikṣu. Acrescenta-se Vivekananda, o mais contemporâneo, e sua linhagem.

3.1 A IGNORÂNCIA (*AVIDYĀ*) COMO CAUSA DO SOFRIMENTO (*DUḤKHA*) NA CONDIÇÃO HUMANA EM COMPARAÇÃO COM A DIVINDADE (ĪŚVARA)

Patañjali escreveu o *Yoga-Sūtra*, como já mencionado, com a intenção de libertar o ser humano do sofrimento. É importante ressaltar que não somente Patañjali (PATAÑJALI, 1996, II: 3-9, p. 111-126), mas muitos sábios da Antiguidade convergem ou concordam no diagnóstico de que a ignorância é a causa do mal ou do sofrimento. Tal qual Patañjali, pode-se mencionar, por exemplo, que Buddha[381](OLCOTT, 2019, p. 146), Śaṅkara[382] (ŚAṄKARĀCĀRYA, 1992, 171, p. 72) e Kṛṣṇa[383] (BHAGAVAD-GĪTĀ, 2014, IV: 42, p. 106 – 107) usam o mesmo termo sânscrito "*avidyā*", usualmente traduzido por "ignorância", para designar a causa do mal ou do sofrimento. **Platão[384], principalmente em seu diálogo *Protágoras*, também considera que a ignorância é a causa do mal ou do sofrimento, e mesmo Cristo, usando outras palavras, parece concordar[385]. Isso é essencial na abordagem teosófica: descobrir pontos comuns ou de concordância entre diversas tradições religiosas ou filosóficas é uma expressão da Teosofia. Se a ignorância é a causa do mal ou do sofrimento, deve ser óbvio que se faz necessário suprir o ser humano com algum tipo de sabedoria para poder libertá-lo.**

Depreende-se que a ignorância é a causa do mal ou do sofrimento, segundo o *Yoga-Sūtra,* a partir da interpretação livre da expressão de Patañjali: "[...] todas as misérias da vida" (PATAÑJALI, 1996, II: 3, p. 111), a qual é usada para traduzir a palavra sânscrita *kleśa*. Segundo *A Sanskrit-English Dictionary*, a palavra *kleśa* significa "dor, aflição, sofrimento, dor originada por uma doença, angústia [...]"[386] (MONIER-WILLIAMS, 1995, p. 324). Na verdade, tal interpretação de que a ignorância é a causa do mal ou do sofrimento decorre de uma composição de dois *sūtras* (PATAÑJALI, 1996, II: 3-4, p. 111-118): o primeiro define os *kleśas* (aflições da vida), como será visto, enquanto o segundo afirma que *avidyā* (ignorância) é a

---

381 A ignorância ou *avidyā* é a primeira causa do sofrimento ou o primeiro *Nidāna* no Budismo (ZIMMER, 2012, p. 338), que é assim definido em *O Catecismo Budista*: "*Nidāna* – cadeia de causação ou, literalmente, 'originação interdependente.'" (OLCOTT, 2019, p. 146).

382 Śaṅkara identifica *avidyā* ou ignorância como a causa não somente do sofrimento, mas de toda manifestação: "Quando aquela *avidyā* é destruída, tudo é destruído; e quando [*avidyā*] é manifestada tudo é manifestado" (ŚAṄKARĀCĀRYA, 1992, 171, p. 72).

383 Segundo Kṛṣṇa, a sabedoria é o antídoto da ignorância, que é a causa do mal: "Portanto, com a espada da sabedoria do SER, cinde esta dúvida nascida da ignorância [*avidyā*] que mora em teu coração, estabelece-te no Yoga. Levanta-te, Oh Bhārata" (BHAGAVAD-GĪTĀ, 2014, IV: 42, p. 106 – 107) e "Eu manifestarei este segredo mais profundo, sabedoria e conhecimento combinados; havendo-o conhecido te livrarás do mal" (BHAGAVAD-GĪTĀ, 2014, IX: 1, p. 163).

384 "Os homens erram na escolha de prazeres e dores; isto é, na escolha do bem e do mal, por deficiência de conhecimento; [...] o ato errôneo que é feito sem conhecimento é feito na ignorância". No original: "*Men err in their choice of pleasures and pains; that is, in their choice of good and evil, from defect of knowledge; [...] the erring act which is done without knowledge is done in ignorance*" (PLATO, 1984, § 357d-358c, p. 62).

385 Pode-se citar que, mesmo Cristo, usando outras palavras, concorda: "Conhecereis a verdade, e a verdade vos libertará" (Jo 8,32). Ele sugere ser um tipo de ignorância, caracterizada como carência ou falta de conhecimento da verdade, que causaria a perda da liberdade ou a escravidão com relação à matéria, embora aqui não se tenha espaço para desenvolver esse importante ponto em comum.

386 "*Pain, affliction, distress, pain from desease, anguish [...]*" (MONIER-WILLIAMS, 1995, p. 324).

sua origem. Nas próprias palavras de Patañjali: "Falta de percebimento da Realidade [*avidyā*], o senso de egoísmo ou 'egoidade' [*asmitā*], atrações e repulsões em relação a objetos e o forte desejo de viver são as grandes aflições ou causas de todas as misérias da vida"[387] (PATAÑJALI, 1996, II: 3, p. 111). Quanto à origem dos *kleśas*, o *sūtra* seguinte é explícito: "*Avidyā* [ignorância] é a origem daqueles [os *kleśas*] que são mencionados em seguida, estejam estes no estado dormente, atenuado, alternante ou expandido"[388] (PATAÑJALI, 1996, II: 4, p. 118).

Como visto, Patañjali ressalta que a causa do mal é *avidyā* (PATAÑJALI, 1996, II: 4, p. 118), palavra geralmente traduzida como 'ignorância', ou "falta de percebimento da Realidade". Essa conotação de ignorância não aponta meramente para uma falta de conhecimento intelectual ou erudição, posto que sofrimentos tais como o apego à vida ou medo da morte afetam até mesmo os eruditos ou instruídos[389] (PATAÑJALI, 1996, 1982, II: 9, p. 174). Tal ignorância refere-se, na verdade, à falta de sabedoria espiritual causada por uma espécie de ilusão ou confusão cognitiva entre opostos. É por isso que Patañjali entende que a ignorância somente pode ser definitivamente erradicada através do *Samādhi* (Êxtase). E define: "*Avidyā* é tomar o não eterno, impuro, mal e não *ātman* como sendo o eterno, puro, bem e *ātman*, respectivamente"[390] (PATAÑJALI, 1996, II: 5, p. 119). Ou seja, tal ignorância refere-se a um certo tipo de falta de discernimento entre esses opostos. Nesse sentido, o discernimento necessário aponta para algo mais refinado e sutil: trata-se daquilo que Patañjali chama de *viveka-khyāti*, que é o que finalmente conduz o ser humano à Libertação ou *kaivalya* (PATAÑJALI, 1996, IV: 29, p. 328). Talvez seja oportuno apresentar uma definição introdutória de *viveka* (discernimento). Krishnamurti ([19--] *apud* BURNIER, 1992, p. 50) considera o discernimento como o primeiro passo, e que "[...] o primeiro passo é o último passo" na senda do autoconhecimento espiritual, na medida em que determina a direção:

> A primeira dessas qualificações é o Discernimento, usualmente tomado no sentido da distinção entre o real e o irreal, que conduz o homem a entrar na Senda. É isto; mas é também muito mais, e deve ser praticado não somente no início da Senda, mas a cada passo, todo o dia, até o fim. Entras na Senda porque aprendeste que somente nela se pode encontrar as coisas

387 "*Avidyāsmitā-rāga-dveṣābhiniveśaḥ kleśāḥ*" (PATAÑJALI, 1996, II: 3, p. 111).

388 "*Avidyā kṣetram uttareṣām prasupta-tanu-vicchinnodārāṇām*" (PATAÑJALI, 1996, II: 4, p. 118).

389 "*Svarasavāhī viduṣo 'py tathā rūḍho 'bhiniveśaḥ*" (PATAÑJALI, 1996, 1982, II: 9, p. 174).

390 "*Anityāśuci-duḥkhānātmasu nitya-śuci-sukhāmatmakhyātir avidyā*" (PATAÑJALI, 1996, II: 5, p. 119).

> merecedoras de aquisição. Os homens que não sabem trabalham para adquirir a riqueza e o poder, porém estes bens são, quando muito, para uma vida somente e, portanto, irreais. Há coisas maiores do que essas - coisas reais e duradouras; quando as tiveres visto uma vez, não mais desejarás as outras (KRISHNAMURTI, 2017, p. 14-15).

Tal como na tradição do Vedānta, na qual essa qualificação é enfatizada como o primeiro e fundamental passo (ŚAṄKARĀCĀRYA, 1992, 17-19, p. 21), na direção da Libertação (*mokṣa*), *viveka* (discernimento) parece estar em plena relação com o caminho de superação de *avidyā* (ignorância) e sua definição apresentada por Patañjali (1996, II: 5, p. 119). Uma ilustração dessa ignorância fundamental, no Vedānta, é a ideia de *māyā* como uma ilusão, ou como ilusão sobreposta ou projetada sobre a Realidade Una. É o caso do famoso exemplo dado por Śaṅkara, no qual o indivíduo se confunde e vê no crepúsculo uma serpente onde existe apenas uma corda enroscada (ŚAṄKARĀCĀRYA, 1992, 112, p. 51). Este exemplo é muito importante para esclarecer que a ilusão mais difícil de ser eliminada não é a de uma fantasia que é vista ou imaginada, em que nada existe, mas sim aquela ilusão que é gerada por disfunção cognitiva ou má interpretação de algo que de fato existe. Ou seja, para libertar-se da ilusão é necessária a qualificação do "discernimento" (*viveka*), apresentada por Krishnamurti como distinção entre o real e o irreal (ilusão), entre o permanente e o impermanente, sendo este último entendido como uma forma de ilusão. Tudo indica que o "impermanente" parece ser expressão diretamente relacionada à *avidyā* (ignorância) definida por Patañjali (2006, II: 5, p. 185), na tradução de Leggett (2006, p. 185): "A ignorância é a convicção de permanência, pureza, felicidade e Ser naquilo que é realmente impermanente, impuro, doloroso e não Ser"[391]. Também o primeiro passo do Caminho Óctuplo do Budismo, ou Senda da Libertação, tem sido traduzido como "reta visão ou reta crença", e parece ser o antídoto para uma convicção ou crença errônea ou ilusória como a que se apresenta como *avidyā* (ignorância) na definição de Patañjali. A ideia da impermanência (*anicca*) também é muito importante no Budismo e está diretamente relacionada à primeira Nobre Verdade (*duḥkha satya*) sobre a existência do sofrimento.

Esses exemplos da tradição do Vedānta **e do Budismo** são indicativos muito importantes numa abordagem teosófica, pois apresentam pontos de convergência de Patañjali com o Vedānta **e o Budismo**. Os exemplos dados pelo comentador

391 "*Ignorance is the conviction of permanence, purity, happiness and self in what are really impermanent, impure, painful and not self*" (PATAÑJALI, 2006, II: 5, p. 185).

Vyāsa sobre a impermanência do planeta Terra, do firmamento, da Lua e das estrelas (VYĀSA, 1988, p. 95), apontam para uma dependência destas últimas com relação ao tempo astronômico. Isso torna sua percepção mais difícil em comparação com o exemplo da impermanência dos bens materiais, da citação de Krishnamurti, aos quais se pode acrescentar a impermanência do próprio corpo físico. Vyāsa prefere apresentar o corpo físico como exemplo de impureza, mesmo no caso de uma bela donzela "atraente como a Lua nova"[392] (VYĀSA, 1988, p. 96). A donzela é vista, ilusoriamente, como tendo um corpo puro, apesar do seu corpo ter origem carnal, apresentar secreções e excreções, e, por sua destruição final como cadáver, ter sua putrefação. (VYĀSA, 1988, p. 96). Não perceber que o prazer termina gerando dor, como está dito no *Yoga-Sūtra* (PATAÑJALI, 1996, II: 15, p. 135)[393] e na *Bhagavad-Gītā* (2014, V: 22, p. 116)[394], é confundir o corpo físico com o verdadeiro Ser, deveriam constituir casos similares mais fáceis de compreender ou perceber do que a impermanência do planeta, segundo Vācaspati (1988, p. 97).

A grande pergunta desta tese é: Qual é a solução oferecida por Patañjali para resolver a ignorância (*avidyā*) que é a causa do mal e do sofrimento? Patañjali responde com o autoconhecimento. Com efeito, ele considera necessária uma experiência direta da verdade por meio do *Samādhi* (Êxtase) para suprir o ser humano com tal sabedoria sobre o próprio Ser. Dessa forma, eliminada a ignorância (*avidyā*), o ser humano libertar-se-ia de "[...] todas as misérias da vida"[395] (PATAÑJALI, 1996, II: 3, p. 111), que é uma das traduções mais simples da palavra *kleśa* (aflição). Patañjali, eventualmente, usa outros sinônimos. É o caso do *sūtra* YS, II: 34, no qual utiliza a palavra "*ajñāna*" para designar ignorância, e a relaciona com dor, miséria ou sofrimento (*duḥkha*), que são consequência de pensamentos (*vitarkas*), emoções e ações impróprios (TAIMNI, 1996, p. 186). O *Samādhi* (Êxtase) é, então, indicado por Patañjali como a grande solução para todos estes males e sofrimentos e pode ser descrito como um estado de tão perfeita concentração da mente que dissolve, temporariamente, enquanto dura, o relacionamento sujeito-objeto. Patañjali apresenta um método ou uma verdadeira ciência do Yoga que culmina no estado de *Samādhi* para libertar o ser humano das

392 "*[...]* attractive like the new moon" (VYĀSA, 1988, p. 96).

393 "Para quem desenvolveu o discernimento, tudo é miséria por causa da dor resultante das mudanças, ansiedades e tendências bem como dos conflitos que permeiam o funcionamento dos *guṇas* e *vṛttis* (da mente)". No original: "*Pariṇāma-tāpa-saṃskāra-duḥkhair guṇa-vṛtti-virodhāc ca duḥkham eva sarvaṃ vivekinaḥ*" (PATAÑJALI, 1996, II: 15, p. 135).

394 "Os prazeres que nascem do contato são, em verdade, ventres de dor, pois eles têm início e fim, Oh Kaunteya; neles não pode regozijar-se o sábio" (BHAGAVAD-GĪTĀ, 2014, V: 22, p. 116).

395 "*Avidyāsmitā-rāga-dveṣābhiniveśaḥ kleśāḥ*" (PATAÑJALI, 1996, II: 3, p. 111).

misérias da vida. Como comenta Taimni (1996, p. 222), nesse estado de *Samādhi* (Êxtase ou transe) surge um tipo de conhecimento direto por união ou fusão da mente com o objeto da meditação: torna-se, então, "[...] possível conhecer a mais íntima natureza de um objeto de meditação pela fusão da mente com ele".

Antes de aprofundar a solução de Patañjali, por meio do *Samādhi*, para libertar o ser humano das misérias da vida, ou de poder comparar a condição humana com a Divina, torna-se necessário definir o papel da Divindade no Yoga. O simples fato de que Patañjali admite a autoentrega a Deus ou Īśvara (*Īṣvara-praṇidhāna*), como um método alternativo para se alcançar o *Samādhi*, é um importante indicativo não só de que, distintamente do Sāṃkhya, o Yoga aceita a existência de Deus, como também o considera como um caminho para Libertação do sofrimento. A expressão usada por Patañjali, no *sūtra* YS, I: 23, a saber, "[...] ou pela autoentrega a Deus"[396] (PATAÑJALI, 1996, I: 23, p. 54), insere-se no contexto dos *sūtras* anteriores, nos quais ele discorre sobre as condições que caracterizam o atingimento do *Samādhi*. Por exemplo, afirma: "[O *samādhi*] está mais perto para aqueles cujo desejo [pelo *samādhi*] é intensamente forte"[397] (PATAÑJALI, 1996, I: 21, p. 51). Comentando o *Yoga-Sūtra* de Patañjali, Śaṅkara faz também referência a este aspecto do Bhakti-Yoga, que enfatiza uma perspectiva devocional, como constitutivo de um projeto maior de Rāja-Yoga: "Assim como os instrutores humanos voltam o rosto para o aluno totalmente dedicado e lhe dão seu favor, esse instrutor supremo dá seu favor quando há pura contemplação nele"[398] (ŚAṄKARA, 2006, p. 131).

Taimni estabelece uma correlação ou equivalência entre os conceitos de Īśvara e Paramātman enquanto divindade manifestada, em contraste com o conceito de Parabrahman, o Absoluto, que não é manifestado (TAIMNI, 1974, p. 94). Além disso, Besant também estabelece tal correlação ou equivalência entre Īśvara e Saguṇa-Brahman. Torna-se, porém, necessário antes destacar que Brahman apresenta assim dois estados chamados "Os dois estados de Brahman"[399] (*BṚHAD-ĀRAṆYAKA UPANIṢAD*, [900 a.C.?], [II. iii. 1] *apud* BESANT, 1998, p. 13), denominados Nirguṇa e Saguṇa Brahman. Assim os comenta Besant: "Às vezes o hindu fala do Todo como Nirguṇa Brahman, o Brahman sem atributos, ou o Brahman incondicionado"[400] (BESANT, 1998, p. 13), também conhecido como o Absoluto

396 "Īśvara-praṇidhānād vā" (PATAÑJALI, 1996, I: 23, p. 54).

397 "*Tīvra-saṃvegānām āsannaḥ*" (PATAÑJALI, 1996, I: 21, p. 51).

398 "*Just as the human teachers turn their face towards the wholly devoted pupil and give him their favour, so this supreme teacher gives his favour when there is pure contemplation on him*" (ŚAṄKARA, 2006, p. 131).

399 "*The two states of Brahman*" (*BṚHAD-ĀRAṆYAKA UPANIṢAD*, [900 a.C.], [II. iii. 1] *apud* BESANT, 1998, p. 13).

400 "*Sometimes the Hindu speaks of the ALL as Nirguṇa Brahman, the Brahman without attributes, or the*

(Parabrahman). E ela ressalta: "Isto é para distinguir o não manifestado estado de Brahman, o Todo, do estado manifestado, no qual Brahman é chamado de Saguṇa Brahman, o Brahman com atributos, ou o condicionado Brahman, o Supremo Īśvara com Seu Universo"[401] (BESANT, 1998, p. 13).

Parece importante considerar que, por definição, Nirguṇa Brahman ou Parabrahman não é um Deus pessoal com atributos, nem sequer é manifestado. Parabrahman é antes uma lei imutável destituída de bondade ou maldade que mantém uma unidade subjacente à toda manifestação. Uma de suas expressões no mundo manifestado é a Lei do *Karma*, como afirma Blavatsky: "O *Karma* é uma Lei Absoluta e Eterna no Mundo da Manifestação [...] O *Karma* é uno com o Incognoscível [Parabrahman, N.T.], do qual é um aspecto em seus efeitos no mundo fenomenal" (BLAVATSKY, 1993, p. 323-324).

Chega-se, assim, ao ponto fundamental desta seção, que é apresentar por contraste a diferença fundamental da condição humana e suas limitações em relação à Īśvara (Deus), segundo o *Yoga-Sūtra* de Patañjali. É muito singular a definição de Īśvara a qual Patañjali apresenta. Deve-se, porém, evitar qualquer confusão entre os conceitos de Parabrahman e Īśvara, os quais merecem esclarecimento, pois podem estar relacionados à possibilidade humana de se libertar do sofrimento e das misérias da vida. É preciso sempre lembrar que Īśvara é, de alguma forma, condicionado, por ser manifestado, quando comparado com Parabrahman, que é, absolutamente, incondicionado e não manifestado. Patañjali apresenta a seguinte definição: "Īśvara é um *puruṣa* particular, que é incólume às aflições da vida, às ações e aos resultados e impressões produzidos por essas ações"[402] (PATAÑJALI, 1996, I: 24, p. 55). Mesmo se tomado apenas de modo paradigmático, Īśvara é apresentado por Patañjali como um exemplo perfeito de um *puruṣa* livre de todas as aflições da vida (*kleśas*) e, também, de *karmas*. Assim, também Patañjali caracteriza o primeiro resultado que se apresenta no ser humano que conquistou *kaivalya* (Libertação): "Então, segue-se a libertação de *kleśas e karmas*"[403] (PATAÑJALI, 1996, IV: 30, p. 330).

Por um lado, Īśvara é definido como uma divindade pessoal (Saguṇa Brahman) ou um certo tipo de *puruṣa* individualizado, como também é o caso do ser humano,

---

unconditioned Brahman" (BESANT, 1998, p. 13).

401 "*This is to distinguish the unmanifested state of Brahman, the ALL, from the manifested state, in which Brahman is called the Saguṇa Brahman, the Brahman with attributes, or the conditioned Brahman, the Suprem Īśvara with His universe*" (BESANT, 1998, p. 13).

402 "*Kleśa-karma-vipākāśayair aparāmṛṣṭaḥ puruṣa-viśeṣa Īśvaraḥ*" (PATAÑJALI, 1996, I: 24, p. 55).

403 "*Tataḥ kleśa-karma-nivṛttiḥ*" (PATAÑJALI, 1996, IV: 30, p. 330).

pois, segundo a filosofia Sāṃkhya, "Cada *puruṣa* é uma unidade de consciência independente e separada e assim permanece eternamente" (TAIMNI, 1996, p. 56). Por outro lado, Parabrahman (o Absoluto) necessita logicamente ser caracterizado sem atributos (Nirguṇa Brahman) porque qualquer atributo o limitaria. Por exemplo, se ele fosse somente Espírito, então ele estaria limitado pela matéria ou não poderia penetrá-la, o que se constituiria numa limitação contrária ao próprio conceito do Absoluto. Cabe recordar o que já foi citado: "Parabrahm [Parabrahman] mais *Māyā* [ilusão] se torna Īśvar [Īśvara], o princípio criativo – um poder normalmente chamado de Deus, que desaparece e morre com o resto quando vem o *pralaya* [ou período de reabsorção em Parabrahman]" (BARKER, 2001, v. 1, p. 286). Portanto, Īśvara (Saguṇa Brahman), que é condicionado por ser manifestado, deve, logicamente, situar-se em algum lugar intermediário entre o ser humano e o Absoluto. Entretanto, Patañjali, ao utilizar a expressão "*puruṣa* particular" para definir Īśvara, não esclarece quanto o ser humano, que conquistou a Libertação (*jivanmukti*), pode se assemelhar a Īśvara.

Patañjali não menciona qualquer continuidade evolutiva para o *puruṣa* que atingiu a Libertação (*kaivalya*). Portanto, para Patañjali, *kaivalya*, tal como apresentado nos *sūtras* YS, IV: 29-34 (PATAÑJALI, 1996, IV: 29-34, p. 328-336), é a condição última e definitiva na resolução da problemática do sofrimento. É nesse aspecto que, para o Pensamento Teosófico, a palavra Libertação tem um sentido distinto, ou pelo menos mais ampliado do que na palavra *kaivalya*. Logo, sempre que, ao longo desta tese, houver referência à Libertação, no sentido ampliado do Pensamento Teosófico, significa que a evolução prossegue depois de *kaivalya* para estágios além da condição humana, embora neles não haja mais sofrimento, pois já foi conquistada a sabedoria, que destrói a ignorância (*avidyā*), que é a causa desse sofrimento.

Para o Pensamento Teosófico, entretanto, a condição de *kaivalya*, tal como apresentada por Patañjali, não é ainda o ponto final do processo evolutivo. Como se referiu, introdutoriamente, em *A Doutrina Secreta* e nas verdades de Collins, a evolução segundo o Pensamento Teosófico não tem limites no estágio humano, prosseguindo mesmo depois da conquista de *kaivalya* (Libertação do estágio humano), na direção de se tornar um Īśvara, atingindo, assim, espaços de tempo e dimensões solares ou galácticas. Portanto, de um ponto de vista metodológico nesta tese, a menos que haja menção explícita do adjetivo "teosófico", fica subentendido que os termos "*kaivalya*" ou "Libertação" seguem a interpretação tradicional das escolas do Yoga e do Vedānta.

Por outro lado, Taimni faz um comentário que parece justificar o silêncio de Patañjali na questão do que ocorreria com o indivíduo após o atingimento de *kaivalya*: "Para nós [é] suficiente, por enquanto, o objetivo, de realização implícito em *kaivalya*" (TAIMNI, 1996, p. 339). A conclusão de Taimni é eminentemente prática e justifica qualquer silêncio de Patañjali, pois a descoberta da verdade sobre a condição do indivíduo na situação pós-*kaivalya* depende de uma experiência direta: "Os mistérios posteriores que temos de desvendar e os estágios da Senda que temos de trilhar estão ocultos nos ainda mais profundos recessos de nossa consciência e revelar-se-ão no devido tempo, quando estivermos prontos para eles" (TAIMNI, 1996, p. 339).

Na verdade, trata-se de uma interpretação teosófica a ideia de uma evolução aparentemente sem limites até o Universo ser reabsorvido em Parabrahman no final do *manvantara*[404], atingindo o período de repouso (*pralaya*), como mencionado, na primeira verdade de Collins, que parece oportuno repetir: "A alma do homem é imortal e o seu futuro é o de algo cujo crescimento e esplendor não têm limites"[405] (COLLINS, 2000b, p. 161).

Após tal esclarecimento necessário, talvez se possa melhor apreciar os estágios da evolução posterior a *kaivalya* (Libertação), ampliada no sentido teosófico neste comentário de Taimni (1996, p. 55):

> O posterior desenvolvimento da consciência, que ocorre no progresso evolutivo além de *Kaivalya* [no sentido ampliado teosófico] passa por muitos estágios para, finalmente, culminar no estágio extremamente elevado e glorioso, no qual *puruṣa* torna-se a Divindade [Īśvara] que preside um Sistema Solar. Durante os estágios anteriores, Ele ocupou funções cada vez mais elevadas nas Hierarquias que governam e dirigem as várias atividades no Sistema Solar. As funções dos *adhikāri puruṣas* [Mahātmās ou Homens Perfeitos] de diferentes graus, como Buddhas, Manus etc., formam, por assim dizer, uma escada cuja extremidade inferior repousa na rocha de *Kaivalya* [Libertação], enquanto a outra se perde na inimaginável glória e esplendor da Consciência Divina.

404 "Um período de manifestação [do Universo] oposto ao *pralaya* (repouso ou dissolução) [de igual duração]; termo aplicado a vários ciclos, especialmente a um Dia de Brahmā, que compreende 4.320.000.000 de anos solares e ao reinado de um Manu, equivalente a 306.720.000" (BLAVATSKY, 1991b, p. 357).

405 "*The soul of man is immortal, and its future is the future of a thing whose growth and splendour has no limit*" (COLLINS, 2000b, p. 161).

Patañjali apenas acrescenta que "Nele [em Īśvara] se encontra o limite mais elevado de Onisciência"[406] (PATAÑJALI, 1996, I: 25, p. 57). Mas mesmo que um *puruṣa* possa evoluir até esta condição especial e particular de se tornar um Īśvara, que preside um Sistema Solar, deveria ficar evidente que não poderá ultrapassar o seu respectivo Īśvara, porque este também continua evoluindo, uma vez que a Lei de Evolução, no âmbito da manifestação, é considerada universal na abordagem teosófica. Tal onisciência é relativa, conforme o conceito Deus (*Logos*) de um Sistema Solar, uma vez que se trata de uma Divindade manifestada no tempo e no espaço. Por outro lado, por mais que um *puruṣa* comum possa continuar sempre evoluindo, como comenta Taimni,

> [...] seu conhecimento pode continuar expandindo-se e pode parecer infinito, mas não pode ir além do conhecimento infinito do Īśvara do Sistema [Solar], do mesmo modo que o nível de uma fonte não pode ser superior ao do reservatório que a supre com água (TAIMNI, 1996, p. 58).

Desta maneira, pode-se considerar que os vários Sistemas Solares e estrelas têm uma certa relação hierárquica por precedência evolutiva, isto é, podem ser considerados como diversos estágios de um processo evolutivo. Conforme afirma Taimni: "Que tais estágios existem é evidente e se deduz dos fatos de que os sóis não ocupam posições fixas, mas, provavelmente, giram em torno de outras estrelas, que os Sistemas Solares são partes de unidades maiores chamadas galáxias [...]" (TAIMNI, 1996, p. 56). Taimni, por indução semelhante, considera que as galáxias, por sua vez, são unidades menores, que constituem Universos, e estes por sua vez constituem o Cosmo. Deriva desta percepção, da grandeza do Universo, uma concepção importante, típica da perspectiva teosófica de uma evolução universal: "[...] a concepção do Cosmo pontilhado de inúmeros Sistemas Solares, com cada sistema solar governado por um Īśvara, é por si só uma ideia extraordinária" (TAIMNI, 1996, p. 56). Por fim, Taimni conclui destacando a imensa diferença de perspectiva que tal interpretação propicia quando relacionada com uma possibilidade de evolução que não se limita à condição humana:

> E pensar que a Divindade de cada um desses Sistemas Solares é um *puruṣa viśeṣa* [espírito particular] que passou pelo ciclo evolutivo, como todos nós, e atingiu aquele nível inconcebivelmente elevado, empresta um novo significado à ideia da evolução humana [...] (TAIMNI, 1996, p. 56).

---

406 "*Tatra niratiśayaṃ sarvajña-bījam*" (PANTAÑJALI, 1996, I: 25, p. 57).

A interpretação teosófica acima difere da clássica tradição comentarial de *Vyāsa* da escola do Yoga. Com efeito, Vyāsa afirma: "Īśvara nunca teve, nem terá qualquer relação com os vínculos [aflição, ação e fruição]"[407] (VYĀSA, 1988, p. 41). Este comentário ainda pretende enfatizar que a condição de Īśvara *não foi conquistada a partir de um estado inicial de ignorância com decorrentes apegos ou ligaduras: "No caso dos liberados* [Mahātmās ou *Jīvanmuktas*] é conhecida a escravidão anterior, mas este não é o caso de Īśvara"[408] (VYĀSA, 1988, p. 41). Por outro lado, admitir a possibilidade do *puruṣa* do ser humano não ser essencialmente distinto de Īśvara, de modo que o ser humano poderia evoluir até tornar-se um Īśvara, daria outra interpretação para a expressão "*puruṣa* particular" usada por Patañjali no supracitado *sūtra* YS, I: 24 (PATAÑJALI, 1996, I: 24, p. 55). A diferença entre o ser humano e Īśvara passaria então a ser apenas de grau de expressão de sabedoria e poderes correspondentes ao respectivo estágio evolutivo conquistado no mundo manifestado. Essa interpretação teosófica, ainda que não seja aceita pela maioria dos comentadores, evitaria plenamente a crítica feita por Leggett, na qual Patañjali estaria em contradição no supracitado *sūtra* YS, I: 24 (PATAÑJALI, 1996, I: 24, p. 55). Leggett faz a seguinte crítica: "A declaração do *sūtra* I: 24 de que o Senhor [Īśvara] é um tipo especial de *Puruṣa* é contradita pela declaração posterior de que os *Puruṣa-s*, sendo sem atributos, não podem ser diferentes em sua natureza"[409] (LEGGETT, 2006, p. 29).

Taimni, ademais, considera a justificativa apresentada por Vyāsa como pouco convincente, talvez porque não parece seguir totalmente a linha da argumentação apresentada por Patañjali, que parece preferir se apoiar na antiguidade primordial de Īśvara. Patañjali argumenta mais por uma transcendência da influência do tempo, a partir de uma antiguidade primordial de Īśvara, ou, talvez, de uma Sabedoria Divina além do tempo, quando afirma: "Não estando condicionado pelo tempo, Ele é o Instrutor até mesmo dos Antigos"[410] (PATAÑJALI, 1996, I: 26, p. 50). Resta saber se Īśvara traz esta condição especial de singularidade primordial neste *manvantara*[411],

---

407 "*Īśvara never had, nor will have any relation to the bonds [aflliction, action and fruition]*" (VYĀSA, 1988, p. 41).

408 "*As former bondage is known in the case of the emancipated, not so in the case of Īśvara*" (VYĀSA, 1988, p. 41).

409 "*The statement of sūtra I: 24 that the Lord is a special kind of Puruṣa is contradicted by the later statement that the Puruṣa-s being attributeless [ĪŚVARAKṚṢṆA, Sāṃkhya Kārikā, sūtra XIX apud LEGGETT, 2006, p. 19] cannot conceivably be different in their nature*" (LEGGETT, 2006, p. 29). O sistema filosófico Sāṃkhya admite que o *Puruṣa* ou Espírito é apenas uma testemunha sem atributos, como foi visto no Capítulo 1.

410 "*Sa pūrveṣām api Guruḥ kālenāna-vacchedāt*" (PATAÑJALI, 1996, I: 26, p. 50).

411 "Um período de manifestação [do Universo] oposto ao *pralaya* (repouso ou dissolução) [de igual duração];

ou período de manifestação de um Sistema Solar, como um efeito a partir de uma causa evolutiva gerada num *manvantara* anterior. Para Taimni: "A explicação dada algumas vezes, de que Ele [Īśvara] é um tipo especial de *puruṣa,* que não passou pelo processo de evolução, que sempre foi livre e intocado pelas aflições, não é muito convincente e é contra o que se conhece da ciência oculta" (TAIMNI, 1996, p. 55).

Dentro dessa perspectiva, como foi nas proposições de Blavatsky e nas verdades de Collins, o argumento de Leadbeater parece discernir com mais clareza o conceito de Absoluto, o qual se refere a uma dimensão totalmente atemporal, e o conceito de *Logos* (Īśvara). Assim, ele sustenta para o ser humano a possibilidade evolutiva sem limites:

> Quanto a Parabrahman, o Absoluto, Ele não é pessoal de modo algum; Ele não é o que chamaríamos de uma existência. Sobre o Absoluto não há nada que possa ser afirmado, seja o que for, exceto que Ele não é isto, Ele não é aquilo; Ele não pode ser definido em qualquer plano que alguma vez tenhamos imaginado ou pensado. Como disse o Buda: "Não procurem por Brahman ou o pelo princípio em algum lugar". Por mais determinado que seja o buscador, o Absoluto nunca pode ser alcançado. "Véu após véu pode ser removido, mas sempre haverá véu após véu por detrás". É inútil especular; Brahman só pode ser compreendido em Seu próprio nível [...] Quando falamos de Deus, referimo-nos, para todos os efeitos práticos, ao *Logos* [Īśvara, o Senhor] de nosso Sistema Solar. O *Logos* é mais compreensível do que o Absoluto, porque Ele se elevou vagarosamente a partir de nossa própria humanidade. A matéria física no Sol e nos planetas de nosso Sistema forma Seu corpo físico; a matéria astral dentro dos limites do Sistema é o Seu corpo astral; a matéria mental, Seu corpo mental. Portanto, somos todos parte d'Ele[412] (LEADBEATER, 2019a, p. 35-36).

Dessa forma, no devido tempo (de um *manvantara* ou tempo astronômico ou de muitos milhões de anos), o ser humano se tornaria, finalmente, uma Divindade[413],

---

termo aplicado a vários ciclos, especialmente a um Dia de Brahmã, que compreende 4.320.000.000 de anos solares e ao reinado de um Manu, equivalente a 306.720.000" (BLAVATSKY, 1991b, p. 357).

412 É interessante notar que tal ideia também se encontra na Bíblia: "Pois nele vivemos, nos movemos, e existimos [temos o nosso ser]" (At 17,28).

413 Como é dito na narrativa bíblica, Cristo disse: "Sede vós pois perfeitos, como é perfeito o vosso Pai que está nos céus" (Mt 5,48)(BÍBLIA, 1976, p. 10 N.T.). Ser ou tornar-se perfeito como Deus (Īśvara) não parece ser tarefa simples ou rapidamente exequível, mas a citação bíblica se apresenta no imperativo, como um mandamento em favor de uma evolução possível para o ser humano. No mínimo, parece sugerir que, no tempo médio de vida humana, aproximadamente, por hipótese de uns oitenta anos, tal tarefa não parece exequível.

ou seja, um Īśvara ou um *Logos* Solar. Ser ou tornar-se perfeito como Deus (Īśvara) não parece ser tarefa simples ou rapidamente exequível, mas essa interpretação teosófica apresenta tal evolução como possível para o ser humano.

É, talvez, importante ressaltar que essa ideia de evolução que não se limita à condição ou ao estágio humano não é apenas de uma ideia de Taimni, que poderia representar a terceira geração de autores teosóficos. Com efeito, a abordagem teosófica como um todo sustenta tal posição de uma evolução além da condição humana. Assim, também, foi visto na Terceira Proposição de Blavatsky em *A Doutrina Secreta* e nas chamadas Verdades de Collins, representando a primeira geração. Viu-se, e é aprofundado, também em Besant e Leadbeater, representando a segunda geração. Embora Patañjali não pareça afirmar se qualquer *puruṣa*, algum dia, poderá se tornar um Īśvara, que é assim caracterizado como um *puruṣa* especial, o fato é que ele trata os dois, isto é, o *puruṣa* e Īśvara, na categoria genérica de *puruṣas*. Patañjali apenas afirma que o *puruṣa* comum pode alcançar a Libertação (*kaivalya*). Infelizmente, não detalha esta questão e dedica apenas cinco *sūtras* (PATAÑJALI, 1996, I: 23-27, p. 54-60) à questão de Īśvara (Deus). Desses cinco, somente três *sūtras* (PATAÑJALI, 1996, I: 24-26, p. 55-59) mencionam seus atributos. Entretanto, é a tradição comentarial, a partir de Vyāsa, que se apresenta declaradamente contrária a tal possibilidade de um *puruṣa* comum vir a tornar-se um Īśvara.

Por outro lado, Annie Besant comenta sobre o *Yoga-Sūtra* de Patañjali, e sua tradição comentarial:

> Esta obra está acompanhada de um comentário de Vyāsa um Ṛṣi hindu; porém, como todos [os] comentários hindus, este não dá as explicações verdadeiramente ocultas [esotéricas]. No dito comentário, se encontram muitas palavras que mais velam as ideias do que as explicam, havendo nelas apenas alusões. Mas, quando o *sūtra* – frase muito curta que diz muito em poucas palavras – contém um ensinamento difícil, jamais dá o comentário a sua explicação. Entenda-se bem: não desejo falar de uma explicação gramatical, mas de uma explicação da experiência em si mesmo. [...] Vyāsa conhecia certamente as experiências do Yoga, porém, nem sempre as explicava (BESANT, 1968, p. 26-27).

Também no caso da interpretação da Bíblia, a tradição comentarial e as decisões conciliares se posicionaram contrárias à Doutrina da Reencarnação ou transmigração das almas, tal como no Cristianismo Primitivo, particularmente defendida por Orígenes de Alexandria e/ou seus seguidores (LINDEMANN, 2014, p. 89 et seq.).

Esta maneira de escrever, apenas por alusões, se deve àquele "véu esotérico" que protege o ensinamento, algo mencionado por Besant no contexto da tradição dos Tantras, ou mais especificamente do Tantra-Yoga. Poder-se-ia apenas especular que um "véu esotérico" sobre o ensinamento da possibilidade do ser humano se tornar um Īśvara **ou uma Divindade**[414] seria algo necessário de modo a não despertar soberba. Como indica Krishnamurti em *Aos Pés do Mestre*: "Preserva a tua mente do orgulho, pois o orgulho provém somente da ignorância. O homem que não sabe pensa ser grande; imagina ter feito esta ou aquela grande coisa; mas o homem sábio sabe que só Deus é grande, que toda boa obra é feita somente por Deus" (KRISHNAMURTI, 2017, p. 61).

A busca pelo infinito potencial de perfectibilidade ou evolução parece ser intrínseca à condição humana e se manifesta sob a forma de uma inexprimível aspiração pelo infinito. Blavatsky (1991b, p. 368) já pressupunha tal potencial em sua definição de meditação como "[...] a inexplicável e ardente aspiração do homem interior pelo infinito". Besant também questionava e instigava na direção de tal Evolução que não se limita ao estágio humano:

> A Divindade manifestada dorme no mineral e na pedra, acentua-se cada vez mais nos vegetais e nos animais; finalmente parece, para os ignorantes, ter atingido no homem o Seu apogeu. Deter-vos-ei aqui? Nada mais fareis? Depois de terdes desenvolvido até esse ponto a vossa consciência, parece-vos, pois, impossível que ele atinja um dia a Divindade? (BESANT, 1973, p. 5).

Uma outra escola de filosofia da Índia que tem influência na Teosofia, a escola não dualista Shivaísmo, da Caxemira, também menciona a Libertação (*mukti*). A tradução de Taimni[415], que nasceu numa "família brâmane da Caxemira"[416]

414 Similarmente, parece haver uma dificuldade, no Cristianismo, para aceitar a possibilidade de a alma ter um crescimento evolutivo sem limites, pois a tradição comentarial é contra tal interpretação. Exemplo disso seria que os judeus tenham interpretado como blasfema a frase atribuída a Cristo, quando teria afirmado: "Eu e o Pai somos um" (Jo 10,30). Por isso, tentaram apedrejá-lo (Jo 10,31). Entretanto tal conceito é perfeitamente admissível na tradição do Vedānta, como foi visto: "*Ātman* [espírito] é Brahman [Deus]" (ŚAṄKARĀCĀRYA, 1992, s. 292, p. 113), ou seja, numa tradução livre, que o Espírito do ser humano é essencialmente idêntico a Deus. Em resposta à ameaça de apedrejamento, Cristo disse: "Não está escrito em vossa Lei: Eu disse: Sois deuses?" (Jo 10,34). Ele estava citando assim o Salmo 82 no Velho Testamento da Tradição Judaica, que prossegue: "Vós sois deuses, todos vós sois filhos do Altíssimo" (Sl 82,6).

415 Iqbal Kishen Taimni, PhD, traduziu diversos textos da escola Shivaísmo, da Caxemira, e seu pai era o erudito ou *pandit* Prem Kishen Taimni (HARRIS, 2006, p. 613).

416 "*Kashmiri Brahman Family [...]*" (HARRIS, 2006, p. 613).

(HARRIS, 2006, p. 613), trata deste tema da evolução de *ātman* depois da "Libertação no sentido teosófico". Taimni cita o *Pratyabhijñā Hṛidayam* de Kṣemarāja em seu último *sūtra* (número 20) sobre a iluminação caracterizando o ser liberado (*Jīvanmukta*):

> É então atingido aquele percebimento todo abrangente da Realidade Última, que é a essência da consciência e da bem-aventurança, na qual está presente, inerentemente, o poder integrado do som capaz de criação e destruição de qualquer espécie, em qualquer lugar e em qualquer tempo, e que confere a condição de Senhor (Īśvara) sobre a hierarquia das deidades atuantes, num determinado sistema manifestado que, em resumo, é a Realidade Última designada como Śiva[417] (KṢEMARĀJA, [10--] *apud* TAIMNI, 2009, p. 103).

Segundo tal concepção teosófica evolutiva, Taimni sustenta que tal estado de iluminação ou Libertação, ampliada no sentido teosófico, não é uma mera fusão com a divindade (Īśvara), como se fosse uma diluição passiva de uma gota num oceano, mas uma progressiva participação ativa:

> Em um estágio ainda mais elevado, quando o *Puruṣa* alcança *Kaivalya* ou Autorrealização, Onisciência e Onipotência aparecem como resultado dessa realização. Mas ao longo ainda do caminho do desenvolvimento da consciência, quando a mônada [*puruṣa*] se torna um *Logos* Solar [Īśvara], Ele não é apenas o Sarva-sākṣi ou a Testemunha Onipresente de tudo no sistema solar, mas também o Governante ativo ou Īśvara do sistema solar[418] (TAIMNI, 1974, p. 118).

Taimni, entretanto, considera que tal questão sobre as possibilidades evolutivas da alma após conquistar a Libertação, ampliada no sentido teosófico, não é significativamente relevante para a prática do Yoga como ciência, ainda quando delineia uma perspectiva futura: "O Yoga é uma ciência essencialmente prática,

---

417 "*cidānandalābhe dehādiṣu cetyyamāneṣvapi cidaikātmya-pratipatti-dārḍhyaṃ jīvanmuktiḥ*" (KṢEMARĀJA [10--] *apud* TAIMNI, 2009, p. 103).

418 "*At a still higher stage when the Puruṣa atains Kaivalya or Self-realization both Omniscience and Omnipotence appear as a result of this realization. Still further along the path of the unfoldment of consciousness when the monad [puruṣa] becomes a Solar Logos [Īśvara], He is not only the Sarva-sākṣi or the All-pervading Witness of everything in the solar system, but also the active Ruler or Īśvara of the solar system*" (TAIMNI, 1974, p. 118).

cujas verdades e experiências das quais trata não dependem de determinada filosofia ou de filosofias que pretendem dar uma imagem racional do objetivo e dos vários processos que a ele conduzem" (TAIMNI, 1996, p. 155-156). Afinal, a ciência do Yoga é essencialmente prática e visa acelerar a evolução natural, ou como dizia Besant: "O Yoga não é senão uma maneira de acelerar o desenvolvimento normal da consciência" (BESANT, 1973, p. 6).

O que caracteriza, de modo especial, a abordagem teosófica, é a sua busca pela verdade, mais do que qualquer outra preocupação pela forma ritualística, dogmática ou literária de uma doutrina ou religião, como expressa o lema: "Não há Religião Superior à Verdade – *Satyān Nāsti Paro Dharmaḥ* – o lema do Mahārājah, de Benares, adotado pela Sociedade Teosófica" (BLAVATSKY, 1980, v. 1, p. 64). Neste mesmo espírito, na Sociedade Teosófica, a partir de seu segundo objetivo de Encorajar o Estudo de Religião Comparada, Filosofia e Ciência, poder-se-ia talvez entender que sustentaria o ideal ou hipótese da Religião Científica, como foi visto no Capítulo 2, buscando a investigação ou a percepção direta da verdade, como sugere seu terceiro objetivo, a saber: Investigar as leis não explicadas da Natureza e os poderes latentes no homem. É possível sugerir que tal lema deixa subentendido a busca de uma verdade esotérica comum a todas as religiões, mas que está subjacente às suas formas externas. Em outras palavras, trata-se do que foi denominado "Hipótese de Blavatsky". Além do mais, do ponto de vista da Religião Científica, tal como é sustentado por Blavatsky e Leadbeater, a questão das possibilidades evolutivas do Espírito demandaria investigação para não se tornar mais uma questão metafísica sem solução. Essa investigação direta pode trazer **evidências,** marcas corroborativas ou pelos menos indícios para essa questão[419].

Considerando então o Yoga como caminho do autoconhecimento, pode-se relembrar como a própria palavra *yoga* é originada do sânscrito e tem vários significados, derivando-se da raiz *yuj*, que significa "unir". Por isso, Taimni considera que "[...] a ideia de união está presente em todos os significados" (TAIMNI, 1996, p. 20) do termo *yoga*. Essa união tem relação com sua técnica fundamental, o *Samādhi,* como sendo um tipo de conhecimento direto por união ou fusão da mente com o objeto da meditação. Segundo o comentário de Śaṅkara: "'*Yoga* é *samādhi'* em relação ao ponto particular de fixar a mente"[420] (ŚAṄKARA, 2006, p. 283). A própria definição de Yoga, dada por Patañjali, indica o estado de consciência avançado de

---

419 Questão aprofundada no capítulo 5.

420 "'*Yoga is samādhi' that was in regard to the particular point of fixing the mind*" (ŚAṄKARA, 2006, p. 283).

Samādhi: "Yoga é a inibição das modificações da mente"[421] (PATAÑJALI, 1996, I: 2, p. 19). Assim, num primeiro momento, a palavra "*yoga*" pode indicar, por meio do *Samādhi*, a união do ser humano com sua própria alma ou essência espiritual.

Na obra *Yoga: a arte da integração*, Metha (1995, p. 9) sustenta que:

> A necessidade básica da civilização moderna é a integração do homem em todos os níveis de sua existência. O homem está hoje fragmentado em seu interior, e esta desintegração se reflete na desorganização no nível externo ou social.

A contradição humana e os desejos no conflito interior do ser humano, bem como sua consequente insatisfação, apenas indicam ou evidenciam sua necessidade de reencontrar a sua própria essência.

Por outro lado, Taimni sustenta, baseando-se nas concepções da filosofia hindu, da qual ele considera a Ciência do Yoga uma parte integrante, que "[...] a alma humana (*jīvātmā*) é uma faceta ou expressão parcial da Superalma (*Paramātmā*), a Divina Realidade, fonte ou substrato do Universo manifestado" (TAIMNI, 1996, p. 20). Dessa forma, a união a que o Yoga se refere seria a união entre a alma humana (*jīvātmā*) e a Superalma (*Paramātmā*), como Taimni comenta, e que tem, também, plena sustentação em Yājñavalkya, que afirma: "A conjunção das almas individual [*jīvātmā*] e suprema [*Paramātmā*] é chamada Yoga"[422] (YĀJÑAVALKYA, [c. 1--- d.C.?] *apud* RADHAKRISHNAN, 2019, v. 2, p. 309). Na verdade, tal definição, que envolve a união desses dois, *jīvātmā* e *Paramātmā*, também abrange a disciplina que torna essa união possível, como afirma Taimni: "Este estado de unificação dos dois [*jīvātmā* e *Paramātmā*] em consciência, bem como o processo mental e a disciplina através da qual esta união é atingida, são ambos chamados Yoga" (TAIMNI, 1996, p. 20). Porém, é talvez necessário enfatizar que a aparente separação entre a alma humana (*jīvātmā*) e a Superalma (*Paramātmā*), supramencionadas, é apenas subjetiva (TAIMNI, 1996, p. 20).

Parece, pois, haver uma influência ou integração da filosofia Vedānta na definição teosófica do Yoga, que seria a união entre a alma humana (*jīvātmā*) e a Superalma (*Paramātmā*). Pode-se citar um comentário atribuído a Śaṅkara, sobre

421 "*Yogaś citta-vṛtti-nirodhaḥ*" (PATAÑJALI, 1996, I: 2, p. 19).

422 "*The conjunction of the individual [jīvātmā] and the supreme [Paramātmā] souls are called Yoga. Saṁyogo yoga ity ukto jīvātmaparamātmanor. iti (Sarvadarśanasaṁgraha, xv)*" (YĀJÑAVALKYA, [c. 1--- d.C.] *apud* RADHAKRISHNAN, 2019, v. 2, p. 309).

o *Yoga-Sūtra*, no qual Leggett chama à atenção de uma linha de interpretação que parece contrária ou muito distinta da tradição comentarial do Yoga. Tal comentário refere-se à relação com Deus (Īśvara), que na tradição comentarial do Yoga parece ser tomada apenas como paradigmática quando afirma: "Vale ressaltar que neste texto, em seu comentário [ŚAṄKARA, 2006, p. 131] sobre os cinco *sūtras* a respeito de Deus [PATAÑJALI, 1996, I: 23-28], Śaṅkara muda toda a tendência da prática em direção à unidade com Deus. Ele cita a *Gītā* verso XI: 55"[423] (LEGGETT, 2006, p. 3). A passagem da *Bhagavad-Gītā* mencionada por Śaṅkara[424] é referente a Īśvara personificado em Kṛṣṇa: "[...] aquele que realiza as suas ações por Mim, aquele cujo supremo bem sou Eu, Meu devoto, liberado do apego, sem odiar qualquer ser, vem junto a Mim, oh Pāndava" (BHAGAVAD-GĪTĀ, 2014, XI: 55, p. 208).

Na verdade, uma importante diferença a ser considerada em relação ao seu aliado sistema Sāṃkhya, é que a filosofia do Yoga de Patañjali aceita a existência de Deus (Īśvara). Radhakrishnan sustenta que "[...] a palavra Yoga é usada em uma variedade de sentidos"[425] (RADHAKRISHNAN, 2019, v. 2, p. 309), e que ela faz parte de um contexto maior na filosofia hindu, "[...] o yoga śāstra, ou disciplina religiosa da filosofia de Brahman, '*brahmavidyānāṁ yogaśāstre*' "[426] (RADHAKRISHNAN, 1977, v. 1, p. 533), que Blavatsky considerava literalmente como um sinônimo oriental do termo grego "*Theosophia*". Neste enfoque teosófico, talvez se possa conciliar a definição de Yoga, que desenvolve a conotação de separação ou "isolamento", conforme considera Patañjali, talvez sob influência do Sāṃkhya, com a de "união", conforme a influência do Vedānta. Krishnamurti, comentando sobre a qualificação espiritual de *mumukṣutva*, no Vedānta, a define como "Um intenso desejo pela libertação [*mokṣa*] da roda de nascimentos e mortes [*saṁsāra*], e de união com Deus" (KRISHNAMURTI, 2017, p. 78-79). Neste caso, por analogia, também a Libertação (*mokṣa*), no Vedānta, que seria o correlato de *kaivalya* no *Yoga-Sūtra*, teria dois aspectos: (i) a separação (*viyoga*) ou isolamento do *puruṣa* em relação às causas das aflições, da dor e do sofrimento, ou "todas as misérias da vida" relativas à *prakṛti* (matéria ou natureza material) (RADHAKRISHNAN,

423 "*It is noteworthy that in this text, in his commentary [p. 131] on the five sūtras on God (I: 23-28), Śaṅkara swings the whole trend of the practice towards oneness with God. He quotes the Gītā verse XI: 55*" (LEGGETT, 2006, p. 3).

424 "*He who does works for me, seeing me as the supreme, devoted to me, free from attachment, without hatred for any, he comes to me, O Pândava*" (BHAGAVAD-GĪTĀ, [300 a.C.], XI: 55 *apud* LEGGETT, 2006, p. 3, p. 131).

425 "The word Yoga is used in a variety of senses" (RADHAKRISHNAN, 2019, v. 2, p. 309).

426 "*[...] the yoga śāstra, or religious discipline of the philosophy of Brahman, 'brahmavidyānāṁ yogaśāstre'*" (RADHAKRISHNAN, 1977, v. 1, p. 533).

2019, v. 2, p. 309); (ii) a de união do *puruṣa* ou *jīvātmā* com Deus (Īśvara). Estes dois aspectos, porém, não são contraditórios ou mutuamente excludentes, porque descrevem a situação do *puruṣa* em relação a dois entes distintos: em relação à *prakṛti* no caso da separação, e em relação a Īśvara, no caso da união, podendo assim ser consideradas definições complementares.

Tigunait (1983, p. 179) comenta que tal Deus (Īśvara) é concebido na filosofia hindu como sendo um Ser Supremo perfeito, onipotente, onipresente e onisciente, ainda que Patañjali seja explícito somente na questão da onisciência (PATAÑJALI, 1996, I: 25, p. 57). Tal como Śaṅkara, Tigunait considera que o sistema do Yoga oferece um método "[...] para expansão da consciência individual para a Consciência universal"[427] (TIGUNAIT, 1983, p. 153). Dessa forma, refere-se mais propriamente à união de *jīvātmā* (alma humana), às vezes também chamada Espírito (*puruṣa*), com *Paramātmā* (Superalma), a Divina Realidade, da qual está apenas subjetivamente separado. Sendo essencialmente prático para atingir a mais alta meta da vida – *kaivalya* (Libertação ou isolamento das causas do sofrimento) – tem também sido conhecido como Aṣṭāṅga Yoga (senda óctupla), pois tal método é descrito em oito passos ou membros (TIGUNAIT, 1983, p. 153).

Prabhavananda também complementa que, na prática, a palavra *yoga* adquire também um "[...] significado secundário, [como] uma senda de união com a Divindade, que se aplica às diferentes disciplinas"[428] (PRABHAVANANDA; MANCHESTER, 1964, p. 95). Talvez, por sintetizar ou conter diferentes formas da tradição (Jñana, Bhakti etc.), o Yoga de Patañjali também é conhecido como Yoga Real (Rāja-Yoga), ou "[...] a senda da meditação, que insiste em equilíbrio, autocontrole, tranquilidade, e vida meditativa"[429] (PRABHAVANANDA; MANCHESTER, 1964, p. 96).

Surge, então, a necessidade de investigar, de forma mais detalhada, as diferentes manifestações dessa ignorância (*avidyā*) discutida ao longo do presente tópico. Para tanto, seguindo a filosofia do Yoga de Patañjali, esmiúça-se os desdobramentos das aflições humanas, chamadas *kleśas*, das quais a ignorância é a primeira e a origem fundamental de todas as demais.

---

427 "*[...] for expanding one's individual consciousness to universal Consciousness*" (TIGUNAIT, 1983, p. 153).

428 "*[...] secondary meaning, a path to union with the Godhead, applies to the different disciplines*" (PRABHAVANANDA; MANCHESTER, 1964, p. 95).

429 "*[...] rāja yoga, or the path of meditation, which insists on poise, self-control, tranquillity, and meditative life*" (PRABHAVANANDA; MANCHESTER, 1964, p. 96).

3.2 A FILOSOFIA DOS *KLEŚAS* (AFLIÇÕES) RELACIONADA A *SAṀSĀRA*, *DUḤKHA* E *KARMA*

Tudo parece indicar que quanto mais correto ou verdadeiro for o diagnóstico de uma doença, maiores são as chances de se encontrar, a tempo, os meios para a sua cura ou superação de seus males. O fato é que Patañjali considerava muito importante identificar claramente a ignorância (*avidyā*) como a causa das aflições ou misérias da vida (PATAÑJALI, 1996, II: 4, p. 118), chamadas *kleśas* em sânscrito. A importância do entendimento da ignorância como causa das aflições fica ainda mais evidente quando se constata que Patañjali dedica pelo menos sete *sūtras* para a definição dos *kleśas* (PATAÑJALI, 1996, II: 3-9, p. 111-126). Por outro lado, Taimni considera que a filosofia dos *kleśas,* como um todo, *é* desenvolvida na realidade ao longo de vinte e seis *sūtras* (PATAÑJALI, 1996, II: 3-28, p. 126 *et seq.).*

A filosofia do Yoga está baseada na filosofia dos *kleśa*s, como foram enumerados por Patañjali: "Falta de percebimento da Realidade [*avidyā*], o senso de egoísmo ou 'egoidade' [*asmitā*], atrações e repulsões em relação a objetos e o forte desejo de viver são as grandes aflições ou causas de todas as misérias da vida"[430] (PATAÑJALI, 1996, II: 3, p. 111).

Talvez porque o Yoga é uma ciência predominantemente prática, Patañjali não parece ter se preocupado em apresentar, no *Yoga-Sūtra,* a origem do primeiro *kleśa*, que é a ignorância (*avidyā*) ou "falta de percebimento da Realidade". Blavatsky também, de forma prática, e a partir de um ponto de vista mais individual, define *avidyā* como "Ignorância originada e produzida pela ilusão dos sentidos ou *viparyaya* (erro de juízo, falso conceito)" (BLAVATSKY, 1991b, p. 66). Taimni, por um ponto de vista mais cosmogênico, considera importante comentar que a ignorância (*avidyā*) é "[...] esta falta fundamental de conhecimento quanto à sua real natureza [do ser humano] que começa com o ciclo evolutivo, é produzida pelo poder de *māyā* [ilusão] e termina com a conquista da Libertação em *kaivalya*" (TAIMNI, 1996, p. 120). Esse poder de *māyā* (ilusão) está relacionado ao processo de manifestação, conforme considerado no Vedānta. Blavatsky afirma que *māyā* (ilusão) é "[...] o poder cósmico que torna possíveis a existência fenomenal e as percepções da mesma" (BLAVATSKY, 1991b, p. 367). Taimni enfatiza: "esta privação do conhecimento de sua verdadeira natureza [*avidyā*], que o envolve [ao *puruṣa*] no ciclo evolutivo, é produzida por um poder transcendental, inerente à Realidade Última, poder este

430 "*Avidyāsmitā-rāga-dveṣābhiniveśaḥ kleśāḥ*" (PATAÑJALI, 1996, II: 3, p. 111).

que é chamado *māyā*, ou a Grande Ilusão" (TAIMNI, 1996, p. 119). A filosofia Vedānta considera que "a palavra *māyā* foi usada no *Ṛg-Veda* para denotar um tipo de poder mágico"[431] (NIKHILĀNANDA, 1987, p. 51). Taimni também menciona um conto oriental sobre um sábio hindu que ilustra pelo menos um aspecto desse magnífico poder de *māyā* (Grande Ilusão). Quando esse sábio foi questionado sobre qual seria o fato mais extraordinário no mundo, teria prontamente respondido, sem qualquer hesitação, ser "o fato de que as pessoas viam outras morrerem por toda a parte e a toda hora ao seu redor, sem cogitar quando a morte atacaria seu próprio corpo físico" (TAIMNI, 2007, p. 182). Na verdade, Taimni considera que o poder da ilusão criada por *māyā* é também aparentemente necessário para induzir ou tornar possível que os *puruṣas* (Espíritos) desçam aos planos inferiores da manifestação e se submetam aos respectivos sofrimentos e limitações destes planos. Ele afirma: "Como resultado desta ilusão, nasce em seu interior [das mônadas ou *puruṣas*] o desejo das experiências nos planos inferiores. Este desejo, chamado *Tṛṣṇā* no Budismo, as envolve na evolução, nos cinco planos inferiores [...]" (TAIMNI, 1989, p. 198). Este desejo por experiências também termina por se expressar, similarmente na filosofia do Yoga, como o "desejo de viver" (*abhiniveśa*), que é o último (*kleśa*). Dessa forma, os *puruṣas* (Espíritos) ficam envolvidos nos planos inferiores até que o propósito da evolução tenha sido alcançado e o domínio dos planos inferiores tenha sido atingido. Em outras palavras, os *puruṣas* ficam envolvidos nos planos inferiores até que vençam a ignorância (*avidyā*) e se tornem aptos a se reunir, voluntariamente, à Consciência Divina. Dessa forma, "*Māyā* deve ser considerada não como um poder arbitrário que Deus usa para nos iludir, mas como uma força necessária que torna possíveis nossas evolução e perfeição. De outra maneira, quem desceria desses Planos Divinos [...]?" (TAIMNI, 1989, p. 198).

Patañjali considera a ignorância (*avidyā*) a primeira aflição (*kleśa*), como causa do mal ou do sofrimento, e o egoísmo (*asmitā*) como uma outra aflição (*kleśa*): a segunda da lista das aflições que se iniciam com a ignorância. Por outro lado, apresenta-se naturalmente a questão de quanto tempo seria necessário para, a partir da ignorância (*avidyā*), surgir a "egoidade" ou senso de egoísmo (*asmitā*), ou mesmo de que modo isso acontece. Taimni afirma que ambos "são simultâneos" (TAIMNI, 1996, p. 121), pois "[...] no momento em que o véu de *avidyā* [ignorância] cai sobre a consciência, sua identificação com seus veículos aparece imediatamente, embora filosoficamente *avidyā* [ignorância] deva preceder *asmitā* ['egoidade']" (TAIMNI,

---

431 "*The word māyā was used in the Ṛg-Veda to denote a kind of magic power*" (ŚAṄKARĀCĀRYA, 1987, p. 51).

1996, p. 121). Portanto, *avidyā* (ignorância) é considerado, por Patañjali, como o primeiro *kleśa*, enquanto *asmitā* ("egoidade") é o segundo.

Outra alternativa seria atribuir a causa do mal ou do sofrimento diretamente ao egoísmo (*asmitā*) ou egocentrismo, como parece enfatizar Kṣemarāja, sábio do monismo da escola Shivaísmo da Caxemira, que tem similaridades com o monismo do Advaita Vedānta, em seu *Pratyabijñā Hṛdayam*: "[...] a natureza essencial da escravidão, no mundo ilusório da manifestação, é o apaixonar-se pelo próprio poder individual limitado, devido à falta de percebimento daquela Realidade que é a única fonte existente de todo poder"[432] (KṢEMARĀJA, [10---] *apud* TAIMNI, 1986, p. 40).

Patañjali, entretanto, parece abranger tal visão quando considera que o senso de egoísmo ou "egoidade", chamado de *asmitā*, é o segundo *kleśa* (aflição), particularmente se *avidyā* e *asmitā* forem considerados simultâneos, como Taimni enfatiza, e, portanto, a "egoidade" (*asmitā*) seria a consequência imediata oriunda daquela ignorância ou falta de autoconhecimento chamada de *avidyā*. O próprio Kṣemarāja também o faz ao afirmar que aquele tipo de egocentrismo é "[...] devido à falta de percebimento daquela Realidade [...]", o que é uma definição de *avidyā*. Convém salientar que dessa forma a verdadeira luta moral, por assim dizer, deixa de ser predominantemente uma luta entre o bem e o mal, passando a ser, antes, uma luta entre a sabedoria e a ignorância, da qual o mal ou sofrimento se originam. Isso traz importantes consequências na maneira de ver a compaixão, o amor e o perdão pelos erros alheios.

Por outro lado, *avidyā*, a falta de percebimento do verdadeiro Ser ou a convicção de se enxergar no não Ser o Ser, leva à identificação com um falso Ser, o que caracteriza *asmitā*, ou senso de egoísmo, também chamado de "egoidade". Pode-se encontrar a definição de *asmitā* nas palavras do próprio Patañjali: "*Asmitā* é a identificação ou mistura, por assim dizer, do poder da consciência (*puruṣa*) com o poder da cognição (*buddhi*)"[433] (PATAÑJALI, 1996, II: 6, p. 121). O comentário tradicional feito por Vyāsa interpreta o poder instrumental da visão (*darśana* ou *buddhi*) como "vontade de aprender"[434] (VYĀSA, 1988, p. 99), que pode também ser traduzido como "poder de ver"[435] (PATAÑJALI, 1988, II: 6, p. 99, 1996). Taimni, por outro lado, preferiu

---

432 "*[...] tad aparijñāne svaśaktibhir vyāmohitatā saṃsāritvam*". E, em inglês: *[The essential nature of bondage in the unreal world of manifestation is being infatuated with one's own limited individual power owing to lack of awareness of that Reality which is the source of all power]* (KṢEMARĀJA, [10---] *apud* TAIMNI, 1986, p. 40).

433 "*Dṛg-darśana-śaktyor ekāsmitātmatevā*" (PATAÑJALI, 1996, II: 6, p. 121). A expressão "śaktyoḥ" significa "[de (ambos esses) poderes] of (both these) powers *[...]*" (PRASADA, 1988, p. 98).

434 "*Will-to-know*" (VYĀSA, 1988, p. 99).

435 "*Power of seeing*" (VYĀSA, 1988, p. 99).

traduzir por "poder de cognição", o que parece mais amplo. A intenção da tradução mais livre de Vyāsa fica clara quando postula que o desfrute de viver depende do processo de identificação. Ele afirma: "O desfrute torna-se possível quando o poder do desfrute no desfrutador e a capacidade de ser desfrutado na Existência Objetiva, que são bastante distintos e diferentes um do outro, são vistos, por assim dizer, como idênticos"[436] (VYĀSA, 1988, p. 99). É importante que se perceba que existe uma identificação ou mistura, talvez até confusão, entre os fatores mencionados acima que possibilitam esse ilusório desfrute de viver. Mas, como é visto ao comentar o *sūtra* YS, II: 15, esse desfrute é miséria quando comparado aos elevados estados de consciência da percepção direta do verdadeiro Ser (*puruṣa*). Então, Vyāsa conclui seu comentário: "Sem conhecer o *puruṣa* além da 'Vontade de conhecer' como sendo diferente desta em natureza, caráter, conhecimento etc., um homem tem, por esquecimento[437], a noção de um eu em si ['egoidade']"[438] (VYĀSA, 1988, p. 99). Vācaspati, ao comentar Vyāsa, considera que "O esquecimento é a potência gerada a partir da preexistente ignorância. Ou pode ser a escuridão da inércia (*tamas*), porque a ignorância nasce da qualidade da inércia (*tamas*)"[439] (VĀCASPATI, 1988, p. 100). Como *tamas* é um dos *guṇas* de *prakṛti* ou matéria, segundo o Sāṃkhya que o Yoga adota como base filosófica, pode-se concluir que é por causa de seu envolvimento ou identificação com os veículos constituídos por *prakṛti* (matéria) que a consciência do *puruṣa* (Espírito) se encontra prisioneira das limitações de *asmitā* (senso de egoísmo).

Dessa forma, parece importante constatar que a cognição, associada à *asmitā* (egoidade), ocorre usualmente através de um veículo como, por exemplo, o corpo físico, e, neste caso, depende, em grande parte, do bom funcionamento do sistema nervoso e dos órgãos dos sentidos. Por isso, Taimni apresenta um argumento importante ao caracterizar *asmitā* (egoidade) como a identificação do poder da consciência com o da cognição e, além disso, que tal processo de identificação da consciência termina por se estender ao veículo da consciência através do qual atua.

---

436 "*Enjoyment is rendered possible when the power of enjoyment in the enjoyer and the capacity of being enjoyed in the Objective Existence, which are quite distinct and diferent from each other, are looked upon as, as it is, identical*" (VYĀSA, 1988, p. 99).

437 É, no mínimo, interessante lembrar que também Platão considerava a ignorância enquanto esquecimento da verdadeira natureza ou essência do ser humano. Segundo Platão, esse esquecimento ou ignorância é a causa do mal, cuja superação desta situação ou condição humana era conhecida como "reminiscência" ou "anamnese" (PLATÃO, 2001, § 81c-d, p. 53).

438 "*Not knowing the puruṣa beyond the Will-to-know to be diferente therefrom in nature, character, and knowledge, etc., a man has by forgetfulness the the notion of self-therein*" (VYĀSA, 1988, p. 99).

439 "*Forgetfulness is the potency generated by former nescience. Or it may be the darkness of inertia (tamas) because Nescience is born of the quality of inertia (tamas)*" (VĀCASPATI, 1988, p. 100).

Segundo ele: "[...] uma vez que o poder da cognição atua sempre através de um veículo, pode ser considerado, em seu significado mais amplo, e inteligível, como a identificação da consciência com o veículo através do qual se expressa" (TAIMNI, 1996, p. 121). E considerando que o veículo físico é o mais denso, a identificação da consciência com o corpo físico constitui uma das causas fundamentais do egoísmo e, deste último, derivam os outros *kleśas* ou "misérias da vida" (TAIMNI, 1996, p. 111). Como também sustenta Ramana Maharshi: "[...] a ideia de que 'eu sou o corpo' é a semente de todo sofrimento"[440] (RAMANA, [19--] *apud* OSBORNE, 1997, p. 141).

A identificação de *asmitā* com o corpo físico é tão intensa que o uso de simples expressões da linguagem como "eu caminho", "eu sento", "eu vejo", ou "eu ouço" são indicativas dessa identificação. Taimni comenta:

> Tão profundamente enraizada é esta identificação [*asmitā*] que até mesmo fisiologistas, psicólogos, filósofos, que devem estar familiarizados com o mecanismo da percepção sensorial e intelectualmente reconhecem a mera intermediação do corpo físico, dificilmente são de fato conscientes dessa tendência e podem identificar a si mesmos completamente com o corpo físico (TAIMNI, 1996, p. 122).

A identificação (*asmitā*) está "profundamente enraizada" na condição humana e, aí, incluindo-se até mesmo os indivíduos eruditos ou instruídos. Portanto, *asmitā* (identificação), que é derivada de *avidyā*, não se refere a um tipo de ignorância superficial ou meramente intelectual, mas antes a uma falta mais profunda de autoconhecimento da essência espiritual do ser humano.

O processo de identificação que constitui "egoidade" (*asmitā*) não é um processo simples. Em primeiro lugar, pode-se observar que o processo de identificação da consciência ocorre com os poderes ou faculdades dos veículos que a consciência utiliza. Taimni dá como exemplo o processo da identificação com o sentido da visão, ao ressaltar que, quando se usa a expressão " 'eu vejo', o que realmente acontece é que a faculdade da visão é exercida pelo corpo, e a entidade no interior apenas se torna ciente do resultado, isto é, o panorama apresentado ante seus olhos" (TAIMNI, 1996, p. 122-123). Similarmente, ao andar, o indivíduo exerce a vontade sobre o corpo através da mente. Com isso, o corpo se movimenta e, nessa identificação, o indivíduo diz "eu ando".

---

440 "*The 'I am the body' idea is the seed of all sorrow*" (RAMANA, [19--] *apud* OSBORNE, 1997, p. 141).

Em segundo lugar, pode-se constatar que o processo de identificação de *asmitā* não ocorre apenas com os corpos ou veículos da consciência, ou pelo menos não apenas com o corpo físico. Se alguém afirma que pensa ou aprova algo, na verdade quer se dizer que é a mente que o faz. Como comenta Taimni: "A consciência apenas se conscientiza do processo mental que se reflete no corpo físico" (TAIMNI, 1996, p. 123). Esse processo caracteriza uma espécie de "*asmitā* composta", por assim dizer, envolvendo elementos mentais e físicos, e podendo envolver também elementos emocionais. Taimni conclui: "Ambição, orgulho, e outros semelhantes traços desagradáveis do caráter humano são apenas formas altamente desenvolvidas e pervertidas desta tendência de nos identificarmos com as atividades da mente" (TAIMNI, 1996, p. 123). Nesse processo de identificação de *asmitā*, tudo parece ocorrer como se a realidade do Ser, oculto por ação da ignorância ou esquecimento, fosse transferida à irrealidade dos objetos transitórios ou mesmo dos pensamentos mutáveis projetados pela mente. Assim, o irreal ou virtual pode parecer como real, como é o caso da atuação do poder da ilusão (*māyā*), de natureza similar ao poder da imaginação (*vikalpa*), que também pode se expressar na forma de um processo de projeção da mente (*vikṣepa*).

Em terceiro lugar, pode-se ainda constatar que o processo de identificação de *asmitā* envolve também "[...] a inclusão de outros acessórios e objetos [animados ou inanimados] no meio ambiente" (TAIMNI, 1996, p. 123). A partir da identificação da consciência, principalmente com corpo físico, por meio de *asmitā* (egoidade), surge como que uma zona de penumbra ao redor do corpo físico que passa a ser identificada como a zona do "meu". Dessa forma, a casa que abriga este corpo passa a ser a "minha casa", os filhos que nascem da relação deste corpo passam a ser chamados "meus filhos", etc. Com isso, todas as pessoas e coisas contidas nessa zona de identificação com o corpo físico parecem pertencer ao "eu", e produzem, por identificação, "a atitude ou *bhāva* do 'meu'" (TAIMNI, 1996, p. 123).

Na verdade, Taimni (1996, p. 159) sustenta, coerentemente, que para dissolver a ignorância (*avidyā*), bem como se libertar dos apegos e sofrimentos oriundos dos outros *kleśas* (aflições) que ela gera, é necessário que o Espírito (*puruṣa*) não apenas domine seus veículos da consciência manifestada, mas também os transcenda. Com isso, a ignorância ou ilusão relacionada à *avidyā* "[...] é destruída por completo, e em seu verdadeiro sentido [...]" (TAIMNI, 1996, p. 162). O autor ainda afirma que isso somente ocorre "[...] quando o *yogi* está apto a deixar o veículo voluntariamente em *samādhi* e olhá-lo, por assim dizer, de um plano mais elevado" (TAIMNI, 1996, p. 162).

O terceiro e próximo *kleśa* (aflição) é chamado *rāga* (atração), pois se relaciona ao prazer sentido por meio dos corpos ou veículos com os quais a consciência se identifica. Patañjali define assim *rāga* (atração): "a atração que acompanha o prazer é *rāga*"[441] (PATAÑJALI, 1996, II: 7, p. 124). Uma vez que a alma aprisionada nos corpos ou veículos perde contato com *ānanda*, sua fonte de felicidade interior, é natural que o ser humano se sinta atraído por qualquer espécie de prazer físico, emocional ou mental derivado, respectiva e predominantemente, de objetos, pessoas e ideias. Entretanto, todo e qualquer apego ou dependência termina inexoravelmente em aflição ou sofrimento. A questão do apego está relacionada à busca por uma reexperimentação de estímulos que, por sua vez, parece estar relacionada à memória e, talvez, à própria tendência material de formar hábitos através da repetição dos estímulos no cérebro que vão hiperativando, preferencialmente, os mesmos circuitos neuronais do cérebro já anteriormente estimulados. Dessa forma, pensamento, emoção e ação são processos formadores de hábitos.

Além da sensação de prazer, Taimni relaciona um conteúdo mental nas formas de memória (*smṛti*) e imaginação (*vikalpa*) que projetam uma antecipação de resultados. A combinação destes elementos constitui a forma elementar de desejo ou atração (*rāga*) (TAIMNI, 2007, p. 67). O desejo de atração é assim visto como uma forma híbrida de sensação de prazer oriunda do corpo que se combina com um componente mental relacionado aos processos de memória e imaginação. Seu oposto é o desejo de repulsão que está associado à memória de uma dor. Patañjali desenvolve, também, uma outra ideia apresentando a mente como uma composição de três tendências que se reforçam mutuamente obnubilando a clareza da percepção. Essas tendências são: avidez (*lobha*), ira (*krodha*) e ilusão (*moha*). *Moha* é um tipo de ilusão ou condicionamento da mente que surge do apego a qualquer pessoa ou coisa, dificultando uma percepção imparcial. *Lobha*, geralmente traduzido como "avidez" ou "ambição", representa uma força de atração ou desejo de se apropriar de coisas. *Krodha*, geralmente traduzido por "ira" ou "ódio", representa uma força de repulsão que produz uma agitação da mente dirigida a qualquer pessoa ou coisa que obstaculiza ou frustra a satisfação de um desejo. Como afirma Taimni, *krodha* refere-se a tudo aquilo que "[...] se atravessa no caminho da satisfação de nosso desejo" (TAIMNI, 1996, p. 187). Portanto, a frustração da não realização do desejo de atração pode gerar uma repulsão.

O quarto *kleśa* (aflição) é chamado *dveṣa* ou "repulsão". Ele se relaciona à dor sentida por meio dos corpos ou veículos com os quais a consciência se identifica, e

441 "*Sukhānuśayī rāgaḥ*" (PATAÑJALI, 1996, II: 7, p. 124).

representa a polaridade oposta ao *kleśa* atração (*rāga*). Patañjali define assim "*dveṣa*" (repulsão): "[...] a repulsão que acompanha a dor é *dveṣa*"[442] (PATAÑJALI, 1996, II: 8, p. 125). Pode-se observar pela semelhança da construção gramatical que Patañjali apresenta os *sūtras* referentes à atração (*rāga*) e à repulsão (*dveṣa*) como um par de opostos simetricamente polarizados. Taimni chega a afirmar que "[...] *dveṣa* não é senão *rāga* com sinal negativo. Os dois formam um par de opostos" (TAIMNI, 1996, p. 125).

Para neutralizar o desejo e como consequência atenuar os *kleśas* – que é condição necessária para o *samādhi*, é importante atentar ao fato de que as atrações e repulsões têm o poder de vincular ou prender o indivíduo a inúmeras coisas e pessoas que, por sua vez, terminam por condicionar o ato perceptivo (PATAÑJALI, 1996, II: 34, p. 186). Além disso, deve ser mais fácil atenuar os *kleśas* (aflições) enquanto eles se encontram menos expandidos. Por isso, Taimni considera que o desejo pode ser dominado com mais facilidade nos seus estágios iniciais, em face de sua pouca intensidade, da mesma forma que é mais fácil apagar o fogo antes de seu alastramento. Ele afirma: "A mudança na consciência contra a qual aqueles que desejam estar em guarda e, se possível, prevenidos, é a atração e a repulsão – o aparecimento do desejo de experimentar a sensação se for agradável e evitá-la se for desagradável" (TAIMNI, 2007, p. 68). A compreensão efetiva de todo esse processo se faz necessária, já que tais atrações e repulsões, as quais pertencem, na verdade, aos veículos da consciência, "[...] prendem-nos aos níveis inferiores da consciência" (TAIMNI, 1996, p. 125). Isso é uma consequência lógica da Lei do *Karma*, segundo a qual esse processo termina por levar o indivíduo a circunstâncias e locais nos quais tais desejos possam ser satisfeitos. Na perspectiva de Taimni (1996, p. 125): "[...] cedo ou tarde, nos encontraremos onde nossos desejos conscientes ou inconscientes podem ser satisfeitos".

Outro ponto importante a considerar é o fato de que, por ser sua polaridade oposta, a repulsão (*dveṣa*) aprisiona tanto quanto ou até mais do que a atração (*rāga*). Com efeito, "[...] estamos ligados à pessoa a quem odiamos talvez de maneira mais firme do que àqueles a quem amamos, já que o amor pessoal pode ser facilmente transformado em impessoal, perdendo, assim, o seu poder aprisionante" (TAIMNI, 1996, p. 126). Nesse sentido, Taimni considera que é mais difícil impessoalizar o ódio. Talvez seja esse o motivo pelo qual Patañjali tenha colocado a repulsão (*dveṣa*) como o quarto *kleśa*, isto é, num patamar mais acentuado de ignorância em comparação com a atração (*rāga*) que o antecede. Entretanto, deve ficar claro que ambos, por serem opostos,

---

442 "*Duḥkhānuśayī dveṣaḥ*" (PATAÑJALI, 1996, II: 8, p. 125).

estão na verdade ligados tal como as duas faces de uma mesma moeda e, portanto, "[...] não podemos transcender um sem transcender o outro" (TAIMNI, 1996, p. 126).

O quinto e último *kleśa* (aflição) é chamado *abhiniveśa* (apego à vida). Alternativamente, pode significar igualmente "medo da morte", pois, como acima exposto, os opostos são faces de uma mesma moeda. Patañjali define assim *abhiniveśa* (apego à vida): "*Abhiniveśa* é o forte desejo de viver que domina até mesmo os eruditos (ou os sábios)"[443] (PATAÑJALI, 1996, II: 9, p. 126). Vivekananda prefere, no supramencionado *sūtra*, da mesma forma que Taimni, a tradução da palavra sânscrita original *viduṣa* como "instruídos" ou "eruditos" ao invés de "sábios"[444] (VIVEKANANDA, 1982, p. 174). Porque o sábio compreende o todo, enquanto o erudito ou especialista tem um conhecimento parcial somente de uma esfera da realidade. Como dizia Sri Ram: "A sabedoria consiste na concordância com a verdade, a verdade em todas as coisas da vida [...], quando trabalhamos de um modo que está em contradição com esta verdade, [...] caminhamos para o sofrimento" (SRI RAM, 2005, p. 4). Portanto, o desejo de viver ou o medo da morte pode atingir os eruditos e pode gerar sofrimento até mesmo para os especialistas no conhecimento do corpo ou da mente, tais como fisiologistas, médicos, psicólogos, filósofos, etc., porque ainda podem estar envolvidos no processo de identificação (*asmitā*) com seus respectivos corpos.

O desejo de viver (*abhiniveśa*) é também entendido como expressão do resultado ou efeito cumulativo da influência dos *kleśas* anteriores. Por isso, "[...] as pessoas que estão sob o domínio das mais violentas atrações e repulsões são [as] que mais se apegam à vida" (TAIMNI, 1996, p. 127). Isso é válido mesmo quando as pessoas estão submetidas a um longo desfilar de misérias e, aparentemente, nada mais têm a ganhar da vida. Isso poderia talvez explicar por contraposição o fato de que "[...] países de alta renda têm a maior taxa de suicídio" (800 MIL.., s/a, 2019). Com efeito, pessoas que conquistaram todas as benesses materiais que este mundo pode oferecer tendem a se tornar mais entediadas e menos sonhadoras, e dotadas de menor vontade de viver. Taimni chega a sugerir que se examine a vida daqueles considerados bem-sucedidos, como é o caso de ricos, famosos ou poderosos, questionando se de fato eles teriam atingido a verdadeira felicidade. Ele afirma: "[...] não somos animais que podem ficar satisfeitos só com a fruição dos desejos materiais" (TAIMNI, 1992, p. 33). Menciona, ainda, a existência de um "[...] círculo vicioso mental [...]" (TAIMNI, 1992, p. 31), no qual o desejo de viver (*abhiniveśa*), que não é senão apego ao corpo físico ou medo da

443 "*Svarasavāhī viduṣo 'pi tathā rūḍho 'bhiniveśaḥ*" (PATAÑJALI, 1996, II: 9, p. 126).
444 "*Flowing through its own nature, and established even in the learned, is the clinging to life*" (VIVEKANANDA, 1982, p. 174).

morte, reforça o esquecimento ou mesmo ignorância (*avidyā*) sobre a nossa verdadeira alma imortal ou essência espiritual. Com efeito, se não fosse a inexorável realidade da morte, poucos, ou ninguém, refletiriam sobre o Espírito (*ātman*).

Passa-se agora a tratar da dinâmica dos *kleśas* na filosofia do Yoga segundo Patañjali, e inicia-se uma "análise precisa e científica" (TAIMNI, 1996, p. 111) de métodos gerais para destruí-los, visando a superação das misérias associadas aos *kleśas*. É importante notar que os *kleśas* podem existir em duas condições de atividade: potencial e ativa. Patañjali parece reunir, segundo essas condições de atividade, os *kleśas* no estado dormente e atenuado no grupo de condição potencial, enquanto os *kleśas* no estado alternante e expandido parecem reunidos no grupo de condição ativa, conforme se depreende de: "*Avidyā* é a origem daqueles [outros *kleśas*] que são mencionados [nos *sūtras*] em seguida, estejam estes no estado dormente, atenuado, alternante ou expandido"[445] (PATAÑJALI, 1996, II: 4, p. 118). Nos *sūtras* YS, 10 e 11, do segundo capítulo do *Yoga-Sūtra* (PATAÑJALI, 1996, II: 10-11, p. 128-130), são apresentados, em ordem inversa, os princípios gerais de uma metodologia que visa a atenuação e, finalmente, a destruição irreversível dos *kleśas*, que permite ao ser humano a Libertação definitiva de "[...] todas as misérias da vida"[446] (PATAÑJALI, 1996, II: 3, p. 111) e o atingimento da condição de Libertação (*kaivalya*). Nesse sentido, Patañjali proclama que "[...] esses, os (*kleśas*) sutis [ou na sua condição potencial], podem ser reduzidos pela sua reabsorção de voltar à sua origem"[447] (PATAÑJALI, 1996, II: 10, p. 128). A essencialidade dos *kleśas*, como se fosse, por analogia, uma semente, é a dimensão mais difícil a ser superada. Como será visto adiante, essas condições mais sutis ou potenciais dos *kleśas* só podem ser eliminadas no último estágio de *Samādhi*, chamado de *Dharma-Megha-Samādhi*. Taimni descreve esse processo de *Samādhi* com um processo de "[...] torrar as sementes [...]" (TAIMNI, 1996, p. 128) dos *kleśas* com a luz da sabedoria. Ele afirma que "[...] embora mantendo a forma de semente[s], elas se tornam realmente incapazes de germinar e transformar-se em árvore[s]" (TAIMNI, 1996, p. 128).

O segundo grupo que é chamado de modificação ou condição ativa abrange os estados denominados alternante e expandido (PATAÑJALI, 1996, II: 4, p. 118). Quanto a esses estados dos *kleśas*, Patañjali indica que "suas [dos *kleśas*] modificações ativas devem ser suprimidas pela meditação"[448] (PATAÑJALI, 1996, II: 11,

445 "*Avidyā kṣetram uttareṣāṃ prasupta-tanu-vicchinnodārāṇām*" (PATAÑJALI, 1996, II: 4, p. 118).
446 "*Avidyāsmitā-rāga-dveṣābhiniveśaḥ kleśāḥ*" (PATAÑJALI, 1996, II: 3, p.111).
447 "*Te pratipasava-heyāḥ sūkṣmāḥ*" (PATAÑJALI, 1996, II: 10, p. 128).
448 "*Dhyāna-heyās tad-vṛttayaḥ*" (PATAÑJALI, 1996, II: 11, p. 130).

p. 130). Nessa palavra meditação (*dhyāna*), Patañjali condensou não só a técnica mais característica do Rāja-Yoga, mas também todo Yoga-Preliminar (Kriyā-Yoga), como será aprofundado, mas já comenta Taimni: "[...] aqui, a palavra [meditação ou *dhyāna*], sem dúvida, implica uma autodisciplina bastante abrangente, da qual a meditação é o pivô. [...] a técnica toda do *Kriyā-Yoga* terá de ser empregada com esta finalidade" (TAIMNI, 1996, p. 130). Essa interpretação é pertinente, pois um dos objetivos do *Kriyā-Yoga* (Yoga Preliminar), segundo Patañjali, é justamente "[...] atenuar os *kleśas*"[449] (PATAÑJALI, 1996, II: 2, p. 110).

Na verdade, para quebrar o círculo vicioso criado pelos *kleśas* (aflições da vida), o Yoga desenvolveu diversas técnicas ou caminhos – que, eventualmente, podem ser considerados preliminares – para superação de *avidyā* (ignorância), que é o primeiro e a raiz dos demais *kleśas* (PATAÑJALI, 1996, II: 4, p. 118), uma vez que todos os caminhos do Yoga convergirão na Libertação final (*kaivalya*) do sofrimento humano. O sistema do Yoga, sendo uma tradição ou Ciência milenar, interagiu com diversas escolas ou tradições de meditação e outras especialidades, ao que parece também por diferentes contextos de espaço e tempo, tendo se desenvolvido para atender a diferentes temperamentos. A esse respeito, pode-se citar Besant: "[...] cada um deve escolher por si mesmo a senda que mais convém ao seu temperamento [...]. Um sufi, místico maometano, disse: 'Os caminhos que conduzem a Deus são tão numerosos como os alentos dos homens' " (BESANT, 1968, p. 30-31). Tal é também a principal justificativa prática para a existência das diversas subdivisões do Yoga.

De acordo com Besant e Leadbeater, as sete principais subdivisões do Yoga, as quais foram detalhadas no capítulo 1 da presente tese, podem ser associadas aos sete temperamentos ou raios. Em síntese, menciona-se que essa classificação de temperamentos se baseia numa tríplice dimensão da natureza humana[450] – Vontade, Amor e Sabedoria. Wood interpreta esta última como expressa no pensamento (WOOD, [1976], p. 50). Ele apresenta os sete temperamentos ou raios a partir do predomínio de uma dessas três qualidades, mas as duplica ainda subdividindo-as em dois novos grupos, a saber: os raios de introspecção na consciência e de extroversão no mundo. Surge ainda um sétimo tipo que têm as três qualidades algo instáveis e com predomínio alternante.

---

449 "*Samādhi-bhāvanārthaḥ kleśa-tanūkara-ṇārthaś ca*" (PATAÑJALI, 1996, II: 2, p. 110).

450 Tal natureza tríplice do ser humano é considerada, na tradição teosófica, como um reflexo da onipresente natureza tríplice da Divindade ou *Logos*, como se encontra em *Aos Pés do Mestre*: "Vontade, Sabedoria e Amor são os três aspectos do *Logos* [...]" (KRISHNAMURTI, 2017, p. 95).

Leadbeater relaciona, dessa forma, as subdivisões do Yoga com os sete raios ou temperamentos (LEADBEATER, 2015, p. 176-180). A prática geral do Rāja-Yoga de Patañjali é indicada como a prática mais favorável para o temperamento do primeiro raio (vontade introspectiva). A prática do Karma-Yoga, ou serviço altruísta, é indicada como a mais favorável para o temperamento do segundo raio (amor introspectivo), que é abrangido, por Patañjali, na prática de Īśvara-praṇidhāna (PATAÑJALI, 1996, II: 1, p. 109), bem como na prática intuitiva de Buddhi-Yoga, mencionada na *Bhagavad-Gītā*. (2014, XVIII: 57, p. 285). A prática do Jñana-Yoga (Yoga do Conhecimento) é indicada como a mais favorável para o temperamento do terceiro raio (pensamento introspectivo), que é abrangido, por Patañjali, na prática de *Svādhyāya* (PATAÑJALI, 1996, II: 1, p. 109). A prática do Haṭha-Yoga é indicada como a mais favorável para o temperamento do quarto raio (introspectivo e extrovertido **geralmente alternado**), que é abrangido, por Patañjali, na prática de *Āsanas* (PATAÑJALI, 1996, II: 46, p. 200 *et seq.*) e *Prāṇāyāmas* (PATAÑJALI, 1996, II: 49, p. 204 *et seq.*). A prática do Laya-Yoga é indicada como a mais favorável para o temperamento do quinto raio (pensamento extrovertido), que é abrangido, por Patañjali, na prática de meditação para ativação dos sentidos superiores (PATAÑJALI, 1996, I: 35-36, p. 80-81). A prática do Bhakti-Yoga é indicada como a mais favorável para o temperamento do sexto raio (amor extrovertido), que é abrangido, por Patañjali, na prática devocional de *Īśvara-praṇidhāna* (PATAÑJALI, 1996, II: 1, p. 109). A prática do Mantra-Yoga é indicada como a mais favorável para o temperamento do sétimo raio (vontade extrovertida), que é abrangido, por Patañjali, na prática de recitação repetitiva e meditação sobre *mantras,* particularmente o *praṇava* (*Om*) (PATAÑJALI, 1996, I: 27-28, p. 60-64).

Pode-se, depois de relacionar práticas do Yoga com as predisposições de diversos temperamentos, melhor compreender como o *sādhaka* ou aspirante, por meio de suas inclinações naturais, é levado a iniciar a prática do Yoga com menor esforço. A intenção dessa forma pedagógica de introdução à prática do Yoga visa concentrar a mente num caminho para quebrar o círculo vicioso dos *kleśas* (aflições). Como comenta Taimni: "[Os *Ṛṣis* ou sábios] criaram variantes desta técnica para satisfazer os diferentes temperamentos nos estágios iniciais, onde os temperamentos individuais precisam ser considerados para assegurar o progresso" (TAIMNI, 1992, p. 29). Para facilitar a prática do *sādhaka* (aspirante), deve-se buscar uma técnica inicial adequada ao seu temperamento. Dessa forma, dependendo se o aspirante tiver temperamento que favoreça a concentração da mente pela devoção, ou pelo domínio de uma parte do corpo físico, ou pela atenção numa abstração metafísica etc., ele deverá escolher a sua técnica. Enfim, o aspirante deverá utilizar a técnica mais apropriada para convergir a sua mente para o *Samādhi* (Êxtase), visando a superação da ignorância (*avidyā*). Coerentemente, dizia Besant: "[...] sem esta concentração não podereis fazer nada na senda do Yoga. [...] Fala-se da concentração como se ela fosse uma coisa misteriosa, divina, sobrenatural; é simplesmente a atenção fixada em um único objeto" (BESANT, 1968, p. 35).

É importante notar que pouco importa, no início da prática do Yoga, se o objeto de concentração, referido por Besant, for uma imagem de adoração de um Mestre ou Ser Divino, o som de um *mantra*, uma parte do corpo físico ou uma questão abstrata e metafísica. Cada temperamento terá mais facilidade para fixar a mente em um objeto ou em uma prática específica, para fazer recurso a uma subdivisão específica do Yoga. Neste sentido, qualquer coisa que se faz pode se tornar uma prática de Yoga, como disse Besant: "[...] se quiserdes começar a prática do Yoga, a primeira coisa que tendes a fazer em vossa vida diária é impor-vos a tarefa de fixar e manter a atenção sustida nas coisas que fazeis" (BESANT, 1968, p. 35). Também se encontra na *Bhagavad-Gītā* a seguinte frase: "Yoga é habilidade na ação" (BHAGAVAD-GĪTĀ, 2014, I: 50, p. 66). Similarmente afirmou Krishnamurti: "Fixa o teu pensamento no que quer que estejas fazendo, para que possa ser feito com perfeição" (KRISHNAMURTI, 2017, p. 59-60).

Além disso, Taimni alerta para o fato de a prática específica a ser seguida não se tratar tanto de uma questão de seguir um certo caminho apenas por afinidade ou temperamento, "[...] mas de seguir uma determinada técnica, ou, melhor dito, de dar uma ênfase especial a uma técnica determinada durante certo tempo, de acordo com as necessidades do nosso desenvolvimento interno" (TAIMNI, 1992, p. 77). Ele enfatiza a importância de um desenvolvimento harmônico das diversas qualidades de nossa natureza, de modo a não permitir "[...] que qualquer aspecto de nossa natureza fique retardado a tal ponto que comece a afetar o nosso equilíbrio, a nossa eficiência e a impedir o nosso progresso geral" (TAIMNI, 1992, p. 77-78). Essa busca por um desenvolvimento harmônico da tríplice dimensão da natureza humana (WOOD, [1976], p. 50) – autodomínio ou vontade, autoentrega ou amor, e autoconhecimento ou sabedoria – se expressa na prática de três técnicas propostas por Patañjali como ponto de partida, a saber: *Tapas, Svādhyāya* e *Īśvara-praṇidhāna*. Tal disciplina inicial é tríplice e constitui o Kriyā-*Yoga* (Yoga Preliminar) (PATAÑJALI, 1996, II: 1, p. 109), que é um dos temas do próximo capítulo.

É oportuno lembrar que, segundo Patañjali, a ignorância é a causa do mal ou do sofrimento, e a solução indicada por ele é a prática do Yoga, ou de alguma de suas subdivisões. Com isso, visa-se alcançar a sabedoria espiritual ou genuíno autoconhecimento, que é algo muito diferente de um mero conhecimento intelectual superficial. O fato é que a cura ou superação da causa do mal ou do sofrimento depende de um bom diagnóstico e a solução ou o remédio sugerido por Patañjali conduz o aspirante à realização da experiência direta da verdade por meio do *Samādhi* (Êxtase), o estado perfeito de concentração. É importante notar que esse estágio, isto é, *Samādhi* (Êxtase), ultrapassa até mesmo os estágios de Concentração (*Dhāraṇā*) e Contemplação (*Dhyāna*), isto é, os dois estágios que precedem o *Samādhi* (Êxtase), na sequência das etapas da metodologia do Yoga de Patañjali, tal como exposto no capítulo 1. Com efeito, no estágio de Contemplação (*Dhyāna*) as distrações da mente, que estão presentes no estágio de Concentração (*Dhāraṇā*), já foram superadas e o fluxo de concentração no objeto de meditação já é ininterrupto (PATAÑJALI, 1996, III: 2, p. 219), como será apresentado no capítulo 4. Ao sustentar que os *Ṛṣis* ou sábios do passado lograram alcançar a condição de *Samādhi* (Êxtase) que, portanto, se trata de uma condição acessível a todo ser humano, Vivekananda afirma: "Todos os diferentes passos do Yoga têm por finalidade conduzir-nos, cientificamente, a um estado de superconsciência, ou *Samādhi.* [...] Não só é possível, mas todo homem deve finalmente chegar a esse estado – e isso é religião"[451] (VIVEKANANDA, 2010, p. 171). Para a maioria dos seres humanos, alcançar o *Samādhi* (Êxtase), e, mais especificamente, o *Dharma-Megha-Samādhi* (PATAÑJALI, 1996, IV: 29, p. 328), pode, eventualmente, demandar várias encarnações.

Enquanto desdobramentos fundamentais do *kleśa* raiz *avidyā* (ignorância), Patañjali apresenta os princípios gerais da condição da existência, a saber, o *karma* e o *saṁsāra* (reencarnação) (PATAÑJALI, 1996, II: 12-14, p. 131-134). Ele afirma: "O reservatório dos *karmas* (*karmāśaya*), os quais estão enraizados no *kleśas*, causa toda espécie de experiências na vida presente e nas futuras"[452]. "Enquanto a raiz estiver ali, precisa amadurecer e resultar em vidas de diferentes classes, duração e experiências"[453] (PATAÑJALI, 1996, II: 12-13, p. 132-133). É intenção clara de Patañjali ressaltar que é a partir da ignorância (*avidyā*), a raiz dos *kleśas*, que se inicia, através da identificação (*asmitā*) da consciência com o desejo de atração (*rāga*) e repulsão

---

451 "*All the diferente steps in Yoga are intended to bring us cientifically to superconscious state, or samādhi. [...] Not only it is possible, but every man must eventually get to that state – and that is religion*" (VIVEKANANDA, 2010, p. 171).

452 "*Kleśa-mūlaḥ karmāśayo dṛṣṭādṛṣṭa-janma-vedanīyaḥ*" (PATAÑJALI, 1996, II: 12, p. 131).

453 "*Sati mūle tad-vipāko jāty-āyur-bhogāḥ*" (PATAÑJALI, 1996, II: 13, p. 133).

(*dveṣa*), um processo de geração de *karmas* que determinam reencarnações compulsórias em "[...] diferentes classes, duração e experiências". É importante ressaltar que Patañjali reconhece que, enquanto a ignorância (*avidyā*) não for removida, existe a necessidade inexorável de um processo de reencarnação ou "roda do *saṁsāra*".

Por outro lado, o processo da reencarnação oferece uma oportunidade de tempo ininterrupto ou sem limites para que o Espírito [(*ātman*), **ou, nesse caso, talvez correspondesse mais propriamemte à alma imortal**] (*jīvātmā*) alcance a perfeição e conquiste a Libertação (*kaivalya*) através da eliminação da ignorância (*avidyā*). Além disso, nos *sūtras* acima citados, Patañjali acompanha ainda a instrução central da *Bhagavad-Gītā* sobre Karma-Yoga, isto é, a prática da metodologia da renúncia aos resultados ou frutos da ação. Assim afirma a *Bhagavad-Gītā*: "Tua missão consiste somente na ação, nunca nos seus frutos; portanto, não deixes que o fruto da ação seja o teu motivo, nem te apegues à inação" (BHAGAVAD-GĪTĀ, 2014, II: 47, p. 64-65). Neste caso, como não há identificação da consciência com o desejo de atração e repulsão, não pode, como consequência, haver também produção de *karma* pessoal. Vivekananda reitera essa ideia com as seguintes palavras: "Trabalha incessantemente, mas renuncia a todo apego ao trabalho"[454] (VIVEKANANDA, 2015, p. 105). Ele enfatiza que na ausência de identificação ("egoidade" ou *asmitā*) ou desejo pessoal na ação, o *karma* não se vincula ao agente: "A solução alcançada na *Gītā* em relação a essa natureza do trabalho de produção de escravidão é que, se não nos apegarmos ao trabalho que fazemos, isso não terá nenhum efeito vinculativo em nossa alma"[455] (VIVEKANANDA, 2015, p. 38). Igualmente, Besant considera a necessidade do aprendizado da renúncia aos frutos da ação por parte daquele que aspira à Libertação: "Ele erradica de si mesmo o desejo de possuir qualquer objeto; a princípio de forma voluntária e depois deliberadamente ele recusa o objeto para si, e assim se habitua a passar contente sem ele" (BESANT, 2013, p. 192). Aprende-se, com isso, a não gerar novos *karmas* tanto no que se refere ao mundo físico e seus objetos, quanto nos níveis mais sutis, que podem abranger pessoas, emoções, ideias etc. Taimni denomina de *Nishkāma-Karma* a esta ação que renuncia aos frutos da ação ou é destituída de desejos pessoais, pois ela não tem "[...] desejos inferiores da personalidade que podem ser satisfeitos somente nos três mundos [ou planos[456] físico, emocional e mental] inferiores em que a personalidade opera" (TAIMNI, 2007, p. 224).

---

454 "*Work incessantly, but give up all attachment to work*" (VIVEKANANDA, 2015, p. 105).

455 "*The solution reached in the Gītā in regard to this bondage-production nature of work is that if we do not attach ourselves to work, we do, it will not have any binding effect on our soul*" (VIVEKANANDA, 2015, p. 38).

456 Caracteriza os três mundos (*lokas*) inferiores e correspondem às dimensões ou planos físicos (*bhūr-loka*),

Patañjali conclui a sequência dos três *sūtras*, acima citados, com uma descrição da essência prática da Lei do *Karma*: "Elas [as vidas] terão alegria ou tristeza como seu fruto, conforme sua causa seja virtude ou vício [respectivamente]"[457] (PATAÑJALI, 1996, II: 14, p. 134). Esta é uma expressão magistralmente simples da Lei do *Karma*.

Talvez seja oportuno relembrar os sentidos teosófico e metafísico da palavra sânscrita *karma*, vistos no capítulo anterior. Trata-se de uma Lei de Causa e Efeito de caráter universal. Essa é base para formulação da visão teosófica que se expressa na Lei da Reencarnação e na Lei de Evolução. É importante lembrar, também, que há três tipos de *Karma*: *Prārabdha Karma*, geralmente traduzido como "*karma* maduro", isto é, ações em vidas passadas que estão amadurecendo ou produzindo efeitos nesta vida; *Saṃcita Karma*, geralmente traduzido como "*Karma* acumulado ou latente", que se manifesta nas tendências de caráter; e *Kriyamāṇa Karma* (TAIMNI, 1996, p. 249) ou *Āgāmi Karma* (ŚAṄKARĀCĀRYA, 1992, 454, p. 168-169), geralmente traduzido como "*Karma* em formação ou futuro", isto é, uma ação presente que terá resultados ou efeitos no futuro. A questão da possível margem de livre-arbítrio está relacionada à maneira como se compõe a soma vetorial, por assim dizer, destes três tipos de *Karma*. Uma parábola a respeito dessa margem de livre-arbítrio que a Lei do *Karma* oferece é apresentada por Besant (1991, p. 87-88): "A direção do navio depende da relação das velas com o vento, e, por meio de um bordejo cuidadoso, pode-se quase que navegar contra um vento adverso, e com pequeno trabalho a mais chegar ao porto desejado".

Besant considera importante discernir entre:

> O *Karma* maduro, pronto a se manifestar como acontecimentos inevitáveis na vida atual; o *Karma* do caráter [ou acumulado], que se manifesta nas tendências que dão resultados de experiências acumuladas e que são suscetíveis de modificação na vida atual pelo mesmo poder (o Ego [imortal reencarnante ou *jīvātmā*]) que as criou na vida anterior; e, finalmente, o *Karma* que agora está sendo produzido e que dá origem a acontecimentos vindouros e ao caráter futuro (BESANT, [19--] *apud* BLAVATSKY, 1991b, p. 285).

Por outro lado, não obstante o sofrimento que pode estar vinculado à Lei do *Karma* ou "Lei da Causa e Efeito", e que leva o ignorante a colher seus frutos, ela

---

emocional (*bhuvar-loka*), e mental (*svar-loka*), cujas correspondências são analisadas na próxima seção.

457 "*Te hlāda-paritāpa-phalāḥ puṇyāpuṇya-hetutvāt*" (PATAÑJALI, 1996, II: 14, p. 134).

pode ser usada para tornar possível a Ciência da Libertação. Escolhendo a causa, pode-se determinar, inexoravelmente, o efeito. Pode-se assim criar um método de semeadura para atingir uma meta ou efeito predeterminado. Tudo depende da sabedoria com a qual é feita a semeadura, pois da escolha feita na semeadura dependerá o que será colhido[458]. A abordagem teosófica conclui que o homem é o seu "absoluto legislador" porque, pela sábia e científica escolha da semente que ele semear, se pode prever com precisão o tipo de destino ou resultado que será colhido. Como afirma Collins: "Cada homem é seu próprio absoluto legislador [...], é o decretador de sua vida, sua recompensa e sua punição"[459] (COLLINS, 2000b, p. 162). O método do Yoga de Patañjali, oferece-se, assim, como uma metodologia com caráter científico, isto é, que conduz de forma mais lógica, rápida, sistemática e eficaz à meta da evolução humana que é a Libertação final (*kaivalya*) ou o atingimento de *Dharma-Megha-Samādhi*. Os diversos estágios do *Samādhi*, até se atingir essa meta final da evolução humana, enquanto perfeito cumprimento do *dharma* ou dever no processo evolutivo, é assunto da seção seguinte.

3.3 A SUPERAÇÃO DA IGNORÂNCIA (*AVIDYĀ*) ATRAVÉS DO *SAMĀDHI*: OS MUNDOS (*LOKAS*), *DHARMA*, EVOLUÇÃO E O SIGNIFICADO DA VIDA

Depois de empreender a análise dos diversos *kleśas* (aflições humanas), que são consequência da ignorância (*avidyā*), Patañjali conclui que o envolvimento existencial na roda do *saṁsāra* (ciclo das vidas e mortes) e no *karma* é inevitável enquanto essa prolífica raiz da ignorância (*avidyā*) não for definitivamente arrancada e, como consequência, a Libertação (*kaivalya*) possa ser alcançada. Entretanto, indivíduos que estejam, circunstancialmente, passando por momentos prazerosos, ainda não consideram a necessidade da Libertação como algo urgente ou necessária. A escolha criteriosa de uma sucessão de vidas virtuosas parecer-lhes–ia suficiente para colher bons *karmas* e levar uma vida agradável neste mundo. Taimni, porém, questiona ou mesmo considera impraticável a possibilidade de se conseguir "[...] viver uma vida contínua e perfeitamente virtuosa enquanto ainda se está preso à ilusão" (TAIMNI,

---

458 Similarmente, afirmou o apóstolo Paulo: "Tudo o que homem semear; isso também ceifará" (Gl 6,7) (BÍBLIA, 1976).

459 "*Each man is his own absolute lawgiver, the dispenser of glory or gloom to himself; the decreer of his life, his reward, his punishment*" (COLLINS, 2000b, p. 162).

1996, p. 135). Com efeito, é justamente a própria ilusão ou ignorância (*avidyā*) que leva o ser humano, cedo ou tarde, a cometer erros que, pela Lei do *Karma*, trarão inevitáveis consequências de sofrimento. Em outras palavras, Taimni considera que a possibilidade de se vivenciar uma vida meramente prazerosa ou mesmo virtuosa baseia-se numa ilusão que se manifesta naquilo que o ser humano chama de felicidade na vida comum.

Na sequência da apresentação da filosofia dos *kleśas* e, mais especificamente, no *sūtra* YS, II: 15 Patañjali (1996, p. 135) mostra a razão pela qual, na ausência da erradicação da ignorância-raiz, uma vida aparentemente agradável leva, cedo ou tarde, ao sofrimento e às aflições (*kleśas*). Ele afirma:

> Para quem desenvolveu o discernimento, tudo é miséria [ou insatisfação, ativa ou potencial, quando comparada a *kaivalya*] por causa da dor resultante das mudanças, ansiedades e tendências bem como dos conflitos que permeiam o funcionamento dos *guṇas* e *vṛttis* (da mente)[460] (PATAÑJALI, 1996, II: 15, p. 135).

Este *sūtra* postula, essencialmente, que todas as experiências da vida humana são, ativa ou potencialmente, portadoras de miséria, e que o desenvolvimento do discernimento dessa realidade inerente à vida deve motivar a prática do Yoga para alcançar a Libertação ou *kaivalya*.

A postulação apresentada está fundada em quatro causas ou razões fundamentais. A primeira razão se expressa na ideia de mudança (*pariṇāma)*, que aponta para a transitoriedade[461] das coisas no mundo, aí se incluindo a dimensão corporal dos indivíduos que cedo ou tarde morrem. A transitoriedade afeta desde um grão de

460 "*Pariṇāma-tāpa-saṃskāra-duḥkhair guṇa-vṛtti-virodhāc ca duḥkham eva sarvaṃ vivekinaḥ*" (PATAÑJALI, 1996, II: 15, p. 135). Prasada e Vivekananda trazem, do original: "*By reason of the pains of change, anxiety and habituation and by reason of the contrariety of the functionings of the 'qualities,' all indeed is pain to the discriminating*" (PATAÑJALI, 1988, II: 15, p. 114) e "*To the discriminating, all is, as it were, painful on account of everything bringing pain either as consequence, or as anticipation of loss of happiness, or as fresh craving arising from impressions of happiness, and also as counteraction of qualities*" (PATAÑJALI, 1982, II: 15, p. 185).

461 De modo similar, Buddha menciona a transitoriedade (*anicca*) existencial, que se expressa simbolicamente nas experiências que teve nas suas saídas pelo mundo fora do castelo no qual habitava: a enfermidade, a velhice e a morte. Também na Grécia Antiga, origem da filosofia ocidental, esse aspecto inexorável da mudança na existência foi percebido por Heráclito (c. 540 a.C.- c. 480 a.C.) e ainda enfatizado por seu discípulo Crátilo (c. 450 a.C.- c. 400 a.C.), os quais, como comenta Jaeger, sustentavam que "[...] na natureza tudo flui e nada possui uma consistência firme e estável" (JAEGER, 2003, p. 506). Depreende-se do ensinamento de Heráclito, por exemplo, que não se poderia tomar banho duas vezes no mesmo rio, uma vez que as águas já seriam outras, quando afirmava: "Para os que entram nos mesmos rios, correm outras e novas águas" (HERÁCLITO, [4-- a.C.] *apud* BORNHEIM, 1989, p. 36).

poeira até o Sistema Solar: tudo inexoravelmente está submetido à mudança. Por outro lado, Taimni nos adverte que essa mudança é obscurecida por *māyā* (grande ilusão): "Um efeito de *māyā* é tornar-nos inconscientes das contínuas mudanças que acontecem dentro e fora de nós" (TAIMNI, 1996, p. 136). A morte, como expressão radical dessa mudança, é o resultado da velhice ou do desgaste progressivo do corpo, isto é, da sucessão de pequenas mudanças que ocorrem dia após dia, mas que geralmente o ser humano não percebe.

A segunda razão que reflete a miséria da condição existencial se expressa na ideia de ansiedade (*tāpa*), que se torna mais compreensível quando analisada conjuntamente com a terceira razão, que é a "tendência para formar hábitos" (*saṃskāra*). Há um nível de ansiedade que pode não ser consciente, mas que mesmo assim envenena subconscientemente a vida do ser humano. Qualquer apego como, por exemplo, o apego por dinheiro, cria a ansiedade de se poder perder o objeto do apego, neste caso, o dinheiro conquistado. Por outro lado, se o apego se dirige a uma outra pessoa, abre-se a possibilidade de que se manifeste a ansiedade de que esta possa morrer.

A terceira razão que reflete a miséria da condição existencial se expressa na "tendência para formar hábitos" (*saṃskāra*). A palavra sânscrita *saṃskāra* significa "impressões", principalmente relacionadas à memória de encarnações anteriores, e refere-se, fundamentalmente, à tendência a formar hábitos. O processo formador de hábitos pode ser comparado, por analogia, com o circuito elétrico que ilustra a relação do cérebro com os seus circuitos neuronais. Nesse sentido, pode-se considerar que cada pensamento, emoção ou sensação física estimula ou aciona uma corrente elétrica num determinado circuito de neurônios cerebrais. Dessa forma, cria-se com isso uma "[...] situação que favorece cada vez mais a repetição de todo o processo. Por esse motivo, o pensamento, a emoção e a ação são processos produtores de hábito" (LINDEMANN; OLIVEIRA, 2011, p. 13).

É de se notar que o princípio da transitoriedade ou mudança parece conflitar com a tendência formadora de hábitos. Com efeito, a capacidade da mente de antecipar pela imaginação o efeito da mudança tende, em função da resistência dos hábitos constituídos, a gerar ansiedade, medo, preocupação e sofrimento. Conforme afirma Taimni: "A natureza dificilmente nos permite uma pausa para tomar fôlego, impelindo-nos todo o tempo para novas experiências, por mais que preferíssemos continuar com nossa rotina e com as situações confortáveis que conquistamos" (TAIMNI, 1996, p. 138).

A quarta razão que reflete a miséria da condição existencial é um pouco mais complexa. Ela é designada em sânscrito pela expressão "*guṇa-vṛtti-virodha*" Essa expressão é interpretada por Vyāsa como "[...] a contrariedade das operações das qualidades [da matéria] (*guṇas*)"[462] (VYĀSA, 1988, p. 116). Taimni comenta essa expressão como sendo explicativa de uma contrariedade ou desencontro de ritmos entre, de um lado, a rápida formulação dos desejos originadas pelas modificações da mente (*vṛttis*) e, de outro lado, a lenta resposta que é dada pelos *guṇas* ou qualidades da materialidade dos entes. Desse modo, quando finalmente se chega à ocasião de se satisfazer um desejo, a mente já se encontra numa outra condição desejante. Taimni conclui: "[...] o conflito entre as tendências naturais causadas pela preponderância de um dos *guṇas* e os estados da mente que se encontram em constante mutação. Tal conflito é muito comum na vida humana e é a causa de muita insatisfação na vida do indivíduo comum" (TAIMNI, 1996, p. 138).

O processo de conscientização dessas quatro razões que constituem, para Patañjali, o reflexo da miséria da condição existencial, se dá na forma de um o discernimento (*viveka*) que é inerente à prática do Yoga e que conduz o ser humano, através da experiência do *Samādhi* (Êxtase), à sua Libertação (*kaivalya*). Esse processo de discernimento deve considerar o fato de que as quatro razões da condição da miséria humana não atuam isoladamente. Ao invés disto, elas interagem entre si, como é o caso da relação de contrariedade entre a mudança e hábito. A contínua necessidade de reconciliação dessas contrariedades "[...] é uma das maiores angústias da vida da qual todos desejariam livrar-se" (TAIMNI, 1996, p. 138).

Assim como na tradição do Yoga de Patañjali, o primeiro passo na senda espiritual segundo o Vedānta é igualmente o discernimento[463] (*viveka*). O problema central do ser humano, em geral, é, portanto, a falta de discernimento da sua real condição. Com efeito, o ser humano costuma sentir-se envolvido, demasiadamente, pelas ilusões, fascinações e conquistas mundanas. Taimni conclui que, para o ser humano comum, "[...] a única atitude que lhe cabe tomar é a de decidir se começará a se esforçar AGORA, ou se adiará para mais tarde a caminhada pela Senda da Libertação" (TAIMNI, 1992, p. 23). Similarmente, a ideia da necessidade insubstituível do discernimento com base na autoridade das *Upaniṣads* é enfatizada por

462 "*[...] contrariety of the funcionings of the qualities, 'all is indeed pain to the discriminating*'" (VYĀSA, 1988, p. 116).

463 Essa noção se assemelha à "reta compreensão" (*samyak dṛṣṭi*) tal como postulado no início ou primeiro passo da quarta nobre verdade do Budismo (OLCOTT, 2019, p. 82).

Radha Burnier, eminente autora teosófica, em sua obra: *Não Há outro Caminho a Seguir* (BURNIER, 2016, p. 64).

Na verdade, poder-se-ia considerar a existência de um pessimismo contido no *sūtra* YS, II: 15. Essa possibilidade interpretativa decorre da expressão "tudo é miséria", mas isso depende do discernimento sobre a verdadeira natureza da Realidade. A filosofia existencialista ocidental tem sido considerada uma "concepção pessimista do homem"[464] (RADHAKRISHNAN; RAJU, 1993, p. 598) porque não parece apresentar uma saída para os problemas da condição humana.

A superação dessa possibilidade interpretativa de caráter pessimista aparece imediatamente no *sūtra* seguinte, no qual Patañjali afirma otimisticamente: "O sofrimento que ainda não chegou pode e deve ser evitado"[465] (PATAÑJALI, 1996, II: 16, p. 139). O ponto essencial a ser notado é que a filosofia do Yoga realmente apresenta uma solução para o problema do sofrimento, ainda que seja gradual. Essa gradualidade se impõe em face da necessidade inexorável de se vivenciar, na vida presente, as consequências (*Prārabdha Karma*, ou "*karma* maduro") de ações praticadas em vidas passadas. A partir da prática de uma nova categoria de ações que produzirão resultados futuros (*Kriyamāṇa Karma* ou "*karma* em formação") é possível dar encaminhamento à senda espiritual que leva à Liberação (*kaivalya*) do sofrimento. Nesse sentido, Vivekananda conclui: "[...] somente aquele [*karma*] que está esperando para dar frutos no futuro é que podemos conquistar e controlar, é para tal fim que todas as nossas forças devem ser direcionadas"[466] (VIVEKANANDA, 1982, p. 186). Krishnamurti enfatiza: "Pensa antes no que estás fazendo agora, e que causará os acontecimentos de tua próxima vida, pois esta tu podes modificar" (KRISHNAMURTI, 2017, p. 58-59).

Na sequência do *Yoga-Sūtra*, do *sūtra* YS, II: 17 em diante, Patañjali dirige-se, gradualmente, para o tema da vida e seu significado, visando a superação da ignorância: "A causa daquilo que deve ser evitado é a união do vidente com o visto [o mundo percebido]"[467] (PATAÑJALI, 1996, II: 17, p. 140). A expressão "união do vidente com o visto (o mundo percebido)", ou seja, "união do Espírito (*puruṣa*) com a matéria ou natureza (*prakṛti*)", é uma linguagem mais técnica para se referir ao evento da encarnação do espírito na matéria, isto é, àquilo que o leigo chama de "vida". Portanto, Patañjali, neste

---

464 "*[...] concepción pessimista del hombre [...]*" (RADHAKRISHNAN; RAJU, 1993, p. 598).

465 "*Heyaṃ duḥkham anāgatam*" (PATAÑJALI, 1996, II: 16, p. 139).

466 "*[...] only that which is waiting to bear fruit in the future that we can conquer and control, towards which end all our forces should be directed*" (VIVEKANANDA, 1982, p. 186).

467 "*Draṣṭṛ-dṛśyayoḥ saṃyogo heya-hetuḥ*" (PATAÑJALI, 1996, II: 17, p. 140).

e nos *sūtras* subsequentes, adentra o misterioso tema do propósito ou significado da vida. Todavia, a tradução do termo sânscrito *prakṛti* por "matéria" poderia implicar em algumas imprecisões. Por isso, Vivekananda prefere traduzir tal termo por "natureza": "O que é o visto [o mundo percebido]? Toda a natureza [*prakṛti*] começando com a mente, até a matéria densa. Todo prazer e dor surgem da junção entre este *puruṣa* e a mente"[468] (VIVEKANANDA, 1982, p. 187). É importante notar que "o visto" (o mundo percebido), referido por Vivekananda, abrange não apenas as experiências da vida material, mas também as experiências após a morte, isto é, sem o corpo físico. Esta condição destituída de corpo físico inclui estados subjetivos da mente relativos à *prakriti,* com semelhanças à experiência do sono com sonhos. Nessa condição ainda persiste a mente ou algum tipo de consciência e sensibilidade com relação a outros mundos intermediários ou condições *post-mortem* entre as duas encarnações sucessivas (LARSON; BHATTACHARYA, 2011, p. 47). Porém, tal detalhamento do "visto" (o mundo percebido), ou seja, de *prakṛti,* envolvendo possíveis alusões aos outros mundos (*lokas*) e respectivos estados de consciência, é tema da análise que é feita dos *sūtras* seguintes.

No *sūtra* YS, II: 17, Patañjali enfatiza a questão relativa à *avidyā* (ignorância) enquanto causa do envolvimento de *puruṣa* com *prakṛti*. A interpretação teosófica de Taimni aponta para uma causa da própria ignorância (*avidyā*), a saber, *māyā* (ilusão). Ele afirma: "Este processo começa pela união da consciência com a matéria, pelo fato do véu de *māyā* envolvê-la na ilusão e em consequente *avidyā* [ignorância]" (TAIMNI, 1996, p. 141). Nesse sentido, Taimni remete o problema da origem das coisas "[...] à questão da involução inicial da consciência individual na matéria, [que] é realmente um dos problemas fundamentais [*atipraśna*[469]] da filosofia, sobre o qual os filósofos vêm especulando desde o início dos tempos" (TAIMNI, 1996, p. 141). Na verdade, não se está buscando aqui uma solução rápida ou um mero paliativo para a causa do sofrimento humano ou de todas as suas misérias, "[...] mas um remédio que erradicará por completo a doença [...]" (TAIMNI, 1996, p. 141), em caráter definitivo e irreversível.

Em sequência, no *sūtra* YS, II: 19, Patañjali analisa os quatro estágios de desenvolvimento das qualidades (*guṇas*) – *tamas*: estabilidade ou inércia; *rājas*: atividade ou mobilidade, *sattva*: cognição ou ritmo[470] – inerentes à Natureza Material

---

468 "*What is the seen? The whole of nature [prakṛti] beginning with the mind, down to gross matter. All pleasure and pain arise from the junction between this Puruṣa and the mind*" (VIVEKANANDA, 1982, p. 187).

469 *Atipraśna* ou "questão última" é o tipo de pergunta ou questão fundamental sobre objetos transcendentais (MONIER-WILLIAMS, 1995, p. 12) que aponta para uma condição limite: ela não pode ser respondida no plano do intelecto comum, mas somente na condição de Libertação (*kaivalya*), quando o poder da ilusão ou māyā é superado ou dissolvido (TAIMNI, 1996, p. 141).

470 Essas são as traduções dos três *guṇas* ou qualidades da Natureza Material (*prakṛti*) sugeridas por Taimni

(*prakṛti*), a saber: "Os estágios dos *guṇas* são o particular [*viśeṣa*], o universal [*aviśeṣa*], o diferenciado [*liṅga*] e o indiferenciado [*aliṅga*]"[471] (PATAÑJALI, 1996, II: 19, p. 147). Ele apenas caracteriza, sucintamente, os quatro estágios de desenvolvimento das qualidades (*guṇas*) com as denominações acima, o que dá margem a diversas interpretações entre os comentadores. Taimni relaciona os estágios postulados por Patañjali com os veículos da consciência (*kośas*)[472] (TAIMNI, 1996, p. 42, 148) e seus respectivos mundos (*lokas*) segundo o Vedānta.

As correspondências acima apresentadas entre os estágios dos *guṇas* e os veículos da consciência estão baseadas no princípio geral de que "[...] a consciência (*puruṣa*) e a matéria (*prakṛti*) atuam juntas no mundo fenomenal [e, portanto], é de se esperar que a expressão das camadas mais profundas da consciência requeira uma forma mais sutil dos três *guṇas*" (TAIMNI, 1996, p. 148). Esses três *guṇas* sofrem, assim, uma sutilização em quatro estágios relacionáveis com os diferentes níveis ou veículos de consciência, embora sua natureza essencial permaneça a mesma.

Cabe aqui fazer uma digressão sobre o conceito de *loka* (mundo). Trata-se de um conceito muito antigo, mencionado em dicionário da seguinte forma: "[...] o amplo espaço ou mundo, [...] qualquer divisão dele [...] três *lokas* são comumente enumerados, a saber, o céu, a Terra e a atmosfera ou regiões mais baixas, [...] mas uma classificação mais completa fornece sete mundos, a saber: *Bhūr-loka*, a Terra [...]"[473] (MONIER-WILLIAMS, 1995, p. 906). Os sete *lokas* que são detalhados na continuação da citação acima, e cuja fonte de autoridade mais imediata é o *Atharva Veda*, são os seguintes, em ordem crescente de sutileza, assim citados pelo *A Sanskrit-English Dictionary*:

(TAIMNI, 1996, p. 141-144), que se apresentam na filosofia Sāṃkhya.

471 "*Viśeṣāviśeṣa-liṅgamātrāliṅgāni guṇa-parvāṇi*" (PATAÑJALI, 1996, II: 19, p. 147).

472 Feuerstein critica essas correlações logicamente sustentadas por Taimni, particularmente as correlações com os envoltórios, os *kośas* do Vedānta, mas não parece encontrar outro argumento senão que "[...] não [está] de acordo com o esquema adotado por Patañjali [...]" (FEUERSTEIN, 1989, p. 72), pois obviamente se trata de uma correlação que não é estabelecida dentro dos termos de um mesmo *darśana* ou sistema filosófico, mas que necessita adotar termos da filosofia Vedānta e do Yoga. Mais do que isso, a correlação é feita lógica e justamente a partir do próprio texto de Patañjali e não encontra nesta qualquer contradição, embora talvez se possa afirmar que extrapole a sua tradição comentarial por articular termos de diferentes sistemas filosóficos, o que é característico do estudo comparativo da abordagem teosófica, como foi mencionado.

473 "*[...] the wide space or world [...], any division of it [...] 3 lokas are commonly enumerated, viz. heaven, earth and the atmosphere or lower regions [...], but a fuller classification gives 7 worlds, viz. Bhūr-loka, the earth [...]*" (MONIER-WILLIAMS, 1995, p. 906).

> Bhūr-loka, a Terra; Bhuvar-loka, o espaço entre a Terra e o Sol habitado pelos Munis, Siddhas, etc.; Svar-loka, o paraíso de Indra acima do Sol ou entre este e a estrela polar; Mahar-loka, uma região acima da estrela polar e habitada por Bhṛgu e outros santos que sobrevivem à destruição dos três mundos inferiores; Janar-loka, habitado pelo filho de Brahmā Sanat-kumāra etc.; Tapar-loka, habitado por Vairāgins deificados; Satya-loka ou Brahma-loka, morada de Brahmā, transladação à qual isenta de renascimento[474] (MONIER-WILLIAMS, 1995, p. 906).

A localização alegórica dos *lokas* varia conforme seus conteúdos mitológicos em distâncias progressivamente mais afastadas da Terra, simbolizando sua maior sutileza. A literatura teosófica moderna interpreta esses mundos como planos ou dimensões da Natureza que se interpenetram em graus progressivos de sutileza e os traduz, respectivamente, como mundos ou planos como segue: físico (*bhūr-loka*), emocional (*bhuvar-loka*), mental (*svar-loka*), intuicional (*mahar-loka*), espiritual (*janar-loka*), monádico (*tapar-loka*) e divino (*satya-loka*) (LEADBEATER, 2019a, p. 46). O ponto essencial desta interpretação teosófica dos mundos ou planos é que estes se interpenetram, variando apenas no grau de sua densidade atômica, pois os átomos de um plano surgem da condensação dos átomos de outro plano mais sutil e assim por diante. O plano mais sutil sempre contém o anterior mais denso, sendo mais amplo que este, numa sequência progressiva de sutilidade.

É oportuno acrescentar que na literatura teosófica se menciona que cada plano demanda pelo menos um veículo da consciência para que esta possa nele se expressar. Dessa forma, o corpo físico e o duplo etérico correspondem ao plano físico; o corpo astral ou emocional corresponde ao plano astral ou emocional; os corpos mental e causal correspondem ao plano mental; o veículo búdico corresponde ao plano búdico ou intuicional e o veículo *átmico* ao plano *átmico* ou espiritual – vide Figura 5 **(Adaptada de TAIMNI, 1997, p. 35):**

474 "*Bhūr-loka, the earth; Bhuvar-loka, the space between the earth and sun inhabited by Munis, Siddhas etc.; Svar-loka, Indra's heaven above the sun or between it and the polar star; Mahar-loka, a region above the polar star and inhabited by Bhṛgu and other saints who survive the destruction of the 3 lower worlds; Janar-loka, inhabited by Brahmā's son Sanat-kumāra etc.; Tapar-loka, inhabited by deified Vairāgins; Satya-loka or Brahma-loka, abode of Brahmā, translation to which exempts from rebirth*" (MONIER-WILLIAMS, 1995, p. 906).

Figura 5: As Esferas da Consciência

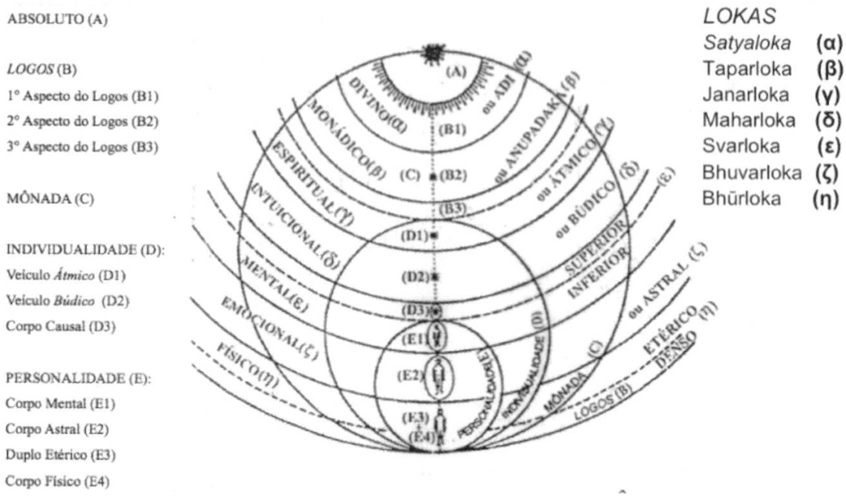

Fonte: LINDEMANN; OLIVEIRA, 2011, p. 41.

Cabe estender a correspondência acima, feita entre os *lokas* do *Atharva Veda* e os planos teosóficos, com outra categorização da experiência humana, a saber: com os *kośas* ou envoltórios da filosofia Vedānta. Os invólucros ou *kośas* da filosofia Vedānta, como visto no capítulo 1, são o corpo físico ou envoltório da alimentação (*annamayakośa*); o envoltório da energia vital ou *prāṇa* (*prāṇamayakośa*); o envoltório da sensação com a mente (*manomayakośa*); envoltório da consciência ou individualidade (*vijñānamayakośa*); e o envoltório de bem-aventurança (*ānandamayakośa*).

Mais uma correspondência é proposta por Taimni (1996, p. 42), também usando termos de Leadbeater (2019b, p. 46), entre os cinco *kośas* da filosofia Vedānta e os sete veículos da consciência na literatura teosófica: o corpo físico corresponde ao envoltório da alimentação (*annamayakośa*); o duplo etérico corresponde ao envoltório da energia vital *prāṇa* (*prāṇamayakośa*); o corpo astral ou emocional conjugado com o corpo mental correspondem à mente concreta (*manomayakośa*); o corpo causal corresponde ao envoltório da consciência ou individualidade (*vijñānamayakośa*), relacionado às atividades da mente abstrata; o veículo búdico corresponde ao envoltório de bem-aventurança (*ānandamayakośa*) corresponde ao plano búdico ou intuicional; enquanto o veículo *átmico* corresponde a *ātman*, que na verdade está além dos *kośas* ou é revestido por eles. Por meio de tal correspondência e da anterior se poderia também estender outra correspondência entre os *kośas* e seus respectivos planos teosóficos etc.

Taimni, porém, além das correspondências supramencionadas, considera muito importante estabelecer correspondências entre certas propriedades das subdivisões do *Samādhi* (PATAÑJALI, 1996, I: 17, p. 36) e os estágios de desenvolvimento das qualidades (*guṇas*) apresentados por Patañjali (1996, II: 19, p. 147). Dessa forma, o raciocínio (*vitarka*) corresponde ao estágio particular (*viśeṣa*), a reflexão (*vicāra*) corresponde ao estágio universal (*aviśeṣa*), a bem-aventurança (*ānanda*) corresponde ao estágio diferenciado (*liṅga*), e o sentido de puro ser (*asmitā* – que neste caso Taimni interpreta com outra conotação) corresponde ao estágio o indiferenciado (*aliṅga*).

Feita essa correlação entre os estágios das qualidades (*guṇas*) da natureza material (*prakṛti*) em Patañjali e os *lokas* e dos *kośas* da filosofia Vedānta a partir de uma interpretação dos níveis de consciência da tradição teosófica, passa-se agora a uma análise das articulações entre tais estágios da consciência e as diferentes etapas do processo soteriológico do Yoga, em especial o *Samādhi* e suas subdivisões. Com efeito, Taimni sustenta que os quatro estágios de desenvolvimento dos *guṇas* de Patañjali têm relação com quatro subdivisões do *Samādhi*.

Entretanto, para que se compreenda essa correlação é necessário aprofundar o conceito de *Samādhi* (Êxtase). A técnica culminante e essencial do método *Āṣṭāṅga-Yoga* de Patañjali, também conhecido como Rāja-Yoga, é o *Samādhi* (Êxtase). Segundo Radhakrishnan, Yoga "[...] é usado como sinônimo para a finalidade do *samādhi*"[475] (RADHAKRISHNAN, 2019, v. 2, p. 309), ou seja, "[...] o Yoga, diz-se, 'é o *Samādhi* [...]'" (BESANT, 2019, p. 28). Também Śaṅkara afirma que a expressão "'*Yoga é samādhi*' [...] se referia ao ponto particular de fixar a mente [na meditação]"[476] (ŚAṄKARA., 2006, p. 283). Finalmente, é de ressaltar a importância da definição de *Samādhi* (Êxtase) oferecida por Annie Besant, particularmente pela referência aos *lokas* (mundos):

> *Samādhi* é um estado em que a consciência está tão bem separada do corpo, que este fica inanimado. É um estado de transe em que o mental está plenamente consciente, apesar da insensibilidade do corpo e de onde o mental

475 "*[...] is sometimes used as a synonym for the end of samādhi*" (RADHAKRISHNAN, 2019, v. 2, p. 309).
476 "'*Yoga is samādhi' [...] was in regard to the particular point of fixing the mind*" (ŚAṄKARA., 2006, p. 283).

> volta ao corpo, trazendo as experiências realizadas no estado hiperfísico e conservando a recordação quando de novo imerge no cérebro físico. *Samādhi*, para uma dada pessoa, é relativo à sua consciência de vigília, mas implica a insensibilidade do corpo (BESANT, 1973, p. 13).

A palavra "transe" pode assumir diferentes conotações ou caracterizar uma variedade de tipos. A condição posterior de *Samādhi* é caracterizada pela presença de uma memória indelével da experiência. A experiência do *Samādhi* (Êxtase) caracteriza um tipo de transe que é totalmente consciente enquanto dura. Na verdade, é preferível traduzir-se a palavra *Samādhi* por "Êxtase" justamente para evitar qualquer confusão com processos passivos como é o caso dos transes mediúnicos e hipnóticos. O *Samādhi* é um estado totalmente ativo e consciente por ser a culminância de um processo de concentração da atenção (PATAÑJALI, 1996, III: 1-3, p. 217-225).

O *Samādhi* (Êxtase), que é a culminância das oito etapas do Āṣṭāṅga-Yoga, é também subdividido em vários estágios. Essa ideia de subdividir em estágios o processo de aprofundamento progressivo da consciência na direção da Libertação não é estranha a Patañjali, e se apresenta, similarmente, no *sūtra* YS, II: 27, no qual Patañjali afirma que "[...] em seu caso [de *puruṣa*] o mais elevado estágio de Iluminação é alcançado em sete estágios"[477] (PATAÑJALI, 1996, II: 27, p. 164). As correspondências setenárias são clássicas nas antigas tradições, mas Taimni apenas destaca seu significado como uma gradualidade no processo de Iluminação (TAIMNI, 1996, p. 164). Blavatsky chega a afirmar que o número sete "[...] é a base da ordem da Natureza para nosso Universo" (BLAVATSKY, 1991b, p. 631). Surge, assim, a possibilidade de estabelecer-se analogia e correspondência com sete estágios de *Sabīja Samādhi*, sete *lokas*, sete *cakras* etc.

Patañjali claramente subdivide o *Samādhi* em vários estágios, pois os denomina com diferentes nomes e lhes atribui características e propriedades distintas. Patañjali apresenta inicialmente pelo menos cinco nomes que indicam subdivisões do *Samādhi* que parecem ser progressivas, a saber: *Saṃprajñāta Samādhi* (PATAÑJALI, 1996, I: 17, p. 36), *Asaṃprajñāta*[478] *Samādhi* (PATAÑJALI, 1996, I: 18, p. 45), *Sabīja Samādhi* (PATAÑJALI, 1996, I: 46, p. 99), *Nirbīja Samādhi* (PATAÑJALI, 1996, I: 51, p. 105) e *Dharma-Megha-Samādhi* (PATAÑJALI, 1996,

---

477 "*Taṣya saptadhā prānta-bhūmiḥ prajñā*" (PATAÑJALI, 1996, II: 27, p. 164).

478 Esse nome foi elaborado pela tradição comentarial para carecterizar o outro estágio do *Samādhi* subsequente ou subdivisão distinta da anterior.

IV: 29, p. 328). A maioria dos comentadores, talvez buscando uma simplificação, toma o termo *Saṃprajñāta Samādhi*, que significa "Êxtase com conhecimento", como sinônimo de *Sabīja Samādhi*, que significa "Êxtase com semente". Similarmente, a maioria dos comentadores toma o termo *Asaṃprajñāta Samādhi*, que poderia parecer significar "Êxtase sem conhecimento", como sinônimo de *Nirbīja Samādhi*, que significa "Êxtase sem semente". Dessa forma, admitindo essa sinonímia, o número de subdivisões do *Samādhi*, apresentadas por Patañjali, fica aparentemente com três tipos.

Taimni e Besant sustentam posição diferente afirmando que aqueles termos não são sinônimos. Dessa forma, na interpretação teosófica prolifera um maior número de subdivisões do *Samādhi*. Essas subdivisões correspondem a determinados *kośas* e *lokas*, como segue.

Besant (2019) faz importantes comentários a respeito destas subdivisões do *Samādhi*, considerando que se poderiam comparar analogamente como se fossem estágios separados por zonas de transição denominadas "nuvens". Essas pequenas "nuvens" representam zonas relativamente obscuras de transição entre planos e, mais especificamente, entre os *kośas* da filosofia Vedānta[479], ou seus correspondentes teosóficos que são os veículos da consciência. Besant (2019) afirma que a consciência, ao retirar-se de um objeto sobre o qual estava concentrada, quando aprofunda mais a concentração, encontra, antes de passar para o plano ou o *kośa* seguinte, uma zona de transição parecida com uma pequena nuvem ou névoa:

> Nesse estágio sucede a "névoa", o sentimento nascente de um elemento exterior [...] Depois disso, o invólucro [*kośa*] superior começa a funcionar e a consciência reconhece, como tais, os objetos do plano imediatamente superior que correspondem a este invólucro. Assim, no ciclo completo sucedem-se: *Saṃprajñāta Samādhi, Asaṃprajñāta Samādhi, Megha* (a "névoa"), depois *Saṃprajñāta Samādhi* do plano seguinte, e continua sempre a mesma progressão. [...] Em breve tempo a névoa tornar-se-á menos espessa e aos vossos olhos maravilhados revelar-se-á, primeiramente de maneira parcial,

479 Feuerstein critica essas correlações logicamente sustentadas por Taimni, particularmente as correlações com os envoltórios, os *kośas* do Vedānta, mas não parece encontrar outro argumento senão que "[...] não [está] de acordo com o esquema adotado por Patañjali [...]" (FEUERSTEIN, 1989, p. 72), pois obviamente se trata de uma correlação que não é estabelecida dentro dos termos de um mesmo *darśana* ou sistema filosófico, mas que necessita adotar termos da filosofia Vedānta e do Yoga. Mais do que isso, a correlação é feita lógica e justamente a partir do próprio texto de Patañjali e não encontra, neste, qualquer contradição, embora talvez se possa afirmar que extrapole a sua tradição comentarial por articular termos de diferentes sistemas filosóficos, o que é característico do estudo comparativo da abordagem teosófica, como foi mencionado.

> depois em toda a sua beleza, um mundo superior.[...] A nuvem dissipar-se-á e o esplendor do Eu manifestar-se-á (BESANT, 2019, p. 45-46).

Embora não se deseje uma análise demasiadamente técnica aqui, pois o tema é aprofundado nos capítulos seguintes, parece importante esclarecer que o termo *Saṃprajñāta Samādhi* significa literalmente "*Samādhi* com *prajña*", ou numa tradução livre, "Êxtase com conhecimento". Vivekananda o traduz como "[...] concentração [com] conhecimento correto"[480] (PATAÑJALI, 1982, I: 17, p. 130). Além de Besant, Taimni também considera que o prefixo "a" na expressão *Asaṃprajñāta Samādhi* não é um mero negativo – se assim o fosse poderia ser interpretado como um "*Samādhi* sem *prajñā*" – mas antes um correlato de *Saṃprajñāta Samādhi* enquanto uma nuvem ou névoa que se interpõe entre um estágio de *Saṃprajñāta Samādhi* e o estágio seguinte (TAIMNI, 1996, p. 38). Na verdade, Taimni sustenta que, depois da zona de transição, o "conteúdo da consciência" (*pratyaya)*, que constitui o objeto de *prajñā* (conhecimento) do *Saṃprajñāta Samādhi,* e que é temporariamente abandonado em um plano no respectivo *Asaṃprajñāta Samādhi,* é retomado no plano seguinte, que é mais sutil, no *Saṃprajñāta Samādhi* subsequente (TAIMNI, 1996, p. 36-47).

Para que se possa explicitar as subdivisões do *Samādhi* antes mencionadas, cabe citar o *sūtra* YS, I:17 (PATAÑJALI, 1996, I: 17, p. 36), no qual são apresentados os estágios de *Saṃprajñāta Samādhi*: "*Saṃprajñāta samādhi* é aquele que é acompanhado [*agunamāt*] por raciocínio [*vitarka*], reflexão [*vicāra*], bem-aventurança [*ānanda*] e sentido de puro ser [*asmitā.*]"[481] (PATAÑJALI, 1996, I: 17, p. 36). É importante enfatizar que vários comentadores, destacando-se Vijñānabhikṣu[482]

---

480 "*The concentration called right knowledge is that which is followed by reasoning, discrimination, bliss, unqualified egoism*" (PATAÑJALI, 1982, I: 17, p. 130).

481 "*Vitarka-vicārānandāsmitānugamāt saṃpajñātaḥ*" (PATAÑJALI, 1996, I: 17, p. 36).

Taimni considera que: "*asmitā* é o princípio de individualidade no homem, que forma, por assim dizer, o núcleo da alma individual..." (TAIMNI, 1996, p. 297). Esse autor considera que, quando não está identificado com os veículos inferiores, *asmitā* representa a pura consciência, ou sentido de puro ser: "a consciência de pura existência, indicada por *asmitā*, absorve a consciência de objetos" (TAIMNI, 1996, p. 151). É somente quando *asmitā* se identifica com os veículos inferiores que gera egoísmo.

482 Vijñānabhikṣu enfatiza a gradualidade dos estágios supramencionados ao comparar esse *sūtra* de Patañjali com o *Mahābhārata*, mencionando que tais estágios "[...] vem à existência gradualmente". (No original: "*[...] come into being gradually*"). (MAHĀBHĀRATA, 195.15 a*pud* VIJÑĀNABHIKṢU, 2016, p. 110).

(2016, p. 110), Hariharānanda Āraṇya[483] (1983, p. 42) e Edwin Bryant[484] (2009, p. 136), também consideram que as características ou denominações apresentadas por Patañjali neste *sūtra* não são atividades ou estados simultâneos da mente, mas indicam que o *Saṃprajñāta Samādhi* é subdividido em estágios sucessivos ou fases graduais de um processo progressivo de aprofundamento. Taimni comenta:

> A palavra *agunamāt* significa "associado com" ou "acompanhado por", e o *sūtra*, portanto, num sentido amplo, significa que as quatro fases ou estágios sucessivos de *Saṃprajñāta Samādhi* são acompanhados pelas atividades ou estados da mente denominados, respectivamente, *vitarka, vicāra, ānanda* e *asmitā*. Qualquer pessoa familiarizada com a antiga classificação do Vedānta, ou a moderna classificação teosófica dos planos de manifestação e das funções dos veículos nesses planos, facilmente perceberá quão próximo esse progressivo desabrochar da consciência, através dos quatro estágios mencionados no *sūtra*, corresponde a esta classificação (TAIMNI, 1996, p. 41).

Entretanto, para que se compreenda tal correspondência, Taimni sustenta ser necessário que o *Saṃprajñāta Samādhi* e seu correlato *Asaṃprajñāta Samādhi* se refiram à esfera externa de *prakṛti ou Sabīja Samādhi*, o *Samādhi* com semente ou objeto, que é o *pratyaya* ou conteúdo da consciência no momento. Por outro lado, *Nirbīja Samādhi* e *Dharma-Megha-Samādhi* não têm conteúdo externo e são aqueles que se referem propriamente ao autoconhecimento: ao conhecimento do *puruṣa* ou *ātman*. Taimni sustenta que o *Yoga-Sūtra* é um tratado científico e que Patañjali não usaria dois pares de termos (*Saṃprajñāta* e *Asaṃprajñāta*; *Sabīja e*

---

483 Hariharānanda Āraṇya distingue claramente esses estágios de *Samādhi*: "Destes, no primeiro, *viz. Savitarka-samādhi*, existe a presença de todos os quatro objetos. O segundo, isto é, *Savicāra-samādhi*, está livre de *Vitarka*. O terceiro, isto é, *Sānanda-samādhi*, está livre de *Vicāra*. O quarto é *Asmitā-mātra* ou puro senso de Eu, e está livre até mesmo do sentido de bem-aventurança. Todos esses estados de concentração têm, no entanto, um objeto de concentração". No original: "*Of these, in the first, viz. Savitarka-samādhi there is the presence all the four objects. The second, i.e. Savicāra-samādhi is free from Vitarka. The third, i.e. Sānanda-samādhi is free from Vicāra. The fourth, is Asmitā-mātra or pure I-sense, and it is free even from the sense of bliss. All these states of concentration have, however, an object concentrated upon*" (HARIHARĀNANDA ĀRAṆYA, 1983, p. 42).

484 Bryant menciona "níveis de *samādhi*" ("*levels of samādhi*") (BRYANT, 2009, p. 137) e chega a introduzir entre colchetes, na sua própria tradução deste *sūtra* de Patañjali, a expressão "*the consecutive*" ("os consecutivos"): "*Saṃprajñāta* [*samādhi*] consiste em [os consecutivos] estágios mentais de absorção com consciência física, absorção com consciência sutil, absorção com bem-aventurança, e absorção com o senso de qualidade do Eu". No original: "*Saṃprajñāta [samādhi] consists of [the consecutive] mental stages of absorption with physical awareness, absorption with subtle awareness, absorption with bliss, and absorption with the sense of I-ness*" (PATAÑJALI, *Yoga-Sūtra* I: 17 *apud* BRYANT, 2009, p. 136).

Nirbīja Samādhi-s) por acaso, mas sim para designarem coisas distintas: "[...] ele está tratando de duas ideias ou assuntos inteiramente diferentes, e atribuir o mesmo significado a dois pares de palavras demonstraria falha na interpretação de todo o assunto" (TAIMNI, 1996, p. 38). Portanto, com base na interpretação de Besant sobre *Saṃprajñāta* e *Asaṃprajñāta Samādhi,* Taimni apresenta logicamente a seguinte classificação de estágios de *Samādhi*, e os classifica pela ordem em correlação com seus correspondentes veículos (Quadro 1). Foram acrescentados entre colchetes os números de ordem e as palavras identificadoras usadas por Patañjali (PATAÑJALI, 1996, I: 17, p. 36-42) para cada estágio ou nível de *Samādhi* (Êxtase).

Quadro 1: Estágios de *Samādhi*

Sabīja Samādhi				
Estágios de *Samādhi*	**Característica**	**Estágios correspondentes dos *Guṇas***	***Kośas* do Vedānta**	**Veículo teosófico**
[1] *Saṃprajñāta--Vitarka*	[Raciocínio]	*viśeṣa* (particular)	*Manomaya Kośa*	Corpo Mental Inferior
[2] *Asaṃprajñāta*				
[3] *Saṃprajñāta--Vicāra*	[Reflexão]	*aviśeṣa* (universal)	*Vijñānamaya Kośa*	Corpo Causal
[4] *Asaṃprajñāta*				
[5] *Saṃprajñāta--Sānanda*	[Bem--aventurança]	*liṅga* (diferenciado)	*Ānandamaya Kośa*	Veículo Búdico
[6] *Asaṃprajñāta*				
[7] *Saṃprajñāta--Sasmitā*	[Sentido de Puro Ser]	*aliṅga* (indiferenciado)	*Ātmā*	Veículo *Átmico*
Nirbīja Samādhi				
Estágios de *Samādhi*	**Característica**			
[8] *Nirbīja Samādhi*	[Temporário]			
[9] *Dharma-Megha--Samādhi*	[Permanente]			

Fonte: adaptado de TAIMNI, 1996, p. 42, 148

Acrescenta-se a tal quadro de correspondências outra coluna que corresponde os estágios ou subdivisões do *Samādhi* com os estágios de desenvolvimento dos *guṇas* (PATAÑJALI, 1996, II: 19, p. 147), comentados acima, e apresentados por Taimni (1996, p. 148).

Sabīja Samādhi está relacionado com alguma semente (*bīja*) ou conhecimentos e poderes exercidos dentro do reino da Natureza ou matéria (*Prakṛti*), enquanto *Nirbīja Samādhi,* ou sem semente, transcende este reino da Natureza, pois se refere ao reino de *puruṣa*, que está além de *prakṛti.*

Uma vez estabelecida a correlação entre, de um lado, os estágios de *Samādhi* (Êxtase), e de outro lado os *kośas* ou invólucros da consciência e, por extensão, seus respectivos *lokas* ou mundos, pode-se agora melhor investigar as causas do envolvimento da consciência com a natureza material (*prakṛti*) indicando os meios para atingir a Libertação (*kaivalya*). Taimni, apoiando-se em Patañjali, considera que a consciência apresenta dificuldade em ver os mundos e a vida como de fato são, na medida em que costuma ser iludida pela mente quando ela está apegada. Patañjali afirma que "[...] o vidente é pura consciência, mas, apesar de puro, parece ver através da mente"[485] (PATAÑJALI, 1996, II: 20, p. 152). Taimni faz uma analogia comparando o *puruṣa* ou o vidente a uma lâmpada elétrica coberta por vários globos semitransparentes com diversas cores. Dessa forma, ele relaciona os diversos veículos com as camadas da mente através das quais ocorre a percepção comum. A plenitude do autoconhecimento, assim, só poderia ser obtida removendo temporariamente esses veículos, um a um, para que se pudesse perceber a verdadeira luz da consciência ou *puruṣa*: "Isto é o isolamento da consciência pura implícito na conquista de *kaivalya* [ou Libertação], objetivo último da vida do Yoga" (TAIMNI, 1996, p. 153).

Parece oportuno considerar de que modo a percepção mediada pela mente pode ser distorcida ou "colorida" por causa dos diversos tipos de atração (*rāga*) e repulsão (*dveṣa*) dos *kleśas* (aflições). Com isso, cria-se o chamado "tempo psicológico", objeto da análise e cuidados de Krishnamurti (KRISHNAMURTI; BOHM, 1989). A intensificação do círculo vicioso dos *kleśas* acentua a disfunção cognitiva ou ignorância (*avidyā*) que, por sua vez, dificulta a percepção das coisas como de fato elas são. O diagrama ilustrativo (Figura 6) sugere a necessidade de um discernimento entre o tempo psicológico e o tempo cronológico.

485 "*Draṣṭā dṛśimātraḥ śudho 'pi pratyayānupaśyaḥ*" (PATAÑJALI, 1996, II: 20, p. 152).

Figura 6: Representação do Tempo Psicológico x Tempo Cronológico

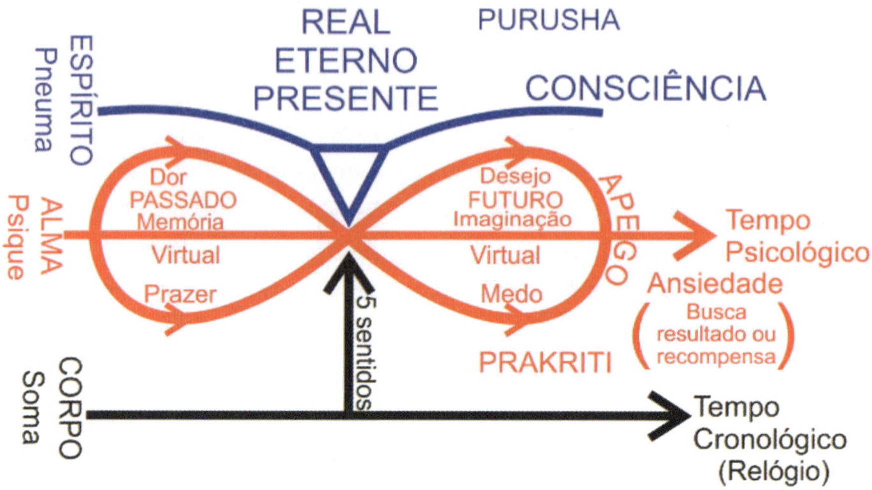

Fonte: LINDEMANN, 2020, p. 53

O tempo psicológico é criado pela mente, mais especificamente sua camada denominada de psique, alma pessoal, mente inferior, o ego psicológico ou "egoidade" (*asmitā*). Essa mente se expressa como atração (*rāga*) ou repulsão (*dveṣa*), ou seja, desejo ou medo, que são inseparáveis como as duas faces de uma mesma moeda. O desejo está baseado na imaginação ou antecipação (*sankalpa*) que busca repetir as experiências de prazer (*rāga*) registradas na memória (*smṛti*). O medo, por outro lado, está baseado na imaginação que busca evitar a repetição das experiências de dor (*dveṣa*) registradas na memória. Por serem inseparáveis, o desejo de viver (*abhiniveśa*) é, ele mesmo, o medo da morte, ou vice-versa. Portanto, para todo o desejo existe, de forma inconsciente ou oculta, um medo a ele vinculado: é o medo de que tal desejo não se realize. De modo recíproco, todo medo indica um desejo oculto. Assim, a mente opera segundo o movimento infinito do tempo psicológico, que se desloca do passado para o futuro, do desejo para o medo, e vice-versa. Esse movimento está baseado na memória do ego psicológico que acumula o passado. O tempo psicológico pode ser medido pela ansiedade, pela frustração da expectativa de resultado ou recompensa do desejo, ou pelo tédio produzido pelo entorpecimento da repetição acumulada na memória, que é exaurida na busca ilusória de novo estímulo. Porém, o passado e o futuro são virtuais: um porque é apenas memória do que já era, e o outro porque é apenas imaginação do que ainda não é, ou do que talvez jamais será. A única coisa real é o momento presente, que é atemporal. Conforme complementei:

> Toda ansiedade é uma fuga da realidade do momento presente, uma perda temporária da atenção, que se fixa na expectativa de uma situação futura que é virtual, pois é projetada pela nossa imaginação a partir de nossas experiências passadas acumuladas na memória. Quando nossa ação está apegada a um resultado, ela cria o tempo psicológico, que pode ser medido pela ansiedade, aquela ansiosa espera pelo tempo de amadurecer e colher o fruto, o resultado daquela ação (LINDEMANN, 2004, p. 3).

A mesma ideia de renunciar ao apego pelas retribuições das ações também se encontra na *Bhagavad-Gītā*: "Tua missão consiste somente na ação, nunca nos seus frutos; portanto, não deixes que o fruto da ação seja o teu motivo, nem te apegues à inação [...] portanto, adere-te ao *Yoga*; *Yoga* é habilidade na ação" (BHAGAVAD-GĪTĀ, 2014, II: 47 e 50, p. 64-66). Kṛṣṇa considera que se deve renunciar a essa imaginação criadora do desejo para que alguém possa realmente tornar-se um *yogi*: "O que se chama renúncia, deves conhecê-lo como *Yoga*, [...], tampouco ninguém se torna um Iogue sem renunciar à vontade formativa [*saṅkalpa*: faculdade imaginativa que faz planos para o futuro]" (BHAGAVAD-GĪTĀ, 2014, VI: 2, p. 121-122).

Além disso, convém recordar que a consciência se apega ou se envolve na Natureza material (*prakṛti*) e seus mundos (*lokas*) por falta de autoconhecimento. Com efeito, Patañjali considera que a própria existência dos mundos (*lokas*) é como um cenário de uma grande escola para o autoconhecimento quando afirma: "A própria existência do visto [o mundo percebido] é por sua causa [isto é, o *puruṣa*]. (Isto é, *prakṛti* existe somente para servir ao *puruṣa*)"[486] (PATAÑJALI, 1996, II: 21, p. 154). Esta frase é um testemunho da extrema importância que Patañjali dá, no *Yoga-Sūtra*, ao *puruṣa* (Espírito), já que afirma que todo o Universo manifestado – Natureza material (*prakṛti*) – existe somente para servi-lo. Entretanto, surge a questão de como o Universo manifestado poderia se orientar para tal objetivo sem a presença de uma inteligência orientadora. Essa questão é brilhantemente respondida por Radhakrishnan:

---

486 "*Tad-artha eva dṛśyasyātmā*" (PATAÑJALI, 1996, II: 21, p. 154). Na tradução de Prasada e Vivekananda: "*For his purpose only is the being of the 'knowable'*" (PATAÑJALI, 1988, II: 21, p. 137) "*The nature of the experienced is for him*" (PATAÑJALI, 1982, II: 21, p. 198).

> A tendência cega da não inteligente *prakṛti* não pode gerar a ordem e a harmonia do Universo quando os homens sofrem de acordo com seus *karmas*. Deus [Īśvara] é o guia da evolução de *prakṛti*. Ele está sempre zelando para que o desenvolvimento de *prakṛti* possa servir aos interesses dos *puruṣas*[487] (RADHAKRISHNAN, 2019, v. 2, p. 340-341).

Em sequência, no *sūtra* seguinte, Patañjali considera que "[...] embora o visto [isto é, o mundo percebido] torne-se não existente para aquele cujo propósito foi cumprido, continua a existir para os outros, por ser comum a todos (além dele)"[488] (PATAÑJALI, 1996, II: 22, p. 154). Este *sūtra* trata de uma questão filosófica fundamental, isto é, da condição daquele que atingiu a Libertação (*kaivalya*) e sua relação com a Natureza material (*prakṛti*). Nesse sentido, Leadbeater considera que "[...] aquele que alcançou o estado de *Asekha* [Mahātmā] habitualmente carrega consigo Sua consciência no plano nirvânico mesmo enquanto ainda possui o corpo físico" (LEADBEATER, 1991, p. 24). Nesse plano nirvânico ou átmico, tudo se dilui como num oceano de luz, permanecendo a consciência da unidade da vida. Porém, a consciência de um Mahātmā (Homem Perfeito) pode variar de plano ou dimensão com a mesma facilidade com que o foco produzido pelo cristalino do olho se move para longe ou para perto: "Quando ele está realmente escrevendo uma carta ou conduzindo uma conversação no plano físico, sua consciência ali está centrada, assim como a do homem comum; mesmo assim, o esplendor espiritual está presente no fundo [...]" (LEADBEATER, 1991, p. 24). Com efeito, ao terminar a tarefa de escritura da carta no plano físico, o Mahātmā (Homem Perfeito) facilmente muda de foco e sua consciência naturalmente retorna ao plano nirvânico. Assim, "[...] apesar de ele ainda estar sentado na mesma cadeira física, [...], ele está em realidade vivendo naquele nível superior, e os objetos terrenos, apesar de presentes para ele, se encontram ligeiramente fora de foco" (LEADBEATER, 1991, p. 24).

Em sequência, no *sūtra* seguinte, Patañjali afirma que o propósito da vida, enquanto processo de união de *puruṣa* (Espírito) e *prakṛti* (Natureza Material), é fundamentalmente a busca pelo autoconhecimento, isto é, a busca por uma evolução ou desenvolvimento dos poderes latentes na consciência e na matéria dos corpos. Patañjali afirma: "O propósito da união de *puruṣa* [Espírito] e *prakṛti* [Natureza Material] é a

---

487 "*The blind tendency of non-intelligent prakṛti cannot bring forth the order and the harmony of the universe when men suffer according to their karmas. God is the guide of Evolution of prakṛti. He is ever solicitous that the development of prakṛti may serve the interests of puruṣas*" (RADHAKRISHNAN, 2019, v. 2, p. 340-341).

488 "*Kṛtārthaṃ prati naṣṭam apy anaṣṭaṃ tad-anya-sādhāraṇatvāt*" (PATAÑJALI, 1996, II: 22, p. 154).

conscientização, pelo *puruṣa*, de sua verdadeira natureza e do desenvolvimento dos poderes inerentes a ele e a *prakṛti*"[489] (PATAÑJALI, 1996, II: 23, p. 156). Numa interpretação simplificada, sem se considerar ainda outros *lokas* (mundos) e seus estados de consciência *post-mortem* etc., pode-se interpretar, de maneira geral e preliminar, que a união do Espírito (*puruṣa)* com a Natureza Material (*prakṛti)* e seus corpos é o que geralmente se chama de vida. Sua separação parcial ou transitória no mundo ou plano físico é o que costumeiramente se chama de "sono" que, em seu caráter mais duradouro, chama-se de "morte". Entretanto, a morte pode ser vista também como um ensaio provisório ou parcial dessa separação, porque, como foi visto, as Leis do *Karma* e da Reencarnação conduzem o *puruṣa* (Espírito) de volta a um outro corpo físico após a travessia por mundos e estágios intermediários. Nesses mundos pregressos, o *puruṣa* (Espírito) herdou saberes a partir das experiências lá vividas. Essa sucessão cíclica de vidas é chamada de Roda de Nascimentos e Mortes (*saṁsāra*). A plena Libertação deste ciclo é justamente aquilo que tem sido denominado de *kaivalya* ou *mokṣa*. Taimni comenta: "A filosofia do Yoga não nega a existência do céu e do inferno [não eterno], [que...] são estados transitórios da alma, após a morte, entre uma vida e outra" (TAIMNI, 1996, p. 34).

De acordo com Taimni, Patañjali antecipa, em mais de dois mil anos, as modernas teorias da evolução, afirmando: "É combinando esta ideia da evolução da vida com a evolução das formas que a teoria da evolução se torna inteligível e sua beleza e significado são revelados" (TAIMNI, 1996, p. 157). Com efeito, Patañjali não atribui a evolução ao acaso, nem mesmo na forma de mutações genéticas aleatórias ou de seleção natural. Ao invés disso, ele atribui a evolução a um propósito de autoconhecimento, consciente ou inconsciente, do próprio *puruṣa*. Em outras palavras, o *puruṣa* (Espírito) busca descobrir sua verdadeira natureza, mas para realizar esse autoconhecimento necessita atualizar as potencialidades de si mesmo e dos corpos que o revestem. Dessa forma, a evolução dos corpos pode ser interpretada como consequência ou expressão da busca do Espírito (*puruṣa*) pelo autoconhecimento.

Talvez se possa imaginar, por analogia, que o *puruṣa* (Espírito) necessitaria do contraste com a matéria (*prakṛti*), tal como se esta fosse um espelho, para poder conhecer a si mesmo. Esta analogia é usada por Śaṅkara: "Compreendendo que *Ātman* [Espírito] é Brahman [Absoluto ou Divindade] e que nele este Universo é refletido, como uma cidade num espelho, tu alcançarás a meta final" (ŚAṄKARĀCĀRYA, 1992, 292, p. 113). Entretanto, até que esse contraste entre o Espírito e a matéria,

---

489 "*Sva-svāmi-śaktyoḥ svarūpopalabdhi-hetuḥ saṃyogaḥ*" (PATAÑJALI, 1996, II: 23, p. 156).

necessário para o autoconhecimento, se apresente como esse espelho ideal de um lago tranquilo e sem ondas, a Natureza Material (*prakṛti*) e, principalmente, a mente por ela abrangida, terá de ser purificada e dominada. Também será necessário preparar corpos ou veículos, constituídos desta Natureza Material (*prakṛti*), cada vez mais adaptados a tal função ou propósito. Tal contraste entre o Espírito e a matéria pode, inicialmente, parecer oferecer resistência como uma luta entre o "Eu" e o "Não Eu". Como afirma Taimni, esse contraste se apresenta para a consciência inicialmente como percebimento do "Não Eu": "[...] quando a pura consciência do *puruṣa* [Espírito] manifesta-se no reino de *prakṛti* [Natureza Material], ela aparece como percebimento do Não Eu" (TAIMNI, 1996, p. 262).

No *sūtra* seguinte, Patañjali considera que "[...] sua causa (da união de *puruṣa* e *prakṛti*) é a falta de percebimento (por parte do *puruṣa*) de sua real natureza"[490] (PATAÑJALI, 1996, II: 24, p. 160). Segundo algumas visões tradicionais, a vida humana pode ser vista como uma condição prisional em que o Espírito (*puruṣa*) é escravo da Natureza Material (*prakṛti*) da qual ele objetiva se libertar. Mais importante ainda, a vida humana pode ser vista como uma escola da qual o Espírito (*puruṣa*) só pode se libertar depois de aprender algum saber vivencial que essa escola pretende ensinar (TAIMNI, 1996, p. 161). Mais adiante, Patañjali considera que: "A dissociação de *puruṣa* e *prakṛti*, resultante da dispersão de *avidyā*, é o verdadeiro remédio e (esta dissociação) é a Libertação do vidente"[491] (PATAÑJALI, 1996, II: 25, p. 161). Neste *sūtra* fica mais evidente a necessidade de se obter, na escola que é a vida humana, a sabedoria: chave indispensável para poder-se abrir a porta da prisão (TAIMNI, 1996, p. 161).

Em sequência, no *sūtra* seguinte, Patañjali alcança o ponto culminante do processo de transformação existencial. Ele afirma: "A prática ininterrupta do percebimento do Real é o meio para a dispersão (de *avidyā*)"[492] (PATAÑJALI, 1996, II: 26, p. 162). Este *sūtra* descreve a última técnica necessária para levar ao *Dharma-Megha-Samādhi*, isto é, *kaivalya* ou a Libertação de Roda de Nascimentos e Mortes (*saṁsāra*). O mecanismo para se alcançar tal condição é o perfeito discernimento (*viveka-khyāti*) entre *puruṣa* (Espírito) e *prakṛti* (Natureza Material). Através dele se elimina definitivamente a ignorância espiritual (*avidyā*). Esta proposta de ênfase no discernimento indica mais uma possível semelhança do Vedānta com o Āṣṭāṅga-Yoga de Patañjali, além das diversas correspondências já mencionadas (TAIMNI, 1996, p. 41). O *Dharma-Megha-Samādhi*, isto é, a condição de Libertação final, é

490 "*Tasya hetur avidyā*" (PATAÑJALI, 1996, II: 24, p. 160).

491 "*Tad-abhāvāt saṃyogābhāvo hānaṃ tad dṛśeḥ kaivalyam*" (PATAÑJALI, 1996, II: 25, p. 161).

492 "*Viveka-khyātir aviplavā hānopāyaḥ*" (PATAÑJALI, 1996, II: 26, p. 162).

definido, por Patañjali, no *sūtra* YS, IV: 29, como segue: "No caso de alguém que é capaz de manter um estado de constante *vairāgya,* mesmo em relação ao mais exaltado estado de iluminação, e exercer o mais elevado tipo de discernimento, segue-se *dharma-megha-samādhi*"[493] (PATAÑJALI, 1996, IV: 29, p. 328).

A palavra "*dharma*", da expressão *Dharma-Megha-Samādhi,* tem sido associada à ideia de "virtude" ou "mérito". Dessa forma, a expressão "*dharma-megha*" tem sido traduzida comparada com uma "chuva de méritos" ou virtudes acumuladas, que seria derramada sobre o indivíduo no momento de *kaivalya* (Libertação). Esta seria atingida por esse mais elevado e último estágio de *Samādhi.* Nesse último estágio, a tradição comentarial afirma que sementes dos *kleśas* são torradas pela percepção da Realidade. Desse modo, persiste uma certa "egoidade", por exemplo, pode continuar a existir uma personalidade aparente naquele que atingiu a iluminação, denominado "Mahatma" (Homem Perfeito), apresentando, ainda, preferências e idiossincrasias, mas ela é estéril, como se fosse um simples amendoim ou qualquer semente torrada. Essa egoidade estéril que persiste no Mahatma não tem mais a potencialidade ou poder de crescer ou se expandir, não consegue o envolver ou desviar minimamente de seu dever. Como afirma Vyāsa, o iluminado (Mahatma) "[...] tem sempre presente o conhecimento que discerne, e, dessa forma, pela destruição do poder de semente de potências, outros pensamentos não nascem"[494] (VYĀSA, 1988, p. 308).

A palavra *dharma* tem ainda outras conotações. Besant faz uma associação entre sua conotação de "dever" e seu caráter evolutivo principalmente no estágio humano. Nesse sentido, o *dharma* é visto como um dever que, devida e voluntariamente cumprido, leva ao estágio evolutivo imediatamente superior. Besant afirma que *dharma* é "[...] a natureza interna de uma coisa num determinado estágio de evolução e a lei do próximo estágio de seu desenvolvimento" (BESANT, 2016, p. 97). Isto é, trata-se de algo semelhante a um trabalho, tarefa ou missão evolutiva. Quando Besant (2016) considera este aspecto evolutivo do *dharma*, ela está se referindo mais a um estado de consciência que foi conquistado, no processo evolutivo humano que culmina no *Dharma-Megha-Samādhi*, ou seja, na Libertação (*kaivalya*). A ideia da evolução também se apresenta na filosofia Sāṃkhya, mas nesse caso parece ter caráter mais universal. Essa ideia é chamada de *Pariṇāmavāda* e é assim apresentada no *Glossário Teosófico* de Blavatsky: "A doutrina da evolução através de modificações sucessivas, a teoria da mudança,

---

493 "*Prasaṃkhyāne 'py akusīdasya sarvathā viveka-khyater dharma-meghaḥ samādhiḥ*" (PATAÑJALI, 1996, IV: 29, p. 328).

494 "*[...] has discriminative knowledge, and thus by destruction of the seed-power of potencies, other thoughts are not born*" (VYĀSA, 1988, p. 308).

transformação, evolução e dissolução, em virtude da ação mútua entre dois fatores (Espírito e Matéria) (Bhagavān Dās [1869 – 1958]"[495]) (DĀS, [19--] *apud* BLAVATSKY, 1991b, p. 468).

A palavra *dharma* tem, às vezes, um significado semelhante ao de *karman*. Entretanto, o *karman* talvez seja mais semelhante a uma espécie de empurrão das circunstâncias que surgem de consequências do passado, enquanto o *dharma* seja mais uma inspiração que chama na direção de possibilidades ou potencialidades evolutivas do futuro. Dessa forma, Besant, em certos casos, considera as palavras *dharma* e *karman* como intercambiáveis. Exemplo desse sentido intercambiável é a passagem da *Bhagavad-Gītā* relativa aos estágios do dever (*dharma*): "Os deveres [*karmas*] dos *Brāhmana-s, Kṣatriya-s, Vaiśya-s, Śūdra-s,* Oh Parantapa, foram distribuídos de acordo com suas qualidades [*guṇas*] nascidas de suas próprias naturezas" (*BHAGAVAD-GĪTĀ*, 2014, XVIII: 41, p. 279). Neste caso, a palavra *karman* foi traduzida como "dever", o que usualmente seria a tradução de *dharma*.

Fazendo um resumo do caminho do *dharma* e do atingimento da Libertação (*kaivalya*), Patañjali, no *sūtra* YS, II: 28, finaliza com as seguintes palavras: "Da prática dos exercícios que compõem o Yoga, da destruição da impureza, brota a iluminação espiritual, que evolui para o percebimento da Realidade"[496] (PATAÑJALI, 1996, II: 28, p. 164). Em outras palavras, depois de refletir sobre a origem do sofrimento na ignorância (*avidyā*), nos *sūtras* anteriores, Patañjali conclui a filosofia do Yoga, em seu aspecto predominantemente doutrinário, preparando o aspirante (*sādhaka*) para o exercício do método progressivo do Yoga. Esse é o aspecto prático de disciplina (*sādhana*) que tem por objetivo libertar o ser humano das causas do sofrimento, o que será aprofundado no próximo capítulo.

495 Portanto, quem contribuiu para este verbete foi realmente Bhagavān Dās (1869-1958), um distinguido *pandit* (erudito) e magistrado em Uttar Pradesh, que era membro da Sociedade Teosófica (HARRIS, 2006, p. 186).

496 "*Yogāṅgānuṣṭhānād aśuddhi-kṣaye jñāna-dīptir ā viveka-khyāteḥ*" (PATAÑJALI, 1996, II: 28, p. 164).

CAPÍTULO 4

A SENDA SOTERIOLÓGICA DO *YOGA-SŪTRA* NA ABORDAGEM TEOSÓFICA

O objetivo deste capítulo é apresentar o método prático do *Yoga-Sūtra* que visa a superação do sofrimento e de seus sintomas, tais como as distrações ou projeções da mente, e algumas marcas corroborativas posteriores ao controle da mente. Os sintomas são abordados como sendo, acima de tudo, obstáculos ao autoconhecimento. O método é apresentado em três etapas ou categorias progressivas: Yoga Preliminar, Yoga Externo e Yoga Interno.

O Yoga Preliminar (Kriyā-Yoga) abrange:

(1) Austeridade (*Tapas*);

(2) Autoestudo (*Svādhyāya*);

(3) Entrega a Īśvara [Deus] (*Īśvara-praṇidhāna*).

As duas categorias seguintes são duas das subdivisões do método do Yoga de Patañjali, constituído de oito membros (Aṣṭāṅga-Yoga): Yoga Externo e Yoga Interno.

No Yoga Externo (*Bahiraṅga*):

(1) Autorrestrições (*Yama*);

(2) Observâncias (*Niyama*);

(3) Postura (*Āsana*);

(4) Controle da respiração (*Prāṇāyāma*);

(5) Abstração (*Pratyāhāra*);

No Yoga Interno (*Antaraṅga*):

(6) Concentração (*Dhāraṇā*);
(7) Contemplação (*Dhyāna*);
(8) Êxtase (*Samādhi*).

4.1 OS OITO MEMBROS DO YOGA E A SUPERAÇÃO DA PROJEÇÃO DA MENTE (*VIKṢEPA*)

Patañjali escreveu ou compilou o *Yoga-Sūtra* (YS) e apresentou seu método de Yoga, também chamado de Aṣṭāṅga-Yoga ou Yoga dos oito membros, com nítida intenção soteriológica, ou seja, libertar o ser humano do sofrimento. Ele afirma: "O sofrimento que ainda não chegou pode e deve ser evitado"[497] (PATAÑJALI, 1996, II: 16, p. 139).

Depois de considerar o problema do sofrimento, como visto no capítulo anterior, e apresentar sua solução por meio do *Samādhi* (Êxtase), Patañjali apresenta o método progressivo de Yoga composto dos oito membros em seu aspecto prático de disciplina (*sādhana*). Por isso, a segunda parte do *Yoga-Sūtra* é chamada *Sādhana Pāda*, ou parte da disciplina. Dessa forma, o *Yoga-Sūtra* pode ser considerado uma Ciência ou sabedoria de autoconhecimento, assim apresentada por Patañjali com sua disciplina: "[...] autorrestrições, observâncias, postura, controle da respiração, abstração, concentração, contemplação e êxtase são as oito partes (da autodisciplina do Yoga)"[498] (PATAÑJALI, 1996, II: 29, p. 166).

No *Yoga-Sūtra*, Patañjali propõe seu método, começando com o Yoga Preliminar (*Kriyā-Yoga*) e com os primeiros cinco membros formais. Esses visam eliminar sistematicamente, uma após outra, as diversas fontes de distrações ou perturbações da mente, tanto as de origem predominantemente emocional – *Yama* e *Niyama*, por meio de Autorrestrições e Observâncias – quanto as de origem física ligadas à energia vital ou aos órgãos dos sentidos: *Āsana*, *Prāṇāyāma* e *Pratyāhāra*,

497 "*Heyaṃ duḥkham anāgatam*" (PATAÑJALI, 1996, II: 16, p. 139).
498 "*Yama-niyamāsana-prāṇāyāma-pratyāhāra-dhāraṇā-dhyāna-samādhayo'ṣṭāv aṅgāni*" (PATAÑJALI, 1996, II: 29, p. 166).

ou Postura, Controle da respiração e Abstração, respectivamente. Cumprida essa etapa, o aspirante capacita-se para a futura prática da meditação em *Antaraṅga* (Yoga Interno), que abrange os três últimos membros: *Dhāraṇā, Dhyāna* e *Samādhi* (Concentração, Contemplação e Êxtase).

Deve-se ressaltar aqui que o objetivo da ciência ou método do Rāja-Yoga de Patañjali é o autoconhecimento[499] ou Ciência ou sabedoria do Ser (*Ātma-Vidyā*[500]), também considerado por Blavatsky (2011b, p. 163-164) como o objetivo central da Ciência ou sabedoria oculta (*Gupta-Vidyā*[501]) na abordagem teosófica. Portanto, o Rāja-Yoga, que visa eliminar, progressiva e sistematicamente, as diversas fontes de distrações ou perturbações da mente, está coerentemente orientado para esse objetivo. Caracteriza-se como uma Ciência ou sabedoria de autoconhecimento que procura investigar as verdadeiras leis ou verdades interiores, ainda que se encontrem numa esfera subjetiva e sejam baseadas, como comenta Taimni (1996, p. 10), "[...] em experiências e experimentos de uma linha ininterrupta de místicos, ocultistas, sábios e santos que as realizaram e as testemunharam através das eras".

Embora tal Ciência do autoconhecimento apresente uma natureza subjetiva inerente[502] (TAIMNI, 1996, p. 10), marcas corroborativas **ou evidências** mais objetivas podem ser apresentadas pelos resultados do uso dos poderes psíquicos (*siddhis*), desenvolvidos pela prática do Rāja-Yoga. Esses são tratados na terceira parte ("Vibhūti-Pāda"), do *Yoga-Sūtra*, pois o Êxtase (*Samādhi*) pode ser usado como meio de conhecimento objetivo[503].

Ainda que Patañjali considere as distrações como essencialmente mentais, elas representam obstáculos ao autoconhecimento e podem ter origem mental, emocional ou mesmo física. Os efeitos imediatos das distrações e projeções da mente podem ser considerados como sintomas de uma doença e são também mencionados

---

499 Sócrates e Platão também adotam as clássicas recomendações inscritas no Templo de Apolo em Delfos: "Conhece-te a ti mesmo; nada em excesso" (PLATO, 1984, Protágoras § 343 b, p. 55).

500 "*Ātma-Vidyā*, um termo que é traduzido simplesmente como 'Conhecimento da Alma', *Sabedoria verdadeira* pelos orientalistas, mas que significa muitíssimo mais. *Ātma-Vidyā* é, assim, o único tipo de Ocultismo que qualquer teósofo que admirasse *Luz no Caminho* [COLLINS, 1999], e que fosse sábio e altruísta, deveria esforçar-se por alcançar" (BLAVATSKY, 2011b, p. 163-164).

501 Literalmente, "Conhecimento Secreto" (BLAVATSKY, 2011b, p. 160). Por isso, este trabalho foi originalmente denominado *O Yoga-Sūtra como Ciência do Ser*: uma abordagem teosófica.

502 Conforme Taimni considera em seu Prefácio: "Embora se tenha tentado explicar os ensinamentos do Yoga em bases racionais, de modo que o estudante possa compreendê-los facilmente, nada se procura fazer para comprová-los no sentido comum. As verdades do Yoga superior não podem ser comprovadas ou demonstradas. Elas se dirigem à intuição e não ao intelecto" (TAIMNI, 1996, p. 10).

503 Conforme desenvolvi em O Samādhi *ou Êxtase como Meio de Conhecimento* (LINDEMANN, 2015b).

por Patañjali (1996, I: 31, p. 75): "Dor (mental), desespero, nervosismo e respiração difícil são sintomas de uma condição mental dominada por distrações [*vikṣepa*]"[504].

Dado que a palavra sânscrita *vikṣepa* tem significado muito abrangente e é de difícil tradução, estando associada às distrações e aos processos mais profundos das projeções da mente, ela receberá um estudo mais detalhado, como segue.

4.1.1 A Natureza de *Vikṣepa* ou Projeção da Mente

Parece preferível traduzir *vikṣepa* como "projeção da mente", expressão mais abrangente que "distração". Patañjali menciona *vikṣepa* pela primeira vez no *sūtra* YS, I: 30, conforme a tradução de Taimni: "Doença, languidez, dúvida, negligência, preguiça, mundanidade, ilusão, não conquista de um estágio, instabilidade, esses (nove) causam a distração da mente [*citta-vikṣepās*] e são os obstáculos"[505] (PATAÑJALI, 1996, I: 30, p. 68). Essa tradução é semelhante à de muitos tradutores e comentadores clássicos e consagrados[506]. Taimni também a traduz como "causa da distração" e "projeção da mente", conforme ainda se pode encontrar em verbetes de dicionários clássicos[507], quando comenta: "Essa consciência voltada para o exterior é causada por *vikṣepa,* a projeção para o exterior, pela mente inferior, do que está presente dentro dela, no centro" (TAIMNI, 1996, p. 66). Macdonell faz também correlação com a filosofia Vedānta, traduzindo *vikṣepa* como "[...] um poder de ignorância que é causa de o mundo parecer real"[508] (MACDONELL, 1954, p. 280).

Taimni também desenvolve o argumento de que a mente projeta uma imagem, e "[...] é esta projeção que produz a impressão de um mundo real fora de nós" (TAIMNI, 1996, p. 71). Tendo obtido o título de Doutor em Química, em 1928, pela *London University* (Universidade de Londres) (1928), e, posteriormente, sendo catedrático na *University of Allahabad* (Universidade de Allahabad), Índia (HARRIS,

---

504 "*Duḥkha-daurmanasyāṅgamejayatva-śvāsa-praśvāsā vikṣepa-sahabhuvaḥ*" (PATAÑJALI, 1996, I: 31, p. 75).

505 "*Vyādhi-styāna-saṃśaya-pramādālasyā-virati-bhrānti-darśanālabdhabhūmi-katvānavasthitatvāni citta--vikṣepās te'ntarāyāḥ*" (PATAÑJALI, 1996, I: 30, p. 68).

506 Prabhavananda e Manchester (2014, p. 38); Prasada (1988, p. 52); Vivekananda (1982, p. 146).

507 "*[...] inattention, distraction; projection or extension*" (MACDONELL, 1954, p. 280); "*[...] inattention, distraction, confusion [...], projection*" (MONIER-WILLIAMS, 1995, p. 956).

508 "*[...] a power of ignorance which causes the world to seem real: Vedānta phil*" (MACDONELL, 1954, p. 280); "*[...] the projecting power (of Māyā or Avidyā, i. e., that power of projection which raises upon the soul enveloped by it the appearance of an external world)*" (MONIER-WILLIAMS, 1995, p. 956).

2006, p. 613), Taimni estava preparado para usar os conhecimentos científicos da época como base dessa análise comparativa do *Yoga-Sūtra* com a ciência moderna. Dessa forma, justifica-se o nome de sua obra *A Ciência do Yoga* (*The Science of Yoga*, 1961). Nela, ele faz analogia com a comum experiência diária que se tem quando se olha, a si mesmo, em um espelho plano fixado numa parede: tem-se a percepção de uma imagem virtual de si como se estivesse dentro do espelho ou, por assim dizer, além da parede. Taimni afirma: "O ponto importante a ser notado neste fenômeno é que um objeto pode ser visto em um lugar onde não existe absolutamente nada que corresponda a ele" (TAIMNI, 1996, p. 71).

Em diversas obras, Taimni complementa e aprofunda o tema de *vikṣepa* como projeção da mente, lembrando que, através dos órgãos dos sentidos, se percebem imagens sensoriais de objetos que existem somente na mente do indivíduo, ou seja, não representam, verdadeiramente, os objetos pelos quais são formadas. Assim, Taimni considera que, usualmente, "Os objetos físicos que percebemos fora de nós são meros aglomerados de moléculas e átomos vibrantes. A forma, o tamanho, a cor etc. que neles vemos não existem senão em nossa mente. O objeto é apenas uma causa instrumental desconhecida" (TAIMNI, 2007, p. 91), ou seja, serve apenas para excitar a formação da respectiva imagem na própria mente do indivíduo. Portanto, pode-se considerar que se vive, realmente, "[...] num mundo de imagens mentais formadas em nossa mente e projetamos esse mundo para o exterior por um processo chamado *vikṣepa*, em sânscrito" (TAIMNI, 2007, p. 91).

Tal é, de modo geral e resumida, a descrição desse processo de *vikṣepa* que parece utilizar, por analogia, a matéria externa como mera tela para receber imagens projetadas a partir de mente do indivíduo. Dessa forma, Taimni conclui que "O mundo em que vivemos está realmente dentro de nós, em nossa mente, e [...], na verdade, estamos vivendo no meio de ilusões as mais grosseiras, sem mesmo atentarmos para este fato" (TAIMNI, 2007, p. 91).

Se fosse possível, ao homem comum, ver a contínua mudança (*pariṇāma*) (PATAÑJALI, 1996, II: 15, p. 135) que ocorre no movimento dos átomos e das moléculas ao seu redor, talvez ele percebesse mais facilmente a fragilidade e transitoriedade dos corpos e objetos, dos agregados de matéria com os quais convive diariamente. Taimni refere-se também a algo similar ao evocar um conto oriental, ou a história de um sábio hindu, como já foi visto, mas parece oportuno enfatizar. Esse sábio teria sido questionado sobre qual seria o fato mais extraordinário do mundo e, sem qualquer hesitação, teria prontamente respondido ser "[...] o fato de que as pessoas viam outras morrerem por toda a parte e a toda hora ao seu redor, sem cogitar quando a morte atacaria seu próprio corpo físico" (TAIMNI, 2007, p. 182). Na verdade, trata-se de uma menção a apenas um aspecto do mistério multifacetado da vida e da ilusão que envolve e dificulta ver as coisas como elas de fato são, algo que os filósofos vedantinos costumam chamar de "[...] véu de *Māyā* que impõe essa ilusão à nossa mente" (TAIMNI, 2007, p. 181).

Os efeitos imediatos de *vikṣepa*, quase considerados como sintomas de uma doença, conforme o *sūtra* YS, I: 31, são também mencionados por Patañjali. Ele não se refere imediatamente a qualquer metafísica relativa à causa última do sofrimento gerado por *avidyā,* ou ignorância espiritual, nem às consequentes aflições da ignorância (*kleśas*) como visto no capítulo anterior. Entretanto, parece subentendido que pelo menos duas dessas aflições – atração (*rāga*) e repulsão (*dveṣa*) – estariam diretamente relacionadas à causa das distrações (*vikṣepa*), vistas essas como obstáculos à concentração.

4.1.2 Os Nove Obstáculos para a Concentração

Os nove obstáculos, mencionados no *sūtra* YS, I: 30, são considerados, em última instância, enquanto obstáculos ao *Samādhi* (Êxtase), como se depreende particularmente da posição (Livro I: *Samādhi Pāda*) em que Patañjali colocou esse *sūtra.* Também se reforça tal interpretação pelo contexto dos *sūtras* seguintes, apresentados como técnicas ou antídotos para evitar a tendência à exteriorização da mente típica de *vikṣepa*, segundo Taimni justifica: "[...] pois causam *vikṣepa* e, assim, perturbam o *yogi* na prática de *dhāraṇā, dhyāna* e *samādhi*" (TAIMNI, 1996, p. 75).

Taimni também salienta que, além dos nove obstáculos mencionados no *sūtra* YS, I: 30, e relacionados a *vikṣepa*, podem existir outros, como aqueles trazidos pelo *karma*, que "[...] pode colocar obstáculos no caminho do aspirante que tornem a prática do *Yoga* temporariamente impossível" (TAIMNI, 1996, p. 75). Também se levam em conta as falhas de caráter, tratadas em outra seção do *Yoga-Sūtra* (*yama* e *niyama).*

É oportuno lembrar que *Dhāraṇā*, *Dhyāna* e *Samādhi* constituem o Yoga Interno (*Antaraṅga*) e são os últimos membros do método de Yoga de Patañjali em busca da libertação (*kaivalya*) do sofrimento, conforme definido no *sūtra* YS, II: 29. Essas palavras são geralmente traduzidas, respectivamente, como "concentração, contemplação e êxtase"[509] (PATAÑJALI, 1996, II: 29, p. 166), ou "Concentração, meditação e transe"[510] (PATAÑJALI, 1988, 1996, II: 29, p. 155). São desdobramentos progressivos de um processo de concentração. Talvez por isso Vivekananda traduza o *Samādhi Pāda* simplesmente como "Concentração: seus usos espirituais"[511] (VIVEKANANDA, 1982, p. 115), entendendo que, nesse contexto, os obstáculos são, basicamente, distrações, ou seja, obstáculos à prática da concentração e subsequente meditação.

O primeiro obstáculo para a concentração, enumerado por Patañjali, é a doença (*vyādhi*), não parecendo haver divergência nas traduções entre outros autores[512], mas é sempre oportuno acrescentar o clássico comentário de Vyāsa: "Doença é a perturbação do equilíbrio dos humores, o quilo[513] e os órgãos do corpo"[514] (VYĀSA, 1988, p. 53). É óbvio que a doença e seus eventuais sintomas de dores corporais atrairão, repetidamente, a atenção da mente, tornando difícil a concentração. Para que o caminho do Yoga possa ser trilhado na busca da libertação do sofrimento, Taimni (1996, p. 72) lembra que a saúde é necessária, sendo essa uma das razões de Patañjali haver incluído "[...] *āsana e prāṇāyāma*, as duas práticas do Haṭha-Yoga, em seu sistema".

O segundo obstáculo para a concentração é a languidez (*styāna*), sendo que o comentário de Vyāsa considera: "Languidez é a indisposição da mente para trabalhar"[515] (VYĀSA, 1988, p. 53). Taimni prefere interpretar que o obstáculo poderia ser mais precisamente atribuído a uma carência de vitalidade no sistema nervoso e a deficiências no *prāṇamayakośa* (veículo da vitalidade), ou poderia ser uma fadiga crônica de origem psicológica. Em qualquer caso, "[...] a languidez resulta num obstáculo que mina todos os esforços" (TAIMNI, 1996, p. 72) para se realizar a plena prática do Yoga.

O terceiro obstáculo para a concentração, segundo Patañjali, é a dúvida ou indecisão (*saṃśaya*), assim comentado por Vyāsa: "Indecisão é a noção de tocar

---

509 "*Yama-niyamāsana-prāṇāyāma-pratyāhāra-dhāraṇā-dhyāna-samādhayo'ṣṭāv aṅgāni*" (PATAÑJALI, 1996, II: 29, p. 166).

510 "*Concentration, Meditation and Trance [...]*" (PATAÑJALI, 1988, II: 29, p. 155).

511 "*Concentration: Its Spiritual Uses*" (VIVEKANANDA, 1982, p. 115).

512 Neste caso, tem-se comparado, conforme consta na bibliografia, Taimni, Vivekananda, Prasada e Prabhavananda.

513 "Líquido leitoso secretado pelos vasos quilíferos do intestino durante a digestão, consistindo de linfa e gordura [...]" (HOUAISS; VILLAR, 2001, p. 2359).

514 "*Disease is the disturbance of the equilibrium of the humours, chyle and the organs of the body*" (VYĀSA, 1988, p. 53).

515 "*Langour is the indisposition of the mind to work*" (VYĀSA, 1988, p. 53).

ambos os lados de uma questão: pode ser deste modo ou desta maneira"[516] (VYĀSA, 1988, p. 53). Taimni enfatiza a importância de se ter uma fé inabalável na eficácia do *Yoga* e dos respectivos métodos para a superação do sofrimento humano, bem como fé em si mesmo, considerando-as como condição indispensável ou "[...] *sine qua non*[517] para o sucesso em sua prática" (TAIMNI, 1996, p. 72). De fato, a fé é condição para o sucesso em qualquer empreendimento, mas a importância da fé (*śraddhā*) na prática do *Yoga* parece mais grave justamente porque seu "[...] objetivo é desconhecido, e não há padrões claramente definidos pelos quais [o praticante] possa julgar e mensurar o seu progresso" (TAIMNI, 1996, p. 72-73).

O quarto obstáculo enumerado por Patañjali é a negligência ou descuido (*pramāda*), assim comentado por Vyāsa: "Negligência é a carência de recorrer aos meios para o transe"[518] (VYĀSA, 1988, p. 53). Taimni também reitera que a negligência tem o efeito de relaxar a mente, o que termina por minar a concentração. Ele também lembra que "A negligência é uma fraqueza que impede um homem de atingir a eminência em qualquer área de atividade" (TAIMNI, 1996, p. 73), acrescentando que pode expor o praticante a perigos semelhantes aos que corre uma criança que brinca com dinamite.

O quinto obstáculo para a concentração é a preguiça (*ālasya*). No comentário de Vyāsa, "[...] preguiça é a inércia da mente e do corpo por consequência da densidade [inércia, *tamas*]"[519] (VYĀSA, 1988, p. 53-54), sendo, como afirma Taimni, outro hábito que gera distração da mente e que Vivekananda prefere traduzir como "letargia"[520] (VIVEKANANDA, 1982, p. 146), torpor ou sonolência. Taimni sustenta que, diferentemente da languidez, que estaria mais ligada à vitalidade física, a preguiça é "[...] um mau hábito mental adquirido ao longo de continuada submissão ao gosto pelo conforto, pelas facilidades e pela tendência a evitar qualquer esforço" (TAIMNI, 1996, p. 73).

O sexto obstáculo para a concentração é a mundanidade ou sensualidade (*avirati*), assim comentado por Vyāsa: "Sensualidade é o desejo por objetos dos sentidos que tomam posse da mente"[521] (VYĀSA, 1988, p. 53). Taimni, ao traduzir *avirati* por mundanidade, parece entender oportuno ampliar o alcance deste obstáculo

---

516 "*Indecision is the notion touching both sides of a question: It might be thus or thus*" (VYĀSA, 1988, p. 53).

517 Em latim, literalmente: "sem a qual não" (TAIMNI, 1996, p. 72)

518 "*Carelessness is want of resort to the means of trance*" (VYĀSA, 1988, p. 53).

519 "*Sloth is the inertia of mind and body consequent upon heaviness*" (VYĀSA, 1988, p. 53-54).

520 "*lethargy [...]*" (VIVEKANANDA, 1982, p. 146).

521 "*Sensuality is the desire consequent upon objects of sense having taken possession of the mind*" (VYĀSA, 1988, p. 53).

não somente para a sensualidade, mas também para anseios por objetos do mundo, como fortuna, honrarias, o enaltecimento do próprio nome, que ainda podem causar na mente graves distrações. Apesar de o praticante na senda do Yoga demonstrar ter despertado para as ilusões da vida, tal pessoa ainda tem nas suas costas um impulso do passado, e "[...] não é tão fácil cortar os interesses da vida mundana de modo repentino e total" (TAIMNI, 1996, p. 74). Tudo depende da profundidade do discernimento (*viveka*) em relação às ilusões transitórias da vida mundana.

O sétimo obstáculo para a concentração é a ilusão ou noção equivocada (*bhrānti-darśana*). No comentário de Vyāsa, "[...] noção equivocada é conhecimento falso"[522] (VYĀSA, 1988, p. 53). Vivekanada e Prabhavananda traduzem por "falsa percepção"[523] (VIVEKANANDA, 1982, p. 146; PRABHAVANANDA, 2014, p. 38). Taimni prefere traduzir *bhrānti-darśana* como "ilusão", ou seja, tomar alguma coisa como sendo aquilo que não é em consequência, em geral, de falta de inteligência e discernimento, e exemplifica: "Um *sādhaka* pode, por exemplo, começar a ver luzes e ouvir sons de várias espécies durante suas práticas iniciais. Essas coisas são muito espúrias [...]. Entretanto, muitos *sādhakas* excitam-se com essas experiências triviais [...]" (TAIMNI, 1996, 74). Taimni comenta que, a partir desses estímulos triviais, alguns chegam a pensar que alcançaram altos estados de consciência, "[...] ou são mesmo bastante ingênuos para pensar que viram Deus" (TAIMNI, 1996, 74). Isso vai fazendo da ilusão uma excitação pouco saudável, causando perturbação e configurando um obstáculo à concentração e ao aprofundamento da meditação.

O oitavo obstáculo para a concentração é a não conquista de um estágio, ou a perda do foco (*alabdha-bhūmikatva*). Vyāsa comentou: "Perder o foco é o não atingimento do estado de transe"[524] (VYĀSA, 1988, p. 53). O *Yoga-Sūtra* de Patañjali apresenta um método de estágios progressivos para alcançar a Libertação do sofrimento, tais como *Dhāranā, Dhyāna e Samādhi*. Mesmo depois de iniciado tal método, continua sendo necessário o persistente esforço de vontade para se conquistar os progressivos níveis de profundidade do próprio *Samādhi* (Êxtase). O fracasso, após razoável esforço, em alcançar o estágio seguinte ou nele se estabelecer, como pondera Taimni, "[...] pode causar distração e perturbação à perfeita equanimidade da mente" (TAIMNI, 1996, 74), tornando-se assim um obstáculo à concentração mental.

522 "*Mistaken notion is False knowledge*" (VYĀSA, 1988, p. 53).

523 "*False perception*" (PATAÑJALI, 1982, I: 30, p. 146; 2014, I: 30, p. 38).

524 "*Missing the point is the non-attainment of the state of trance*" (VYĀSA, 1988, p. 53).

Finalmente, o nono obstáculo para a concentração, enumerado por Patañjali, é a instabilidade (*anavasthitatva*). Segundo o clássico comentário de Vyāsa: "Instabilidade é a incapacidade da mente de se manter em qualquer estado atingido, porque esse se torna estável somente quando o estado de transe [*Samādhi* ou Êxtase] foi alcançado"[525] (VYĀSA, 1988, p. 53). Taimni considera que, até certo ponto, algum eventual retrocesso temporário é inevitável em todos esses processos mentais, pois parece óbvio que somente com a prática se pode chegar à perfeição. No entanto, a perda de uma posição já conquistada, devida à inconstância da mente, é um caso específico: "[...] a instabilidade decorre da inerente falta de firmeza da mente [...]" (TAIMNI, 1996, 75) e permite afirmar que *vikṣepa* está presente e causando perturbação, configurando-se o caso de um obstáculo que mereceria um tratamento especial.

Serão abordadas agora as práticas sugeridas por Patañjali em seu método para superar tais obstáculos, e, também, outros já mencionados.

4.2 O YOGA PRELIMINAR E O YOGA EXTERNO

O Yoga Preliminar (Kriyā-Yoga) é uma disciplina básica e tríplice que deve ser praticada desde o início e, essencialmente, até o fim da senda do Yoga. Na verdade, Patañjali considera o Yoga Preliminar como o início da senda do Aṣṭāṅga-Yoga, sendo constituído de três partes: Austeridade (*Tapas*), Autoestudo (*Svādhyāya*) e Entrega a Īśvara (Deus) (*Īśvara-praṇidhāna*). Essas partes devem ser praticadas não necessariamente nesta ordem, mas integradamente, visando atingir um equilíbrio no desenvolvimento do praticante (*sādhaka*). Patañjali inicia o "Sādhana Pāda" (traduzido usualmente como "livro da disciplina"), que é o segundo capítulo do *Yoga-Sūtra*, definindo o Yoga Preliminar (Kriyā-Yoga): "Austeridade, autoestudo e entrega a Īśvara constituem o Yoga preliminar"[526] (PATAÑJALI, 1996, II:1, p. 109)

Parece ser de vital importância prática compreender que, segundo propõe Patañjali, o Yoga Preliminar deve ser uma preparação e deve anteceder os oito membros formais de seu sistema. Assim, seria possível, informal e hipoteticamente, considerá-lo o "marco zero". Os oito membros são partes ou passos na senda do

---

525 "*Instability is the incapacity of the mind to keep in any state that has been attained, because it stable only when the state of trance has been reached*" (VYĀSA, 1988, p. 53).

526 "*Tapaḥ-svādhyāyeśvara-praṇidhānāni kriyā-yogaḥ*" (PATAÑJALI, 1996, II: 1, p. 109).

Yoga, ainda que possam vir a ser, progressivamente, aperfeiçoados ou aprofundados em etapas seguintes, como é visto na abordagem de Observâncias (*Niyama*).

Mesmo no primeiro membro do Yoga de Patañjali, chamado *Yama* (Autorrestrições), já existem exigências próprias da disciplina de um monge. Talvez por isso Taimni comente que qualquer pessoa que conheça algo da maneira de viver ideal do Yoga e do esforço necessário para alcançar seu objetivo (a Libertação, ou *kaivalya*), "[...] compreenderá que não é possível nem recomendável para alguém absorvido pela vida mundana [...] lançar-se de uma só vez na prática regular do *Yoga*" (TAIMNI, 1996, p. 109). E conclui que o Yoga Preliminar torna mais fácil e segura a transição de uma vida para a outra, pois seria como um período de autotreinamento para o aspirante à senda do Yoga, para aquele que pretende alcançar a plenitude de seus oito membros (*aṅgas*) ou partes (PATAÑJALI, 1996, II: 29, p. 166).

Linhas clássicas de tradução também traduzem Kriyā-Yoga como "Yoga de Ação", conforme comenta Vyāsa: "O Yoga da Ação é ação purificadora, estudo e devoção a Deus, tornando-O o motivo da ação"[527] (VYĀSA, 1988, p. 88), sendo que essa devoção a Deus "[...] significa a dedicação de todas as ações ao Supremo Instrutor, ou a renúncia aos frutos das ações"[528] (VYĀSA, 1988, p. 89). Também indica que o Kriyā-Yoga tem o objetivo de considerar de que modo "[...] pode alguém com a mente exteriorizada também se tornar estável no Yoga"[529] (VYĀSA, 1988, p. 88). Taimni ainda comenta que a palavra sânscrita *kriyā* admite outras possíveis traduções, como "prática" ou "preliminar", mas considera tal discussão pouco relevante porque Kriyā-Yoga "[...] é tanto prática quanto preliminar" (TAIMNI, 1996, p. 110). Portanto, talvez se possa mesmo dizer que indica uma ação preliminar ou força inicial destinada a vencer a inércia que parece separar a teoria da prática.

Com sua capacidade de síntese, C. W. Leadbeater comenta: "Patañjali propõe que o candidato comece por um curso de *tapas* ou esforços de purificação, um *svādhyāya* ou estudo das coisas espirituais e a *Īśvara-praṇidhāna* ou devoção a Deus todo o tempo" (LEADBEATER, 1974, p. 116).

A primeira prática do *Yoga* Preliminar (Kriyā-Yoga) é Austeridade (*Tapas*). Os comentadores, de modo geral, não são unânimes quanto ao detalhamento das práticas do Yoga Preliminar, uma vez que o próprio Patañjali não o fez. Entretanto, tudo

---

527 "*Yoga of Action is purificatory action, study and the devotion to God and making Him the motive of action*" (VYĀSA, 1988, p. 88).

528 "*[...] means the dedicating of all actions to the Highest Teacher, or the renunciation of its fruit*" (VYĀSA, 1988, p. 89).

529 "*How may one with an out-going mind become also possessed of Yoga*" (VYĀSA, 1988, p. 88).

parece indicar que *Tapas*, traduzido geralmente como "Austeridade", ou "esforços de purificação", refere-se a disciplinas predominantemente físicas. Tais disciplinas abrangem várias técnicas de purificação como jejum[530] e votos de vários tipos[531] – incluindo, entre outros votos de silêncio ou "[...] ausência de fala (*Kāṣṭha Mauna*) e ausência de indicações faciais (*Ākāra Mauna*)" (VYĀSA, 1988, p. 159)[532]. Alguns autores parecem situar aí a dieta lactovegetariana e até *Prāṇāyāmas* (IYENGAR, 2016, p. 238; TAIMNI, 1996, p. 181). Tal predominância física parece também justificada pelos resultados obtidos com o aperfeiçoamento de *Tapas*, conforme o *sūtra* YS, II: 43, que propõe chegar à "[...] perfeição dos órgãos dos sentidos e do corpo, com a destruição das impurezas por meio de austeridades"[533] (PATAÑJALI, 1996, II: 43, p. 198). Vyāsa chega mesmo a atribuir à prática perfeita de *tapas*, poderes paranormais ou *siddhis*, tais como "*Aṇimā* [...], clariaudiência, leitura de pensamento a distância etc."[534] (VYĀSA, 1988, p. 168), entre outros, o que é enfatizado também por Vācaspati[535] (VĀCASPATI, 1988, p. 168).

Taimni comenta que a palavra *tapas* "[...] é derivada do vocábulo sânscrito *tap*, que significa aquecer até alta temperatura" (TAIMNI, 1992, p. 63), evocando o processo em que o ouro é purificado de impurezas gradualmente eliminadas e queimadas, até resultar no metal puro e perfeito. Portanto, ele considera que, de certa maneira, qualquer Ciência ou sabedoria de construção e purificação do caráter destinada a adquirir autocontrole "[...] pode ser considerada uma prática de *tapas*" (TAIMNI, 1992, p. 181). Porém, enfatiza que o objetivo final de *Tapas* é dissociar gradualmente a consciência de sua identificação com o corpo físico. Entretanto, cada aspirante deve usar a inteligência para encontrar um método individual, evitando a mera observância de votos rígidos ou extravagantes e a "[...] submissão do corpo a desconfortos e sofrimentos desnecessários" (TAIMNI, 1992, p. 63).

---

530 Segundo Śaṅkara: "Tapas é jejum como *kṛcchra* e *cāndrāyana*, e resistência aos pares de opostos como calor e frio". "*Tapas is fasts like kṛcchra and cāndrāyana, and endurance of pairs of opposites like heat and cold*" (ŚAṄKARA, 2006, p. 176).

531 Incluindo, entre outros, segundo Vyāsa, votos de silêncio ou "ausência de fala (Kāṣṭha Mauna) e ausência de indicações faciais (*Ākāra Mauna*)". No original: "*[...] the absence of speech (Kāṣṭha Mauna) and the absence of facial indications (Ākāra Mauna)*" (VYĀSA, 1988, p. 159).

532 "*[...] the absence of speech (Kāṣṭha Mauna) and the absence of facial indications (Ākāra Mauna)*" (VYĀSA, 1988, p. 159).

533 "*Kāyendriya-siddhir aśuddhi-kṣayāt tapasaḥ*" (PATAÑJALI, 1996, II: 43, p. 198).

534 "*Aṇimā [...], clair audience and thought-reading from a distance, etc.*" (VYĀSA, 1988, p. 168).

535 "*Aṇimā* [o poder de tornar-se infinitamente pequeno ou ver microscopicamente] e outros, tais como *Mahimā* [o poder de tornar-se infinitamente grande ou ver telescopicamente], *Laghimā* e *Prāpti*" (VĀCASPATI, 1988, p. 168) podem ser considerados extensões dos sentidos derivados da perfeição "[...] do corpo físico e dos sentidos". No original: "*[...] of the physical-body and the senses*" (PATAÑJALI, 1996, II: 43, 1988, p. 168).

Quanto à alimentação, Prashant S. Iyengar discute longamente a "[...] importância do alimento relacionado a *tapas*"[536] (IYENGAR, 2016, p. 241-247) e considera que em Kriyā-Yoga, de modo geral, "[...] a disciplina deve ser *sattvika*"[537] (IYENGAR, 2016, p. 249) em *yogasadhana* (disciplina do yoga). Sivananda orienta que se deve "[...] evitar pimentas, alhos, cebola, tamarindo etc., tanto quanto possível. Renunciar ao chá, café, fumo, bétele, à carne e ao vinho completamente"[538] (SIVANANDA, 2005, p. 461). Vivekananda também comenta, como prática introdutória, que "[...] certa regulação de alimentos é necessária; nós devemos usar o alimento que nos traga a mente mais pura"[539] (VIVEKANANDA, 1982, p. 17). Sri Ramana Maharshi também considera que uma dieta lactovegetariana ou alimentação *sáttvica*[540] (MAHARSHI, 2010, p. 144) "[...] é a melhor de todas as normas de conduta; e, também, a que mais facilmente conduz ao desenvolvimento das qualidades *sáttvicas* da mente"[541] (MAHARSHI, 1996, p. 7), que, por sua vez, auxiliam na prática da meditação pelo autoconhecimento.

Numa abordagem teosófica, aparentemente um pouco mais liberal, Leadbeater sugere uma dieta ovolactovegetariana quando afirma: "Provavelmente, o que comemos não tem grande importância desde que evitemos o álcool e a carne" (LEADBEATER, 1996, p. 207), embora também considere que há vegetais mais grosseiros que seria melhor evitar, tais como cebolas, cogumelos, repolhos e couves. Além disso, ele é, obviamente, contra o uso de fumo e drogas entorpecentes por seus efeitos desfavoráveis no corpo e na mente daqueles que desejam praticar a meditação na senda do autoconhecimento. Em *Uma Introdução ao Yoga*, Annie Besant explica que o sistema hindu sustenta que cada alimento pode ser classificado por sua qualidade dominante de ritmo (*sattva*), atividade (*rajas*) ou inércia (*tamas*), e que "[...] o homem que aspira tornar-se Iogue não deve tocar nenhum alimento cuja

536 "*Importance of food related tapas*" (IYENGAR, 2016, p. 241-247).

537 "*[...] it should be Sattvika discipline*" (IYENGAR, 2016, p. 249).

538 "*Avoid chillies, garlic, onions, tamarind, etc., as far as possible. Give up tea, coffee, smoking, betels, meat and wine entirely*" (SIVANANDA, 2005, p. 461).

539 "*Certain regulations as to food are necessary; we must use that food which brings us the purest mind*" (VIVEKANANDA, 1982, p. 17).

540 "Regulação da dieta de forma a não ingerir carnes, peixes, bebidas alcoólicas ou comidas apimentadas. Alimentação vegetariana baseada em frutas, cereais, vegetais, laticínios, pão e grãos" (MAHARSHI, 2010, p. 144).

541 "A regularização da dieta, restringindo-a aos alimentos *sáttvicos*, tomados em quantidade moderada, é a melhor de todas as normas de conduta; e, também, a que mais facilmente conduz ao desenvolvimento das qualidades *sáttvicas* da mente. Estas, por seu turno, ajudam a prática de *Ātma-vicāra* ou a indagação na busca do Ser". No original: "*Regulation of diet, restricting it to satvic food, taken in moderate quantity, is of all the rules of conduct the best; and it is most conducive to the development of the satvic qualities of the mind. These, in their turn, assist one in the practice of Ātma-vicāra or enquire in quest of the Self*" (MAHARSHI, 1996, p. 7).

decomposição esteja próxima" (BESANT, 2002, p. 140), pois trata-se de alimentos *tamásicos*, e "[...] todo álcool é um produto de decomposição" (BESANT, 2002, p. 140). Outros autores consideram também a questão do vegetarianismo relacionada a outras partes do Rāja-Yoga, sob o ponto de vista ético, como em *ahiṃsā* (não violência) e *śauca* (pureza).

Sobre a já mencionada relação de *Tapas* com *Prāṇāyāmas*[542], Sri Ramana Maharshi apresenta um importante comentário: "Observar a respiração é um modo de *prāṇāyāma*. A mente então é retirada de outras atividades, engajando-se na observação da respiração" (MAHARSHI, 2010, p. 32).

A segunda prática importante do Yoga Preliminar (Kriyā-Yoga), *Svādhyāya*, traduzido como estudo das coisas espirituais ou autoestudo, predominantemente mental, é assim comentada por Vyāsa: "Estudo é a repetição de palavras de purificação, como *AUM* [*OM*] e outras; ou a leitura dos ensinamentos sobre a absoluta libertação espiritual (*Mokṣa*)"[543] (VYĀSA, 1988, p. 89). A repetição de *mantras* é uma técnica clássica no Yoga para purificação da mente, mas Patañjali enfatiza a importância também da meditação sobre seu significado, de modo que resulte no envolvimento integral da mente. Sua intenção é de que não se torne apenas mera repetição de efeito sonoro superficial, mecânico ou hipnótico, conforme enuncia: "Sua constante repetição e meditação sobre seu significado"[544] (PATAÑJALI, 1996, I: 28, p. 64).

Do mesmo modo, a leitura diária dos Dharma-Śāstras e, principalmente, dos Yoga-Śāstras é necessária não somente para adquirir conhecimento, o que é importante para se alcançar uma clara visão com perspectiva realista da senda do Yoga, mas também para evitar pelo menos dois dos obstáculos de natureza mais mental considerados por Patañjali (1996), no *sūtra* YS, I: 30: a dúvida e a ilusão (PATAÑJALI, 1996, I: 30, p. 68). Porém, embora a importância do estudo seja enfatizada no Yoga Preliminar, bem como na abordagem teosófica[545], deve ficar claro

542 Tal relação, obviamente, tem no Yoga Preliminar apenas um caráter introdutório, similar ao do *sūtra* YS, I: 34, uma vez que o membro (*aṅga*) próprio do *prāṇāyāma* será tratado na sequência de *sūtras* YS, II: 49-53.

543 "*Study is the repeated utterance of purifying worlds, like the AUM and others; or, the reading of the teachings about absolute spiritual freedom (Mokṣa)*" (VYĀSA, 1988, p. 89).

544 "*Tajjapas tad-artha-bhāvanam*" (PATAÑJALI, 1996, I: 28, p. 64).

545 Conforme se encontra nas *Cartas dos Mahatmas*: "Somente o progresso que um indivíduo faça no estudo do conhecimento arcano a partir dos seus elementos rudimentares o leva gradualmente a compreender o nosso propósito" (BARKER, 2001, v. 1, p. 96) e "Só a filosofia esotérica, o liame espiritual e psíquico do homem com a Natureza, revelando verdades fundamentais, é que pode produzir esse tão desejado estado de mediação entre os dois extremos do egoísmo humano e do Altruísmo Divino e, finalmente, conduzir ao alívio do sofrimento humano" (BEECHEY, 2003, p. 58-59).

que o *Yoga-Sūtra* não considera que o mero estudo intelectual seja suficiente para remover *avidyā*, a ignorância, que é a causa do mal (PATAÑJALI, 1996, II: 3-4, p. 111-118), pois somente o pleno autoconhecimento pode fazê-lo. Dessa forma, somente o conhecimento direto de nossa verdadeira natureza obtido pelo *Samādhi*, que demanda maestria na concentração e meditação (PATAÑJALI, 1996, II: 26, IV: 29, p. 162, 328), pode libertar o ser humano de *avidyā*. Por isso, Taimni prefere traduzir ou interpretar *svādhyāya* como "autoestudo"[546] (PATAÑJALI, 1996, II: 1, p. 109), assim também o faz Leggett traduzindo Śaṅkara[547] (PATAÑJALI, 1996, 2006, II: 1, p. 174). Adiswarananada considera que se trata de ler e ouvir textos "[...] que encorajem o controle da mente e o conhecimento do Ser"[548] (ADISWARANANDA, 2008, p. 157), e não apenas para o mero debate argumentativo (*vāda*). Vivekananda também entende que o *yogi* (praticante do *Yoga*) já deveria ter superado a necessidade do debate argumentativo, devendo buscar o estudo decisivo (*siddhānta*) e chegar a uma conclusão – notando que essa não é suficiente, pois "precisa ser intensificada"[549] (VIVEKANANDA, 1982, p. 169). Vivekananda também afirma que "o *yogi* deseja ir além dos sentidos, e, portanto, o intelecto para ele não tem utilidade"[550] (VIVEKANANDA, 1982, 170). Em outras palavras, o intelecto não seria suficiente na medida em que não leva a uma percepção direta. Na verdade, ele acrescenta que, para o *yogi* que busca o controle da mente (*citta*), "[...] toda discussão tira sua mente do equilíbrio, cria uma perturbação na mente, e a perturbação é um retrocesso"[551] (VIVEKANANDA, 1982, 170).

Taimni enfatiza a importância do Autoestudo (*Svādhyāya*), afirmando que o estudo teórico deve levar a uma constante reflexão[552] sobre os problemas mais profundos já estudados e, gradualmente, ir tomando a forma de uma meditação, no sentido comum do termo, quando "[...] a mente torna-se, cada vez mais,

---

546 "*[...] self-study [...]*" (PATAÑJALI, 2010, II: 1, p. 127, 1996).

547 "*[...] self-study [...]*" (PATAÑJALI, 1996, 2006, II: 1, p. 174).

548 "*[...] that encourage control of the mind and knowledge of the Self*" (ADISWARANANDA, 2008, p. 157).

549 "*It must be intensified*" (VIVEKANANDA, 1982, p. 169).

550 "*The yogi wants to go beyond the senses; therefore, intellect is of no use to him*" (VIVEKANANDA, 1982, p. 170).

551 "*Every argument throws his mind out of balance, creates a disturbance in the Citta, and disturbance is a drawback*" (VIVEKANANDA, 1982, p. 170).

552 Ramana Maharshi, ainda que aparentemente mais ligado à Filosofia Advaita Vedānta, também considera a importância potencial do estudo e da reflexão, mesmo que começando apenas por ouvir: quando aplicado de forma progressiva pela reflexão profunda e conduzindo à meditação, pode levar à Suprema Realização, galgando cinco estágios: "Tal consciência sem esforço e sem escolha só é alcançada depois da prática deliberada de meditação. Sem dúvida, os livros falam de ouvir a verdade (*śrāvaṇa*), reflexão (*manana*), concentração (*nididhyāsana*), êxtase (*samādhi*), e Realização (*sākṣātkāram*)" (MAHARSHI, 2010, p. 57).

absorvida pelo objeto da busca" (TAIMNI, 1996, p. 182). Por fim, o estudante deve mergulhar "[...] em sua própria mente para tudo de que necessite em sua busca" (TAIMNI, 1996, p. 183), pois "[...] do autoestudo resulta a união com a deidade desejada"[553] (PATAÑJALI, 1996, II: 44, 198), termos com que Patañjali define a perfeição em *Svādhyāya*.

Clara Codd (1975, p. 145), entretanto, prefere traduzir mais livremente o *sūtra* YS, II: 44, como: "Por profundo pensamento e estudo, o estudante entra em contato com o Mestre desejado por seu coração"[554] (PATAÑJALI, 1996, 1975, II: 44, p. 145), e parece relativamente respaldada em tal liberalidade no clássico comentário de Vyāsa: "[...] Os *Ṛṣis* e os *Siddhas* se tornam visíveis para aquele que é dado ao estudo, e Eles de fato tomam parte em seu trabalho"[555] (VYĀSA, 1988, p. 168).

A terceira e última prática do Yoga Preliminar (Kriyā-Yoga) é *Īśvara-praṇidhāna*, geralmente traduzido como "entrega a Deus", e de natureza predominantemente emocional ou mesmo devocional. Larson prefere traduzir como "focar-se em Deus (como um conteúdo de meditação) [...]"[556] (LARSON; BHATTACHARYA, 2011, p. 167). Essa tradução pareceria se basear no imenso potencial dessa entrega quando plena e profunda, expressa por Patañjali em sua definição do resultado da perfeição na prática de *Īśvara-praṇidhāna*: "Conquista do *samādhi* pela autoentrega a Deus" (PATAÑJALI, 1996, II: 45, p. 199)[557]. Dessa forma, o Yoga da Devoção, chamado Bhakti-Yoga, é reconhecido por Patañjali como um caminho alternativo ao Rāja-Yoga. Taimni também comenta que, pela prática diária aprimorada, e "[...] intensificando progressiva e sistematicamente uma atitude de autoentrega a Deus, podemos, por estágios, chegar à suprema Iluminação" (TAIMNI, 1996, p. 199).

Taimni prefere considerar que *Īśvara-praṇidhāna* é mais do que mera aceitação da vontade de Deus, pois também parece se tornar a plena expressão do Karma-Yoga. Para tanto, o agente realiza a ação conscientemente e em conformidade com a Vontade Divina. Isso ocorre após ter eliminado todas as resistências ou impurezas da personalidade pelo domínio da técnica de *niṣkāma-karma*, ou ação sem desejo de

553 "*Svādhyāyād iṣṭa-devatā-saṃprayogaḥ*" (PATAÑJALI, 1996, II: 44, p. 198).

554 "*Por profundo pensamiento y estudio, el estudiante entra en contacto con el Maestro deseado por su corazón*" (CODD, 1975, p. 145).

555 "*The Ṛṣis and the Siddhas become visible to him who is given to study, and they do take part in his work*" (VYĀSA, 1988, p. 168).

556 "*[...] focusing on God (as a content of meditation) (for the mind)*" (LARSON; BHATTACHARYA, 2011, p. 167).

557 "*Samādhi-siddhir Īśvara-praṇidhānāt*" (PATAÑJALI, 1996, II: 45, p. 199).

recompensa, sendo o serviço uma oferenda ao Supremo. Taimni comenta que o agente, praticando essa técnica, "[...] precisa trabalhar durante muito tempo, por assim dizer, no escuro, procurando fazer, escrupulosamente, o que pensa ser correto, sem ter qualquer conhecimento consciente da Vontade Divina [...], até que a personalidade esteja sob controle" (TAIMNI, 1996, p. 184). No início, a personalidade descontrolada obstrui com suas impurezas a expressão da Vontade Divina, mas se o agente "[...] persegue seu ideal com perseverança, consegue se tornar um agente consciente do Divino" (TAIMNI, 1996, p. 184).

Por outro lado, Taimni lembra que se o *sādhaka* ou praticante da disciplina tiver um temperamento emocional ou inclinação pelo Bhakti-Yoga (Yoga da Devoção), a prática de *Īśvara-praṇidhāna* assume uma forma diferente: a ênfase não se encontrará tanto na fusão da vontade individual com a Divina, pois o amor passa a ser a força motriz "[...] que acarreta a destruição do egoísmo e a fusão da consciência, sendo *samādhi* o resultado" (TAIMNI, 1996, p. 184).

É interessante ressaltar que o Yoga Preliminar apresenta uma disciplina tríplice visando um desenvolvimento equilibrado e integrado do ser humano, como comenta Taimni numa abordagem tipicamente teosófica, que considera a natureza tríplice da constituição humana[558]: "*Tapas* [ou Austeridade] relaciona-se com sua vontade, *Svādhyāya* [ou Autoestudo] com o intelecto, e *Īśvara-praṇidhāna* [ou Entrega a Deus] com as emoções" (TAIMNI, 1996, p. 110). Além disso, o Yoga Preliminar deve ser praticado até que se alcance o *Samādhi* (Êxtase), como fica evidente no *sūtra* YS, II: 2 (PATAÑJALI, 1996), que lhe é subsequente: "(Kriyā -Yoga) é praticado para atenuar os *kleśas* [aflições] e produzir o *samādhi*"[559] (PATAÑJALI, 1996, II: 2, p. 110), caracterizando assim a potencialidade de uma semente na síntese equilibrada dos oito membros que também visam o *Samādhi* (Êxtase) e nele culminam.

---

558 Na literatura teosófica, há referência aos corpos físico (ainda que desdobrado em denso e etérico), emocional e mental da personalidade. Tal como num tripé, por analogia, a altura final é determinada pela perna mais curta, de nada adiantando ter somente uma perna longa e as outras subdesenvolvidas, correndo-se o risco de que as virtudes mais desenvolvidas fiquem a serviço das maiores fraquezas de um ser humano. Krishnamurti comenta sobre o autoconhecimento: "Não confundas teus corpos contigo mesmo – nem o corpo físico, nem o astral [também chamado emocional], nem o mental. Cada um deles pretende ser o Ego [Ego Superior ou Eu Superior, Tríade Superior ou alma imortal individual] para obter o que deseja. Precisas, porém, conhecê-los todos, e conhecer-te a ti mesmo como senhor deles" (KRISHNAMURTI, 2017, p. 20-21). Tal natureza tríplice do ser humano é considerada como um reflexo da onipresente natureza tríplice da Divindade ou *Logos*: "Vontade, Sabedoria e Amor são os três aspectos do *Logos*; e tu, que desejas alistar-te para servi-Lo, deves expressar esses aspectos no mundo" (KRISHNAMURTI, 2017, p. 95).

559 "*Samādhi-bhāvanārthaḥ kleśa-tanūkara-ṇārthaś ca*" (PATAÑJALI, 1996, II: 2, p. 110).

O Yoga Preliminar também oferece a diretriz inicial, na mesma linha da frase paradoxal de Krishnamurti de que "[...] o primeiro passo é o último passo [...]"[560] (KRISHNAMURTI, [19--] *apud* BURNIER, 1992, p. 50), ou seja, o tempo psicológico pode ser relativo, mas "[...] o que importa é a direção tomada com o primeiro passo" (BURNIER, 1992, p. 50), como comenta Radha Burnier. Pois o primeiro passo já deve ter em si a natureza do último, nem que seja em potência, como numa semente, para que não haja o risco de desvio da meta. Krishnamurti também considera que "[...] os meios determinam o fim" (KRISHNAMURTI, 1980, p. 21), pois, se não houver coerência entre os passos dados (os meios) e o fim almejado, ocorrerá um desvio da meta, como se verá nas questões éticas de *Yama* e *Niyama*.

4.2.1 *Yama* e *Niyama*: Ética Regulando o Emocional

O primeiro dos oito membros formais do *Yoga-Sūtra* de Patañjali, conforme visto no *sūtra* YS, II: 29 (PATAÑJALI, 1996), é chamado de *Yama* (Autorrestrições) e se refere à prática de cinco qualidades morais, a saber:

Autorrestrições (*Yama*):

(1) Abstenção de Violência (*Ahiṃsā*);

(2) Abstenção de Falsidade (*Satya*);

(3) Abstenção de Roubo (*Asteya*);

(4) Abstenção de Incontinência (*Brahmacarya*);

(5) Abstenção de Cobiça (*Aparigraha*).

Patañjali define sucintamente as Autorrestrições (*Yama*) num *sūtra*: "Os votos de autorrestrições compreendem abstenções de violência [*Ahiṃsā*], de falsidade [*Satya*], de roubo [*Asteya*], de incontinência [*Brahmacarya*] e de cobiça [*Aparigraha*]"[561] (PATAÑJALI, 1996, II: 30, p. 166).

Taimni é enfático ao introduzir o tema ético e a necessidade de *Yama* e *Niyama* no Rāja-Yoga enquanto expressão do *Yoga* Superior, estabelecendo um discernimento preliminar entre dois tipos de *Yoga*, um Superior e outro Inferior. A característica do

---

560 "Krishnaji disse 'O primeiro passo é o último passo [...]'" (KRISHNAMURTI, [19--] *apud* BURNIER, 1992, p. 50).

561 "*Ahiṃsā-satyāsteya-brahmacaryāparigrahā yamāḥ*" (PATAÑJALI, 1996, II: 30, p. 166).

Yoga Superior é a sua elevada moralidade e disposição para o bem, o que nem sempre está presente no Yoga Inferior. Em relação ao Inferior, ele considera que "[...] um alto grau de moralidade nem sempre é necessário à prática do *Yoga*" (TAIMNI, 1996, p. 166), uma vez que esse nível tem por objetivo, essencialmente, a busca de poderes psíquicos e supranormais que podem atrair pessoas geralmente egocêntricas ou vaidosas, ainda que inofensivas. Pode, porém, atrair outros não tão inofensivos, e até uma terceira classe de *yogis* que usam os poderes para o mal e "[...] têm poderes de várias espécies desenvolvidos em alto grau, [...] tendência à crueldade, falta de escrúpulos e vaidade"[562] (TAIMNI, 1996, p. 167), e não fazem parte do escopo deste trabalho.

Em contrapartida, Taimni também afirma que "[...] na senda do Yoga Superior é essencial um alto grau de moralidade, [...] uma moralidade transcendente, baseada nas leis superiores da Natureza e organizada de modo a propiciar a liberação do indivíduo dos grilhões da ilusão e da ignorância" (TAIMNI, 1996, p. 167). Tais leis seriam como fatos da Natureza ou verdades descobertas pela Ciência do Yoga, testemunhadas ao longo de eras, e que se baseiam em "[...] experiências e experimentos de uma linha ininterrupta de místicos, ocultistas, santos e sábios" (TAIMNI, 1996, p. 10), *Ṛṣis*, Mahatmas e *Jīvanmuktas* que têm trilhado o Yoga Superior.

A primeira qualidade moral a ser praticada em Autorrestrições (*Yama*) é *Ahiṃsā* (Abstenção de Violência), geralmente traduzida como "não violência" ou "inofensividade". Essa qualidade moral contempla todas as criaturas vivas, fundamentando-se no princípio subjacente da unidade da vida. Também se aplica ao pensamento, à palavra e à ação, e inclui a dieta lactovegetariana, como já visto: a responsabilidade pela violência não recai somente sobre quem mata diretamente o animal, mas em quaisquer atos violentos, "[...] sejam eles gerados diretamente, indiretamente ou aprovados [...]"[563] (PATAÑJALI, 1996, II: 34, p. 186), conforme Patañjali enfatiza no *sūtra* YS, II: 34.

A segunda qualidade moral a ser praticada em Autorrestrições (*Yama*) é *Satya* (Abstenção de Falsidade), geralmente traduzida como "veracidade". O *yogi* deve vestir a armadura de *Satya* (veracidade), que tem de ser praticada também em

---

562 "[...] uma terceira classe de *yogis* que definitivamente trilham a Senda da Mão Esquerda e são chamados Irmãos da Sombra. Eles têm poderes de várias espécies, desenvolvidos em alto grau; são inescrupulosos e perigosos, embora externamente possam até adotar um modo de vida que os fazem parecer religiosos. Mas qualquer pessoa em quem a intuição tenha sido desenvolvida pode descobri-los e distingui-los dos seguidores da Senda da Mão Direita, por sua contrastante tendência à crueldade, falta de escrúpulos e vaidade" (TAIMNI, 1996, p. 167).

563 "*Vitarkā hiṃsādayaḥ kṛta-kāritānumoditā lobha-krodha-moha-pūrvakā mṛdṛu-madhyādhimātrā duḥkhā-jñānānanta-phalā iti pratipakṣa-bhāvanam*" (PATAÑJALI, 1996, II: 34, p. 186).

pensamento, palavra e ação. Segundo Taimni, "[...] nenhuma ilusão pode penetrar tal armadura" (TAIMNI, 1996, p. 171), pois a mentira "[...] cria uma espécie de tensão mental e emocional que nos impede de harmonizar e tranquilizar nossa mente" (TAIMNI, 1996, p. 171).

A terceira qualidade moral a ser praticada em Autorrestrições (*Yama*) é *Asteya* (Abstenção de Roubo), geralmente traduzida como "não roubar". Entretanto, *Asteya* não deve ser interpretada apenas como não roubar, mas como abstenção de todo tipo de apropriação indébita, aplicando-se também a coisas menos tangíveis, mas vantajosas, como ganhar crédito por coisas que não se fez ou "[...] privilégios que de direito não lhe pertençam" (TAIMNI, 1996, p. 171).

A quarta qualidade moral a ser praticada em Autorrestrições (*Yama*) é *Brahmacarya* (Abstenção de Incontinência), geralmente traduzida como "castidade" ou "continência na conduta sexual". Taimni comenta que *Brahmacarya* (castidade) tem sido considerada como a mais proibitiva das virtudes abrangidas por *Yama* e *Niyama*. "Muitos escritores ocidentais têm tentado resolver o problema sugerindo uma interpretação liberal de *Brahmacarya* e considerando-a não em termos de completa abstinência" (TAIMNI, 1996, p. 172), mas de atividade moderada dentro dos laços matrimoniais. Esta parece ser uma diferença marcante entre o Yoga Preliminar e o Yoga Superior, como também em outras escolas de disciplina progressiva[564]. Taimni entende que tal renúncia não necessita ser total ou repentina, o que nem seria recomendável, como foi visto no *Yoga* Preliminar, mas alerta: "Não que seja impossível praticar o *Yoga* sem desistir inteiramente dessas coisas, mas o progresso do *sādhaka* está fadado a interromper-se num ou noutro estágio caso ele tente essas concessões" (TAIMNI, 1996, p. 168).

Taimni é enfático ao considerar que "[...] a prática do Yoga superior requer completa abstinência da vida sexual, não sendo possível qualquer concessão neste ponto [...], não apenas na indulgência física, mas, inclusive, pensamentos e emoções relacionados com os prazeres do sexo" (TAIMNI, 1996, p. 172). Vivekananda parece ter sido ainda mais enfático (VIVEKANANDA, 1982, p. 68), e Sivananda chega a

564 Talvez esta seja também a principal diferença no Budismo entre os votos do budista leigo no *pañca śīla* e do monge ou *bhikṣu*. Segundo o Catecismo Budista, aprovado pela maioria das escolas de Budismo da época, o *pañca śīla* é para leigos. Parece-se com as cinco restrições de *Yama* no *Yoga-Sūtra* e abrange os seguintes preceitos: "'Observo o preceito de me abster de destruir a vida dos seres. Observo o preceito de me abster de roubar. Observo o preceito de me abster de relações sexuais ilegais. Observo o preceito de me abster da mentira. Observo o preceito de me abster de embriagar-me.' [...] Esta prescrição aplica-se, naturalmente, aos leigos que não costumam professar senão os cinco preceitos. O *bhikṣu* [monge] deve observar absoluto celibato" (OLCOTT, 1983, p. 59).

escrever um livro intitulado *Practice of Brahmacharya* (*A Prática de Brahmacarya*), cujo foco é este item, destacando que a chave deste controle é atentar para o fato de que o sexo começa na imaginação (SIVANANDA, 1993, p. 27 *et seq*). Os clássicos como Vyāsa (1988, p. 156) e Vācaspati (1988, p. 157) sustentam a mesma posição, bem como Śaṅkara. (2006, p. 263). Talvez tais precauções, que se aplicam particularmente às práticas avançadas do Yoga, fiquem mais claras quando se tratar adiante do *Prāṇāyāma* ou Controle da Respiração e dos perigos do despertar prematuro de *kuṇḍalinī*, a energia criadora relacionada à sexualidade.

A quinta e última qualidade moral a ser praticada em Autorrestrições (*Yama*) é *Aparigraha* (Abstenção de Cobiça), geralmente traduzida como "ausência de cobiça" ou "não possessividade". Significa, segundo Taimni, que o *yogi* deve limitar "[...] suas posses e necessidades ao mínimo" (TAIMNI, 1996, p. 175), de modo a simplificar sua vida e eliminar desnecessários acúmulos ou atividades requeridas para mantê-los, fontes de constante perturbação da mente.

Essas cinco restrições morais são enfatizadas no *sūtra* YS, II: 31 (PATAÑJALI, 1996): "Estes (os cinco votos) independem de classe, lugar, tempo ou ocasião, e, estendendo-se a todos os estágios, constituem o Grande Voto"[565] (PATAÑJALI, 1996, II: 31, p. 175).

O segundo dos oito membros formais do *Yoga-Sūtra* de Patañjali, é chamado *Niyama* (Observâncias), conforme visto no *sūtra* YS, II: 29 (PATAÑJALI, 1996). Difere de *Yama*, que trata de restrições morais ou proibitivas, na medida em que prescreve Observâncias ou práticas ativas na organização da vida do *sādhaka* ou praticante da disciplina do *Yoga*. As Observâncias (*Niyama*) prescritas são:

(1) Pureza (*Śauca*);

(2) Contentamento (*Saṃtoṣa*);

(3) Austeridade (*Tapas*);

(4) Autoestudo (*Svādhyāya*);

(5) Entrega a Īśvara (Deus) (*Īśvara-praṇidhāna*).

Patañjali define sucintamente as Observâncias (*Niyama*): "Pureza, contentamento, austeridade, autoestudo e autoentrega constituem as observâncias"[566]

565 "*Jāti-deśa-kāla-samayānavacchinnāḥ sārvabhaumā mahā-vratam*" (PATAÑJALI, 1996, II: 31, p. 175).
566 "*Śauca-saṃtoṣa-tapaḥ-svādhyāyeśvara-praṇidhāni niyamāḥ*" (PATAÑJALI, 1996, II: 32, p. 177).

(PATAÑJALI, 1996, II: 32, p. 177). Assim, *Niyama* prescreve observâncias que envolvem "[...] práticas que devem ser realizadas regularmente, dia após dia", como descreve Taimni (1996, p. 177). As três últimas constituem o *Kriyā-Yoga* (Yoga Preliminar) e já foram consideradas anteriormente. Resta tratar das duas primeiras.

A primeira prática de Observâncias (*Niyama*) é *Śauca*, ou pureza, e se refere a uma pureza relativa, e não absoluta: se tudo é permeado pela Divindade, nada poderia ser absolutamente impuro. Como Taimni comenta, a pureza é apenas "[...] funcional e relacionada ao próximo estágio de evolução que a vida está buscando seguir" (TAIMNI, 1996, p. 178). A purificação física é relativamente mais fácil porque depende principalmente da seleção de alimentos *sáttvicos* para a dieta do *yogi*, e Taimni apenas repete o que já foi mencionado sobre dieta lactovegetariana e abstenção de fumo e álcool no Yoga Preliminar: "Carne, álcool e muitos outros suplementos da dieta moderna tornam o corpo físico completamente inútil para a vida do Yoga" (TAIMNI, 1996, p. 179). Mais difícil é a purificação dos pensamentos e das emoções, em que ele aconselha também o uso de *mantras* e orações, mas lembra que, com a prática constante e persistente, a exclusão de pensamentos e emoções impróprios ou indesejáveis vai gradualmente levando à sua substituição "[...] por outros de natureza mais elevada e sutil" (TAIMNI, 1996, p. 179). Para essa substituição, Patañjali sugere uma técnica básica e geral até para a meditação: não se deve lutar contra o mal, sob pena de reforçá-lo ao lhe dar atenção, mas substituí-lo pelo bem recorrendo à constante meditação. Ele prescreve: "Quando a mente é perturbada por pensamentos impróprios, a constante ponderação sobre os opostos (é o remédio)"[567] (PATAÑJALI, 1996, II: 33, p. 185).

A segunda prática de Observâncias (*Niyama*) é *Saṃtoṣa*, ou contentamento, e é necessária para se manter a mente numa condição de equilíbrio e equanimidade. Seu objetivo é conquistar, por meio da vontade, da meditação e de outros meios, aquela paz que supera a transitoriedade da ilusão e da miséria. Mas Taimni lembra que sua conquista "[...] é o resultado de prolongada autodisciplina e de muitas experiências que implicam dor e sofrimento" (TAIMNI, 1996, p. 180), produzindo a capacidade de se manter satisfeito, em perfeita calma e serenidade, independentemente do que possa acontecer exteriormente.

A terceira prática de Observâncias (*Niyama*) é Austeridade (*Tapas*), sendo seguida pela quarta, que é Autoestudo (*Svādhyāya*) e pela quinta, Entrega a Īśvara (Deus) (*Īśvara-praṇidhāna*). Essas três últimas práticas constituem o Yoga

567 "*Vitarka-bādhane-pratipakṣa-bhāvanam*" (PATAÑJALI, 1996, II: 33, p. 185).

Preliminar (Kriyā-Yoga), como comenta Taimni: "Posto que o desenvolvimento do tema da 'autocultura', na seção II dos *Yoga-Sūtras*, tem um caráter progressivo, segue-se que o propósito desses três elementos, em II-1, é de natureza mais preliminar do que em II -32" (TAIMNI, 1996, p. 109). Portanto, da mesma forma que Śaṅkara[568] (2006, p. 174), Taimni entende que esses três últimos elementos de *Niyama*, ou Observâncias, ainda que sejam os mesmos já apresentados no Yoga Preliminar (Kriyā-Yoga), devem ser aperfeiçoados no contexto de *Niyama,* em consonância com o caráter progressivo de todos os elementos de *Yama* e *Niyama* demandados por Patañjali nos *sūtras* seguintes. O grau de perfeição a que pode chegar o pleno desenvolvimento dos elementos e das virtudes correspondentes a *Yama* e *Niyama* é mencionado nos *sūtras* YS, II: 35-45. Usando como exemplo a primeira virtude, referente à Abstenção de Violência (*Ahiṃsā*), ele diz: "Estando (o *yogi*) firmemente estabelecido na não violência, deixa de existir hostilidade em (sua) presença"[569] (PATAÑJALI, 1996, II: 35, p. 189).

Dessa forma, completam-se os elementos de *Yama* e *Niyama* que têm por objetivo eliminar as fontes de perturbação ou distração da mente. Conforme Taimni comenta, têm origem em "[...] distúrbios emocionais resultantes de imperfeições de ordem moral na natureza de um indivíduo" (TAIMNI, 1996, p. 214).

4.2.2 *Āsana, Prāṇāyāma* e *Pratyāhāra*: Práticas Regulando o Físico

O terceiro dos oito membros formais (*aṅgas*) ou partes do *Yoga-Sūtra* de Patañjali é chamado *Āsana* (Postura), conforme visto no *sūtra* YS, II: 29, significando uma posição confortável do corpo, que pode ser mantida por longo tempo: sugere imobilidade física que auxilie a tranquilizar a mente para a meditação. Diz Patañjali: "A postura (deve ser) estável e confortável"[570] (PATAÑJALI, 1996, II: 46, p.

568 "[Oponente] Mas *tapas*, autoestudo (*svādhyāya*), e devoção ao Senhor serão considerados entre as observâncias (II: 32), por que são mencionados aqui [YS, II: 1]? (Resposta) O propósito é, como tem sido dito: mostrar como alguém com mente vertida para o exterior pode tornar-se estável no yoga". No original: "[Opponent] But tapas, self-study, and devotion to the Lord are going to be given among observances (II: 32); why are they mentioned here? (Answer) The purpose is as has been said: to show how one of extravertive mind may become steady in yoga" (ŚAṄKARA, 2006, p. 174).

569 "*Ahiṃsā-pratiṣṭhāyāṃ tat-saṃnidhau vaira-tyāgaḥ*" (PATAÑJALI, 1996, II: 35, p. 189).

570 "*Sthira-sukham āsanam*" (PATAÑJALI, 1996, II: 46, p. 200).

200). Fica evidente que a ênfase nas posturas listadas por Vyāsa e Vācaspati, começando por *padmāsana*, a tradicional postura do lótus, refere-se a posturas voltadas para a meditação, que é a meta dos membros finais do Rāja-Yoga de Patañjali. Como ressalta Vācaspati, "[...] postura é o modo pelo qual alguém senta"[571] (VĀCASPATI, 1988, p. 170). Śaṅkara também considera que a postura favorita é "[...] aquela congenial para aquele que senta"[572] (ŚAṄKARA, 2006, p. 274). O *Haṭhayogapradīpikā*, clássico do Haṭha-Yoga, descreve pelo menos quinze *Āsanas* (Posturas) principais, nem todas sentadas, embora mencione ainda a existência de oitenta e quatro *Āsanas* (Posturas) ensinadas por Śiva (SVĀTMĀRĀMA, 2012, p. 12-15). Não é a intenção deste trabalho detalhar o tema das diversas Posturas (*Āsanas*), pois esta parece ser a ênfase do Haṭha-Yoga, como considera Vivekananda: "Esta porção do Yoga é um pouco similar ao Haṭha-Yoga, que se ocupa inteiramente com o corpo físico; seu objetivo é tornar o corpo físico muito forte [...] e, afinal, [suas práticas] não levam a muito crescimento espiritual"[573] (VIVEKANANDA, 1982, p. 20).

B. K. S. Iyengar considera importante a sequência dos membros, como é visto, e chega a afirmar que praticar *Āsanas* ou Posturas sem os membros anteriores (*Yama e Niyama*) como fundamentos do caráter "[...] é mera acrobacia"[574] (IYENGAR, 2000, p. 57). Taimni também reconhece que, além dos inegáveis benefícios da prática de *Āsanas* (Posturas) para a saúde, Patañjali indica essa prática como meio adicional para se "[...] adquirir aptidão para a prática de *prāṇāyāma,* como resultado da regulagem apropriada das correntes *prânicas* [ou de vitalidade] no corpo" (TAIMNI, 1996, p. 203). Isso faz sentido, dado que a doença é considerada, por Patañjali, como o primeiro obstáculo à concentração da mente no *sūtra* YS, I: 30 (PATAÑJALI, 1996). Assim, o praticante começa a conformar o corpo para preencher os requisitos para o membro seguinte na sua ciência do Yoga, bem como tentar evitar causas de distração que tenham origem física. Taimni considera que o ideal na prática de *Āsana* seria "[...] a combinação de imobilidade e relaxamento. Somente então é possível esquecer totalmente o corpo [...] enquanto a atenção do *yogi* está focalizada em sua mente" (TAIMNI, 1996, p. 201). Considera também que, embora o espaço de tempo seja meramente indicativo em alguns livros de Haṭha-Yoga, uma determinada

571 "*Posture is the way in which one sits*" (VĀCASPATI, 1988, p. 170).

572 "*[...] the one specially congenial to a sitter*" (ŚAṄKARA, 2006, p. 274).

573 "*This portion of the Yoga is a little similar to the Haṭha-Yoga which deals entirely with the physical body, its aim being to make the physical body very strong [...] and, after all, [its practices] do not lead to much spiritual growth*" (VIVEKANANDA, 1982, p. 20).

574 "*Practice of āsanas without the backing of yama and niyama is mere acrobatics*" (IYENGAR, 2000, p. 57).

Postura (*Āsana*) é considerada dominada quando pode ser mantida, "[...] estável e facilmente, por quatro horas e vinte minutos" (TAIMNI, 1996, p. 201).

O quarto dos oito membros formais do *Yoga-Sūtra* de Patañjali, é chamado *Prāṇāyāma*, geralmente traduzido como "Controle da Respiração", conforme visto no *sūtra* YS, II: 29 (PATAÑJALI, 1996), mas significa muito mais. Na verdade, *Prāṇāyāma* utiliza-se do controle da respiração com exercícios que começam com a mera respiração profunda e depois desenvolvem a respiração ritmada com eventual retenção do ar. O objetivo é chegar ao controle do *prāṇa*, a energia vital que anima o corpo físico.

Assim, Patañjali define preliminarmente *Prāṇāyāma*: "Isto tendo sido (realizado), segue-se *prāṇāyāma*, que é a cessação de inspiração e expiração"[575] (PATAÑJALI, 1996, II: 49, p. 204). Entretanto, Taimni alerta que *Prāṇāyāma* não é "[...] apenas uma forma de regulação da respiração [...]" (TAIMNI, 1996, p. 205), uma vez que *prāṇa* não é a própria respiração, mas "[...] a força vital que mantém as atividades do corpo físico" (TAIMNI, 1996, p. 205). Além disso, é também um elo de natureza psicofísica que liga ou combina em si mesma "[...] as qualidades essenciais, tanto de matéria como de consciência, sendo assim capaz de servir como um instrumento para suas ações e reações recíprocas" (TAIMNI, 1996, p. 204).

O *prāṇa* flui pelos *nādīs* ou canais sutis do veículo de *prāṇa*, que é conhecido como *prāṇamayakośa*. Esse veículo é mais sutil que o corpo físico e o interpenetrando e sendo, praticamente, a contraparte ou modelo deste corpo físico denso; pelos *nādīs* "[...] fluem as correntes do *prāṇa*" (TAIMNI, 1996, p. 205) para cada parte do corpo e seus órgãos. Embora Leadbeater alerte sobre o perigo da atualização prematura de *kuṇḍalinī* (LEADBEATER, 1974, p. 100 *et seq.*), ele testemunha que somente quando essa energia de *kuṇḍalinī*, relacionada ao poder generativo, desperta e se desloca de modo ascendente é que realmente os *cakras* ou centros de percepção sutil são postos em plena atividade. Tal deslocamento da *kuṇḍalinī* ou fogo serpentino, como também é conhecida, deve ocorrer ascendendo pelo principal *nādī* central (na contraparte sutil da medula espinhal), chamado *suṣumṇā*, a partir da base da coluna onde usualmente está adormecida ou em forma potencial no ser humano comum. Assim se originam os *siddhis* (poderes paranormais) dos *yogis*, conforme enumerados na terceira parte do *Yoga-Sūtra* chamado "Vibhūti Pāda".

Taimni faz a importante consideração de que o verdadeiro e mais avançado *Prāṇāyāma* (Controle da Respiração) é o da quarta espécie, relacionado a *kevala*

575 "*Tasmin sati śvāsa-praśvāsayor gati-vicchedaḥ prāṇāyāmaḥ*" (PATAÑJALI, 1996, II: 49, p. 204).

kumbhaka, mencionando o *sūtra* YS, II: 51: "O *prāṇāyāma* que vai além da esfera do interno e do externo é a quarta (variedade)"[576] (PATAÑJALI, 1996). Sobre as modalidades anteriores[577], de caráter mais preparatório, ele comenta:

> O que se verifica no decorrer dessas práticas – como as correntes *prânicas* são usadas para despertar *kuṇḍalinī*, como *kuṇḍalinī* ativa os *cakras* no *suṣumṇā* – não é mencionado por Patañjali, pois todas essas coisas de natureza prática, carregadas de possibilidades perigosas, são ensinadas pessoalmente pelo *Guru* [Mestre] ao *celā* [discípulo] (TAIMNI, 1996, p. 210).

E Taimni ainda justifica que Patañjali sempre trata de princípios gerais, "[...] deixando de lado instruções relativas a detalhes práticos" (TAIMNI, 1996, p. 210). Tais afirmativas parecem ser também corroboradas por Vivekanada, que comenta o *sūtra* YS, II: 50 (PATAÑJALI, 1996), sobre a modalidade anterior: "O resultado deste *Prāṇāyāma* é *Udghāta*, despertando *kuṇḍalinī*"[578] (VIVEKANANDA, 1982, p. 215), e por Sivananda: "Por meio de *Kevala Kumbhaka*, o saber de *Kuṇḍalinī* desperta"[579] (SIVANANDA, 1997, p. 83).

Também os clássicos, como Vācaspati, o fazem de forma coerentemente discreta e indireta, observando, talvez, o caráter de sigilo esotérico alegado por Taimni[580] (1996, p. 210), ou seja, sem mencionar diretamente *kuṇḍalinī*, mas mencionando que o *Prāṇāyāma* produz a maestria sobre "[...] os poderes conhecidos como *prāṇa* e *apāṇa*"[581] (VĀCASPATI, 1988, p. 175). Da mesma forma, Śaṅkara faz menção em várias passagens[582] (ŚAṄKARA, 2006, p. 275-277), pois é sabido que pelo domínio

---

576 "*Bāhyābhyantara-viṣayākṣepī caturthaḥ*" (PATAÑJALI, 1996, II: 51, p. 209).

577 Um resumo destas três modalidades anteriores de *Prāṇāyāma* que são mencionadas por Taimni é: (1) Respiração Profunda é um ótimo exercício para a saúde; (2) Respiração Alternada pelas duas narinas tende a remover a congestão e purificar os canais de *prāṇa* chamados *nādīs*. Estas duas primeiras modalidades são preparatórias e não oferecem risco para aqueles que levam uma vida regulada e sem excessos; (3) A Respiração com Retenção Ritmada constitui a terceira modalidade onde o *prāṇāyāma* ou controle da respiração realmente inicia e a prudência começa a ser necessária, pois, como Taimni comenta: "A retenção da respiração, denominada tecnicamente de *kumbhaka*, afeta o fluxo das correntes *prânicas* de uma maneira muito notável e fundamental [...]" (TAIMNI, 1996, p. 206-207).

578 "*The result of this Prāṇāyāma is Udghāta, awakening the kuṇḍalinī*" (VIVEKANANDA, 1982, p. 215).

579 "*Through Kevala Kumbhaka, the knowledge of Kuṇḍalinī arises*" (SIVANANDA, 1997, p. 83).

580 Vide citação acima: "[...] pois todas essas coisas de natureza prática, carregadas de possibilidades perigosas, são ensinadas pessoalmente pelo *Guru* [Mestre] ao celā [discípulo]" (TAIMNI, 1996, p. 210).

581 "*The powers known as prāṇa and apāṇa*" (VĀCASPATI, 1988, p. 175).

582 Śaṅkara chega a detalhar a descrição do movimento de inalação (*śvāsa*), que está associado à corrente descendente (*apāṇa*), em contraposição ao movimento de exalação (*praśvāsa*), que está associado à corrente

destes dois tipos de *prāṇas* se desperta a *kuṇḍalinī*, como também explicita Sivananda: "Pela conquista da citada união de *Prāṇa* e *Apāna* o *yogi* alcança a perfeição no Yoga, desperta *Kuṇḍalinī* e bebe o néctar da Imortalidade"[583] (SIVANANDA, 1976, p. 127).

Desse modo, Taimni alerta que a respiração profunda e a alternada não são perigosas, mas que o verdadeiro *Prāṇāyāma* começa quando a respiração é interrompida por algum tempo entre a inspiração e a expiração, o que é chamado tecnicamente de *kumbhaka*; sua prática avançada "[...] desperta *kuṇḍalinī*, mais cedo ou mais tarde. Isto pode ser feito com segurança somente após o desejo pela satisfação sexual ter sido completamente dominado e eliminado" (TAIMNI, 1996, p. 207). Talvez neste contexto fique mais clara a exigência de *Brahmacarya* (castidade) como uma restrição mencionada em Autorrestrições (*Yama*). Isso é enfaticamente confirmado por Vivekananda: "Tem de haver perfeita castidade em pensamento, palavra e ação; sem ela, a prática de Rāja-Yoga é perigosa e pode conduzir à insanidade"[584] (VIVEKANANDA, 1982, p. 68), como também corrobora Sivananda: "*Brahmacarya* é a única chave para abrir *Suṣumṇā* e despertar *Kuṇḍalinī*"[585] (SIVANANDA, 1993, p. 49). Leadbeater chega a dizer que o próprio risco de morte é o dano mais leve, porque pode ainda afetar os veículos superiores acarretando transtornos perduráveis para reencarnações seguintes (LEADBEATER, 1974, p. 100 *et seq.*). Portanto, Taimni reitera que a técnica de *kevala kumbhaka* "[...] propicia completo controle sobre o *prāṇa* [...]. Esta ciência é um segredo estritamente guardado, que somente um *celā* [discípulo] propriamente qualificado pode aprender de um *Guru* propriamente qualificado" (TAIMNI, 1996, p. 207), devendo evitar seguir conselhos de *yogis* imaturos ou excessivamente confiantes. Também o *Haṭha-Yoga-Pradīpikā* afirma: "*Kuṇḍalinī-śakti*, que dorme acima de *kanda*, dá libertação ao *yogi* e escravidão ao ignorante"[586] (SVĀTMĀRĀMA, 2012, III: 107, p. 56).

Com isso, pode-se compreender melhor, portanto, o contexto destes *sūtras*: "A partir disso, desaparece o que encobre a luz"[587] (PATAÑJALI, 1996, II: 52, p. 210),

---

ascendente (*prāṇa*) (ŚAṄKARA, 2006, p. 275-277).

583 "*Por el logro de la citada unión de Prana y Apana el Yogui alcanza la perfección en Yoga, despierta al Kundalini y bebe el néctar de la Inmortalidad*" (SIVANANDA, 1976, p. 127).

584 "*There must be perfect chastity in thought, word and deed; without it the practise of Rāja-Yoga is dangerous, and may lead to insanity*" (VIVEKANANDA, 1982, p. 68).

585 "*Brahmacarya is the only key to open the Suṣumṇā and awaken Kuṇḍalinī*" (SIVANANDA, 1993, p. 49).

586 "*Kuṇḍalinī-śakti, who sleeps above the kanda, gives liberation to Yogin-s and bondage to the ignorant*" (SVĀTMĀRĀMA, 2012, III: 107, p. 56).

587 "*Tataḥ kṣīyate prakāśāvaraṇam*" (PATAÑJALI, 1996, II: 52, p. 210).

"[...] e a mente fica preparada para a concentração"[588] (PATAÑJALI, 1996, II: 53, p. 211), ou seja, abre-se o caminho para o Yoga Interno.

O quinto dos oito membros formais do *Yoga-Sūtra* de Patañjali é chamado *Pratyāhāra* (Abstração), conforme visto no *sūtra* YS, II: 29 (PATAÑJALI, 1996), referindo-se à abstração dos sentidos que tendem a chamar a mente para o exterior. A abstração tem sido comparada, por analogia, ao movimento da tartaruga que se recolhe para dentro de sua casca. Patañjali a define sucintamente: "Em *pratyāhāra*, ou abstração, é como se os sentidos imitassem a mente, retirando-se dos objetos"[589] (PATAÑJALI, 1996, II: 54, p. 211). Taimni considera que para conquistar sucesso na prática do Yoga é preciso perceber que todas as partes do Yoga estão interligadas, de modo que o sucesso em cada estágio depende de até que ponto de perfeição foram conquistados os membros anteriores. Portanto, depois de *Prāṇāyāma* (Controle da Respiração) torna-se possível conquistar a Abstração dos sentidos (*Pratyāhāra*) de modo voluntário, pois "A mente não é influenciada por nenhum objeto de atração do mundo exterior" (TAIMNI, 1996, p. 213). Patañjali também confirma tal conquista no *sūtra* seguinte: "Segue-se então o completo domínio dos sentidos"[590] (PATAÑJALI, 1996, II: 55, p. 214).

Completa-se, com este quinto membro do Yoga de Patañjali, o chamado *Bahiraṅga* (Yoga Externo), supondo-se que tenham sido eliminadas sistematicamente, pelos cinco membros anteriores, as possíveis causas de distração de origem emocional ou física. Então, o aspirante é considerado realmente capacitado para a futura prática da meditação em *Antaraṅga* (Yoga Interno).

4.3 MEDITAÇÃO E O YOGA INTERNO

O uso da palavra meditação tem se difundido popularmente e adquirido, concomitantemente, as mais diversas conotações, podendo abranger todo o Yoga Interno. Em seu Aṣṭaṅga-Yoga, ou método de oito membros ou partes, Patañjali refere-se aos últimos três membros como o Yoga Interno (*Antaraṅga*), a saber: *Dhāraṇā* (Concentração), *Dhyāna* (Contemplação) e *Samādhi* (Êxtase), como foi traduzido no *sūtra* YS, II: 29 (PATAÑJALI, 1996), e os considera conjuntamente

588 "*Dhāraṇāsu ca yogyatā manasaḥ*" (PATAÑJALI, 1996, II: 53, p. 211).

589 "*Sva-viṣayāsaṃprayoge citta-svarūpānukāra ivendriyāṇāṃ pratyāhāraḥ*" (PATAÑJALI, 1996, II: 54, p. 211).

590 "*Tataḥ paramā vaśyatendriyāṇam*" (PATAÑJALI, 1996, II: 55, p. 214).

no *sūtra* YS, III: 4 (PATAÑJALI, 1996), com estas palavras: "Os três em conjunto constituem *saṃyama*"[591] (PATAÑJALI, 1996, III: 4, p. 225). Todos esses termos têm sido frequentemente confundidos e chamados, popularmente, de meditação, daí a necessidade de usar e definir os termos técnicos mencionados acima.

4.3.1 A Meditação segundo o *Yoga-Sūtra*

O sexto dos oito membros formais do *Yoga-Sūtra* de Patañjali é chamado *Dhāraṇā* (Concentração), conforme visto no *sūtra* YS, II: 29 (PATAÑJALI, 1996), mas é também o primeiro membro do Yoga Interno (*Antaraṅga*). *Dhāraṇā* é a capacidade de concentrar a mente voluntariamente no objeto escolhido para a concentração. Patañjali define *Dhāraṇā* (Concentração), como segue: "Concentração [*Dhāraṇā*] é o confinamento da mente dentro de uma área mental (objeto da concentração)"[592] (PATAÑJALI, 1996, III: 1, p. 217). A tarefa que corresponde a esse membro consiste essencialmente, como comenta Taimni, em "[...] manter a mente continuamente atenta em relação ao objeto e trazê-lo de volta imediatamente, tão logo a conexão interrompa-se" (TAIMNI, 1996, p. 219). Em outras palavras, para que se possa atingir o estado seguinte, de Contemplação (*Dhyāna*), é necessário vencer as inúmeras formas de distração (*vikṣepa*) da mente e suas projeções que constituem o obstáculo, como é sugerido nas técnicas opcionais examinadas mais adiante.

Taimni considera que as distrações de origem externa, ou seja, físicas ou emocionais, já foram vencidas no treinamento do Yoga Externo (*Bahiraṅga*), e que "[...] somente nestas condições é possível a prática exitosa de *dhāraṇā, dhyāna* e *samādhi*" (TAIMNI, 1996, p. 217). Para vencer *vikṣepa*, ou seja, as distrações mentais de origem interna, Patañjali indica pelo menos as nove técnicas.

O sétimo dos oito membros formais do *Yoga-Sūtra* de Patañjali, é chamado *Dhyāna* (Contemplação), conforme visto no *sūtra* YS, II: 29 (PATAÑJALI, 1996), mas é também o segundo membro do Yoga Interno (*Antaraṅga*). Conquista-se a Contemplação (*Dhyāna*) quando a Concentração (*Dhāraṇā*) for tão perfeita que não exista mais nenhuma distração mental, mas somente o fluxo contínuo da mente para o objeto escolhido para a concentração. Patañjali define *Dhyāna* (Contemplação)

---

591 "*Trayam ekatra saṃyamaḥ*" (PATAÑJALI, 1996, III: 4, p. 225).

592 "*Deśa-bandhaś cittasya dhāraṇā*" (PATAÑJALI, 1996, III: 1, p. 217).

como: "Fluxo ininterrupto (da mente) na direção do objeto (escolhido para meditação) é contemplação [*Dhyāna*]"[593] (PATAÑJALI, 1996, III: 2, p. 219).

É provável que Patañjali tenha redigido somente o *sūtra* acima a respeito de Contemplação (*Dhyāna*) porque este se caracteriza apenas como um membro intermediário para o atingimento do Êxtase (*Samādhi*). No entanto, representa um marco difícil de conquistar nesta senda do Yoga, pois o ser humano comum já tem dificuldades significativas no membro anterior, Concentração (*Dhāraṇā*).

Comentando sobre a Contemplação (*Dhyāna*), Vācaspati prefere citar um fragmento do *Purāṇa*: "Meditação [*Dhyāna*] é a continuidade da unidirecionalidade com referência ao esforço para compreensão dirigido a qualquer objeto, havendo ausência de desejo para compreender qualquer outro objeto naquele momento"[594] (PŪRAṆA *apud* VĀCASPATI, 1988, p. 180).

Para ultrapassar essa Contemplação (*Dhyāna*) e alcançar o Êxtase (*Samādhi*), oitavo e último membro para a concentração da mente, é ainda necessário vencer um último obstáculo: a sutil subjetividade da própria mente, como definido por Patañjali: "A mesma (contemplação), quando há consciência somente do objeto de meditação e não de si mesma (a mente), é *samādhi*"[595] (PATAÑJALI, 1996, III: 3, p. 221). Portanto, a concentração da mente necessita ser tão perfeita que se dissolva, pelo menos temporariamente, o relacionamento sujeito-objeto. Então, como comenta Taimni, torna-se "[...] possível conhecer a mais íntima natureza de um objeto de meditação pela fusão da mente com ele" (TAIMNI, 1996, p. 222). Entretanto, todo o processo de controle da mente, que culmina no Êxtase (*Samādhi*), começa preliminarmente com o controle das distrações ou projeções da mente (*vikṣepas*).

---

593 "*Tatra pratyayaikatānatā dhyānam*" (PATAÑJALI, 1996, III: 2, p. 219).

594 "*Meditation [Dhyāna] is the continuance of one-pointedness with reference to the effort of understanding directed to any object, there being absence of desire to understand anything else at the time*" (PŪRAṆA *apud* VĀCASPATI, 1988, p. 180).

595 "*Tad evārthamātra-nirbhāsaṃ svarūpa-śūnyam iva samādhiḥ*" (PATAÑJALI, 1996, III: 3, p. 221).

4.3.2 Técnicas Opcionais para Remover os Obstáculos e Reverter *Vikṣepa*

Para remover os obstáculos mencionados acima, Patañjali indica pelo menos oito técnicas preliminares, aparentemente alternativas ou opcionais[596], segundo as preferências e os temperamentos de cada aspirante ou praticante (*sādhaka*) no caminho do Yoga. Essas técnicas visam reverter a tendência à projeção (*vikṣepa*) da mente para o exterior e estão contidas nos *sūtras* YS, I: 32-39 (PATAÑJALI, 1996, p. 76-83).

A primeira técnica opcional enumerada por Patañjali com essa finalidade é apresentada no *sūtra* YS, I: 32: "Para remover esses obstáculos, (deveria haver) a prática constante de uma verdade ou princípio"[597] (PATAÑJALI, 1996, I: 32, p. 76). Os autores diversificam ou divergem muito as traduções deste *sūtra*. A dificuldade parece girar em torno da tradução da palavra sânscrita *tattva* – "[...] própria essência, verdadeira natureza, verdade, realidade, princípio [...]"[598] (MACDONELL, 1954, p. 105), variando, por exemplo, na tradução de Prasada: "Habituar-se a uma Verdade (Deus)"[599] (PATAÑJALI, 1996, 1988, I: 32, p. 55-57); ou de Codd (1975): "A aspiração firme e a devoção a um ideal superarão estes obstáculos"[600] (PATAÑJALI, 1975, I: 32, p. 68, 1996); ou, ainda, no comentário de Vivekananda: "Fazer a mente tomar a forma de um objeto por algum tempo"[601] (VIVEKANANDA, 1982, p. 148). Em qualquer caso, parece que Mehta resumiu bem a ideia geral subjacente a este *sūtra*: "A remoção destes obstáculos demanda atenção unidirecionada" (MEHTA, 1995, p. 44), pois a intenção de Patañjali é justamente superar a distração ou dispersão mental causada por *vikṣepa*.

A segunda técnica opcional indicada por Patañjali para superar *vikṣepa* é apresentada no *sūtra*: "A mente torna-se clara pelo cultivo de atitudes de cordialidade, compaixão, alegria e indiferença diante da felicidade, miséria, virtude e vício, respectivamente"[602] (PATAÑJALI, 1996, I: 33, p. 77). Pelo menos quatro autores

---

596 Tendo em vista, por exemplo, o caráter do *sūtra* YS, I: 39: "Ou pela meditação que se desejar", no original: "*Yathābhimata-dhyānād vā*" (PATAÑJALI, 1996, I: 39, p. 83).

597 "*Tat-pratiṣedhārtham eka-tattvābhyāsaḥ*" (PATAÑJALI, 1996, I: 32, p. 76).

598 "*[...] very essence, true nature, truth, reality, principle [...]*" (MACDONELL, 1954, p. 105).

599 "*Habituation to one Truth*" (PATAÑJALI, 1996, 1988, I: 32, p. 55). Segundo Vyāsa: "Uma Verdade", no original "*One truth*" (VYĀSA, 1988, p. 55-56). Segundo Vācaspati: "Uma Verdade é Deus, porque esse é o contexto", no original: "*The one truth is God, because that is the context*" (VĀCASPATI, 1988, p. 57).

600 "*La aspiración firme y la devoción a un ideal, superarán estos obstáculos*" (CODD, 1975, 68).

601 "*Making the mind take the form of one object for some time*" (VIVEKANANDA, 1982, p. 148).

602 "*Maitrī-karuṇā-muditopekṣāṇāṃ sukha-duḥha-puṇyāpuṇya-viṣayāṇaṃ bhāvanātaś citta-prasādanam*"

consagrados enfatizam a palavra "respectivamente"[603], como fica evidente no clássico comentário de Vyāsa: "Cordialidade em relação a todos aqueles que se encontram usufruindo o prazer; compaixão em relação àqueles que se encontram sofrendo com a dor; complacência em relação àqueles que são virtuosos; e indiferença aos viciosos"[604] (VYĀSA, 1988, p. 59-60). Taimni enfatiza a importância de que o aspirante ao Yoga não demonstre qualquer reação de desaprovação aos viciosos, pois isso poderia acarretar ódio, mas o aspirante também não pode ser complacente, pois estimularia o vício, lhe restando apenas manifestar indiferença ao vício. A observância da regra contida neste *sūtra* possibilita a clarificação da mente e "[...] a remoção de uma das causas de perturbação mental do principiante" (TAIMNI, 1996, 79) quanto aos seus relacionamentos. Do contrário, *vikṣepa* continuará a dificultar sua prática do Yoga.

A terceira técnica opcional está contida no *sūtra* YS, I: 34: "Ou pela expiração e retenção da respiração"[605] (PATAÑJALI, 1996, I: 34, p. 79). Trata-se de técnicas preliminares de respiração que visam favorecer um sistema nervoso forte e tranquilo, vencendo a languidez. Taimni esclarece, porém, que não se trata ainda de *Prāṇāyāma* (Controle da Respiração) – visto no *sūtra* YS, II: 49-53 (PATAÑJALI, 1996), mas de "[...] práticas preliminares que têm apenas um objetivo limitado: a purificação dos *nādīs* (*nādī śuddhi*) [...], que se situam mais ou menos entre a respiração profunda e o *Prāṇāyāma*[606] propriamente dito" (TAIMNI, 1996, p. 79).

A quarta técnica opcional para superar *vikṣepa* diz: "A ativação dos sentidos (superiores) também ajuda a estabelecer firmeza na mente"[607] (PATAÑJALI, 1996, I: 35, p. 80). Parece corresponder ao que se chama atualmente de percepção extrassensorial, algo que o clássico comentário de Vyāsa complementa e justifica: "As atividades dos sentidos superiores aparecem causando a estabilidade da mente, destroem a dúvida e se transformam na entrada daquele estado de poder cognitivo chamado transe (*Samādhi*)"[608] (VYĀSA, 1988, p. 61). Obviamente, é uma técnica apropriada para

---

(PATAÑJALI, 1996, I: 33, p. 77).

603 Neste caso, Taimni, Vivekananda, Prasada e Prabhavananda, conforme consta na bibliografia.

604 "*Friendliness towards all those who are found in the enjoyment of pleasure; compassion to those who are suffering from pain; complacency towards those who are virtuous; indifference towards the vicious*" (VYĀSA, 1988, p. 59-60).

605 "*Pracchardana-vidhāraṇābhyāṃ vā prāṇasya*" (PATAÑJALI, 1996, I: 34, p. 79).

606 Portanto, talvez esteja relacionada ou seja similar à técnica budista de *Anapanasati* que apenas desenvolve a plena atenção na respiração, parte da técnica geral de plena atenção para desenvolvimento da visão interior ou *Vipassana* (SILVA; HOMENKO, 1999, p. 88 *et seq.*).

607 "*Viṣayavatī vā pravṛttir utpannā manasaḥ sthiti-nibandhanī*" (PATAÑJALI, 1996, I: 35, 80).

608 "*The Higher sense-activities appearing cause the steadiness of mind, destroy doubt and become the entrance to*

aqueles aspirantes que já têm predisposição para despertar os poderes psíquicos, mas Vāchaspati alerta que isso é apenas um meio para conquistar uma reversão inicial da projeção (*vikṣepa*) da mente; tais poderes psíquicos ou superfísicos não devem se tornar um fim em si mesmos: "Eles não ajudam no atingimento do estado de absoluta liberdade"[609] (VĀCASPATI, 1988, p. 62).

Na sequência, a quinta técnica opcional para superar *vikṣepa* é: "Também (através de estados experimentados interiormente) serenos ou luminosos"[610] (PATAÑJALI, 1996, I: 36, p. 80). Taimni comenta que este *sūtra*, e o anterior, podem estar associados a práticas com o som, *mantras*, Laya-Yoga etc., e o principiante poderá perceber preliminarmente em seu interior luz, estados de serenidade ou completa paz. Alerta, no entanto, que "[...] muitas pessoas começam a usá-las como um narcótico e uma fuga das tensões e pressões do dia a dia" (TAIMNI, 1996, p. 81). Se adotadas dessa forma, tais práticas poderiam tornar-se um obstáculo adicional, ao invés de libertá-las de *vikṣepa*.

A sexta técnica opcional está no *sūtra* seguinte: "Também a mente fixada naqueles que estão livres de apego (adquire firmeza)"[611] (PATAÑJALI, 1996, I: 37, p. 81). Taimni comenta como Patañjali recomenda a meditação sobre uma virtude manifestada ou corporificada em uma personalidade humana, seja um mestre (Mahatama ou Homem Perfeito) ou uma das Encarnações Divinas. Afirma ser isso preferível à meditação numa virtude abstrata, pois, tendo como objeto uma virtude manifestada, a prática da meditação aumenta no meditante o poder de atração dessa virtude e, particularmente, por se tratar de uma personalidade humana, "[...] põe-nos em sintonia com ela e acarreta um fluxo de força e influência que acelera nosso progresso" (TAIMNI, 1996, p. 81).

A sétima técnica opcional indicada por Patañjali é: "Também (a mente) apoiada em conhecimentos obtidos durante o sono, com ou sem sonhos (adquire firmeza)"[612] (PATAÑJALI, 1996, I: 38, p. 82). Taimni comenta que não é ao sonho comum, com suas imagens caóticas, nem ao sonho sem sonhos que Patañjali faz referência neste *sūtra*, mas aos planos ou mundos sutis (*lokas*) nos quais eles ocorrem, pois, "[...] é possível, com treinamento e práticas especiais, trazer para o cérebro físico uma memória[613] de experiências tidas nesses mundos mais sutis, correspondentes aos estados de *svapna*

that state of cognitive power which is called trance (Samādhi)" (VYĀSA, 1988, p. 61).

609 "*They do not help in the attainment of the state of absolute freedom*" (VĀCASPATI, 1988, p. 62).

610 "*Viśokā vā jyotiṣmatī*" (PATAÑJALI, 1996, I: 36, p. 80).

611 "*Vīta-rāga-viṣayaṃ vā cittam*" (PATAÑJALI, 1996, I: 37, p. 81).

612 "*Svapna-nidrā-jñānālambanaṃ vā*" (PATAÑJALI, 1996, I: 38, p. 82).

613 É relatado que foi desta forma, trazendo lembranças do mundo dos sonhos ou plano astral, e ao longo de um semestre, que Jiddu Krishnamurti escreveu *Aos Pés do Mestre* quando tinha apenas quatorze anos de idade (KRISHNAMURTI, 2017, p. 11, p. 97).

e *nidrā*" (TAIMNI, 1996, p. 83). É esse tipo de transferência de conhecimento para o estado de vigília (*jāgrat*), no mundo físico, que propicia um método de superar a condição de *vikṣepa*.

Finalmente, a oitava técnica opcional indicada por Patañjali para superar *vikṣepa* está no *sūtra* YS, I: 39: "Ou pela meditação que se desejar"[614] (PATAÑJALI, 1996, I: 39, p. 83). Talvez nessa, mais do que em qualquer outra das técnicas sugeridas, o caráter opcional se evidencie, mas as palavras "ou"[615] e "também" aparecem em quase todos os oito *sūtras* desta série. Como já visto parcialmente, a meditação, que começa na concentração, é a técnica mais geral indicada por Patañjali, tendo sido sugerida até para reversão das aflições (*kleśas*), como explícito no *sūtra* YS, II: 11 (PATAÑJALI, 1996, II: 11, p. 130): "Suas [dos *kleśas*] modificações ativas devem ser suprimidas pela meditação"[616].

Taimni enfatiza, como implícito no *sūtra* YS, I: 39 (PATAÑJALI, 1996, p. 83), que o método a ser escolhido para vencer os obstáculos e reverter *vikṣepa* deve "[...] estar de acordo com o temperamento do praticante" (TAIMNI, 1996, 83), pois assim ele é auxiliado pela sua atração natural pelo objeto da meditação. Exemplifica afirmando que, se o praticante tiver tendência clarividente, poderá preferir a técnica sugerida no *sūtra* YS, I: 38 (PATAÑJALI, 1996, p. 82), e talvez também no YS, I: 35 (PATAÑJALI, 1996, p. 80), que também lhe é útil. Se tiver temperamento emocional, provavelmente preferirá a técnica sugerida no YS, I: 37 (PATAÑJALI, 1996, p. 81), e assim por diante. Alerta, porém, que, embora seja admissível uma pequena experimentação preliminar para selecionar o método, não deve se tornar habitual a troca de métodos um após outro, "[...] pois isso agravará o mal que se procura curar" (TAIMNI, 1996, p. 84).

Talvez se possa dizer que ainda há uma nona técnica opcional[617], a qual já fora mencionada em contexto anterior por Patañjali, e que não se deve omitir, posto que provavelmente seja a mais poderosa e pode levar diretamente ao *Samādhi* (PATAÑJALI, 1996, I: 23, p. 54). Trata-se da autoentrega a Deus (*Īśvara-praṇidhāna*), que também é sugerida por Patañjali com o uso de *mantras* para meditação, particularmente o *praṇava*, ou seja, a sílaba sagrada ou *mantra* "*om*"

---

614 "*Yathābhimata-dhyānād vā*" (PATAÑJALI, 1996, I: 39, p. 83).

615 Na tradução de Swami Vivekananda, bem como de Rama Prasada, chega a aparecer quatro vezes, iniciando os *sūtras* de YS, I: 36 a YS, I: 39 (VIVEKANANDA, 1982, p. 155-156; PRASADA, 1988, p. 61-65).

616 "*Dhyāna-heyās tad-vṛttayaḥ*" (PATAÑJALI, 1996, II: 11, p. 130).

617 Na verdade, considerando a ordem em que é apresentada no *Yoga-Sūtra*, Taimni considera que a primeira e a mais eficiente técnica que Patañjali indica para superar a condição de *vikṣepa* ou distração da mente "é *japa* [repetição], de *praṇava* [a palavra sagrada *om*], e a meditação sobre seu significado" (TAIMNI, 1996, p. 63).

(PATAÑJALI, 1996, I: 27, p. 60). Entretanto, para tal finalidade, não é suficiente a sua mera repetição (*japa*), mas também enfatizar a profunda meditação em seu significado, como no *sūtra* YS, I: 28: "Sua constante repetição e meditação sobre seu significado"[618] (PATAÑJALI, 1996, I: 28, p. 64).

Uma vez vencida a projeção ou distração da mente (*vikṣepa*) por alguma dessas técnicas, o método de Patañjali considera que a Concentração (*Dhāraṇā*) foi aperfeiçoada e que a Contemplação (*Dhyāna*) pode ser alcançada, ou seja, se pode chegar a uma concentração sem interrupções ou distrações. Pelo aperfeiçoamento da contemplação, e vencendo até a própria subjetividade da mente, alcança-se o *Samādhi* (Êxtase), que representa uma concentração perfeita ou o completo domínio da mente. Embora o "[...] *samādhi* seja apenas uma fase avançada de *dhyāna*, e não uma nova técnica" (TAIMNI, 1996, p. 223), ele abre portas para um novo caminho.

4.4 A FENOMENOLOGIA DO ÊXTASE OU *SAMĀDHI* COMO CAMINHO PARA A DIVINDADE

A experiência do *Samādhi* é o ápice não somente do Yoga, mas também de outras tradições[619] (ŚAṄKARĀCĀRYA, 1992, sl. 343, p. 130), pois abre as portas dos mundos suprafísicos (*lokas*) e pode ser descrito como um fenômeno com vários estágios progressivos. Esses estágios ou níveis de *Samādhi* corresponderiam, de modo geral, aos respectivos mundos suprafísicos onde estes ocorreriam. Mais precisamente, estariam associados aos veículos da consciência ou às diversas camadas da mente nas quais a consciência se focaria em cada estágio, caracterizando seu aspecto fenomenológico. Taimni comenta e descreve detalhadamente, a partir do *Yoga-Sūtra*, pelo menos nove estágios de *Samādhi* (Êxtase) até *kaivalya* ou Libertação Final da condição do sofrimento humano (TAIMNI, 1996, p. 42), que podem ser vistos como estágios ou degraus numa senda ascensional para a Divindade.

Primeiramente, a descrição do fenômeno do *Samādhi* (Êxtase) apresenta dificuldades – inclusive devido à raridade de sua ocorrência, mas a posterior

618 "*Tajjapas tada-artha-bhāvanam*" (PATAÑJALI, 1996, I: 28, p. 64).

619 Como se pode encontrar na filosofia Vedānta (ŚAṄKARĀCĀRYA, 1992, sl. 343, p. 130), bem como na literatura do Budismo, em que o oitavo e último passo no Nobre Óctuplo Caminho, que conduz ao *Nirvāna*, é *samyak samādhi* ou "Reta Concentração do Pensamento" (OLCOTT, 2019, p. 82-83), embora possa pairar alguma dúvida se as definições de *Samādhi* nessas tradições seriam idênticas ou convergentes com a de Patañjali.

investigação de seu aspecto fenomenológico, ou como se apresenta à consciência, está também relacionado aos estágios do *Samādhi*, como visto no capítulo anterior. A própria tradução da palavra *Samādhi* também apresenta dificuldade devido aos seus vários significados – por exemplo: "Pôr junto, unir ou combinar com" (MONIER-WILLIAMS, 1995, p. 1159), que parecem estar mais próximos da interpretação de Taimni, qual seja, de conhecimento por fusão do sujeito com o objeto da meditação (TAIMNI, 1996, p. 222-223). No contexto do Yoga, os dicionários definem a palavra *Samādhi* como "[...] profunda meditação na alma suprema"[620] (MACDONELL, 1954, p. 337), "[...] concentração dos pensamentos, meditação profunda ou abstrata, intensa contemplação de qualquer objeto (de modo a identificar o contemplador com o objeto da meditação), [...] intensa absorção ou um tipo de transe"[621] (MONIER-WILLIAMS, 1995, p. 1159). Tradutores renomados usam "transe"[622] (PATAÑJALI, 1988, III: 3, p. 181; 2010, II: 29, p. 205), "contemplação"[623] (PATAÑJALI, 1975, III: 3, p. 156; 1988, III: 3, p. 181), "êxtase"[624] (PATAÑJALI, 1996, II: 29 p. 166; VIDYATMANANDA, 2003, p. 16), "absorção"[625] (PATAÑJALI, 2014, III: 3, p. 123). Vivekanada ainda acrescenta ou cria um termo original: "superconsciência"[626] (VIVEKANANDA, 1982, p. 83).

Devido a tais dificuldades de tradução, e semelhante à maioria dos autores, Taimni prefere não traduzir o termo, mas usar a própria palavra *Samādhi*. Em algumas passagens ele a traduz como "transe", alertando que "Esta falta de resposta aos estímulos externos do corpo no corpo físico, em estado de *samādhi*, induz muita gente a confundir transe comum com *samādhi*" (TAIMNI, 1996, p. 224). Ou seja: não se deve confundir o *Samādhi* com transe hipnótico ou com outros casos de psiquismo paranormal, quando "[...] os veículos mais sutis se retiram do corpo físico e a consciência começa a funcionar no mundo mais sutil e próximo ao físico" (TAIMNI, 1996, p. 224), isto é, no plano astral (*bhuvarloka*). Por isso, a meditação é o caminho para o verdadeiro *Samādhi*, o que exige o controle da mente pela concentração. Taimni distingue, nestes termos, o verdadeiro *Samādhi*

---

620 "*[...] deep meditation on the supreme soul*" (MACDONELL, 1954, p. 337).

621 "*[...] putting together, joining or combining with [...]*" (MONIER-WILLIAMS, 1995, p. 1159).

622 "*Trance*" (PATAÑJALI, 1988, III: 3, p. 181; PATAÑJALI, 2010, II: 29, p. 205).

623 "*Contemplation*" (PATAÑJALI, 1988, III: 3, p. 181, 1996) e "*contemplación*" (PATAÑJALI, 1975, III: 3, p. 156, 1996).

624 "*Extasis*" (VIDYATMANANDA, 2003, p. 16).

625 "*[...] absorption*" (PATAÑJALI, 2014, III: 3, p. 123, 1996).

626 "*Superconsciousness*" (VIVEKANANDA, 1982, p. 83). **Na mesma linha seguirá Mouni Sadhu, discípulo de Sri Ramana Maharshi, chamando o *Samādhi* de "supraconsciência" (SADHU, 1989, p. 5).**

do *jaḍa-samādhi*: "Uma pessoa que retorna do verdadeiro *Samādhi* traz consigo o conhecimento transcendental, a sabedoria, a paz e a força da vida interior, mas a que retorna de *jaḍa-samādhi* não está mais sábia do que alguém que retorna do sono" (TAIMNI, 1996, p. 224). O *jaḍa-samādhi* seria o transe comum, inconsciente e passivo, referido anteriormente.

Uma primeira característica comum aos diversos estágios do *Samādhi* pode ser observada externamente: o corpo permanece inerte e insensível aos estímulos externos, como Taimni (1996, p. 224) conclui sobre o *Samādhi*: "A mente já se desligou do corpo".

Uma segunda característica comum aos estágios de *Samādhi*, dependendo de sua profundidade, são as alterações na respiração, conforme palavras de Sri Ramana Maharshi relatadas por Mouni Sadhu: "Quando a mente está absorvida na Luz do Ser (em outras palavras, quando entra temporariamente no *Kevala Nirvikalpa*), a respiração se torna automaticamente rítmica. E, quando a imersão atinge seu clímax, a respiração para por completo" (MAHARSHI, [19--] *apud* SADHU, 1989, p. 170). Segundo a *Theosophical Encyclopedia*, o *Nirvikalpa Samādhi* é equivalente ao já mencionado *Nirbīja Samādhi* (HARRIS, 2006, p. 547) do Aṣṭāṅga-Yoga de Patañjali, ou seja, o oitavo e penúltimo estágio de *Samādhi* ainda reversível antes da Libertação final (*kaivalya*). Contudo, o ponto decisivo está na mencionada distinção feita por Taimni: "Uma pessoa que retorna do verdadeiro *samādhi* traz consigo o conhecimento transcendental, a sabedoria, a paz e a força da vida interior [...]" (TAIMNI, 1996, 224).

Parece, pois, necessário retomar, sumariamente, os estágios ou níveis de *Samādhi,* vistos no capítulo anterior, no Quadro 1, apresentado no subcapítulo 3.3, conforme Taimni (1996, p. 42) os classifica, isto é, pela ordem e com seus correspondentes veículos. Os estágios de *Samādhi* (Êxtase), segundo Taimni (1996, p. 42), são:

Sabīja Samādhi:

1. *Saṃprajñāta-Vitarka* (característica: raciocínio)
2. *Asaṃprajñāta*
3. *Saṃprajñāta-Vicāra* (característica: reflexão)
4. *Asaṃprajñāta*
5. *Saṃprajñāta-Sānanda* (característica: bem-aventurança)
6. *Asaṃprajñāta*
7. *Saṃprajñāta-Sasmitā* (característica: sentido de puro Ser)

8. *Nirbīja Samādhi:*
9. *Nirbīja Samādhi*
10. *Dharma-Megha-Samādhi*

Sabīja Samādhi está relacionado com alguma semente (*bīja*) ou conhecimentos e poderes exercidos dentro do reino da Natureza Material (*prakṛti*), enquanto *Nirbīja Samādhi* (sem semente) transcende tal reino e está voltado para a realização interior do puro Ser (*Puruṣa*). Nas palavras de Patañjali (1996, III: 8, p. 229), "[...] mesmo esse (*sabīja samādhi*) é externo em relação ao sem semente (*nirbīja samādhi*)"[627].

Asaṃprajñāta Samādhi é apenas um estágio de transição entre um *Saṃprajñāta Samādhi* e o seguinte, quando a consciência fica "[...] voltada para o interior [...]" (BESANT, 2002, p. 41), pois ainda retém a impressão remanescente do objeto anterior que retomará noutro nível de profundidade no seguinte *Saṃprajñāta Samādhi*. Por isso, Patañjali assim o define: "A impressão remanescente que perdura na mente com a supressão do *pratyaya* [objeto ou conteúdo da consciência], após a prática anterior, é a outra (isto é, *asaṃprajñāta samādhi*)"[628] (PATAÑJALI, 1996, I: 18, p. 45). Assim, a consciência vai aprofundando progressivamente o conhecimento sobre o objeto ou semente (*bīja*) escolhidos para meditação. Besant assim descreve esse aprofundamento progressivo desde

> [...] o *Asaṃprajñāta Samādhi*, chamado de "*Samādhi* sem consciência". Prefiro chamá-lo consciência voltada para o interior, pois é desviando-se do exterior que o homem atinge este estágio. [...] Depois, a consciência desvia-se do invólucro de que até então se serviu e retira-se para si mesma, quer dizer, para outro invólucro que ela não reconheceu ainda como sendo invólucro. [...] Neste estágio sucede a "névoa", o sentimento nascente de um elemento exterior, a percepção vaga de um 'não sei quê' que não ela própria. Depois disso, o invólucro superior começa a funcionar e a consciência reconhece, como tais, os objetos do plano imediatamente superior que correspondem a este invólucro. Assim, no ciclo completo sucedem-se: *Saṃprajñāta Samādhi*,

627 "*Tad api bahir-aṅgaṃ nirbījasya*" (PATAÑJALI, 1996, III: 8, p. 229).

628 "*Virāma-pratyayābhyāsa-pūrvaḥ saṃskāra-śeṣo'nyaḥ*" (PATAÑJALI, 1996, I: 18, p. 45). Portanto, **na verdade, Patañjali não usa o termo** *asaṃprajñāta*, **mas apenas** se refere a *anya*: "*[...] other [...] oposed to [...]*" (MONIER-WILLIAMS, 1995, p. 44), **ou seja, "[...] outro [...] oposto a [...]"**. Porém, o termo *asaṃprajñāta* foi consagrado por todos os comentadores.

> *Asaṃprajñāta Samādhi*, *Megha* (a 'névoa'), depois *Saṃprajñāta Samādhi* do plano seguinte, e continua sempre a mesma progressão (BESANT, 2002, p. 41-42).

Mais importantes são os oitavo e nono estágios ou níveis de *Samādhi* (Êxtase), pois estão além de qualquer objeto ou semente (*bīja*) e mergulham no autoconhecimento do puro Ser (*Puruṣa*). A diferença essencial é que o oitavo (*Nirbīja Samādhi*) ainda é reversível, porque ainda há *karmas* e *kleśas* (aflições) residuais e sutis que impedem de se cruzar a última nuvem (*megha*). Já o nono estágio é irreversível e cruza a última nuvem, tendo, por isso, o nome de *Dharma-Megha-Samādhi*, caracterizando o atingimento de *Kaivalya* (Libertação Final). Há relatos que sugerem ser necessário um longo intervalo de tempo para esgotar os *karmas* residuais que costumam ser um dos obstáculos ou grilhões a vencer entre o oitavo estágio (*Nirbīja Samādhi*) e o nono (*Dharma-Megha-Samādhi*)[629] (LEADBEATER, 2015, p. 253).

Talvez seja oportuno simplificar a terminologia técnica dando alguns exemplos da era contemporânea, como o caso de Sri Ramana Maharshi (nasce em 1879, em Tiruchuli, faleceu em 1950, em Tiruvannamalai), um grande sábio vedantino indiano considerado por muitos como o maior santo hindu do século XX (HARRIS, 2006, p. 529). Estudou na escola de Madurai, mas aos dezesseis anos passou por uma intensa experiência na qual se sentiu como se fosse morrer, mas descobriu que seu Espírito transcendia o corpo (OSBORNE, 1997, p. 8). Logo depois, renunciou ao mundo, sentindo um chamado interior, e foi viver no Monte Arunachala, em Tiruvannnamalai, Tamil Nadu, no sul da Índia, de onde nunca mais saiu. Lá viveu em meditação[630] (OSBORNE, 1997, p. 18-19) e em condições de extrema

---

629 Leadbeater afirma que usualmente o intervalo é de sete reencarnações, em média, entre a primeira experiência *nirvânica* [provavelmente na primeira experiência de *Nirbīja Samādhi*] e o pleno estabelecimento nesse estado, que corresponderia ao *Dharma-Megha-Samādhi*, atingindo então *Kaivalya* ou Libertação Final (LEADBEATER, 2015, p. 248, 253, 258, 269-270).

630 A técnica de meditação de Śrī Ramana Maharṣi, denominada Maha-Yoga-Vicāra, é sempre inquirir "'Quem sou eu?' [...] nós consideramos que o corpo é identificado com o 'eu', porque os movimentos e as funções similares pertencem ao corpo. Pode o corpo então ser essa 'consciência do eu'? Ele [o corpo] não estava lá antes do nascimento, é composto dos cinco elementos, está ausente [da nossa consciência] durante o sono, e (finalmente) se torna um cadáver. Não, ele não pode ser [essa 'consciência do eu']. Este senso de 'eu', que surge no corpo por enquanto, é de outro modo chamado de ego, ignorância, ilusão, impureza, ou eu individual. A finalidade de todas as Escrituras é esta perquirição (do Ser)". No original: "'*Who Am I?' [...] we find the body is identified with 'I', because movements and similar functions pertain to the body. Can the body then be this 'I-consciousness'? It was not there before birth, it is composed of the five elements, it is absent [from our awareness] in sleep, and it (eventually) becomes a corpse. No, it cannot be. This sense of 'I', which arises in the body for the time being, is otherwise called the ego, ignorance, illusion, impurity, or individual self. The purpose of*

simplicidade. Ali também foi estabelecido, mais tarde, seu eremitério (*āśram*). Inicialmente, instalou-se no Templo da cidade e quase sempre estava absorvido em *Samādhi* (Êxtase). Osborne, um de seus mais famosos biógrafos, relata que crianças começaram a atirar pedras nele, mas ele não sentia o corpo devido à absorção no *Samādhi* (Êxtase), "[...] em parte devido à crueldade infantil, e parte porque ficavam intrigados de ver alguém pouco mais velho do que eles próprios sentado como uma estátua e, conforme um deles disse mais tarde, desejavam verificar se ele era verdadeiro ou não" (OSBORNE, 1973, p. 35). Ele raras vezes retornava à consciência corporal, mas, ao ver o corpo machucado, preferiu voltar ao *Samādhi* (Êxtase) buscando refúgio no Patala Lingam, "[...] uma abóbada subterrânea no saguão dos mil pilares, escura e úmida, onde jamais penetravam os raios do sol. Raro entrava ali algum ser humano; apenas formigas, minhocas e mosquitos vicejavam por lá" (OSBORNE, 1973, p. 36). Entretanto, absorvido em *Samādhi* (Êxtase), ele parecia não sentir o dano que aqueles animais faziam ao seu corpo, como relata Osborne:

> Os animais atiraram-se sobre ele até que suas coxas ficaram cobertas de chagas que purgavam sangue e pus. As marcas ficaram até o fim dos seus dias. As poucas semanas que ali passou foram uma descida ao inferno. No entanto, absorvido na bem-aventurança do Ser, o tormento não o abateu; aquilo para ele era irreal (OSBORNE, 1973, p. 36).

Outro exemplo notável foi Sri Ramakrishna Paramahamsa (nasceu em 1836, em Kamarpukur, faleceu em 1886, em Kolkata), um dos mais conhecidos santos hindus do século XIX (HARRIS, 2006, p. 528), o Mestre de Swami Vivekananda. Uma foto famosa de Sri Ramakrishna de pé em *Samādhi* perante seus discípulos ilustra bem seu arrebatamento no Êxtase quando é amparado por seu sobrinho Hriday. Sri Ramakrishna havia sido convidado por Keshab Chandra Sen, líder do movimento Brahmo Samaj, na ocasião de seu festival em Calcutá, no domingo de 21 de setembro de 1879, onde se ouvia música devocional, conforme descrito por Swami Vidyatmananda:

> A música arrebatou Sri Ramakrishna para o êxtase. Ele pronunciou o *mantra* "*Om*" e se levantou, elevando sua mão direita. Seus sentidos externos o deixaram e ele entrou em *samādhi*. Temendo que o corpo

all the scriptures is this enquiry (into the Self)" (MAHARSHI, [19--] *apud* OSBORNE, 1997, p. 18-19).

externamente inconsciente cairia ao chão, o sobrinho e assistente de Sri Ramsakrishna, Hriday, o segurou. Nesse momento Keshab tirou a foto (VIDYATMANANDA, 2003, p. 16).

O grau de perfeito desprendimento (*vairāgya*) destes santos seres humanos os leva a transcender a causa do sofrimento (*avidyā*) e atingir a Libertação final (*kaivalya*), como Patañjali descreve: "No caso de alguém que é capaz de manter um estado de constante *vairāgya*, mesmo em relação ao mais exaltado estado de iluminação, e exercer o mais elevado tipo de discernimento, segue-se *dharma-megha-samādhi*"[631] (PATAÑJALI, 1996, IV: 29, p. 328). O resultado de *kaivalya* aparece no *sūtra* seguinte: "Então, segue-se a libertação de *kleśas* e *karmas*"[632] (PATAÑJALI, 1996, IV: 30, p. 330), ou seja, o fim do sofrimento. Gautama Buddha é um exemplo clássico de um ser humano que alcançou a plena Libertação. Resta saber se os dois veneráveis santos hindus que acima foram tomados como exemplos de experiência de *Samādhi* (Êxtase) teriam atingido o *Nirbīja-Samādhi* (estágio 8) ou o *Dharma-Megha-Samādhi* (estágio 9 ou final), posto que ambos morreram com o sofrimento do câncer, diferentemente de tantos que morrem simplesmente dormindo. Seria intelectualmente mais fácil explicar que tivessem atingido apenas o *Nirbīja-Samādhi*, pois ainda teriam algum *karma* pessoal a resgatar. Uma alternativa mais complexa é de que poderiam estar, por compaixão, expiando o *karma* de seus discípulos, uma vez que não teriam mais *karma* pessoal próprio se fossem considerados seres liberados, *jīvanmuktas* ou Mahatmas. Essa segunda alternativa lógica abriria uma clássica e polêmica discussão sobre a possibilidade de uma espécie de expiação vicária, por assim dizer, por meio da Lei do *Karma*, que provavelmente extrapolaria as dimensões deste trabalho. Entretanto, essa parece ser a explicação dada por Osborne (1973, p. 197), referindo-se à doença de Sri Ramana:

Aquele que toma sobre si os pecados do mundo [...] aquele que alivia o *karma* dos devotos [...]. Foi apenas à sua custa que Śiva, bebendo o veneno, pode salvar o mundo da destruição. Śrī Śaṅkara escreveu: "– Ó Śambhu[633], Senhor da Vida! Vós também carregais o fardo da vida temporal de Vossos devotos".

Porém, na abordagem teosófica, tal concepção de que o *karma* de uma individualidade é passível de expiação por outra parece entrar em contradição com

631 "*Prasaṃkhyāne 'py akusī dasya sarvathā viveka-khyater dharma-meghaḥ samādhiḥ*" (PATAÑJALI, 1996, IV: 29, p. 328).

632 "*Tataḥ kleśa-karma-nivṛttiḥ*" (PATAÑJALI, 1996, IV: 30, p. 330).

633 Um dos nomes de Śiva (N.T.).

a doutrina axial da filosofia esotérica, uma vez que sustenta que a evolução não termina na condição humana (LEADBEATER, 2015, p. 272-276), mas prossegue além da condição humana e preserva a individualidade, conforme afirma Collins: "A alma do homem é imortal, e seu futuro é o futuro de algo cujo crescimento e esplendor não têm limites"[634] (COLLINS, 2000b, p. 161). Isso parece ter respaldo na filosofia Sāṃkhya e do Yoga[635], como Taimni comenta: "[...] segundo a filosofia do *Yoga*, cada *puruṣa* é um indivíduo separado, mas esta individualidade separada de cada *puruṣa* significa apenas ser ele um centro separado de consciência na Realidade Última, e não que sua consciência é separada da de outros *puruṣas* [...]" (TAIMNI, 1996, p. 330).

A própria definição de Īśvara, ou aspecto pessoal da Divindade, apresentada por Patañjali, parece dar margem a mais de uma interpretação: "Īśvara é um *puruṣa* particular, que é incólume às aflições da vida, às ações e aos resultados e impressões produzidos por essas ações"[636] (PATAÑJALI, 1996, I: 24, p. 55). O comentário de Taimni parece ser distinto do de outros[637] (VYĀSA, 1988, p. 41), mas sustenta que "[...] o posterior desenvolvimento da consciência que ocorre no processo evolutivo além de *Kaivalya* passa por muitos estágios para, finalmente, culminar no estágio extremamente elevado e glorioso no qual *puruṣa* torna-se a Divindade que preside um Sistema Solar" (TAIMNI, 1996, p. 55). Tal visão de que o *puruṣa* ou *ātman* dos seres humanos alcançará em algum dia muito longínquo a condição de Īśvara (Senhor) de um Sistema Solar e suas hierarquias de *devas* encontram também respaldo em *Kṣemarāja* na sua obra *Pratyabhijñā Hṛdayam*[638] (TAIMNI, 2009, p. 103). Blavatsky detalha mais este conceito na terceira proposição do Proêmio de *A Doutrina Secreta,* que convém reiterar:

---

634 "*The soul of man is immortal, and its future is the future of a thing whose growth and splendour has no limit*" (COLLINS, 2000b, p. 161).

635 Patañjali não menciona no seu *Yoga-Sūtra* a possibilidade de que o *karma* de uma individualidade seja passível de expiação ou resgate por outra individualidade ou *puruṣa.*

636 "*Kleśa-karma-vipākāśayair aparāmṛṣṭaḥ puruṣa-viśeṣa Īśvaraḥ*" (PATAÑJALI, 1996, I: 24, p. 55).

637 Segundo Vyāsa: "Īśvara nunca teve, nem terá, nenhuma relação com estes vínculos [*kleśa, karma, vipāka,* i.e., aflição, ação e fruição]". No original: "*Īśvara never had, nor will have, any relation to these bonds*" (VYĀSA, 1988, p. 41), e na mesma linha de concordância segue Vācaspati (VĀCASPATI, 1988, p. 43).

638 Importante obra da escola Shivaísta (Kāśmīr Śaiva Philosophy), o Pratyabhijñā Hṛdayam de Kṣemarāja em seu último *sūtra* (número 20) descreve a iluminação: "É então atingido aquele percebimento todo abrangente da Realidade Última, que é a essência da consciência e da bem-aventurança, na qual está presente, inerentemente, o poder integrado do som capaz de criação e destruição de qualquer espécie, em qualquer lugar e em qualquer tempo, e que confere a condição de Senhor (Īśvara) sobre a hierarquia das deidades atuantes, num determinado sistema manifestado que, em resumo, é a Realidade Última designada como Śiva" (TAIMNI, 2009, p. 103).

> A identidade fundamental de todas as Almas com a Alma Suprema Universal, sendo esta última um aspecto da Raiz Desconhecida; e a peregrinação obrigatória para todas as Almas, centelhas daquela Alma Suprema, através do Ciclo de Encarnação, ou de Necessidade, de acordo com a lei Cíclica e *Kármica*, durante todo esse período. Em outras palavras: nenhum *Buddhi* puramente espiritual (Alma Divina) pode ter uma existência consciente independente antes que a centelha, emanada da Essência pura do Sexto Princípio Universal — ou seja, da ALMA SUPREMA - haja (a) passado por todas as formas elementais pertencentes ao mundo fenomenal do *Manvantara*, e (b) adquirido a individualidade, primeiro por impulso natural e depois à custa dos próprios esforços conscientemente dirigidos e regulados pelo *Karma*, escalando assim todos os graus de inteligência, desde o *Manas* inferior até o *Manas* superior; desde o mineral e a planta ao Arcanjo mais sublime (*Dhyāni-Buddha*). A Doutrina axial da Filosofia Esotérica não admite a outorga de privilégios nem de dons especiais ao homem, salvo aqueles que forem conquistados pelo próprio Ego com o seu esforço e mérito pessoal ao longo de uma série de metempsicoses e reencarnações (BLAVATSKY, 1980. v. 1, p. 84-85).

Vivekananda também parece concordar com essa ideia evolutiva quando afirma: "Começando como algum fungo [...], uma forma é transformada lentamente e de modo constante, até que no curso do tempo ela se torna uma planta, então um animal, então um homem, finalmente Deus. Isto é atingido através de milhões de éons [...]"[639] (VIVEKANANDA, 1982, p. 47). Parece também haver um processo evolutivo nos nove estágios de *Samādhi*, sendo que os sete primeiros ainda ocorrem nos níveis de *prakṛti*, e somente os dois últimos, o *Nirbīja-Samādhi* e o *Dharma-Megha-Samādhi*, ocorrem no nível do *puruṣa* (Espírito), possibilitando o genuíno autoconhecimento (TAIMNI, 1996, p. 42).

O *Samādhi* (Êxtase) é o método[640] por excelência[641] (ŚAṄKARA, 2006, p. 283) do Rāja-Yoga que se apresenta como uma espécie de Religião Científica, a qual visa investigar e obter respostas diretas à questão do autoconhecimento, como também questionava Vivekananda: "Que direito tem um homem de dizer que tem

---

639 "*Starting as some fungus [...], a form is changed slowly and steadily, until in course of time it becomes a plant, then an animal, then man, ultimately God. This is attained through millions of aeons [...]*" (VIVEKANANDA, 1982, p. 47).

640 É interessante ressaltar que Leggett prefere traduzir os oito *Aṅgas* ou "membros" do Yoga como "métodos", por exemplo, no *sūtra* YS, II: 29, sendo o *Samādhi* um deles (LEGGETT, 2006, p. 260).

641 Segundo o comentário de Śaṅkara: "'Yoga é *Samādhi*' em relação ao ponto particular de fixar a mente". No original: "'*Yoga is Samādhi' that was in regard to the particular point of fixing the mind*" (ŚAṄKARA, 2006, p. 283).

uma alma se ele não a sente, ou que existe um Deus se não pode O ver? Se existe um Deus, nós temos de vê-Lo, se existe uma alma, nós temos de percebê-la [...]"[642] (VIVEKANANDA, 1982, p. 4). Entretanto, tal conhecimento direto obtido pelo *Samādhi* (Êxtase) se mostra somente para o indivíduo que o experimentou, enquanto os *siddhis* (poderes psíquicos), embora possam ser obtidos ou desenvolvidos por outros meios além da prática do Yoga, como o próprio Patañjali considera[643] (PATAÑJALI, 1996, IV: 1, p. 289), possam ser usados como **evidências ou** indícios indiretos do resultado do *Samādhi* (Êxtase). **Em outras palavras, os *siddhis* podem trazer alguma evidência que ultrapassa a subjetividade dos estágios mais profundos do *Samādhi* (Êxtase), produzindo resultados objetivamente verificáveis[644], como será visto no próximo capítulo.**

---

642 "*What right has a man to say he has a soul if he does not feel it, or that there is a God if he does not see Him? If there is a God, we must see Him, if there is a soul, we must perceive it*" (VIVEKANANDA, 1982, p. 4).

643 "Os *siddhis* são resultado de nascimento, drogas, *mantras*, austeridades ou *samādhi*". No original: "*Janmauṣadhi-mantra-tapaḥ-samādhi-jāḥ siddhayaḥ*" (PATAÑJALI, 1996, IV: 1, p. 289).

644 Como desenvolvi no artigo "O *Samādhi* ou Êxtase como Meio de Conhecimento" (LINDEMANN, 2015b, p. 1-8).

CAPÍTULO 5

OS *SIDDHIS* E A CIENTIFICIDADE DO *YOGA-SŪTRA* NA ABORDAGEM TEOSÓFICA

O objetivo deste capítulo é seguir a intenção do ideal da Religião Científica mencionada no capítulo 2. Dessa forma, neste capítulo o resultado da pesquisa e evidências, em linguagem científica, se possível, dos efeitos do Êxtase (*Samādhi*), bem como apontar suas consequências lógicas ou seus desdobramentos filosóficos no âmbito da Ciência da Religião. O Êxtase, é tomado, neste estudo, como um meio de obter-se conhecimento externo pelo desenvolvimento dos poderes psíquicos (*siddhis*), conforme mencionados, por Patañjali, no "Vibhūti Pāda", a terceira seção do *Yoga-Sūtra*. Patañjali também apresenta, naquela terceira seção, os *siddhis* como realizações, resultados ou evidências da disciplina da mente apresentadas em seções anteriores. As evidências aqui apresentadas não têm qualquer pretensão de ser mostradas como provas definitivas, mas talvez como indícios suficientemente importantes para estimular pesquisas futuras e mais detalhadas, bem como um estímulo para a prática da disciplina do aspirante (*sādhaka*).

5.1 EVIDÊNCIAS DAS DIMENSÕES DA NATUREZA (*LOKAS*) E A *QUÍMICA OCULTA*

Um dos *siddhis* ou poderes psíquicos, mencionados no *Yoga-Sūtra,* que pode encontrar correspondência com descobrimentos da ciência contemporânea, é o poder ou faculdade da clarividência aplicada ao mundo dos átomos, ou seja, nas dimensões ínfimas da matéria: "Conhecimento do (que é) pequeno, do (que está oculto ou distante, (obtém-se) direcionando a luz da faculdade superfísica"[645] (PATAÑJALI, 1996, III: 26, p. 252). Este *siddhi* é conhecido, em sânscrito, como *aṇimān*. Patañjali menciona: "Daí a obtenção de *aṇimān* etc., a perfeição do corpo e a não obstrução de suas funções pelos poderes (dos elementos)"[646] (PATAÑJALI, 1996, III: 46, p. 275) Ele é obtido pela culminância ou perfeição do processo da Concentração chamado *samyama*[647].

Por meio do exercício dessa faculdade de clarividência aplicada ao mundo dos átomos, foram feitas descobertas, publicadas em *Occult Chemistry* (*Química Oculta*), em 1908, por Annie Wood Besant e Charles Webster Leadbeater que são, no mínimo, surpreendentes e sem precedentes, com influência na história da ciência moderna. Na verdade, são descobertas inauditas porque se antecipam à ciência contemporânea, que depois as confirmou, como foi, por exemplo, o caso dos isótopos do hidrogênio e do metaneon, bem como de outros gases nobres. Não por acaso, Jeff Hughes, um especialista em História da Ciência, pela Universidade de Manchester, considerou oportuno escrever um artigo sobre tais descobertas, para a renomada revista científica *Physics World* (*Mundo da Física*) intitulado *Occultism and the Atom: the curious story of isotopes* (HUGHES, 2003)[648] – *O Ocultismo e o Átomo: a curiosa história dos isótopos.*

De qualquer modo, o artigo já é suficientemente inusitado para indicar ao leitor que a história da ciência moderna foi afetada pelas descobertas antecipadas feitas pelos clarividentes Besant e Leadbeater. Eles descobriram, pelo menos cinco anos antes da ciência moderna, o metaneon, ou seja, o isótopo do gás neon e seu respectivo peso atômico, até então desconhecidos. A descoberta oficial do isótopo deste gás nobre foi feita por Francis Aston, somente em 1913, conforme, também, menciona Hughes (2003, p. 31). Mas Besant e Leadbeater, no livro *Occult Chemistry*, já o citava e descrevia, com seu respectivo peso atômico, cinco anos antes, em 1908. O próprio ganhador do prêmio Nobel, em 1922, por tal descoberta em 1913, Francis Aston, afirmou, em seu discurso, no qual anunciou a sua descoberta à *British Association* – hoje *British Science Association* (Associação Britânica, hoje Associação Britânica para o avanço da Ciência), em sua reunião anual em Birmingham, no mesmo ano de

645 "*Pravṛtty-āloka-nyāsāt sūkṣma-vyavahita-viprakṛṣṭa-jñānam*" (PATAÑJALI, 1996, III: 26, p. 252).

646 "*Tato 'ṇimādi-prādurbhāvaḥ kāya-saṃpat taddharmānabhighātaś ca*" (PATAÑJALI, 1996, III: 46, p. 275).

647 *Samyama* é a soma ou processo total da meditação que, segundo Patañjali, inclui Concentração (*Dhāraṇā*), Contemplação (*Dhyāna*) e Êxtase (*Samādhi*) (PATAÑJALI, 1996, III: 4, p. 225).

648 No próprio artigo o autor chegou a prometer que escreveria um livro sobre o tema, tamanha a relevância que lhe parecia ter, mas, até o momento, o livro ainda não foi publicado.

1913, ter tomado o próprio nome do gás proposto por Besant e Leadbeater no livro *Occult Chemistry*:

> Por métodos teosóficos totalmente incompreensíveis para o mero estudante de física", observou Aston, "[os autores] afirmaram haver determinado o peso atômico de todos os elementos conhecidos e de diversos elementos desconhecidos na época. Entre esses últimos aparece um ao qual atribuem um peso atômico de 22,33 (H=1) e que denominaram *Metaneon*. Como esse nome parece adequado, tanto quanto qualquer outro, para um novo gás sobre cujas propriedades pouco se sabe, eu o usei nesse artigo.[649] (ASTON, [1913] *apud* HUGHES, 2003, p. 32-33).

É oportuno tentar esclarecer o que Aston chamou de "Métodos teosóficos totalmente incompreensíveis para o mero estudante de física". O método usado, pelos dois clarividentes, foi o de observar inicialmente o átomo de hidrogênio, que tomaram como a unidade do peso atômico, descobrindo suas subpartículas constituintes. Depois, submeteram os outros átomos, da tabela periódica, à mesma observação clarividente, atribuindo-lhes o respectivo peso atômico por proporcionalidade com o de hidrogênio. Dessa forma, descobriram, antes da Ciência, os isótopos e outros elementos ainda desconhecidos, pois esses sequer constavam da tabela periódica da época, bem como seus respetivos pesos atômicos. Entre eles, por exemplo, o metaneon, que era então um desconhecido isótopo do elemento neon. A descoberta foi publicada em *Occult Chemistry*, em 1908, oferecendo ao mundo uma das maiores evidências históricas de percepção extrassensorial[650] em linguagem cientificamente verificável. Com isso, Annie Besant e Charles W. Leadbeater vieram a ocupar um lugar de destaque entre os maiores clarividentes do século XX, pois demonstraram dominar o clássico *siddhi* chamado *aṇimā*, que capacita conhecer o que é pequeno ou microscópico (PATAÑJALI, 1996, III: 26, p. 252). Adicionalmente, eles se anteciparam à descoberta das partículas subatômicas chamadas "quarks", ocorrida em 1964, em pelo menos 56 anos, como

649 *"By theosophic methods entirely unintelligible to the mere student of physics," noted Aston, "[the authors] claimed to have determined the atomic weights of all the elements known, and several unknown at the time. Among the latter occurs one to which they ascribe an atomic weight of 22.33 (H = 1) and which they call 'Meta Neon'. As this name seems to suit as well as any other, what little we know of the properties of the new gas, I have used it in this paper"* (HUGHES, 2003, p. 32-33).

650 A percepção extrassensorial também conhecida pelo acrônimo "PES", ou "ESP" em inglês.

sustenta Stephen M. Phillips em sua obra *Extra-Sensory Perception of Quarks*[651] (PHILLIPS, 1980).

F. W. Aston, posteriormente, num episódio constrangedor para o mundo da Ciência, negou ter lido o livro *Occult Chemistry* ou ter manifestado qualquer interesse no ocultismo ou Ciência Oculta. No entanto, Hughes encontrou, na Universidade de Manchester, o manuscrito do discurso proferido por Aston, em Birmigham em 1913, no qual Aston declara que o nome "metaneon" foi copiado de *Occult Chemistry.* Hughes comenta como Aston modificou seu relato:

> Em sua palestra, no Nobel, e em seu influente livro *Isotopes (Isótopos)*, de 1922, Aston reconstruiu a história de seu próprio trabalho para fazer a ligação entre o neon-22 e os isótopos parecer direta. [...] Todas as referências a *Occult Chemistry* foram eliminadas. Essa história reconstruída rapidamente foi aceita como sendo o relato convencional[652] (HUGHES, 2003, p. 35).

A partir de suas pesquisas, Hughes reconhece a contribuição de Besant e Leadbeater à ciência moderna com a descoberta antecipada do metaneon:

> É revelador que Aston estava familiarizado com o livro de Besant e Leadbeater e, mais ainda, que ele optou por adotar o nome "metaneon" para seu novo gás. Afinal, a nomeação é importante na ciência, refletindo a atribuição de crédito e as redes intelectuais. Pode até ser que as afirmações de Besant e Leadbeater tenham fornecido a Aston e Thomson um recurso valioso para fundamentar a descoberta experimental de um novo elemento: deu-lhes uma estaca, por assim dizer, sobre a qual se pendurar e entender a anomalia do Neon 22. Parece, portanto, altamente provável que a teosofia tenha tido um pequeno, mas significativo, impacto na física, bem como em outras áreas como arte, música e filosofia[653] (HUGHES, 2003, p. 33).

---

651 Em português: Percepção Extrassensorial de *Quarks.*

652 *"In his Nobel lecture and in his influential 1922 textbook Isotopes, Aston reconstructed the history of his own work to make the link between neon-22 and isotopes seem straightforward. [...] All reference to occult chemistry was eliminated. This reconstructed history quickly became accepted as the conventional account"* (HUGHES, 2003, p. 35).

653 *"It is telling that Aston was familiar with Besant and Leadbeater's book, and even more so that he chose to adopt their name "meta-neon" for his new gas. After all, naming is important in science, in reflecting credit attribution and intellectual networks. It may even be that Besant and Leadbeater's claims provided Aston and Thomson with a valuable resource in grounding the experimental discovery of a new element: it gave them a peg, as it were, on which to hang and make sense of the neon-22 anomaly. It thus seems highly likely that theosophy had a small, but significant, impact in physics, as well as in other areas such as art, music and philosophy"* (HUGHES, 2003, p. 33).

Uma das principais observações, realizadas por Besant e Leadbeater, foi que o átomo de hidrogênio era composto por dezoito subpartículas, chamadas por eles de "Átomos Físicos Ultérrimos" (AFU), ou, no original, *Ultimate Phisical Atoms* – UPAs (Figura 4 – adaptada de *Occult Chemistry*).

Figura 7: Tipos positivo e negativo do Átomo Físico Ultérrimo (AFU)

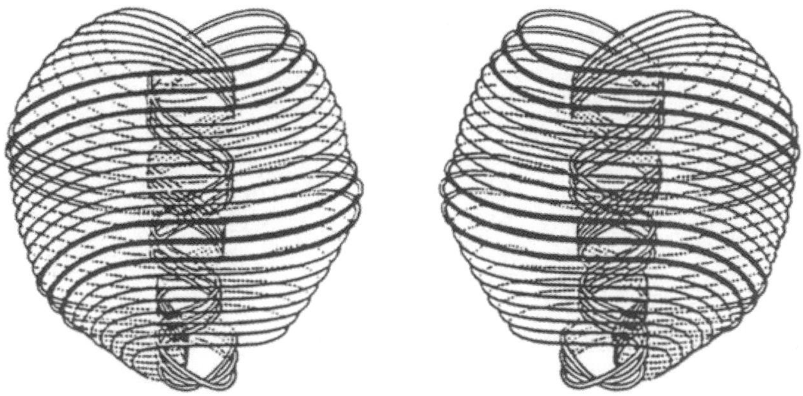

Fonte: SRINIVASAN, 2002, p. 21

Esses átomos são muito menores ou diferentes daqueles descobertos pela ciência moderna. Phillips, talvez para evitar qualquer confusão ou ambiguidade, propõe renomear esses Átomos Físicos Ultérrimos como "*subquarks*" (PHILLIPS, 1999, p. 45). Na verdade, Phillips estabelece a seguinte correlação básica do "átomo micropsi" de hidrogênio, observado, clarividentemente, por Besant e Leadbeater, e as concepções atuais da ciência moderna: "Uma tríade positiva é um quark u [*up*], uma tríade negativa é um quark d [*down*], o triângulo de hidrogênio inferior é um próton, e um UPA [AFU] é um *subquark*"[654] (PHILLIPS, 1999, p. 45), como ilustrado na Figura 5, adaptada de *Occult Chemistry*.

654 *"A positive triplet is a u quark, a negative triplet is a d quark, the lower hydrogen triangle is a proton and a UPA is a subquark"* (PHILLIPS, 1999, p. 45).

Figura 5: Versão Micropsi (clarividente) do Átomo de Hidrogênio

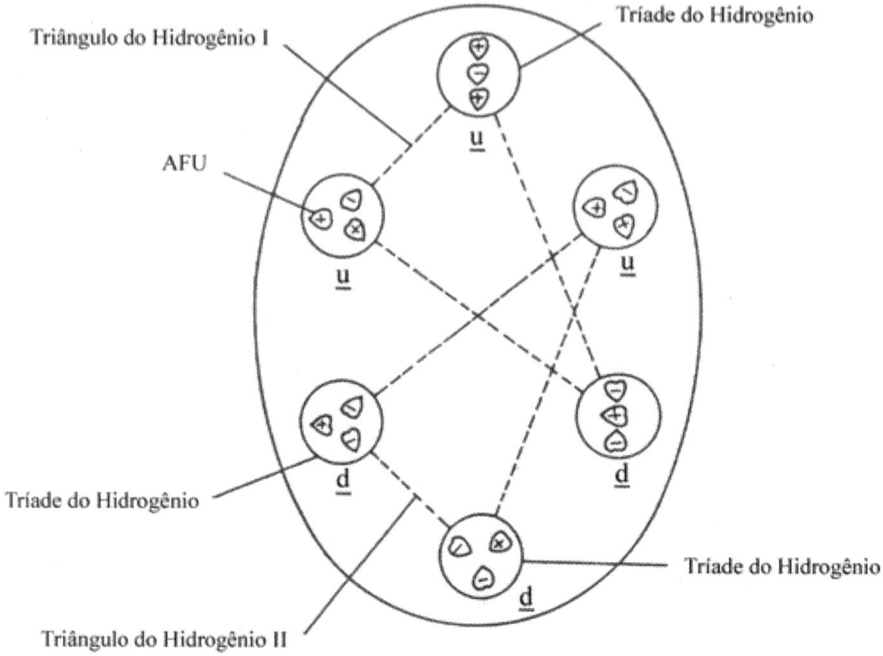

Fonte: SRINIVASAN, 2002, p. 17

É relevante mencionar que, bem antes de publicarem *Occult Chemistry,* em 1908, Besant e Leadbeater já haviam publicado suas pesquisas sobre os átomos de hidrogênio, oxigênio e nitrogênio, em novembro de 1895, na revista *Lucifer* (JINARAJADASA, [19--] *apud* BESANT; LEADBEATER, 1994, p. 2), na qual já aparecem as Tríadas e os Átomos Físicos Ultérrimos, que Phillips compara com os *quarks* e o *subquark*. O fato de que essa publicação, de 1895, ocorreu 69 anos antes da descoberta dos *quarks* (1964) pela ciência moderna é reconhecido por Phillips (1999, p. vii) e Srinivasan (2002, p. 3).

Leadbeater considerava que tais Átomos Físicos Ultérrimos eram os últimos compostos tridimensionais: "Esses átomos ultérrimos são complexos. Nós os chamamos de átomos físicos ultérrimos porque, quando são subdivididos, tornam-se matéria astral" (LEADBEATER, 2019a, p. 147). Besant e Leadbeater identificaram, também, os átomos microfísicos (MPAs), que eram composições dos UPAs (AFUs) correspondentes aos elementos químicos da tabela periódica, classificados segundo sete formas geométricas por eles observadas. Pela comparação do número de UPAs, de cada elemento, e sua correspondência proporcional com o Hidrogênio (H = 1, portanto, 18 UPAs = Peso Atômico 1), chegaram a determinar o peso atômico de isótopos de cinco elementos até então desconhecidos pela Ciência oficial. Os elementos aos quais as descobertas de Besant e Leadbeater correspondem são, considerando-se primeiro a indicação do nome científico e, entre parênteses, o nome que aparece na *Occult Chemistry:* Promécio – Pm ("Illenium"), Astato – At ("Elemento n. 85"), Frâncio – Fr ("Elemento n. 87"), Protoactínio – Pa ("Elemento n. 91") e Tecnécio – Tc ("Masurium") (SRINIVASAM, 2002, p. 9). Srinivasam apresenta, reproduzido no Quadro 2, a comparação do peso atômico calculado pela clarividência com o calculado pela ciência moderna da época (SRINIVASAM, 2002, p. 10-11).

Quadro 2: Comparação dos pesos atômicos Micropsi x Científico

Atomic No.	Element	Symbol	No. of UPAs	Micro-psi Atomic Weight	Scientific Atomic Weight	External Form
1	Hydrogen	H	18	1.00	1.00	Ovoid
	Adyarium	Ad	36	2.00	-	Ovoid
	Occultum	Oc	54	3.00	-	Ovoid
2	Helium	He	72	4.00	3.97	Star
3	Lithium	Li	127	7.06	6.89	Spike
4	Beryllium	Be	164	9.11	8.94	Tetrahedron
5	Boron	B	200	11.11	10.73	Cube
6	Carbon	C	216	12.00	11.91	Octohedron
7	Nitrogen	N	261	14.50	13.90	Ovoid
8	Oxygen	O	290	16.11	15.87	Ovoid
9	Fluorine	F	340	18.88	18.85	Spike
10	Neon	Ne	360	20.00	20.02	Star
	Meta-Neon	mNe	402	22.33	-	Star
11	Sodium	Na	418	23.22	22.81	Dumb-bell

Fonte: SRINIVASAN, 2002, p. 10

H. J. Arnikar, professor emérito de Química, na Universidade de Puna, Índia, relembra a História da Ciência na descoberta do deutério (^{2}D), o isótopo pesado do hidrogênio (^{1}H), por Urey, Brickwedde e Murphy, aproximadamente na mesma época, em 1932, e o trítio (^{3}T), seu isótopo radioativo, descoberto por Rutherford em 1934. Essa descoberta foi antecipada por Besant e Leadbeater antes de a Ciência ter chegado ao conceito de isotopia. Arnikar comenta:

> De fato, o devido crédito tem de ser concedido a Besant e Leadbeater que desembocaram previamente na descoberta dos isótopos, quando eles relataram o Adyarium (^{2}D) e o Occultum (^{3}T), além dos átomos do Neon de duas diferentes massas ^{20}Ne e metaneon ^{22}Ne, em 1907, isto é, uns quatro anos antes de *Sir* J. J. Thompson ter relatado duas parábolas para o Neon de massas 20 e 22 em seu trabalho clássico na análise do raio positivo [ou catódico], em 1911, seguido pelo trabalho de Aston e Soddy[655] (ARNIKAR, 2000, p. 71).

Arnikar ressalta a importância da descoberta de Besant e Leadbeater quando contextualiza que essa descoberta ocorreu antes da ciência moderna ter elaborado o conceito de isotopia (*isótopo* significa, literalmente, "mesmo lugar" na tabela periódica), que se refere aos diferentes tipos possíveis de núcleos atômicos de um mesmo elemento, devido ao seu diferente número de nêutrons, apesar de terem o mesmo número de prótons:

> Embora os ocultistas não estivessem informados do conceito de isotopia, quando eles observaram uma amostra com propriedades similares àquelas do hidrogênio, mas com o dobro de massa daquele, e o número de UPAs também duplo (36 ao invés de 18), eles o designaram como *adyarium* e o posicionaram com o hidrogênio na classificação periódica [no mesmo lugar], sem procurar uma posição diferente para ele [...][656] (ARNIKAR, 2000, p. 70).

---

655 *"In fact, due credit must be accorded to Mrs Besant and Bishop Leadbeater who had pre-empted the discovery of isotopes, when they reported Adyarium (^{2}D) and Occultum (^{3}T) besides neon atoms of two different masses, ^{20}Ne and metaneon ^{22}Ne in 1907, i.e., some four years before Sir J.J. Thomson reported two parables for neon of masses 20 and 22 in his classical work on the positive ray analysis in 1911, followed by the work of Aston and Soddy"* (ARNIKAR, 2000, p. 71).

656 *"Though the occultists were not aware of the concept of isotopy, when they observed a species with properties similar to those of hydrogen, but with a mass twice that of the latter, and UPA number also twice (36 instead of 18), they named it adyarium and placed it with hydrogen in the periodic classification searching a different place for it [...]"* (ARNIKAR, 2000, p. 70).

Além disso, convém reiterar que Besant e Leadbeater, como já comentado, ao descreverem o átomo de hidrogênio (1895) e, posteriormente, os demais da tabela periódica (1908), anteciparam a descoberta dos *quarks*, pois a ciência moderna somente os teorizou e descobriu a partir de 1964 (PHILLIPS, 1999, p. 27). Os *quarks* são partículas subatômicas e, portanto, invisíveis para a visão humana normal. Existem seis tipos ou "sabores" de *quarks* (HAWKING, 2016, p. 184, p. 215), como são chamados. Alguns deles constituem os prótons e nêutrons do núcleo atômico dos diversos elementos da tabela periódica, outros são instáveis. Embora mais difícil de demonstrar, porque o tema dos *quarks* demanda mais conhecimento técnico de Física Moderna do que o dos isótopos, talvez essa descoberta dos *quarks*, feita por Besant e Leadbeater, com ainda maior antecedência em relação à ciência moderna, seja muito mais surpreendente que a dos isótopos. Srinivasan, Diretor Associado do Grupo de Física do *Bhabha Atomic Research Centre* de Mumbai (antiga Bombaim), Índia, sintetiza tais descobertas em sua obra *Introduction to 'Occult Chemistry'* [657]:

> Como tu reagirias se alguém te dissesse que encontrou evidências convincentes que parecem indicar que alguns "clarividentes", possuindo habilidades psíquicas notáveis (ou "*siddhi-s*"), aparentemente "observaram diretamente" e documentaram com grande detalhe a estrutura nuclear de todos os 92 elementos que ocorrem naturalmente descendo até o nível de "quark" e, até mesmo, "*subquark*"; e que eles também observaram, usando suas extraordinárias faculdades mentais [poderes psíquicos], a existência de isótopos de vários elementos muito antes da descoberta científica "oficial" de isótopos, por Aston, em 1912, usando seu instrumento recém-inventado, o espectrógrafo de massa[658]. Para completar, é dito a ti que tudo isso foi realizado há mais de um século![659] (SRINIVASAN, 2002, p. 1).

657 Em português: Introdução à "Química Oculta".

658 "Os primeiros experimentos da ciência em busca do conhecimento das partículas subatômicas, datados do século XIX, contribuíram para o acúmulo de conhecimentos que culminaram com o advento da espectrometria de massa. O controle do deslocamento por campo eletromagnético de átomos e moléculas ionizadas através de câmaras de atmosfera rarefeita, bem como o experimento do físico inglês J. J. Thomson (1856-1940), demonstrando diferentes espectros de massa para uma mesma molécula, se destacam" (FONSECA, 2006).

659 *"How would you react if someone were tell you that he has come across compelling evidence which seems to indicate that some 'clairvoyants' possessing remarkable psychic abilities (or 'siddhi-s) have apparently 'directly observed' and documented in great detail the nuclear structure of all the 92 naturally occurring elements down to the 'quark' and even 'sub-quark' level; and that they have also observed, using their extraordinary mental faculties, the existence of isotopes of several elements much before the 'official' scientific discovery of isotopes by Aston in 1912 using his newly invented instrument, the mass spectrograph. To top it all you are told that*

Como sustenta Phillips (1999), em sua obra *ESP of Quarks and Superstrings* (*Percepção Extrassensorial de Quarks e Supercordas*), Besant e Leadbeater "[...] podiam descrever partículas subatômicas com clarividência. Esperamos que [essa obra] torne o leitor ciente do grau verdadeiramente notável de consistência entre essas observações psíquicas e os fatos sobre a composição de *quarks* dos núcleos atômicos"[660] (PHILLIPS, 1999, p. x).

Arnikar, Phillips e Srinivasan reconhecem de diversas maneiras como as descobertas de Besant e Leadbeater se anteciparam à ciência moderna no reino do átomo e das partículas subatômicas. Na verdade, suas descobertas, no próprio âmago da matéria, constituem-se num argumento contra o materialismo, porque apontam na direção de que as partículas subatômicas do mundo físico são constituídas de partículas mais sutis de outros mundos ou *lokas*, como considerados no Capítulo 3. Desta forma, os outros mundos (*lokas*) não estariam em algum outro lugar, mas, por assim dizer, "dentro" do próprio mundo físico.

Leadbeater, dessa forma, por meio de uma espécie de reinterpretação da química e de suas subpartículas atômicas, sustenta que o mundo dos assim chamados mortos, ou plano astral, contém o mundo físico dos vivos, ou o interpenetra. O plano astral seria a quarta dimensão, que os gregos chamavam de *Hades* ("invisível"), nome do deus e de sua casa que, mitologicamente, corporifica o mundo dos mortos (YESHUA, 2003, v. 5, p. 606). Leadbeater (2014) descreve-o, detalhadamente, em seu livro *O Plano Astral* (2014). Esse plano corresponderia, em grande parte, ao purgatório dos católicos romanos, particularmente como estágio de purificação prévia para ingresso posterior no céu, que Leadbeater chama de "plano mental" em seu livro *O Plano Mental* (LEADBEATER, 2019b). Tal interpenetração fundamenta-se na ideia de que cada átomo do mundo físico seria constituído pela condensação de matéria astral, que é mais sutil. Portanto, tudo que existe no plano físico está contido no plano astral e tem nele uma contraparte. Mas, como o plano astral tem mais dimensões, existem nele muito mais seres e coisas do que no mundo físico. O mesmo raciocínio aplica-se às dimensões superiores.

Assim, Leadbeater reinterpreta os antigos sete *lokas*, ou mundos da tradição hindu, traduzindo-os ou renomeando-os com nomes ocidentais (LEADBEATER, 2019a, p. 46), a saber: *Bhūrloka*, plano físico; *Bhuvarloka*, plano astral, emocional

---

all this was accomplished over a century ago!" (SRINIVASAN, 2002, p. 1).

660 *"[...] could describe subatomic particles with clairvoyance. It will hopefully make the reader aware of the truly remarkable degree of consistency between these psychic observations and facts about quark composition of atomic nuclei"* (PHILLIPS, 1999, p. x).

ou purgatório; *Svarloka*, plano mental ou céu; *Maharloka*, plano intuicional; *Janarloka*, plano espiritual ou *Nirvāna*; *Taparloka*, plano monádico; e *Satyaloka*, plano divino. Em última instância, portanto, essa doutrina dos sete *lokas* sustenta a clássica doutrina da onipresença de Deus.

A ideia da interpenetração dos sete mundos, ou sete planos dimensionais, parece ser um dos ensinamentos teosóficos essenciais, correspondendo aos *lokas* da Filosofia Indiana, conforme menciona Blavatsky em *A Doutrina Secreta*[661] (BLAVATSKY, 1980, v. 6, p. 202). Entretanto, o modo como Besant e Leadbeater desenvolvem o tema da interpenetração dos sete mundos, a partir da *Química Oculta*, é *sui generis*[662], expondo-o numa linguagem que, até o momento, tem permitido sua verificação científica, pelo menos parcialmente. Mas eles supõem que, em algum momento, essa verificação poderá ser progressivamente ampliada:

> Posto que a observação nos demonstra que cada átomo físico [ultérrimo] é constituído de 49 átomos astrais [ou emocionais], e cada átomo astral de 49 átomos mentais e cada átomo mental de 49 destes [átomos] do plano búdico [ou intuicional], temos aqui evidentemente vários termos de uma série regular progressiva, e a presunção natural é de que a série continue mais além onde já não somos mais capazes de observá-la[663] (BESANT; LEADBEATER, 1994, p. 19).

Desse modo, Besant e Leadbeater estão afirmando que cada mundo é constituído de agregados de átomos de um mundo ou *loka* imediatamente mais sutil, e assim sucessivamente. Blavatsky, talvez em termos mais simples, afirma, em *A Doutrina Secreta,* que a Matéria é uma "condensação" do Espírito: "[...] a Matéria, na qual ele [o Espírito] se condensa" (BLAVATSKY, 1980, v. 2, p. 191) Em outras palavras, o Espírito vai gradualmente "[...] 'cristalizando-se' em tipos cada vez mais grosseiros, à medida que desce na manifestação" (BLAVATSKY, 1980, v. 2,

661 "*Bhūrloka* (a Terra); 2. *Bhuvarloka* (entre a Terra e o Sol *[Munis]*); 3. *Svarloka* (entre o Sol e a Estrela Polar [Yogis]); 4. *Maharloka* (entre a Terra e o limite extremo do Sistema Solar); 5. *Janarloka* (além do Sistema Solar; a morada dos Kumaras que não pertencem a este plano); 6. *Taparloka* (ainda além da região *Mahātmica*; a morada dos deuses *Vairājas*); 7. *Satyaloka* (a morada dos *Nirvānis*)" (BLAVATSKY, 1980, v. 6, p. 202).

662 Em latim, "*sui generis*", que significa "singular" em português.

663 *"Since observation show us that each physical atom is represented by forty-nine astral atoms, each astral atom by forty-nine mental atoms and each mental atom by forty-nine of those on the buddhic plane, we have here evidently several terms of a regular progressive series, and the natural presumption is that the series continues where we are no longer able to observe it"* (BESANT; LEADBEATER, 1994, p. 19).

p. 191). Leadbeater enfatiza: "A matéria de cada um deles [dos planos e subplanos] interpenetra a matéria do imediatamente superior [mais sutil], de modo que aqui à superfície da Terra existem todos no mesmo espaço" (LEADBEATER, 2014, p. 29).

É importante reiterar, como visto no Capítulo 3, que cada mundo ou *loka* demandará pelo menos um corpo ou veículo para a consciência poder ali se manifestar. Tais corpos ou veículos também podem ser considerados evidências da existência dos *lokas*. Dessa forma, a constituição humana apresentar-se-ia complexa, pois o corpo utilizado, em um mundo, seria, necessariamente, constituído, por condensação, de agregados de átomos de um mundo imediatamente mais sutil. Portanto, ou o corpo mais denso é uma condensação de um corpo mais sutil, ou, pelo menos, o corpo mais denso teria uma contraparte correspondente na dimensão mais sutil. Concluir-se-ia, de modo geral, que haveria corpos mais sutis, geralmente chamados em sua totalidade de "aura", que o clarividente poderia ver em volta e interpenetrando o corpo físico denso. Tal tema foi detalhadamente desenvolvido por Leadbeater em sua obra *O Homem Visível e Invisível* (LEADBEATER, 1969), bem como os *cakras* e os *nāḍīs* do duplo etérico em seu livro *Os Chakras* (LEADBEATER, 1974).

Nessas obras, Leadbeater menciona o duplo etérico, um corpo que, apesar de pertencer ao mundo físico tridimensional, já é invisível, porque é etérico, e cuja existência é popularmente conhecida como aura da saúde (LEADBEATER, 1969, p. 121-125), cuja irradiação também é mencionada no *Yoga-Sūtra* (PATAÑJALI, 1996, II: 52, p. 210). A Filosofia Vedānta denomina, por exemplo, o "duplo etérico" de *prāṇamayakośa*, ou "veículo da energia vital". Além do etérico, o *Bhuvarloka*, ou plano astral, abrange o corpo astral; o *Svarloka*, ou plano mental, abrange o corpo mental inferior, que é mais denso, e o corpo causal, que é mais sutil; o *Maharloka*, ou plano intuicional, abrange o veículo intuicional ou búdico; e o *Janarloka*, ou plano espiritual, abrange o veículo espiritual ou *átmico* (vide diagrama da Figura 6).

Deve-se, também, mencionar que os relatos contemporâneos de Experiências de Quase Morte (EQM), principalmente a partir das narrativas coletadas nas obras de Raymond Moody Jr. (MOODY JR., 1979), trazem importantes indícios da existência de outros mundos. O número de relatos diversos de pessoas que foram trazidas de volta à vida depois de morte clinicamente declarada tem crescido graças ao desenvolvimento de tecnologias modernas da Medicina, como, por exemplo, o uso do desfibrilador, tão importante na reanimação ou ressuscitação cardiopulmonar (RCP). Fica evidente que, sem o uso dessas tecnologias, pessoas com parada cardíaca teriam realmente morrido, mas, com o auxílio da Medicina

Moderna, algumas delas, depois de voltarem à vida, relataram suas experiências de quase morte.

Em seu primeiro livro, Moody Jr. estudou pelo menos 150 casos selecionados e seus respectivos relatos (MOODY JR., 1979, p. 23); desde a primeira publicação (1975), o número de relatos de casos aumentou significativamente (MOODY JR., 1979, p. 171). Essas experiências têm, segundo Moody Jr., pelo menos quinze elementos ou pontos de semelhança em comum ou que aparecem repetidamente na maioria dos relatos de sensações subjetivas ou de fatos, a saber: inefabilidade, ouvir a notícia, sentimentos de paz e quietude, o ruído, o túnel escuro, estar fora do corpo, encontro com outros, o ser de luz, a recapitulação, a barreira ou limite, a volta, contar aos outros, efeitos sobre a vida, novas visões da morte, corroboração (MOODY JR., 1979, p. 27-96). Experiências fora do corpo, às vezes chamadas de "viagens astrais", são descritas nos livros e vídeos de Moody Jr. (2020), e constituem importante evidência da existência de diversas dimensões ou *lokas*. Essas experiências fora do corpo trazem relatos de fatos objetivos, testemunhados por terceiros, que o relator, enquanto estava declarado clinicamente morto, não poderia ter conhecido, por vias sensoriais normais, antes de "voltar à vida" (MOODY JR., 1979, p. 164-165).

Outra evidência sobre percepção dos *lokas* como outros mundos após a morte, considerada desde tempos imemoriais a partir da clarividência, também é vista por Leadbeater em sua obra *O Que Há Além da Morte* (1970), em que examina os cenários imaginários que muitos vêm plasmando ou reforçando com seu próprio pensamento na plástica matéria astral:

> O cenário natural pode ser produzido exatamente da mesma maneira, tanto as figuras e personagens, quanto podem se forjar cenários como o purgatório de Dante e o céu e o inferno de Swedenborg. No entanto, estes dois videntes entremearam de simbologia suas visões, cuja parte verídica serve de advertência para muitos que já conhecem os fatos (LEADBEATER, 1970, p. 97).

Além disso, embora nem o *Yoga-Sūtra* nem o pensamento teosófico estimulem a comunicação com os mortos, deve-se considerar que a possibilidade de tal comunicação constitui mais um indício ou evidência da existência do *Bhuvarloka* ou plano astral. Esse mundo seria o primeiro estado de consciência após a morte ou a dimensão mais próxima do mundo físico. Uma das maiores dificuldades para se poder saber se tais comunicações são genuínas é que existem mais de vinte categorias de entidades astrais, entre humanas, não humanas e artificiais, segundo Leadbeater em *O Plano Astral*:

> Um "espírito" que se manifesta é algumas vezes o que se julga ser, mas outras vezes não é nada disso; e não é qualquer assistente que pode distinguir o joio do trigo, porque são tantos e tão variados os recursos para iludir de que dispõem os habitantes do plano astral, que nem sequer se pode confiar naquilo que por vezes parece ser uma prova irrefutável (LEADBEATER, 2014, p. 127).

Outra dificuldade refere-se à condição de passividade do médium[664] em relação à entidade astral que utiliza seu corpo para se comunicar. Isso dificulta o controle sobre o experimento parapsicológico e enfraquece, de certa forma, a evidência da comunicação com os mortos no *Bhuvarloka*. Tal condição de passividade, no transe mediúnico, é diametralmente oposta ao autodomínio consciente que o Mahatma, Adepto (BLAVATSKY, 1991b, p. 368) ou *yogi* alcança no *Samādhi* (Êxtase), a partir do aperfeiçoamento da Concentração (*Dhāranā*). Tal experiência resulta numa memória consciente e transformadora, como afirma Taimni: "Uma pessoa que retorna do verdadeiro *samādhi* traz consigo o conhecimento transcendental, a sabedoria, a paz e a força da vida interior, ao passo que a que retorna de [falso ou] *jaḍa-samādhi* não está mais sábia do que alguém que retorna do sono" (TAIMNI, 1996, p. 224).

Evidentemente, é, progressivamente, mais difícil encontrar, pelo menos indícios de evidências dos *lokas* ou planos mais sutis, pois poderiam ser todos classificados como ilusórios, pois a realidade deles é relativa à própria realidade do observador. Como afirma Blavatsky: "Todas as coisas são relativamente reais, porque o conhecedor é também um reflexo, e por isso as coisas conhecidas lhe parecem tão reais quanto ele próprio" (BLAVATSKY, 1980, v. 1, p. 104). É por isso que, para perceber determinado mundo (*loka*), a consciência necessita de um veículo constituído de matéria daquele respectivo mundo.

Na verdade, o ensinamento teosófico, sobre os sete planos ou mundos, oferece-se como uma poderosa matriz de diferentes pontos de vista que, desse modo, poderia evidenciar uma compreensão harmônica de diferentes escolas filosóficas, de forma não mutuamente excludente. Por outro lado, reciprocamente, a própria

---

664 O termo "médium" significa "intermediário, pessoa que intermedeia a comunicação com os espíritos" (HOUAIS; VILLAR, 2001, p. 1879).

existência de tais escolas de pensamento poderia, também, evidenciar existência desses pontos de vista correspondentes aos diferentes *lokas* ou planos. As diversas religiões e algumas filosofias, como visto em capítulos anteriores, aludem a outros mundos para onde a alma é levada após a morte. Poder-se-ia exemplificar com as escolas filosóficas dualistas do Sāṃkhya e do Yoga, que poderiam corresponder ao ponto de vista de um veículo mental no plano mental, ou *Svarloka*, no qual a percepção, descrita pelo pensamento teosófico, seria dualista. A filosofia Viśiṣṭādvaita Vedānta corresponderia ao ponto de vista do *Maharloka* ou ao plano intuicional ou búdico que o pensamento teosófico descreve como oferecendo uma percepção parcial de unidade. Finalmente, a escola Advaita Vedānta poderia corresponder ao ponto de vista do *Taparloka* ou ao plano espiritual ou *nirvânico* que tem uma perspectiva monista ou de unidade total.

Vivekananda também sustenta uma comparação sucessiva de compreensão nas grandes religiões e filosofias; isso pode ter alguma semelhança com a interpretação teosófica dos diferentes pontos de vista a partir dos sete mundos ou planos. Ele põe, em ordem sucessiva, as filosofias e religiões dualistas, depois a monista qualificada e, por último, a monista. Ele afirma: "A primeira escola sobre a qual falarei intitula-se escola dualística" (VIVEKANANDA, 2004, p. 107). Logo, ele justifica por que essa escola deve ser a primeira e mais fácil na ordem sucessiva de compreensão: "A grande maioria da vasta população da Índia é dualista. Todas as religiões da Europa e da Ásia Ocidental são dualistas. Tem de ser [dualistas]. O homem comum não consegue pensar em nada que não seja concreto" (VIVEKANANDA, 2004, p. 108). A visão teosófica, entretanto, evita classificar as religiões apenas por seu aspecto exotérico, pois prefere considerar que todas as religiões têm um lado esotérico comum e mais profundo que tende a convergir na unidade da vida (JINARAJADASA, 2014a, p. 19), como foi visto no Capítulo 2. Vivekananda apresenta uma definição sintética da sustentação dualista: "Os dualistas acreditam que Deus, o Criador que governa o Universo, existe eternamente separado da Natureza e da alma humana" (VIVEKANANDA, 2004, p. 107). Essa afirmação parece ser semelhante à usual, na literatura teosófica, atribuída ao ponto de vista da mente inferior ou concreta no plano mental que tem essa percepção limitada de separação, podendo cair no orgulho (LEADBEATER, 2015, p. 246-248) ou na busca de salvação pessoal (KRISHNAMURTI, 2017, p. 25, 43) e correspondendo ao *Svarloka*, como citado no Capítulo 3. Similarmente, Patañjali caracteriza o primeiro estágio de *Samādhi* (Êxtase) relacionando-o ao raciocínio (PATAÑJALI, 1996, I: 17, p. 36) e, para Taimni, tal estágio corresponderia à mente concreta, que se expressa no plano mental ou *Svarloka* (TAIMNI, 1996, p. 42).

Vivekananda também sustenta, nessa sequência de comparações sucessivas, que uma segunda escola, ou ponto de vista menos concreto, seria a escola de não dualistas com atributos (ou não dualistas qualificados). Afirma que "[...] a verdadeira filosofia Vedānta começa com os não dualistas com atributos, como são conhecidos" (VIVEKANANDA, 2004, p. 110). Vivekananda define essa escola, em que as partes estão dentro do Todo, e nada está separado: "É como se Deus fosse a alma e a natureza, e as almas formassem o corpo de Deus, por assim dizer. Assim como eu tenho corpo e alma, do mesmo modo o Universo inteiro e as almas constituem o corpo de Deus, e Deus é a Alma das almas" (VIVEKANANDA, 2004, p. 111). Essa parece ser uma afirmativa semelhante à usual, na literatura teosófica, atribuída ao ponto de vista do veículo búdico no plano búdico ou intuicional (LEADBEATER, 2019a, p. 46) ou correspondendo ao *Maharloka*. Similarmente, Taimni estabelece a correspondência entre tal percepção, relacionada à bem-aventurança, ao veículo búdico, ao terceiro estágio de *Saṃprajñāta Samādhi* do *Yoga-Sūtra* (TAIMNI, 1996, p. 42).

Vivekananda ainda sustenta, nessa comparação de fases sucessivas de percepção, que uma escola ou ponto de vista ainda menos concreto, ou mais sutil, seria a escola não dualista, afirmando que "[...] chegamos agora à [filosofia] Advaita Vedānta, por nós considerada a última [...]" (VIVEKANANDA, 2004, p. 112). Ele resume a essência desta filosofia monista: "Não apenas Deus é o Criador, mas é também a criatura. Ele próprio é o Universo. [...] Aquilo que as pessoas menos instruídas veem como o Universo não existe, na verdade" (VIVEKANANDA, 2004, p. 113). Tudo o mais que parece existir é apenas ilusão (*māyā*). Essa parece ser uma afirmativa semelhante à usual, na literatura teosófica, como afirma Blavatsky: "[...] tudo é ilusão (*Māyā*) fora da verdade eterna, a qual não tem forma, cor ou limitação" (BLAVATSKY, 1991a, p. 135). Leadbeater afirma que tal consideração seria atribuída ao ponto de vista do veículo *átmico* no plano *átmico* ou espiritual (LEADBEATER, 2019a, p. 46) ou corresponderia ao *Janarloka*. Similarmente, para Taimni tal percepção da unidade da vida corresponde ao veículo *átmico* que, por sua vez, corresponderia ao quarto estágio de *Saṃprajñāta Samādhi* do *Yoga-Sūtra* de Patañjali (TAIMNI, 1996, p. 42), ou mesmo de estágios mais além. Essa percepção pode corresponder à do Mahatma ou Homem Perfeito, como é descrito: "[...] o Adepto vê, sente e vive na própria fonte de todas as verdades fundamentais – a Essência Universal e Espiritual da Natureza, SHIVA [ŚIVA], o Criador, o Destruidor e o Regenerador" (BARKER, 2001, v. 1, p. 109).

Talvez se possa dizer, a partir também do que foi visto no Capítulo 1, que o pleno absoluto do Ser Universal (Brahman), do Advaita Vedānta, e o Vazio absoluto (*śūnyatā*), do Budismo, se confundem ou se equivalem justamente em seu caráter absoluto, porque não têm qualquer termo de comparação com nenhuma dualidade.

A conclusão de Vivekananda parece ser similar àquela da visão teosófica da unidade da vida: "No atual estágio em que a sociedade se encontra, as três fases são necessárias. Não se contradizem, complementam-se. [...] Não negue a crença de ninguém [...] A longo prazo[665], todos chegarão à verdade [...]" (VIVEKANANDA, 2004, p. 119). Entretanto, segundo a visão teosófica, existiria uma verdade relativa em cada fase ou estágio de percepção e não apenas uma verdade última e absoluta (BLAVATSKY, 1978, v. 1, p. 48; BURNIER, 2016, p. 24). Essas três fases de compreensão ou percepção são relativas ao ponto de vista, respectivamente, dos três planos (mental, intuicional e espiritual) ou *lokas* (*svarloka*, *maharloka*, *janarloka*). Vivekananda afirma: "[...] o pensamento religioso da Índia começa com o dualismo, passa pelo não dualismo com atributos [qualificado] e termina no não dualismo perfeito" (VIVEKANANDA, 2004, p. 118). A visão teosófica poderia acrescentar que, mesmo dentro de uma mesma religião, esses estágios ou fases de compreensão podem ocorrer desde o mais exotérico até o mais esotérico, na medida em que sejam removidas as causas que dificultam a percepção espiritual (JINARAJADASA, 2014a, p. 19). Isso parece se aplicar, da mesma forma, a todas as religiões como fases ou estágios sucessivos dessa compreensão ou percepção espiritual até que se alcance a divindade. Assim também afirma Krishnamurti: "Deves sentir perfeita tolerância por todos e um sincero interesse pelas crenças daqueles de outra religião, tanto quanto pela tua própria. Porque a religião dos outros é um caminho para o Supremo, da mesma forma que a tua" (KRISHNAMURTI, 2017, p. 64). A essência oculta nos *lokas* é a onipresença divina, porque os mundos estão interpenetrados em diferentes graus de sutileza, sendo o último grau, o plano divino, *Satyaloka*, ou "mundo da verdade". Assim, o ser humano vive dentro de Deus sem percebê-lo: "Nele vivemos, nos movemos e existimos [temos o nosso ser]" (At 17,28).

Conforme Radhakrishnan, é Deus (Īśvara) quem, preservando as Leis da Natureza (*prakṛti*), orienta a evolução ou possibilita a libertação do Espírito (*puruṣa*): "Ele está sempre zelando para que o desenvolvimento de *prakṛti* possa servir aos interesses dos *puruṣas*" [666] (RADHAKRISHNAN, 2019, v. 2, p. 340-341). Evidências sobre a existência dessas principais Leis (Reencarnação, *Karma* e Evolução) e respectivos meios que possibilitam a libertação do Espírito (*puruṣa*) são vistos nas próximas seções.

665 Quando Vivekananda usa a expressão "a longo prazo", tal raciocínio pode estar pressupondo um longo processo de muitas vidas ou reencarnações sucessivas, como é visto neste Capítulo.

666 *"The blind tendency of non-intelligent prakṛti cannot bring forth the order and the harmony of the universe when men suffer according to their karmas. God is the guide of Evolution of prakṛti. He is ever solicitous that the development of prakṛti may serve the interests of puruṣas"* (RADHAKRISHNAN, 2019, v. 2, p. 340-341).

5.2 EVIDÊNCIAS DAS LEIS DE PERIODICIDADE (*SAṀSĀRA* OU REENCARNAÇÃO) E A PARAPSICOLOGIA

Depois de considerar o cenário da vida em vários mundos (*lokas*), nos quais o ser humano se apresenta, revestido de diversos corpos, cabe examinar agora algumas das inúmeras evidências da Lei de Periodicidade, ou Lei dos Ciclos, que se manifesta no Universo e na Natureza. Isso é feito por Blavatsky em sua segunda proposição[667]. O *Yoga-Sūtra* também faz referência aos ciclos do Sol (PATAÑJALI, 1996, III: 27, p. 253), da Lua (PATAÑJALI, 1996, III: 28, p. 254) e das estrelas (PATAÑJALI, 1996, III: 29, p. 255). Essa manifestação da Lei dos Ciclos pode ser evidenciada de pelo menos duas formas: (i) cósmica e (ii) humana. A manifestação da Lei de Periodicidade na esfera humana (ii), na qual evidências da parapsicologia são analisadas, é considerada como um caso particular da manifestação dessa Lei de Periodicidade na esfera cósmica (i).

A evidência cósmica (i), da Lei dos Ciclos no Universo e na Natureza, é mais difícil de demonstrar, mas também faz parte da filosofia hindu, como mencionado anteriormente, que contém a alternância de períodos de atividade e repouso chamados de "dias e noites de Brahmā" (BLAVATSKY, 1991b, p. 85-86, 357). A ciência moderna esteja, talvez, mais próxima de aceitar essa hipótese de um Universo cíclico. Einstein já manifestava seu interesse, quando leu *A Doutrina Secreta*[668] (CRANSTON, 1997, p. 594, 651), e as hipóteses do *Big Bang* e do *Big Crunch* derivam da teoria geral da relatividade apresentada por ele em 1915 (HAWKING, 1988, p. 121, 163). A hipótese do *Big Bang* pode ser, resumidamente, descrita como uma grande explosão a partir de um ponto inicial ou "[...] singularidade no início do Universo, há cerca de quinze bilhões de anos [...]" (HAWKING, 2016, p. 210). A hipótese do *Big Crunch* é considerada como um "[...] possível cenário de fim do Universo, em que todo o espaço e a matéria se esmagarão (*crunch*), formando uma singularidade [...]" (HAWKING, 2016, p. 210). O elemento mais recente, que traz alternativas ao *Big Crunch*, no retorno a alguma singularidade, foi a descoberta dos buracos negros, assim denominados por John Wheeler em 1969 (HAWKING, 1988, p. 191). O "Buraco Negro" é uma "[...] região do espaço-tempo de onde nada, nem

---

667 "Este segundo asserto de *A Doutrina Secreta* é a universalidade absoluta daquela Lei da Periodicidade, de fluxo e refluxo, de crescimento e decadência, que a ciência física tem observado e registrado em todos os departamentos da Natureza" (BLAVATSKY, 1980, v. 1, p. 84).

668 A sobrinha de Einstein afirmava que "[...] seu tio sempre tinha uma cópia de *A Doutrina Secreta* da Sra. Blavatsky na sua escrivaninha" (CRANSTON, 1997, p. 594).

mesmo a luz, consegue escapar, devido à gravidade ser tão forte" (HAWKING, 2016, p. 210).

Na verdade, o modelo do Universo Cíclico é defendido, atualmente, por Steinharndt, da Universidade de Princeton, e Turok, da Universidade de Cambridge, em artigo publicado no renomado *Repositório arXiiv*, da Universidade de Cornell, com o seguinte resumo:

> Propomos um modelo cosmológico no qual o Universo passa por uma sequência interminável de épocas cósmicas, cada uma começando com um '*[Big] Bang*' e terminando com um '*[Big] Crunch*'. A temperatura e a densidade são finitas a cada transição de crise para crise. Em vez de ter uma época inflacionária, cada ciclo inclui um período de lenta expansão com aceleração (como observado recentemente) seguido de contração lenta. A combinação produz homogeneidade, planicidade, flutuações de densidade e energia necessárias para iniciar o próximo ciclo[669] (STEINHARDT; TUROK, 2002, p. 1).

Em 2013, Roger Penrose, físico da Universidade de Oxford, e V.G. Gurzadyan, da Universidade de Yerevan, publicaram um artigo, na revista *The European Physical Journal Plus*, sustentando ter encontrado indícios a favor da hipótese do universo cíclico. Esses indícios foram detectados a partir da uma série de dados do satélite WMAP[670], uma sonda norte-americana projetada para fazer um mapeamento universal de radiação cósmica, e podem ser interpretados como o fim de outro Universo anterior ao *Big Bang* que deu origem ao Universo atual (GURZADYAN; PENROSE, 2013, p. 1).

A evidência humana (ii), da Lei dos Ciclos, por outro lado, apresenta-se como um reflexo dessa Lei, no Universo e na Natureza, ou como um caso particular dessa lei cósmica aplicada à condição da vida humana, vista de modo cíclico

---

669 *"We propose a cosmological model in which the universe undergoes an endless sequence of cosmic epochs each beginning with a 'bang' and ending in a 'crunch.' The temperature and density are finite at each transition from crunch to bang. Instead of having an inflationary epoch, each cycle includes a period of slow accelerated expansion (as recently observed) followed by slow contraction. The combination produces the homogeneity, flatness, density fluctuations and energy needed to begin the next cycle"* (STEINHARNDT; TUROK, 2002, p. 1).

670 WMAP – *Wilkinson Microwave Anisotropy Probe:* "[...] missão exploratória da NASA, lançada em 2001, para fazer importantes medições cosmológicas: um estudo das propriedades do nosso universo como um todo". No original: *"[...] is a NASA Explorer mission that launched June 2001 to make fundamental measurements of cosmology – the study of the properties of our universe as a whole"* (NASA, 2012).

na Lei da Reencarnação. Até expressões populares, como a ideia de que, a cada manhã, o sol renasce para lembrar que sempre é tempo de recomeçar, são inspiradas numa interpretação humana dos ciclos da Natureza. Assim, também, o dito de que a esperança de um novo dia torna belo o entardecer. Num tom mais filosófico, o *Yoga-Sūtra* de Patañjali faz, também, referência aos ciclos do Sol (PATAÑJALI, 1996, III: 27, p. 253), mas essa obra parece estar mais focalizada em sua aplicação soteriológica à vida humana, ou seja, na busca de libertar o ser humano do sofrimento. Dessa forma, o *Yoga-Sūtra* prioriza, principalmente, sua manifestação na esfera humana, ou seja, no Ciclo da Vida e da Morte, mais conhecido como *saṁsāra* (PATAÑJALI, 1996, II: 12, p. 131), visto no Capítulo 3, geralmente traduzido como Doutrina da Reencarnação, Transmigração da Alma, Metempsicose etc. Essa doutrina também está enfaticamente representada no Hinduísmo, talvez mais explicitamente do que em qualquer outra religião, como, por exemplo, na clássica passagem da *Bhagavad-Gītā*: "Tal como um homem que, despojando-se de suas vestimentas velhas, toma outras novas, de igual modo o morador do corpo, despojando-se dos corpos gastos, entra em outros que são novos"[671] (*BHAGAVAD-GĪTĀ*, 2014, II: 22, p. 56).

Entretanto, o Hinduísmo não trata do tema da reencarnação como mera crença, mas menciona a possibilidade da lembrança das vidas passadas, como se evidencia no caso de *yogis* avançados, Mahatmas ou Homens Perfeitos. Atribui-se a Kṛṣṇa a afirmação: "Muitos nascimentos foram deixados, para trás, por Mim e por ti, Oh Arjuna. Eu os conheço todos, mas tu não conheces os teus, Oh Parantapa"[672] (*BHAGAVAD-GĪTĀ*, 2014, IV: 5, p. 94).

O *Yoga-Sūtra* menciona também a possibilidade de lembrança dos nascimentos anteriores no *sūtra* YS, III: 18: "Pela percepção direta das impressões (é obtido) o conhecimento dos nascimentos anteriores"[673] (PATAÑJALI, 1996, III: 18, p. 247). Essa percepção direta implica a obtenção do estado de *Samādhi* (Êxtase), pois, como comenta Taimni: "A técnica pode ser adquirida através de *saṃyama*" (TAIMNI, 1966, p. 247). Na verdade, essa técnica pressupõe um acesso direto a uma memória extracerebral, como a do *karmāśaya,* uma vez que o cérebro do corpo da vida anterior não mais existe. O *Yoga-Sūtra* chama de *karmāśaya*

671 "*Vāsāṁsi jīrṇāni yathā vihāya navāni gṛhṇāti naro 'parāṇi tathā śarīrāṇi vihāya jīrṇāny anyāni saṁyāti navāni dehī*" (THE BHAGAVAD-GĪTĀ, 1979, II: 22 p. 33-34).

672 "*Bahūni me vyatītāni janmāni tava cārjuna tāny ahaṁ veda sarvāṇi na tvaṁ vettha parantapa*" (THE BHAGAVAD-GĪTĀ, 1979, IV: 5, p. 77-78).

673 "*Saṃskārā-sākṣātkaraṇāt pūrva-jātijñānam*" (PATAÑJALI, 1996, III: 18, p. 247).

(literalmente, "corpo dos *karmas*", em sânscrito) ao *kāraṇa śarīra* (literalmente, "corpo das causas", em sânscrito), também conhecido como "corpo causal" (TAIMNI, 1996, p. 132). Mencionado, também, como reservatório dos *karmas*, por acumular os *karmas* ou causas das futuras reencarnações, Patañjali afirma: "O reservatório dos *karmas*, os quais estão enraizados nos *kleśas*, causa toda espécie de experiências na vida presente e nas futuras"[674] (PATAÑJALI, 1996, II: 12, p. 131).

Deve ficar claro, quando se trata da Doutrina da Reencarnação, o pressuposto de que um novo corpo físico sucedeu ao corpo anterior, depois do falecimento, e que, portanto, o elemento de ligação das memórias de vidas anteriores não pode ser o cérebro físico. Obviamente, uma vez que o cérebro anterior faleceu juntamente com o respectivo corpo físico, o novo cérebro do novo corpo nada pode lembrar do que não experimentou, salvo se, de alguma maneira, a memória do cérebro anterior puder ser transferida por algum elemento de ligação. Como foi citado, no seu *Yoga-Sūtra*, Patañjali considera o *karmāśaya* como um corpo sutil imortal ou um elemento de ligação entre as sucessivas reencarnações, que alguns preferem chamar de modo mais genérico de "alma imortal", que atua como repositório dos *karmas*. Porém, para detalhar as técnicas de acesso às memórias de reencarnações anteriores, tais denominações genéricas e tradicionais podem se mostrar insuficientes. Vale lembrar que, dentre os veículos da consciência mencionados, Taimni considera o *karmāśaya* como equivalente ao *vijñānamaya-kośa*, da filosofia Vedānta, e, também, ao corpo causal do Pensamento Teosófico (TAIMNI, 1996, p. 42, p. 132).

Por outro lado, deve ser evidente que, para que a reencarnação seja possível, é necessário que haja uma alma imortal ou individualidade, ou alguma fração da mente que não seja afetada pela morte ou que, pelo menos, o pensamento deva ser capaz de sobreviver à morte do corpo físico. Esse repositório das memórias de inúmeras reencarnações é o corpo causal, o *karmāśaya*, mencionado por Patañjali, e já citado nesta tese. Segundo o pensamento teosófico, a personalidade, constituída pelo corpo físico, pelo duplo etérico ou corpo da vitalidade, pelo corpo astral ou emocional e pelo corpo mental, é mortal e, portanto, não reencarna. A individualidade, constituída pelo corpo causal, pelo veículo intuicional ou búdico e pelo veículo espiritual ou *átmico*, é imortal, evolui e reencarna. Essa é a regra geral, como explica Olcott em *O Catecismo Budista*: "Em cada nascimento,

674 *"Kleśa-mūlaḥ karmāśayo dṛṣṭādṛṣṭa-janma-vedanīyaḥ"* (PATAÑJALI, 1996, II: 12, p. 131).

a personalidade difere da personalidade anterior, ou da, do próximo nascimento sucessivo" (OLCOTT, 2019, p. 133). Olcott considera a necessidade de existir uma individualidade que não seja afetada pela morte do corpo físico: "Mas embora as personalidades sempre mudem, a linha única de vida [individualidade] ao longo da qual estão presas como contas em um rosário, permanece inteira, é sempre aquela linha particular, jamais é qualquer outra. Portanto, é individual [...]" (OLCOTT, 2019, p. 133). Caso contrário, argumenta ele, não faria sentido os diversos comentários de escrituras que citam longos intervalos de tempo entre os nascimentos anteriores do Buddha, como menciona Rhys-Davids[675] (RHYS-DAVID, [c. 1900] *apud* OLCOTT, 2019, p. 135). O que o Buddha, de fato, negou foi a existência de uma alma que indicaria "[...] a predominante crença ilusória numa personalidade independente; numa entidade que, após um nascimento, iria para um local ou estado fixo onde, como uma entidade perfeita, poderia gozar ou sofrer eternamente" (OLCOTT, 2019, p. 135-136).

Nesse sentido, outra evidência que se deve pelo menos mencionar, em favor da existência da alma imortal em evolução, ou individualidade, além da citada experiência de quase morte (EQM), é a da telepatia, ou transmissão do pensamento a distância. Qualquer comprovação da telepatia estaria a indicar que o pensamento poderia sobreviver, pelo menos por algum tempo, fora dos limites do cérebro.

Talvez esse tenha sido o fenômeno paranormal mais investigado pela parapsicologia moderna, "[...] principalmente a partir das pesquisas de J. B. Rhine, F. W. H. Myers, Karl E. Zener e J. Hammond Jr" (LINDEMANN, 2015a, p. 23). Hammond acrescentou ao experimento sistemas de isolamento de qualquer influência eletromagnética: "Além da clássica verificação estatística pelo [uso do] baralho Zener, foram utilizadas até Gaiolas de Faraday por Hammond para isolar eletricamente os participantes da transmissão do pensamento, e esta continuou ocorrendo" (LINDEMANN, 2015a, p. 23). A parapsicologia, dessa forma, tem conseguido evidências de que o pensamento não é meramente uma irradiação eletromagnética, como se fosse originada no cérebro, como um "rádio biológico", por assim dizer. Conclui-se que "[...] há evidências de que o pensamento pode sobreviver fora do corpo e que a telepatia, enquanto fenômeno de Percepção Extrassensorial (PES), não é transmitida em frequência eletromagnética" (LINDEMANN, 2015a, p. 23).

Nesse sentido, as evidências em favor da telepatia, sendo também evidências de que o pensamento pode sobreviver fora do corpo, reforçam a possibilidade

675 "*Buddhist Birth Stories* de Fausboll e Rhys-Davids, nr. 13" (OLCOTT, 2019, p. 135).

de existência de um corpo causal ou *karmāśaya* mencionado por Patañjali, que teria, entre outras de suas funções, a de uma espécie de repositório de memórias extracerebrais. Patañjali também considera a telepatia, ou conhecimento da mente dos outros, como um poder psíquico (*siddhi*), e afirma: "[Pela percepção direta, através de *saṃyama*], da imagem que ocupa a mente, [é obtido] conhecimento da mente dos outros"[676] (PATAÑJALI, 1996, III: 19, p. 247). A telepatia seria um indício ou uma evidência indireta que, pelo exposto, pode apoiar a doutrina da Reencarnação, mas é a lembrança das reencarnações anteriores, que Patañjali também menciona (PATAÑJALI, 1996, III: 18, p. 247), que traz evidências mais fortes para esse apoio, o que sugere a necessidade de pesquisa de casos dessa lembrança.

A título de introdução à temática de lembranças de reencarnações anteriores, que se constitui numa área de pesquisa da parapsicologia, pode-se citar, inicialmente, entre inúmeros outros, um dos casos de lembrança espontânea de reencarnações ou vidas passadas que adquiriu certa notoriedade, tornando-se objeto de diversas entrevistas na televisão e com inúmeros vídeos e acessos na internet. Trata-se do caso do menino James Madison Leininger, nascido em 10 de abril de 1998, em São Francisco, Califórnia, nos Estados Unidos (LEININGER *et al.*, 2009, p. 25-26). Carol Bowman, uma especialista nesta temática, com vários livros publicados, chega a afirmar que "A história de James Leininger é o melhor caso americano da lembrança de uma vida passada em uma criança, entre os milhares que encontrei" (BOWMAN, [1997] *apud* LEININGER *et al.*, 2009, p. 11). Esse caso é contemporâneo e ocorreu de forma espontânea, desde a primeira infância, e está bem documentado no livro *A Volta: a incrível e real história de reencarnação de James Leininger*. Essa história é extraordinária porque

> [...] o pequeno James se lembra desde nomes e lugares de sua vida passada até pessoas e eventos verdadeiros – fatos que podem ser facilmente confirmados. Ele, inclusive, esteve com pessoas que o conheceram em sua vida pregressa, quando foi piloto na Segunda Guerra Mundial (BOWMAN, [1997] *apud* LEININGER *et al.*, 2009, p. 11).

Essa obra descreve a biografia deste menino que, desde os dois anos de idade, tinha terríveis pesadelos recorrentes de estar caindo num avião em chamas. A criança berrava, chutava e se debatia. Isso ocorria com frequência: "[...] os

---

676 *"Pratyayasya para-citta-jñānam"* (PATAÑJALI, 1996, III: 19, p. 247).

pesadelos continuaram com uma regularidade aterrorizante e um frenesi cada vez maior. Houve épocas em que ocorreram cinco vezes por semana" (LEININGER *et al.*, 2009, p. 29). Além de ser fascinado por aviões e demonstrar um inexplicável conhecimento de aeronáutica, que uma criança com dois anos de idade[677] (LEININGER *et al.*, 2009, p. 102) não poderia ter, James foi capaz de lembrar do tipo de avião que pilotava (Corsair), quando teria sido abatido por japoneses, e do nome do porta-aviões (Natoma) de onde seu avião decolava, fatos que depois puderam ser comprovados em pesquisa (LEININGER *et al.*, 2009, p. 86, 100, 105, 167, 172-173).

Muito mais relevante, porém, como evidência da pesquisa, foi a lembrança do nome de outro piloto (Jack Larsen) de seu esquadrão de voo (LEININGER *et al.*, 2009, p. 112). Isso tornou possível definir que se tratava do esquadrão VC-81 e se chegar a seu nome completo na reencarnação anterior, que teria sido James McCready Huston Jr. (LEININGER *et al.*, 2009, p. 175-176). Era Segundo-Tenente Aviador da Marinha dos Estados Unidos, nascido em South Bend, St. Joseph County, Indiana, em 22 de outubro de 1923 (FIND..., 2010), e morto em combate, em 3 de março de 1945 (LEININGER *et al.*, 2009, p. 1), no porto de Futami Ko, Chichi-Jima (cercanias da batalha de Iwo Jima), no Japão (LEININGER *et al.*, 2009, p. 6, 316). Finalmente, foi possível descobrir que uma de suas irmãs, Anne, ainda estava viva, mas com outro sobrenome (Barron) devido ao casamento.

Uma das maiores evidências parece ter sido o mútuo reconhecimento de James Madison Leininger, então com 6 anos, e Anne Huston Barron, então com 86 anos, no mesmo hotel e época da reunião dos veteranos de guerra da *Natoma Bay Association*, em setembro de 2004, em San Antonio, no Texas (LEININGER *et al.*, 2009, p. 302-309). Anne Huston Barron, depois de conversar com James Leininger sobre detalhes da família que ninguém mais poderia saber, inclusive sobre um quadro pintado por sua mãe quando Anne ainda era menina, disse acreditar que ele era a reencarnação de seu irmão (LEININGER *et al.*, 2009, p. 172-173, 296). O caso da reencarnação de James Leininger ficou famoso quando foi ao ar no programa de televisão *ABC Primetime*, ainda registrado em vídeo na internet (THE CASE, 2020), em 15 de abril de 2004 (LEININGER *et al.*, 2009, p. 298). Número maior de testemunhas envolvidas ocorreu no Encontro de Veteranos, quando, por exemplo, James Leininger pôde reencontrar Jack Larsen ainda vivo (LEININGER

677 "Esse pingo de gente de dois anos estava enfrentando o pai por causa do nome *Natoma*!" (LEININGER *et al.*, 2009, p. 102). "O garoto parecia zangado com o pai 'por estar duvidando de sua palavra!'" (LEININGER *et al.*, 2009, p. 102).

et al., 2009, p. 6, 172-173, 316) e reconhecer Bob Greenwalt pela voz (LEININGER *et al.*, 2009, p. 305).

É importante lembrar que o caso de James Leininger parece ser uma exceção prevista na literatura teosófica, como se começou a considerar anteriormente, que traz certas vantagens compensatórias, quando o processo após a morte é parcialmente interrompido e a reencarnação é quase imediata, ou seja, o retorno ocorre com os mesmos corpos astral e mental inferior. A menção de tais vantagens é feita por Leadbeater (1847-1934), em *O Que Há Além da Morte* (1970), particularmente nos subcapítulos *A Morte do Soldado e A Bênção Frequente de uma Morte Prematura* (LEADBEATER, 1970, p. 31, 156 *et seq.*), e por Hodson (1886-1983), em *Através do Portal da Morte* (2013), particularmente no capítulo 8: *O Soldado após a Morte*. Pelas datas biográficas dos respectivos autores, pode-se notar que os originais de ambas as publicações[678] são bem anteriores ao nascimento de James Leininger em 1998.

No livro *A Volta*, James Leininger ainda menciona uma espécie de comissão de recepção constituída de colegas falecidos, Billy, Leon e Walter, que o receberam depois da morte quando chegou "[...] lá no céu [neste caso, provavelmente, no mundo astral] [...]" (LEININGER *et al.*, 2009, p. 204-207), nomes que foram confirmados como os de homens mortos a bordo do *Natoma Bay* antes de James[679] (LEININGER *et al.*, 2009, p. 206). Em seu livro *Auxiliares Invisíveis*, Leadbeater (1976, p. 25, 75) menciona diferentes tipos de comissões de recepção no mundo astral constituídas por ancestrais do falecido ou grupos de auxiliares invisíveis treinados.

James Leininger menciona a lembrança de ter tido a oportunidade de escolher, antes de reencarnar, qual seria o seu pai na vida futura (LEININGER *et al.*, 2009, p. 201). Isso estaria coerente com a ideia de que ele teria a memória preservada desde a vida anterior por, excepcionalmente, não ter renovado ou substituído seus corpos astral e mental.

A questão da memória preservada, desde a vida anterior, está relacionada à reencarnação quase imediata, mencionada por Blavatsky em *A Doutrina Secreta.* (BLAVATSKY, 1978, v. 2, p. 303). Hodson, no livro *Através do Portal da Morte* (2013) e capítulo "O Soldado após a Morte", enfatizou a possibilidade algo rara

678 As respectivas datas das primeiras edições em inglês são: LEADBEATER, C. W.; *The Other Side of Death*, 1903 e HODSON, G.; *Through the Gateway of Death: A Message to the Bereaved*, 1953.

679 "Billie Peeler, Leon Conner e Walter Devlin" (LEININGER *et al.*, 2009, p. 206). Tal comissão de recepção, constituída de colegas falecidos, ou fatos similares, foi mencionada acima, nas experiências de quase morte, como o estágio chamado de "encontrando com outros" (MOODY, 1979, p. 59 *et seq.*).

de reencarnação quase imediata, caracterizando, verdadeiramente, uma exceção à regra normal num subcapítulo chamado "Pronto renascimento, conservação dos mesmos corpos emocional e mental", no qual escreveu:

> Finalmente, o soldado morto em combate ou irá retirar-se para os reinos mais sutis, os superfísicos, como fazem naturalmente todos que deixaram seus corpos, ou pode renascer rapidamente, começando a vida física mais uma vez como criança, mas conservando sua personalidade adulta (HODSON, 2013, p. 53).

Obviamente, a conservação excepcional dos corpos emocional e mental da vida pretérita, que constituem parte da personalidade, facilita sobremaneira a recordação de eventos da vida anterior. O ponto a destacar é que tal situação, similar à de James Leininger, é exceção à regra prevista na literatura teosófica, caso contrário todas as pessoas lembrariam facilmente de eventos de sua vida anterior.

O caso de James Leininger, de recordação de vida passada, não é único ou isolado. O número de pesquisas acadêmicas de parapsicologia sobre esse tema tem crescido significativamente. Ian Stevenson (1918-2007), ex-Diretor do Departamento de Psiquiatria, da Universidade da Virgínia, nos Estados Unidos, foi considerado a maior autoridade mundial no estudo da reencarnação. Sistematicamente, coletou, pesquisou e registrou casos de lembranças espontâneas, durante cerca de quarenta anos, a partir do início da década de 1960. Em 2007, quando faleceu, havia acumulado "Mais de 3.000 casos de crianças que pareciam ter memórias de vidas anteriores"[680] (PROFESSOR..., 2007). A maioria dos casos era proveniente da Ásia, onde, por tradição cultural, parece ser mais favorecida, ou menos reprimida, a expressão de tais memórias. Sobre cerca de setecentos casos de crianças, geralmente com menos de cinco anos, que ele pesquisou e documentou rigorosamente, Bowman comenta: "[...] tinham recordações tão claras de vidas anteriores que se lembravam de seu antigo nome, do lugar onde tinham vivido, do nome de parentes e de detalhes muito específicos, porém triviais, de vidas anteriores" (BOWMAN, [1997] *apud* LEININGER *et al.*, 2009, p. 13). Concluiu-se que essas crianças não poderiam conhecer tais detalhes por outros meios, como demonstra Ian Stevenson, o que reforça o argumento em favor da lembrança de vidas passadas. Além disso, Stevenson publicou vários livros a partir dos casos

---

680 *"More than 3,000 cases of children who appeared to have memories of previous lives"* (PROFESSOR..., 2007).

pesquisados: *Vinte Casos Sugestivos de Reencarnação* (STEVENSON, 1971), *Where Reincarnation and Biology Intersect*[681] (1997), *Children Who Remember Previous Lives*[682] (2001), *Casos Europeus de Reencarnação* (STEVENSON, 2010).

Cabe ainda trazer evidências de como a alma imortal acumula, no corpo causal ou *karmāśaya*, esse registro de eventos de cada personalidade após a morte física. Na verdade, o período após a morte, nos outros mundos (*lokas*), não parece ser apenas um período de lazer em relação às limitações do mundo físico, mas, principalmente, uma fase para "digerir, purgar e assimilar", por assim dizer, novos talentos ou faculdades que a alma está desenvolvendo ou nutrindo a partir das experiências de cada vida no mundo físico. Como afirma Taimni sobre o período após a morte no plano mental (*svarloka*), às vezes chamado de "céu": "[...] durante o período passado no *Devachan* ou mundo celestial, no encerramento do ciclo da vida, as experiências da última vida terrena são lentamente digeridas e sua essência, sob a forma de faculdades, é transferida para a constituição do corpo causal [...]" (TAIMNI, 2007, p. 111).

Uma evidência importante dessa memória acumulada de inumeráveis encarnações do Ego Superior ou alma imortal, no corpo causal, expressa-se, portanto, pelo acúmulo de faculdades ou talentos no corpo causal, mesmo quando não se tenha mais "a recordação distinta e separada" daquela personalidade anterior, acima mencionada. Tal evidência é a expressão de talentos, dons ou faculdades natas que se expressam nas assim chamadas "crianças-prodígio" ou "crianças geniais". Hodson cita dados biográficos de algumas crianças, por exemplo, Mozart, Beethoven, Chopin, entre outros (HODSON, 1985, p. 43).

Deve-se enfatizar, portanto, a necessidade de tempo para o acúmulo de faculdades ou talentos no corpo causal, de modo que a reencarnação não é um processo imediato depois da morte do corpo físico. Jinarajadasa, com base nessas obras de Besant e Leabeater, sobre investigação clarividente de vidas passadas, organizou e tabelou o intervalo médio de tempo do ser humano nos *lokas*, ou planos físico, astral e mental, em sua obra *Fundamentos de Teosofia* (JINARAJADASA, 2014b). O período médio, após a morte, no plano astral, é de 5 a 40 anos, e, depois, no plano mental, é de zero a 2.300 anos (JINARAJADASA, 2014b, p. 140). Logo, esses períodos são muito variáveis, dependendo da duração da última vida física, dos apegos dos quais terá de se libertar, no período purgatorial do plano astral, e das faculdades, ideais e aspirações espirituais que terá de assimilar, no plano

681 Em português: Onde a Reencarnação e a Biologia se Cruzam.

682 Em português: Crianças que Lembram de Vidas Anteriores.

mental, à sua individualidade, ou à alma imortal presente no corpo causal, antes de reencarnar (JINARAJADASA, 2014b, p. 139-141).

Jinarajadasa acrescenta, sobre a questão da mudança de gênero entre as reencarnações[683], que, "[...] geralmente, não acontecem mais do que sete vidas consecutivas, nem menos de três em um [mesmo] sexo, antes da mudança para o outro sexo" (JINARAJADASA, 2014b, p. 79).

É oportuno, além disso, trazer, como evidência sobre o período entre a morte e a reencarnação seguinte, o caso de James Huston Jr. visto acima; ainda que excepcional, seria um retorno chamado imediato, a partir do plano astral, sem ingresso no plano mental. Ele nasceu em 22 de outubro de 1923[684] e faleceu em 3 de março de 1945, e teria reencarnado no corpo de James Leininger, que nasceu em 10 de abril de 1998. O caso abrange, assim, um período de 53 anos entre uma vida e outra, o que, em termos astronômicos, coincide com o ciclo de retorno do Nodo Lunar ou ponto de eclipse[685], de aproximadamente 18,6 anos, e coincidiu, no mesmo grau, três ciclos depois. Tal fato parece evidenciar outro aspecto da Lei dos Ciclos, que Patañjali relaciona a certos ciclos da Natureza (PATAÑJALI, 1996, III: 29, p. 255), como é aprofundado também com os comentários de Śaṅkara na próxima seção.

Por outro lado, convém ressaltar que essa alma imortal, ou individualidade, que se expressa por meio do corpo causal e evolui assimilando ou desenvolvendo faculdades ou virtudes ao longo de várias reencarnações em diferentes personalidades[686], não é ainda a essência do Ser, chamada *puruṣa*, *ātman*

---

683 Este tema é mais aprofundado por Clara Codd na obra *O Poder Criativo* (CODD, 2017).

684 Apesar de certas limitações relativas ao conhecimento do horário de nascimento de James Huston Jr., atribuído consistentemente com suas direções simbólicas na ocasião da sua morte, mostrou-se coerente a regra supramencionada, pois assim o signo solar de Leininger (Áries) estaria correspondendo ao Ascendente de Huston, e o Lunar de Leininger (Libra) corresponde ao Solar de Huston (LINDEMANN, 2013, p. 43). Também a regra de Cayce foi confirmada, pois "o Sol de Huston está em Libra como a Lua de Leininger, e a Lua de Huston está em Aries como o Sol de Leininger" (LINDEMANN, 2013, p. 42).

685 Os "Nodos Lunares" Norte e Sul são pontos imaginários onde podem ocorrer os eclipses, pois se localizam na intersecção do plano da órbita da Terra em torno do Sol com o plano da órbita da Lua em torno da Terra. O "Nodo Lunar Norte", também é chamado 'Rahu' ou 'Cabeça do Dragão', e está ligado "[...] às noções mitológicas antigas sobre um dragão celeste que engolia e regurgitava o Sol – daí seu nome" (LEWIS, 1997, p. 211).

686 Pode-se fazer uma analogia comparando a individualidade ou alma imortal com a seiva de uma árvore, e as personalidades de suas diversas reencarnações com as folhas dessa árvore, como foi considerado: "Uma meditação nesta analogia poderá evidenciar que esses dois fatos da Natureza, ou seja, que a vida da folha é uma só, mas que a circulação da seiva é contínua e não afetada pela queda das folhas, são compatíveis e simultâneos, tais como, por analogia, as doutrinas da vida única e da reencarnação podem ser ambas verdadeiras, embora expressando diferentes pontos de vista da verdade. Jiddu Krishnamurti, porém, em sua

ou Espírito. Para que se compreenda, quem reencarna, é necessário discernir entre a alma imortal e sua essência, o Espírito, *puruṣa* ou *ātman*. Num aparente paradoxo, Blavatsky e Taimni parecem sustentar a existência de um aspecto dual de *ātman*, forma como eles se referem à essência daquela individualidade que reencarna, algo como o "espírito" ou a "alma da alma". Um aspecto é individual e mais tradicional, pois, segundo diversos dicionários de sânscrito, a palavra *ātman* significa "eu", entre outros significados correlatos: "O sopro, [...] a alma individual, eu, indivíduo abstrato, [...] essência"[687] (MONIER-WILLIAMS, 1995, p. 135); "alma, eu"[688] (MACDONELL, 1982, p. 247); "alma, eu, espírito"[689] (TYBERG, 1977, p. 220). Como enfatiza Radhakrishnan: "[...] *ātman* é o princípio da consciência individual"[690] (RADHAKRISHNAN, 1990, p. 77). Blavatsky reconhece o aspecto individual quando considera *ātman* como "Eu sou"[691] (BLAVATSKY, 1992, v. 3, p. 276) em sua obra *Ísis sem Véu*. Jiddu Krishnamurti, em seu diálogo com E. A. Wodehouse, menciona que, mesmo após a Libertação, supondo seu sentido teosófico de possível evolução posterior, permanece um "'Eu' [que] não é 'ego'. É uma coisa muito mais sutil – singularidade individual"[692] (KRISHNAMURTI, [19--] *apud* VAS, 2008, p. 55). Por outro lado, Blavatsky parece ter admitido também um caráter universal de "*ātman*" quando afirma que "[...] *ātman*, embora considerado exotericamente o sétimo princípio [da constituição humana], não é princípio individual: pertence à Alma Universal" (BLAVATSKY, 1980, v. 6, p. 90). De modo conciliador, Taimni, além do aspecto individual, também se refere a um segundo aspecto de *ātman* que é universal quando afirma:

> O veículo *átmico* pode também ser imaginado consistindo de um único átomo do Plano *Átmico* no qual a consciência tem a faculdade de expandir-se

---

maturidade preferia afirmar que *'Reincarnation is an untrue fact'* ('A Reencarnação é um fato inverídico', significando que é um fato na Natureza, mas não é a Verdade Absoluta ou Realidade Última)" (LINDEMANN, 2017, p. 114-115).

687 *"The breath, [...] individual soul, self, abstract individual, [...] essence [...]"* (MONIER-WILLIAMS, 1995, p. 135).

688 *"Soul, self"* (MACDONELL, 1982, p. 247).

689 *"Soul, self, spirit"* (TYBERG, 1977, p. 220).

690 *"Ātman is the principle of the individual consciousness"* (RADHAKRISHNAN, 1990, p. 7).

691 "O '*Ātman*', o Si-Mesmo, o poderoso Senhor e Protetor, assim que o homem o conheceu como o *'Eu sou'*, o *'Ego Sum', o 'Asmi' [...]"* (BLAVATSKY, 1992, v. 3, p. 276).

692 *"This 'self' is not an ego. It is that far more subtle thing – individual uniqueness"* (KRISHNAMURTI, [19--] *apud* VAS, 2008, p. 55).

> alternadamente com inconcebível rapidez, expandindo-se para incluir a consciência de todo o plano e contraindo-se num ponto para dar colorido individual a essa consciência que tudo abrange (TAIMNI, 2007, p. 155).

Na verdade, é importante compreender que existe um aspecto individual de *ātman*, ainda que seja relativo ao mundo manifestado. Parece oportuno recordar a citação de Blavatsky em *A Doutrina Secreta*: "Todas as coisas são relativamente reais, porque o conhecedor é também um reflexo, e por isso as coisas conhecidas lhe parecem tão reais quanto ele próprio" (BLAVATSKY, 1980, v. 1, p. 104). Esse aspecto individual de *ātman* é a essência do Eu Superior, ou alma imortal, que reencarna. As Leis da Reencarnação e do *Karma* são interdependentes, como ressalta Muthuswamy: "O *karma* cria a necessidade da reencarnação, e esta reencarnação provê o espaço e a possibilidade para o cumprimento ou a quitação do *karma*" (MUTHUSWAMY, [c. 1900] *apud* LINDEMANN; OLIVEIRA, 2011, p. 87). Convém, pois, tratar das evidências sobre a Lei do *Karma*, como se fará na próxima seção.

5.3 EVIDÊNCIAS DA LEI DE AÇÃO E REAÇÃO (*KARMA*) NOS CICLOS E A PSICOSSOMÁTICA

Patañjali, no seu *Yoga*-Sūtra, sustenta de forma clara, em vários *sūtras*, a Lei do *Karma*, também chamada de Lei de Causa e Efeito ou Lei de Ação e Reação, e descreve sua operação com mais detalhes nos *sūtras* YS, II: 12-14, quando aparece claramente interligada com a reencarnação. Ali ele afirma que a alegria é fruto ou consequência da virtude, e a tristeza é fruto ou consequência do vício (PATAÑJALI, 1996, II: 12-14, p. 131-134). Não somente a filosofia do Yoga, mas todos os seis *darśanas* ortodoxos da filosofia indiana, vistos no capítulo 1, aceitam a Lei do *Karma* como um dos seus pontos comuns: "Deve ser enfaticamente declarado que todas as seis escolas acreditam na Lei do *Karma*, na preexistência, no renascimento, e na obtenção de *mokṣa* como o objetivo mais elevado do esforço humano"[693] (PRABHAVANANDA; MANCHESTER, 1964, p. 225).

---

693 *"It should be emphatically stated that all six schools believe in the law of karma, in pre-existence, in rebirth, and in the attainment of mokṣa as the highest goal of human endeavour"* (PRABHAVANANDA; MANCHESTER, 1964, p. 225).

Além disso, existem evidências científicas da Lei de Ação e Reação, na Física Moderna, desde a publicação do *Philosophiae Naturalis Principia Mathematica*[694], de Isaac Newton em 1682. Uma tradução de seu enunciado é: "A toda ação corresponde uma reação igual e em sentido contrário" (OS CIENTISTAS, 1972, v. 1, p. 159). Dessa forma, a ideia de que a Lei do *Karma* é uma lei universal, sendo a lei física vista como um caso particular dessa lei maior, abre outras esferas de interpretação, até de uma teodiceia ou justiça divina[695]. Convém enfatizar Taimni:

> Esta lei de compensação não governa apenas esferas limitadas da vida ou fenômenos naturais, ela é universal em sua aplicação. É universal e inviolável porque é a expressão do fato de existir no âmago da manifestação uma Realidade Suprema [Última] perfeitamente equilibrada a que chamamos de Absoluto. A compensação governa todas as esferas da vida e da Natureza porque o Universo tem raízes no Absoluto e é uma expressão Dele, como um giroscópio que ao pender para um lado tende a voltar automaticamente à posição de equilíbrio (TAIMNI, 1989, p. 33).

Portanto, cabe avaliar qual a esfera de atuação dessa lei de compensação, harmonia ou ajuste que, similarmente ao que se viu na seção anterior, sobre a Lei de dos Ciclos, pode ser evidenciada de pelo menos duas formas: (a) cósmica e (b) humana.

Numa esfera cósmica (a) ou científica, talvez fosse mais apropriado chamá-la de Lei de Causa e Efeito ou Lei de Ação e Reação. Na verdade, Taimni comenta que "A Lei do *Karma* nada mais é que a Lei de Causa e Efeito operando no nível da vida humana e acarretando ajustamento entre um indivíduo e outros indivíduos a quem afetou por seus pensamentos, emoções e ações" (TAIMNI, 1989, p. 33). Dessa forma, Taimni ingressa no que se poderia chamar de aspecto humano da Lei do *Karma*, como uma manifestação, na esfera humana (b), da Lei de Ação e Reação, que é universal. Parece haver também uma possível correlação desses aspectos com a complexidade dos entes envolvidos, pois os seres humanos têm emoções e pensamentos que a matéria inanimada não apresenta, como descreve Taimni: "Os ajustamentos que restauram o equilíbrio da Natureza são de duas espécies. As reações naturais são imediatas na

---

694 Em português: Princípios Matemáticos da Filosofia Natural.

695 Hodson argumenta que há no coração humano uma inata necessidade de justiça, e que qualquer dificuldade para perceber essa justiça divina pode causar ateísmo. Ele cita Dryden: "A virtude em desgraça e o vício em triunfo fazem uma humanidade de ateus" (DRYDEN *apud* HODSON, 1985, p. 9).

região da [i] matéria inanimada, enquanto no caso dos [ii] humanos, seres conscientes, elas são mais ou menos retardadas" (TAIMNI, 1989, p. 33).

As reações retardadas, que o Buddha também menciona[696], parecem estar relacionadas ao efeito cumulativo de emoções e pensamentos, que é mais complexo, e pode demandar tempo para produzir resultados mais visíveis, como se pode tentar exemplificar com o caso humano da somatização. A palavra "somatização" é definida como "[...] transformação de conflitos psíquicos em afecções de órgãos ou em problemas psicossomáticos [...]" (HOUAISS; VILLAR, 2001, p. 2606) e é derivada do efeito ou processo de "somatizar", verbo definido como "[...] manifestar doença orgânica provocada por problemas emocionais, nervosismo, depressão etc." (HOUAISS; VILLAR, 2001, p. 2606). Esse processo está relacionado à influência que a mente e as emoções exercem sobre o "corpo", em grego *σῶμα* ou "soma" (PEREIRA, 1998, p. 805).

O *Yoga-Sūtra*, além de sustentar a Lei do *Karma*, como ficou evidente acima, também já sustentava, há milênios, a influência da mente sobre o corpo, e até de processos de somatização, como se evidencia no *sūtra* YS, I: 31, que considera: "Dor (mental), desespero, nervosismo e respiração difícil são sintomas de uma condição mental dominada por distrações"[697] (PATAÑJALI, 1996, I: 31, p. 75). Na verdade, pode-se verificar o fato de que, em pelo menos nos oito *sūtras* seguintes (PATAÑJALI, 1996, I: 32-39, p. 76-83), como já mencionado, Patañjali se dedica a indicar diferentes meios, adaptados a diferentes aspirantes ou *sādhakas*, para superar esta condição, usualmente com alguma técnica de meditação, reforçando a premissa de que a mente pode influenciar o corpo.

Neste ponto, é importante mencionar, apenas por contraste, que a Psicologia e a Medicina ocidentais, ainda no século XX, pareciam estar começando a admitir a influência da mente e das emoções sobre o corpo físico. Assim, por exemplo, afirmava o Dr. Luiz Chiozza, professor de Psicologia, na Universidade de Salvador, em Buenos Aires, Argentina, em 1984: "Hoje em dia, suspeita-se que todas as doenças têm ligações profundas com o lado emocional" (CHIOZZA, 1984 *apud* LINDEMANN; OLIVEIRA, 2011, p. 82). Na verdade, o argumento subentendido é de uma ligação

696 O Buddha menciona que a reação, o efeito ou o fruto das ações eventualmente leva tempo para amadurecer e se manifestar: "Enquanto a má ação está verde, o perverso nela se satisfaz; mas, uma vez amadurecida, ela lhe traz frutos amargos. O homem pode passar por sofrimentos enquanto suas boas ações não amadurecem. Mas, uma vez amadurecidas, seus frutos trazem felicidade" (DHAMMAPADA, 1978, sl. 119-120, p. 31-32).

697 *"Duḥkha-daurmanasyāṅgamejayatva-śvāsa-praśvāsā vikṣepa-sahabhuvaḥ"* (PATAÑJALI, 1996, I: 31, p. 75).

de causa e efeito, em que a causa é uma emoção desarmônica e o efeito é a respectiva doença assim originada, como Chiozza prossegue:

> Estudando o enfermo e a enfermidade chega-se à conclusão de que sempre o tipo de doença tem ligação com determinado caráter psicológico. Então, a emoção que beneficia o surgimento do infarto do miocárdio sempre será diferente do fator emocional que conduz ao câncer (CHIOZZA, 1984 *apud* LINDEMANN; OLIVEIRA, 2011, p. 82).

Chiozza enfatiza que a doença não ocorre apenas por causa de agentes externos: "Não se adoece de tuberculose só por causa dos micróbios" (CHIOZZA, 1984 *apud* LINDEMANN; OLIVEIRA, 2011, p. 82). Neste caso, o bacilo de Koch, que é o agente causador da tuberculose, está disponível na atmosfera, mas tende a proliferar onde há menos oxigênio, como nos ápices pulmonares de uma pessoa triste, em consequência da respiração curta associada a tal emoção, como ele ainda afirma: "Os micróbios atacaram este enfermo porque um conjunto de fatores, entre os quais invariavelmente o fator emocional, favoreceram este ataque. Um familiar deste enfermo pode ter morrido na época que o micróbio atacou, por exemplo" (CHIOZZA, 1984 *apud* LINDEMANN; OLIVEIRA, 2011, p. 82). A ideia subjacente é de que o sofrimento, inicialmente emocional, foi a causa de um desequilíbrio físico que surgiu como efeito, ou seja, a doença. Isso seria o mesmo que admitir, também na esfera da saúde, certa relação de causa e efeito no âmbito da medicina psicossomática ou, como já considerava o *Yoga-Sūtra* (PATAÑJALI, 1996, I: 31, p. 75), que a mente influencia o corpo. Dessa forma, pode-se dizer que uma das causas da doença é a mente que produz efeitos sobre o corpo.

Além disso, pode-se exemplificar tal indício de relação de causa e efeito na saúde, também, com o prefácio da obra *A Doença como Caminho*, publicada originalmente em 1983, em que Rüdiger Dahlke, Doutor em Medicina e psicoterapeuta alemão, afirma mais enfaticamente: "Este é um livro que aborrece as pessoas, pois destrói o álibi para seus problemas não resolvidos: a doença. Propomo-nos a mostrar que o doente não é uma vítima inocente de alguma imperfeição da Natureza, mas que é de fato o autor de sua doença" (DETHLEFSEN; DAHLKE, 2004, p. 7).

Além das questões de causa e efeito, relacionadas à psicossomática, e do retardamento ou tempo necessário para acumular emoções e pensamentos até a liberação de seus efeitos, ou até que seus frutos amadureçam, Patañjali parece relacionar tais liberações de efeitos ou acontecimentos regidos pela Lei do

Karma à Lei dos Ciclos que se expressa na Natureza. Assim ele se refere ao ciclo de movimento das estrelas: "[Aplicando *saṃyama*] à Estrela Polar [obtém-se] conhecimento dos seus (das estrelas) movimentos"[698] (PATAÑJALI, 1996, III: 29, p. 255). Śaṅkara comenta esse *sūtra* afirmando que aquele que aplica *samyama* sobre a Estrela Polar:

> [...] apreenderá os movimentos dos astros – como eles convergem e como se separam. Como, neste momento, este planeta se opõe àquele, e como ele passa a ser subjugado e então, dessa forma, ele surge novamente – por esses meios, ele passa a conhecer, por exemplo, a boa e a má sorte dos seres vivos[699] (ŚAṄKARA, 2006, p. 335).

Fica, pois, evidente que Śaṅkara interpreta Patañjali se referindo à Astrologia, ou seja, ao "[...] estudo ou Ciência dos astros [...] [ou] da relação entre os fenômenos terrestres e os celestes, incluindo todos os seres nesta Terra, quer essa relação possa ser por influência direta, por sincronicidade ou de qualquer outro tipo" (LINDEMANN, 2012, p. 13). Trata-se, pelo menos, de um estudo (*logia* em grego), como disse Isaac Newton quando Egmont Halley, astrônomo que descobriu o famoso cometa que leva seu nome, o questionou sobre os fundamentos da Astrologia. Newton respondeu: "Senhor, eu a tenho estudado; o senhor, não"[700] (THE COMPLETE..., 1975, p. 3).

Śaṅkara, em seu comentário acima, refere-se a pelo menos dois aspectos ou ângulos planetários: a "conjunção", quando dois ou mais astros ou planetas "convergem" a zero grau de longitude, e a "oposição", quando eles se "separam" ou se "opõem" a 180 graus. Estes são os ângulos mais importantes usados milenarmente na Astrologia, mas Śaṅkara, obviamente, não se refere à Astrologia popular. Esses ângulos planetários também foram encontrados por John H. Nelson, engenheiro eletrônico norte-americano e analista de propagação da *RCA Communications Inc.*, em Nova Iorque, como os que mais perturbam a propagação das ondas curtas de rádio na ionosfera (LEWIS, 1997, p. 380). Ele escreveu em uma carta à Revista *Omnium Litteraire,* sediada em Paris, em 17 de novembro de 1955:

---

698 *"Dhruve tad-gati-jñānam"* (PATAÑJALI, 1996, III: 29, p. 255).

699 *"[...] will apprehend the motions of the stars – how they converge and how they separate. How at this time this planet is opposed by that one, and how it comes thus to be subdued, and then in that way it rises again – by these means he comes to know, for instance, the good and bad fortune of the living beings"* (ŚAṄKARA, 2006, p. 335).

700 *"Sir, I have studied it, you have not"* (THE COMPLETE..., 1975, p. 3)

> Quando eu me engajei nesta pesquisa referente a Perturbações Ionosféricas influenciando ondas curtas de rádio, eu não tinha qualquer ideia de quais ângulos Planetários Heliocêntricos seriam encontrados como ângulos importantes. Pesquisa puramente empírica revelou que ângulos de 0° - 90° - 180° e 270° estavam associados com maus sinais de rádio, e (ângulos de) 60° - 120° - 240° e 300° foram descobertos como estando associados com bons sinais de rádio (NELSON, 1955 *apud* LINDEMANN, 2012, p. 329).

Na verdade, Nelson estava corroborando os cinco clássicos ângulos planetários conhecidos como aspectos ptolomaicos ou aspectos maiores (LEWIS, 1997, p. 32), a saber: a Conjunção (0°), o Sextil (60°), a Quadratura (90°), o Trígono (120°) e a Oposição (180°). Nelson afirma: "Eu nunca estudei Astrologia [...] É puramente por coincidência que minhas descobertas no rádio aparecem para sustentar a hipótese dos Astrólogos que, pelas eras, têm reivindicado que planetas distantes podem ter uma influência sobre os habitantes da Terra" (NELSON, 1955 *apud* LINDEMANN, 2012, p. 329). O raciocínio subjacente é simples: se numa oposição de Sol com Lua (Lua Cheia) se elevam as marés, numa oposição heliocêntrica de Júpiter com Saturno, os planetas de maior massa no Sistema Solar, o Sol produzirá protuberâncias (manchas solares), pois seu plasma é muito mais fluídico que os oceanos. As manchas solares têm poderosa ação eletromagnética e influenciam as ondas de rádio, como o trabalho de Nelson evidenciou. Se os ângulos dos planetas, do Sol e da Lua podem afetar até as manchas solares e as marés, poderiam igualmente influenciar o ciclo dos hormônios e humores humanos, liberando efeitos de emoções e pensamentos acumulados e relacionados às principais glândulas e seus respectivos plexos nervosos e *cakras*.[701]

Arroyo, que também considera a Astrologia como um caminho de autoconhecimento[702], associado ao *karma* e à transformação, afirma: "Na realidade, a Astrologia poderia ser legitimamente chamada 'a ciência do *karma*'"[703] (ARROYO, 1978, p. 27). Besant afirma, também, que "'o *karma* maduro' pode ser esboçado num horóscopo [Mapa Astral] feito por um astrólogo competente"[704] (BESANT,

701 No espírito da Religião Científica, mencionado no Capítulo 2, esse tema mereceria pesquisa futura.

702 Mascheville também enfatiza a função da Astrologia voltada para o autoconhecimento: "Através do estudo da Astrologia, aprendemos a não culpar, mas a compreender, a não ser infelizes ou revoltados, mas a conhecer a nós mesmos e ao nosso próximo, encontrando a harmonia da vida e religando-nos à Fonte da Luz" (MASCHEVILLE, 1997, p. 82).

703 *"Indeed, astrology could legitimately be called 'a science of karma' [...]"* (ARROYO, 1992, p. 9).

704 *"All this is 'ripe karma', and this can be sketched out in a horoscope cast by a competent astrologer"* (BESANT, 1977, p. 287). A palavra "horóscopo" não se referia originalmente a previsões coletivas de "jornal". Hoje usa-se

2013, p 184). O "*karma* maduro", chamado *prārabdha karma*, citado no Capítulo 3, corresponde a uma subdivisão do *karma* individual, que Śaṅkara considera como "[...] já contraído numa prévia encarnação" (ŚAṄKARĀCĀRYA, 1992, sl. 454, p. 168). Portanto, ele deve estar delineado já no momento do nascimento atual.

Para evidenciar um exemplo dessa correlação entre o *karma* maduro e o mapa astral natal de um indivíduo, pode-se mencionar aqui o grande trabalho estatístico de Michel Gauquelin. Ele publicou, em diversas obras[705] sobre Astrologia, sua pesquisa sobre uma significativa correlação estatística entre as profissões e as posições dos astros (principalmente Lua, Vênus, Marte, Júpiter e Saturno) em certas regiões do céu do Mapa Astral de nascimento de profissionais nascidos na França, Alemanha, Itália, Bélgica e Holanda, "[...] porque nesses países a hora de nascimento é registrada" (BINDER, 2002, p. 149). Como comenta Binder: "A pesquisa de Gauquelin [é] apoiada na análise de quase 41 mil registros de nascimento [...]. Estes estudos indicam que alguns planetas tendem a aparecer, muito além do nível da simples casualidade, [proeminentes[706] nos] mapas de profissionais eminentes" (BINDER, 2002, p. 23). Tais evidências podem correlacionar, por meio da Astrologia, o *karma* maduro com o temperamento e a respectiva inclinação vocacional ou escolha profissional dos indivíduos.

Ainda considerando evidências relacionadas à Lei do *Karma*, é necessário assinalar que Patañjali menciona a possibilidade da previsão da hora da morte e se refere a pelo menos duas subdivisões do *karma*, afirmando: "O *karma* é de dois tipos: ativo e dormente. Aplicando *samyama* a eles (é obtido) o conhecimento da hora da morte; e, também, (aplicando *samyama*) aos presságios"[707] (PATAÑJALI, 1996, III: 23, p. 249). Sem adentrar, necessariamente, na questão de como, por meio de *samyama*, ou seja, da aplicação conjunta de Concentração, Contemplação e Êxtase, pode-se desenvolver tal poder para prever a hora da morte, torna-se necessário

mais o termo Carta Astral Natal, ou simplesmente Mapa Astral, para designar aquela fotografia, por assim dizer, da posição dos astros no céu no horário de nascimento do indivíduo em relação às linhas de latitude e longitude do lugar onde ele nasceu na Terra (LINDEMANN, 2012, p. 14-15).

705 Algumas obras de Michel Gauquelin que merecem destaque, com base em estatística de registros de nascimento, são *Cosmic Influences on Human Behavior* (1978), e *Your Personality and the Planets* (1980).

706 A expressão completa da citação de Binder considera proeminentes aqueles astros que se encontram "[...] na nona e décima segunda casas [astrais] de mapas [astrais natais] de profissionais eminentes. Essas casas são conhecidas como 'zonas plus' [na pesquisa de Gauquelin]" (BINDER, 2002, p. 23). Binder refere-se às divisões ou partes do céu chamadas de "casas astrais natais" IX e XII, ou seja, a casa XII encontra-se aproximadamente até 30 graus acima do horizonte leste, e a casa IX encontra-se até aproximadamente 30 graus a oeste do meio do céu ou meridiano celeste da localidade e horário de nascimento do mapa astral natal do indivíduo em análise.

707 "*Sopakramaṃ nirupakramaṃ ca karma tat-saṃyamād aparānta-jñānam ariṣṭebhyo vā*" (YS, III: 23, p. 249)

aprofundar a questão das subdivisões do *karma*, introduzida no Capítulo 3, para que se possa compreender se, na Lei do *Karma*, existe espaço para o livre-arbítrio.

Śaṅkara menciona pelo menos três subdivisões do *karma*: "*prārabdha, saṃcita* e *āgāmi*" (ŚAṄKARĀCĀRYA, 1992, sl. 454, p. 169). O *karma* maduro (*prārabdha karma*), segundo Besant, é aquele que "[...] está pronto para ser colhido e que é portanto inevitável" (BESANT, 2013, p. 184). Por outro lado, o *karma* acumulado (*saṃcita*), por diversas razões, não terá probabilidade ou possibilidade de ser resgatado imediatamente, seja porque terá de ser resgatado em outra classe social ou em diferentes circunstâncias ou ambientes totalmente diferentes, em outra nação em particular etc. Podem ser *karmas* decorrentes de dívidas contraídas com almas que, num dado momento, não estão sequer reencarnadas. Enfim, trata-se de tipos de *karmas* que são incompatíveis ou incongruentes numa mesma reencarnação. Estes *karmas* terão de ficar acumulados para outra vida. Existe, além disso, o *karma* em formação (*āgāmi karma* ou *kriyamāṇa karma*), que ainda não teve tempo de amadurecer em efeitos compatíveis com suas causas, mas que, em certos casos, pode se somar aos efeitos provenientes de outras causas ou mesmo minimizá-los.

Por todos os aspectos já abordados nesta tese, é obviamente fundamental que o indivíduo aprenda a não gerar novos *karmas*, principalmente negativos, além de tentar reverter ou neutralizar os efeitos de pensamentos ou emoções negativos ou ações impróprias provenientes do passado para poder atingir a Libertação ou *Kaivalya*. O homem que possui o conhecimento de suas vidas passadas "[...] pode neutralizar forças procedentes do passado, enviando contra elas forças iguais e contrárias, e pode, desse modo, 'queimar seu *karma* pelo conhecimento'" (BESANT, 2013, p. 192-193). Essa é, evidentemente, uma das utilidades de se desenvolver o *siddhi* de poder lembrar as vidas passadas (PATAÑJALI, 1996, III: 18, p. 247). A ideia de neutralizar, com forças iguais e contrárias, emoções ou pensamentos negativos ou mesmo reverter tendências para ações impróprias deles decorrentes, também aparece em Patañjali: "Quando a mente é perturbada por pensamentos impróprios, a constante ponderação sobre os opostos é o remédio"[708] (PATAÑJALI, 1996, II: 33, p. 184).

Além dos tipos, ou subdivisões, de *karma* individual mencionados, há também outro tipo de *karma* que não é individual, mas é chamado de "*karma* coletivo" (JINARAJADASA, 2014a, p. 36), pois se relaciona a qualquer composição de *karmas* relativos a ações exercidas por grupos de indivíduos. Tais grupos podem

708 "*Vitarka-bādhane-pratipakṣa-bhāvanam*" (PATAÑJALI, 1996, II: 33, p. 184).

constituir uma família, uma categoria profissional, uma comunidade, uma nação ou qualquer outro agrupamento de que a pessoa faça parte. Este *karma* coletivo pode ser um acelerador de *karmas* acumulados, que não estariam, originalmente, previstos para ser resgatados nesta encarnação. Neste sentido, eles podem acelerar o resgate de *karmas* ou "[...] sofrimentos [aparentemente] imerecidos [...]"[709] (BLAVATSKY, 1991a, p. 145), mas que seriam mais adequadamente compreendidos como sofrimentos não previstos no *karma* maduro para esta encarnação. Dessa forma, Besant conclui: "Em caso algum pode um homem sofrer sem que mereça, mas, se aparece uma oportunidade imprevista de se livrar de uma obrigação passada, é bom que o faça e livre-se dela para sempre" (BESANT, 2013, p. 189).

Feitas preliminarmente essas considerações sobre os tipos ou subdivisões do *karma*, pode-se então voltar a analisar com proveito a questão supramencionada por Patañjali sobre a previsão da hora da morte (PATAÑJALI, 1996, III: 29, p. 249). Leadbeater também considera o tema da previsão[710] da hora da morte, mas agrega a questão do livre-arbítrio introduzido pela ação das pessoas, que corresponderia ao *kriyamāṇa karma* (*karma* em formação):

> É provável que, na maioria dos casos, a maneira e o momento exato da morte não sejam fixados antes nem no momento do nascimento. Os astrólogos dizem que, em muitos casos, não podem prever a morte da pessoa cujo horóscopo estão examinando. Eles mencionam que em certas épocas as influências maléficas são fortes e que a pessoa em questão poderá morrer, mas, se não morrer, sua vida continuará até outra ocasião em que os aspectos malignos novamente a ameaçarão e assim por diante. [...] Pode ser que essas incertezas representem pontos em aberto para decisões posteriores, dependentes das modificações introduzidas pelas ações da pessoa durante a sua vida e pelo uso que fez de suas oportunidades (LEADBEATER, 1996, p. 328).

---

709 *"Unmerited sufferings"* (BLAVATSKY, 1968, p. 161).

710 Leadbeater aprofunda a questão da possibilidade de se fazer previsões em seu livro *Clarividência*, no qual também elabora a controvertida questão predestinação x livre-arbítrio. Ele acertou a previsão, publicada em 1913, sobre o surgimento da internet e a consequente possibilidade de impressão do noticiário em domicílio (BESANT; LEADBEATER, 1993, p. 318), bem como sobre a unificação da Europa (BESANT; LEADBEATER, 1993, p. 333). A partir da evolução dessa última, ele previu também a formação, em estilo semelhante, de uma Federação das Nações que levaria à paz mundial. Possíveis interpretações posteriores de terceiros parecem encontrar relação desse último evento com o grande trígono de Júpiter com Urano e Plutão em 2029 (LINDEMANN, 2011, p. 43).

Leadbeater considerou a possibilidade de modificações posteriores introduzidas pelo livre-arbítrio, ou seja, introduzidas pelo *kriyamāṇa karma* ou *karma* em formação. É importante que se compreenda que a margem de livre-arbítrio de um ser humano depende de uma composição de forças desses diferentes subtipos de *karma*. Dessa forma, Besant afirma:

> A ação vigorosa é sempre sábia. Não importa se ela parece não resolver, vocês terão diminuído o peso contra vocês. Cada esforço tem seu pleno resultado, e quão mais sábios vocês forem, melhor vocês podem pensar, desejar e agir. Se vocês olharem o *Karma* dessa maneira, ele nunca os paralisará, mas sempre os inspirará (BESANT, 1991, p. 87-88).

Para exemplificar esse efeito paralisante, bem como a questão de que o momento da morte pode não estar totalmente fixado, conforme Leadbeater, cita-se o seguinte caso ocorrido na Índia[711]. Um pai precisava decidir se devia chamar um médico para atender ao seu filho febril. O pai raciocinou, baseado numa concepção errônea ou inexorável da Lei do *Karma*, que, se a diretriz do *karma* levasse o menino a viver, então ele viveria com ou sem médico; mas se tal diretriz o levasse à morte, também o menino morreria com ou sem a visita do médico. O pai então concluiu, de modo pouco sábio, que não deveria chamar o médico, sem considerar que poderia ser exatamente esse o seu dever (*dharma*): chamar o médico que receitaria o remédio que poderia salvar seu filho.

Besant prossegue seu exemplo sobre a margem de livre-arbítrio de um ser humano comparando, por analogia, uma possível soma vetorial dos diferentes subtipos de *karma* com a ciência da navegação para dar direção a um veleiro:

> "Mas", dirão vocês, "há certas coisas, apesar de tudo, nas quais meu destino é mais forte do que eu". Vocês podem algumas vezes enganar o destino, quando não podem enfrentá-lo face a face. Quando navegando com ventos contrários, o navegante não pode mudar o vento, mas ele pode mudar a direção das velas. A direção do navio depende da relação das velas com o vento, e, por meio de um bordejo cuidadoso, pode-se quase que navegar contra um vento adverso, e com pequeno trabalho a mais chegar ao porto desejado. Isto é uma parábola a respeito do *Karma*. Se você não pode mudar sua sorte, mude a si mesmo, e encontrando-a num ângulo diferente, você

711 O autor desta tese tomou conhecimento deste caso.

> irá deslizando com sucesso onde o fracasso parecia inevitável. *Yoga* é "habilidade na ação", e esta é uma maneira pela qual o homem sábio governa seus astros ao invés de ser governado por eles (BESANT, 1991, p. 87-88).

Essa afirmativa de Besant é correlacionável a outra clássica na Astrologia: "Os astros inclinam, mas não determinam"[712] (LINDEMANN, 1997, p. 7). Evidências sobre a margem de livre-arbítrio relativa ao *karma* parecem ser obtidas pela Astrologia na pesquisa ou estudo comparado de Mapas Astrais Natais de irmãos gêmeos, como se vem fazendo[713] (LINDEMANN, 2012, p. 252 *et seq.*). Besant acrescenta:

> Nas coisas que são realmente inevitáveis, e nas quais você não pode mudar sua atitude, permaneça firme. Elas são muito poucas. Quando houver um destino tão poderoso que você possa apenas curvar-se ante ele, mesmo então aprenda com ele, e daquele destino você colherá uma flor de sabedoria que talvez uma sina mais feliz não o permitiria colher. E assim, em todas as ocasiões, nós descobrimos que podemos enfrentar e conquistar e, mesmo da derrota, podemos colher a flor da vitória (BESANT, 1991, p. 88).

Besant parece encontrar, dessa forma, uma solução prática para a clássica contraposição filosófica entre a predeterminação e o livre-arbítrio. Talvez seja oportuno considerar que a mente humana parece ter uma tendência a preferir as posições extremas e a não apreciar o paradoxo. Neste caso, tal tendência inclina-se a defender a existência de um destino fatalista ou inexorável, num extremo, ou de um livre-arbítrio absoluto que atribui tudo ao acaso, no outro extremo. Besant parece adotar uma interpretação da Lei do *Karma* que vai somando ou acumulando efeitos gradualmente, conciliando as posições extremas:

> Aqui reside a solução do antigo problema da fatalidade e do livre-arbítrio: o homem, pelo exercício de seu livre-arbítrio, vai gradualmente criando fatalidades para si mesmo, e entre os dois extremos jazem todas as combinações

---

712 Trata-se apenas da expressão latina clássica "*Astra inclinant, non necessitant*" traduzida ao português. (LINDEMANN,1997, p. 7)

713 Uma pesquisa sobre casos de Mapas Astrais de irmãos gêmeos, apresentada originalmente em 1993, intitulada *Astrologia, Karma e Livre-arbítrio* foi publicada como um capítulo da obra *A Ciência da Astrologia e as Escolas de Mistérios* (LINDEMANN, 2012, p. 241-260). Essa temática mereceria aprofundamento em pesquisa futura.

> de livre-arbítrio e de necessidade que criam as lutas em nosso interior das quais temos consciência (BESANT, 2013, p. 186).

Uma vez que foram considerados alguns indícios ou evidências relativos às Lei da Reencarnação e do *karma*, outras evidências podem ser melhor contextualizadas, na próxima seção, a fim de ampliar a compreensão da evolução como propósito da vida.

5.4 EVIDÊNCIAS DA LEI DA EVOLUÇÃO (*DHARMA*) E A NATUREZA DO SER LIBERTO *(MAHATMA)*

Visando encontrar evidências da Lei da Evolução, segundo a concepção de Patañjali, ou alguma correspondência com os descobrimentos ou as teorias da ciência contemporânea e seus possíveis desdobramentos filosóficos, culminando no ser liberto, Mahatma ou Homem Perfeito, é examinada a concepção de Evolução no *Yoga-Sūtra* citada no Capítulo 3.

Patañjali considera a evolução como o propósito da vida, culminando no autoconhecimento. Esse seria o objetivo mais importante do Universo, como visto no capítulo 3, conforme o *sūtra* YS, II: 23: "O propósito da [vida] união de *puruṣa* [espírito] e *prakṛti* [natureza ou matéria] é a conscientização, pelo *puruṣa*, de sua verdadeira natureza [autoconhecimento] e do desenvolvimento dos poderes inerentes [evolução] a ele e a *prakṛti*"[714] (PATAÑJALI, 1996, II: 23, p. 156). Comentou-se que Patañjali define o propósito da vida, entendida como processo de união de *puruṣa* e *prakṛti*, como sendo, em primeiro lugar, o autoconhecimento, bem como a evolução ou o desenvolvimento de poderes latentes na consciência e na matéria dos corpos com os quais a consciência se faz manifesta. Sob este ponto de vista, portanto, a evolução dos corpos não seria casual, mas orientada, consciente ou inconscientemente, pelo Espírito (*puruṣa*). Patañjali chega a afirmar que a manifestação do próprio Universo existe somente para esse autoconhecimento do *puruṣa* (Espírito): "A própria existência do visto [o mundo percebido] é por sua causa [isto é, do *puruṣa*]. [Isto é, *prakṛti* existe somente para servir ao *puruṣa*]"[715]

714 *"Sva-svāmi-śaktyoḥ svarūpopalabdhi-hetuḥ saṃyogaḥ"* (PATAÑJALI, 1996, II: 23, p. 156).

715 *"Tad-artha eva dṛśyasyātmā"* (YS, II: 21, p. 154) Outras traduções por Prasada e Vivekananda: *"For his purpose only is the being of the 'knowable'"* (PATAÑJALI, 1988, II: 21, p. 137) *"The nature of the experienced*

(PATAÑJALI, 1996, II: 21, p. 154). Essa frase indica a extrema importância que Patañjali atribui no *Yoga-Sūtra* ao *puruṣa* (Espírito) ao afirmar que todo o Universo manifestado, ou Natureza Material (*prakṛti*), existe somente para o servir. Dessa forma, Patañjali parece mesclar os aspectos (i) cósmico e (ii) humano da evolução.

Portanto, o tema da evolução será visto por meio desses dois aspectos, como se fez em seções anteriores. Pelo aspecto (i) cósmico da evolução, se ressalta que o próprio nome "Brahmā"[716] é originado da ideia de evolução e seus desenvolvimentos, se originando da raiz sânscrita *bṛh* que significa "'crescimento', 'expansão', 'evolução', 'desenvolvimento', 'dilatação [expansão] do espírito ou da alma'"[717] (MONIER-WILLIAMS, 1995, p. 737).

Tal ideia, nesse caráter universal, apresenta alguma semelhança com o conceito de *pariṇāmavāda* ou "evolução" e desenvolvimentos de *prakṛti* na concepção da filosofia Sāṃkhya, ainda que essa última não pareça ter o conceito de um Deus pessoal, como visto no Capítulo 1. Convém enfatizar que *pariṇāmavāda* é apresentada por Bhagavān Dās como: "A doutrina da evolução através de modificações sucessivas, a teoria da mudança, transformação, evolução e dissolução em virtude da ação mútua entre dois fatores (Espírito [*puruṣa*] e Matéria [*prakṛti*]) (Bhagavān Dās[718])" (DĀS, [19--] *apud* BLAVATSKY, 1991b, p. 468). A filosofia do Yoga, entretanto, embora herde conceitos da filosofia Sāṃkhya, tem agregado o conceito de *Īśvara* (Deus) como uma de suas singulares diferenças em relação à filosofia Sāṃkhya. *Īśvara* (Deus) é considerado "um guia da evolução" para garantir "o desenvolvimento de *prakṛti* [Natureza Material]" de modo "que possa servir aos interesses dos *puruṣas* [Espíritos]", como se reitera ao citar Radhakrishnan:

is for him" (PATAÑJALI, 1982, II: 21, p. 198).

716 Nominativo nota referente ao criador [Masculino].

717 "'*growth*', '*expansion*', '*evolution*', '*development*', '*swelling of the spirit or soul*'" (MONIER-WILLIAMS, 1995, p. 737).

718 Portanto, quem contribuiu para este verbete foi realmente Bhagavān Dās (1869-1958), um distinguido *pandit* (erudito) e magistrado em Uttar Pradesh que era membro da Sociedade Teosófica (HARRIS, 2006, p. 186).

> A tendência cega da *prakṛti* não inteligente não pode gerar a ordem e a harmonia do Universo quando os homens sofrem de acordo com seus *karmas*. Deus [*Īśvara*] é o guia da evolução de *prakṛti*. Ele está sempre zelando para que o desenvolvimento de *prakṛti* possa servir aos interesses dos *puruṣas*[719] (RADHAKRISHNAN, 2019, v. 2, p. 340-341).

A necessidade da existência de Deus (*Īśvara*), que teria a função de guia inteligente da evolução, deve abranger a necessidade de preservação das Leis do *Karma* e da Reencarnação (PATAÑJALI, 1996, II: 12-14, p. 131-134), daí que a menção ao *karma*, nessa citação, deixe, obviamente, subentendida sua lei gêmea da Reencarnação (*saṁsāra*). Essas leis tornam possível o processo da evolução espiritual e, por isso, foram tratadas nas seções anteriores.

Por outro lado, as encarnações divinas ou *avatāras* de Viṣṇu, por exemplo, em forma de "peixe, tartaruga, javali e leão-homem"[720] (MONIER-WILLIAMS, 1995, p. 99), até chegar à forma humana, têm uma sequência ordenada que parece sugerir uma evolução das formas físicas dos corpos. A ciência moderna tem investigado a evolução das formas físicas, enquanto Patañjali considera essa evolução física como um efeito secundário no *Yoga-Sūtra* (PATAÑJALI, 1996, II: 23, p. 156).

A primeira evidência, em linguagem científica moderna, surgida no mundo ocidental em favor da evolução foi o darwinismo, criado por Charles Robert Darwin (1809-1882) e consolidado na publicação de *A Origem das Espécies*, em 1859 (DARWIN, 1981), na qual se sustenta a evolução gradual das espécies. Darwin expõe princípios básicos do darwinismo, como, entre outros, a seleção natural, a luta pela vida, a sobrevivência do mais apto. Em sua época, sua obra encontrou grande resistência, inclusive religiosa, que ele considerou "[...] como um curioso exemplo de cegueira resultante de uma opinião preconcebida" (DARWIN, 1981, p. 453). Tais princípios básicos, acrescidos do conhecimento atual da genética, passaram a caracterizar o "Neodarwinismo" (YESHUA, 2003, v. 3, p. 895). Ambos atribuem o processo da evolução ao acaso, o que parece ser o ponto de maior divergência com a interpretação dada por Taimni à concepção de evolução de Patañjali no *Yoga-Sūtra* (PATAÑJALI, 1996, II: 23, p. 156). Além disso, a teoria da origem da vida, do bioquímico russo Aleksandr Ivanovich Oparin (1894-1980),

---

719 *"The blind tendency of non-intelligent prakṛti cannot bring forth the order and the harmony of the universe when men suffer according to their karmas. God is the guide of Evolution of prakṛti. He is ever solicitous that the development of prakṛti may serve the interests of puruṣas"* (RADHAKRISHNAN, 2019, v.2, p. 340-341)

720 *"fish, tortoise, boar, man-lion..."* (MONIER-WILLIAMS, 1995, p. 99).

"[...] estendeu a teoria darwiniana da evolução para trás no tempo para explicar como materiais orgânicos e inorgânicos simples podem ter se combinado em compostos orgânicos complexos e como estes últimos podem ter formado o organismo primordial"[721] (YESHUA, 2003, v. 8, p. 961). Na mesma época, o britânico J. B. S. Haldane (1892-1964) também deu uma contribuição independente nesse campo. Posteriormente, em 1953, S. L. Miller (1930-2007) e H. C. Urey (1893-1981), da Universidade de Chicago, realizaram um famoso experimento para testar a hipótese de Oparin e Haldane, tentando reconstituir as condições atmosféricas primitivas da origem da vida no planeta Terra misturando gases de metano, amônia, vapor d'água e hidrogênio: "Uma faísca elétrica, que substituiu o raio, foi introduzida em uma mistura de gases que chegou a formar aminoácidos, os blocos básicos das proteínas. [...] Ainda não está claro como esses blocos de construção básicos foram montados para formar a vida"[722] (YESHUA, 2003, v. 14, p. 1155). Todos esses cientistas pretendem sustentar a possibilidade de a vida ter se originado ao acaso e, portanto, divergem, pelo menos nesse ponto, da concepção de evolução segundo a interpretação de Taimni sobre Patañjali no *Yoga-Sūtra,* mencionada acima. O matemático N. C. Wickramasinghe, da University College Cardiff, traz uma importante evidência para esta questão ao analisar, a partir do experimento de Miller e Urey, a ínfima probabilidade estatística de a vida ter se originada ao acaso:

> O fato de os microrganismos serem muito complexos é a maior dificuldade relacionada à concepção neodarwiniana da vida. Pode-se dizer que, no momento da criação ou da formação das bactérias, como quer que tenha sido, 99,99% da bioquímica das formas de vidas superiores, já tinham sido descobertas. Sabe-se que umas 2 mil enzimas, ou mais, são de importância vital para o amplo espectro da vida que vai dos microrganismos simples ao homem. As variações das sequências de aminoácidos nessas enzimas são em geral insignificantes. Em cada enzima uma série de posições-chaves são ocupadas por aminoácidos praticamente invariáveis. Consideremos agora como essas sequências de enzimas poderiam ter se originado de

---

721 *"[...] he extended the Darwinian theory of evolution backward in time to explain how simple organic and inorganic materials might have combined into complex organic compounds and how the latter might have formed the primordial organism"* (YESHUA, 2003, v. 8, p. 961).

722 *"An electric spark, which substituted for lightning, was introduced to a mixture of gases that reached to form amino acids, the basic building blocks of proteins. [...] How these basic building blocks were assembled to form life remains unclear"* (YESHUA, 2003, v. 14, p. 1155).

> um caldo primordial contendo em porções iguais os vinte aminoácidos biologicamente importantes. Calcula-se que um mínimo de quinze posições por enzima devem ser preenchidas por determinados aminoácidos para um funcionamento biológico adequado. O número de combinações experimentais necessárias para encontrar essa associação é calculado em uns 10 $^{40.000}$, uma cifra enorme, ou melhor, astronômica. E a probabilidade de se descobrir essa associação mediante combinações ao acaso é de uma em 10 $^{40.000}$, número que pode ser considerado a medida do conteúdo de informação vital apenas das enzimas[723] (WICKRAMASINGHE, 1982 *apud* LINDEMANN; OLIVEIRA, 2011, p. 105).

Para se ter uma noção mais visual de quão ínfima é esta chance, representada pelo número $1/10^{40.000}$, de aquelas duas mil enzimas, necessárias para o amplo espectro da vida, terem se originado do acaso, basta lembrar que tal número pode também ser grafado de outra forma, a saber: um algarismo 0, virgulado, seguido de outros 39.999 zeros, até chegar a um algarismo 1 final. Grafado desta forma, este número tomaria mais de quinze das páginas desta tese somente com zeros. E o matemático Wickramasinghe ainda acrescenta uma conclusão:

> O número de combinações necessárias para se descobrir a vida excede em muitas potências de 10 o número de todos os átomos do Universo observável. Um vendaval que soprasse os restos de um avião [num ferro-velho] teria maiores probabilidades de juntar esses restos formando um Boeing 747 novinho em folha que os processos do acaso de criar a vida a partir de seus componentes[724] (WICKRAMASINGHE, 1982 *apud* LINDEMANN; OLIVEIRA, 2011, p. 105).

Fica, pois, evidente que Wickramasinghe considera extremamente improvável um processo de origem da vida ao acaso. É, oportuno e necessário, reiterar que, segundo o pensamento teosófico, o plano divino da evolução converge para uma meta final de retorno às origens deste Sistema Solar em Īśvara (Deus), como visto, ainda que submetido à Lei dos Ciclos. Entretanto, pelo menos uma vanguarda científica de pesquisadores, já citados, admite a hipótese do retorno a uma singularidade final, chamada "*Big Crunch*", e, mais recentemente, a hipótese do

---

723 "Compilado de *O Correio da Unesco*, n. 7, julho, 1982" (LINDEMANN; OLIVEIRA, 2011, p. 131).
724 "Compilado de *O Correio da Unesco*, n. 7, julho, 1982" (LINDEMANN; OLIVEIRA, 2011, p. 131).

Universo cíclico, sustentada por Steinhardt e Turok e por Penrose e Gurzadyan (STEINHARNDT; TUROK, 2002, p. 1).

Essa ideia de um retorno final às origens, ou seja, de um ponto de convergência e união com Deus, aparece também na doutrina de Orígenes, de Alexandria: a apocatástase, ou Restauração Final, considerada também como uma salvação universal, citado no Capítulo 2: "Para que Deus seja tudo em todos" (1Cor 15, 28), conforme a interpretação de Orígenes dessa Salvação Universal (JAEGAR, 2002, p. 115). Portanto, para Orígenes, bem como para o Pensamento Teosófico, não existem, nem poderiam existir, danação nem inferno eternos. Similarmente a essa ideia de Restauração Final, Leadbeater faz referência à união final com Deus, afirmando: "Deus é amor, e todo [...] o seu poderoso Universo está se movimentando firmemente na direção de um determinado objetivo final de unidade consciente com Ele. [...] O ilimitado amor[725] da Deidade é o próprio fundamento do ponto de vista teosófico" (LEADBEATER, 2019a, p. 259). Na verdade, fica implícita a ideia de um plano divino que conduz ao objetivo final de unidade consciente com a Divindade, pois o mundo não estaria navegando à deriva. Krishnamurti afirma: "[...] o que é realmente importante é este conhecimento – o conhecimento do plano de Deus para os homens. Pois Deus tem um plano, e esse plano é a evolução" (KRISHNAMURTI, 2017, p. 16). Não cabe aqui detalhar o que foi mencionado acima como "[...] o amplo espectro da vida que vai dos microrganismos simples ao homem" (WICKRAMASINGHE, 1982 *apud* LINDEMANN; OLIVEIRA, 2011, p. 105). Considera-se, ilustrativamente, apenas um pensamento antigo: "Deus dorme no mineral, sonha no vegetal, desperta no animal, torna-se autoconsciente no homem" (LINDEMANN; OLIVEIRA, 2011, p. 112).

Embora alguns textos clássicos de tradições reencarnacionistas, tais como a *Bhagavad-Gītā* (BHAGAVAD-GĪTĀ, 2014, XVIII: 41, p. 279) ou *A República* de Platão (PLATÃO, 1996, *República* § 415 a-c, p. 77), talvez evidenciem indícios da Lei da Evolução no estágio humano, a maior evidência dessa evolução seria a existência da condição do Mahatma ou Homem Perfeito: aquele que atingiu o estágio final da evolução humana (*kaivalya*) e venceu *avidyā* (ignorância). Entretanto,

725 O argumento de Leadbeater é lógico, afirmando que, se Deus é amor, então ele não necessita quaisquer oferendas ou preces humanas (LEADBEATER, 2019a, p. 259-260). Entretanto, tendo em vista a onipresença da Divindade, Leadbeater conclui: "Tudo o que Lhe podemos oferecer em retribuição é o nosso amor e o nosso serviço. E o nosso amor é a própria manifestação de Deus dentro de nós, de tal modo que a única ação de nossa parte, que pode ser concebida como prazerosa para Ele, é aquela que permite cada vez mais ao Deus interno manifestar a si mesmo através de nós. Esta me parece ser a maior de todas as verdades – a verdade da qual tudo o mais depende" (LEADBEATER, 2019a, p. 260).

parece ser necessário um longo percurso para se atingir tal condição. *A Doutrina Secreta* de Blavatsky (BLAVATSKY, 1980, p. v. 1, 211) e *As Cartas dos Mahatmas a A.P. Sinnett* (BARKER, 2001, v. 1, p. 278) mencionam um número médio ou simbólico de 777 reencarnações no estágio humano, abrangendo diferentes estágios evolutivos até que se alcance a condição de Mahatma ou Homem Perfeito. Taimni interpreta esse número médio de vidas como uma progressão geométrica, devido à conscientização progressiva do ser humano na "senda espiritual", que conduz à condição de Mahatma ou Homem Perfeito: "Cerca de 700 destas [vidas] são passadas na aquisição de experiências nas condições de selvagem e semicivilizado, cerca de 70 obtendo experiências em condições civilizadas e aperfeiçoando a natureza moral, e as últimas 7 trilhando o caminho [...]" (TAIMNI, 2007, p. 116). Em sua obra *Os Mestres e a Senda*, Leadbeater desenvolve, em detalhes, essa senda espiritual acelerada que leva ao contato ou discipulado com os Mahatmas por meio de estágios ou iniciações (LEADBEATER, 2015, p. 205 *et seq.*). Estes poderiam ter correspondências no Rāja-Yoga e nos estágios de *Samādhi* e seus respectivos planos ou *lokas*, como visto nos Capítulos 2 e 3.

Taimni ainda sugere um caminho evolutivo de purificação que pode ser relacionado a esta média de 777 reencarnações humanas, numa sequência de cinco desejos que representam a evolução no estágio humano: "(1) Desejo de satisfação sensual; (2) Desejo de ajudar à própria família a viver confortável e decentemente; (3) Desejo de servir à pátria; (4) Desejo de servir à humanidade; (5) Desejo de reunir a vontade pessoal à Vontade do Supremo" (TAIMNI, 2007, p. 70). Várias correspondências podem ser associadas aos quatro primeiros desejos, enquanto o quinto já transcende às relações sociais comuns e pode ser associado ao renunciante (*sanyāsī*), ao monge, ao *rāja-yogi* que fez os votos de autorrestrições ou *Yama* (PATAÑJALI, 1996, II: 31, p. 175), segundo a tradição do *Yoga-Sūtra* de Patañjali. Assim, pode-se encontrar, na senda espiritual das últimas sete vidas, que levam à perfeição ou Libertação (*kaivalya*), isto é, à condição de Mahatma ou Homem Perfeito.

Portanto, qualquer evidência da existência de seres perfeitos que alcançaram a plenitude do autoconhecimento ou *Ātma-Vidyā*, chamados de *Jivanmuktas*, Mahatmas ou Homens Perfeitos, como mencionado, poderia se tornar também uma importante evidência desta Lei da Evolução ou da possibilidade evolutiva do próprio ser humano. Coerentemente, Patañjali também sugere meditação no tema e corrobora a existência de seres perfeitos: "(Aplicando *samyama*) à luz sob a coroa da cabeça (obtém-se a) visão dos Seres que atingiram a perfeição"[726] (PATAÑJALI, 1996, III: 33, p. 258).

Poder-se-ia, com certa razão, argumentar que sempre houve evidência de seres perfeitos, como Buddha, Śaṅkara, Kṛṣṇa e Cristo, entre tantos outros fundadores de todas as grandes religiões. Portanto, este seria o testemunho histórico e antigo. Por outro lado, seria também importante mencionar, numa abordagem teosófica, algumas evidências contemporâneas, ainda que indiretas, da sua existência, que seriam constituídas pelas cartas enviadas pelos Mahatmas. O Relatório produzido por Vernon Harrison (1912-2001)[727], da Sociedade de Pesquisas Psíquicas de Londres, publicado em 1997, apresenta resultados minuciosos das investigações das cartas dos Mahatmas à luz do microscópio.

Parece oportuno e necessário fazer uma breve menção ao contexto histórico que gerou esse extraordinário relatório Harrison, que apresenta uma retratação das acusações de fraude, injustamente lançadas contra H. P. Blavatsky, no relatório Hodgson em 1885. Por mais que a Sociedade Teosófica sempre tenha tido o cuidado de evitar qualquer envolvimento com "política nacional ou partidária" (BLAVATSKY, 1991a, p. 203), no final do século XIX existiam grandes interesses políticos e religiosos contrários a qualquer avanço dos ideais de Blavatsky (1891-1891) e da Sociedade Teosófica (1875) pela causa da fraternidade universal, pela influência que tais ideais exerciam no mundo e que chegaram até a influenciar Gandhi, como ele declara em sua autobiografia[728] (GANDHI, 1964, p. 86). No contexto de resistência à universalidade de seus ideais, tudo foi feito para se acusar, injustamente, Blavatsky como impostora e, a Sociedade para Pesquisas

---

726 "*Mūrdha-jyotiṣi siddha-darśanam*" (YS, III: 33, p. 258).

727 Vernon Harrison, membro da Sociedade de Pesquisas Psíquicas de Londres, após seu doutorado em física, foi presidente da Royal Photographic Society (Sociedade Real de Fotografia), terminou por se profissionalizar como especialista em falsificações da De La Rue & Co., empresa que imprime "notas bancárias (papel moeda), selos, certificados de ações, passaportes, e outros tipos de documentos de segurança" (HARRISON, 2015, p. 10a) no Reino Unido.

728 Pode-se tomar como exemplo de tal influência o efeito que esses ideais produziram na vida do grande pacifista Mohandas K. Gandhi (1869-1948), que conheceu Blavatsky e Besant, em Londres, em 1889, como atesta sua autobiografia (GANDHI, 1964, p. 86). Ele se aproximou da Sociedade Teosófica, que teve grande influência na valorização da filosofia oriental, principalmente o Yoga, o Vedanta e o Budismo. Gandhi afirma ter lido *A Chave para a Teosofia* de Blavatsky: "Esta leitura estimulou em mim o desejo de familiarizar-me com as obras do Hinduísmo e libertou-me da noção ilusória, difundida pelos missionários, de que o Hinduísmo era apenas um amontoado de superstições" (GANDHI, 1964, p. 86). Essa valorização da filosofia oriental ocorreu, inevitavelmente, como consequência da prática do segundo objetivo da Sociedade Teosófica, que encoraja o estudo eclético de religião comparada, filosofia e ciência. Nesse contexto, Blavatsky posicionou-se contra o materialismo e a favor da tolerância religiosa e da paz mundial.

Psíquicas de Londres, por meio do relatório Hodgson, chegou a acusá-la de fraude, principalmente na questão das cartas dos Mahatmas, em 1885, sem sequer analisar esses documentos no microscópio. Essa análise só foi feita em 1997, resultando na falta de provas para qualquer acusação. O relatório Harrison, da mesma Sociedade para Pesquisas Psíquicas de Londres, fez a retratação[729]: "[...] o estrago causado [ao nome de H. P. Blavatsky] não se deve ao que foi dito, mas ao que não foi dito" (HARRISON, 2015, p. xvii). E conclui: "Peço desculpas a ela [H. P. Blavatsky] por termos levado cem anos para demonstrar que ela escreveu a verdade" (HARRISON, 2015, p. 44).

Finalmente, o relatório Harrison traz importantes evidências, a partir da análise microscópica das cartas dos Mahatmas, segundo metodologia científica. Essas cartas dos Mahatmas, que foram criteriosamente analisadas por Harrison, ainda hoje estão abertas à visitação pública na *British Library*[730] e, por constituírem importante evidência ou indício da existência dos Mahatmas, mereceriam pesquisa futura mais aprofundada, tanto por seu conteúdo quanto pela forma extraordinária como foram escritas. Algumas das cartas surpreendem até os pesquisadores atuais, como afirma Harrison:

> Os documentos que parecem ter sido escritos com tinta preta são igualmente fascinantes. As marcas escuras parecem estar dentro do papel e não na superfície. É difícil termos certeza disso agora, porque as cartas encadernadas foram laminadas em tecido de arquivo para preservá-las. Temos, portanto, que distinguir entre as fibras do tecido protetor e as fibras do papel das cartas (HARRISON, 2015, p. 42).

É importante mencionar que a grande maioria dessas cartas, conforme consta em sua história, foi produzida pelo fenômeno da "precipitação", o que constitui por si mesmo um fenômeno parapsicológico de difícil explicação. Não se trata de cartas psicografadas com caneta. Isso afasta qualquer hipótese de que pudessem ter sido escritas por supostas subpersonalidades de Blavatsky durante algum tipo

---

729 Mais relevante deveria ser a positiva, inspiradora e criteriosamente comprovada influência da obra de Blavatsky, principalmente *A Doutrina Secreta*, e de seus ideais, sobre o Parlamento Mundial das Religiões de Chicago, bem como na vida e obra de Gandhi, Thomas Edison, Crookes, Einstein, Yeats, James Joyce, Fernando Pessoa, Kandinsky, Mondrian, Klee, Gaugin, Mahler, Sibelius, Scriabin, entre vários outros notáveis (CRANSTON, 1997, p. 465-558).

730 Originalmente, essas cartas se encontravam no *British Museum*, mas atualmente se encontram na *British Library*, em Londres, Reino Unido (HARRISON, 2015, p. x).

de transe. De qualquer forma, Harrison comenta que o próprio Hodgson, autor do polêmico relatório que acusava Blavatsky de fraude, teve de admitir que "Blavatsky não poderia ter escrito [as cartas], pois estava muito longe naquele período e as comunicações eram muito deficientes [precárias]" (HARRISON, 2015, p. 109). A *Enciclopédia Teosófica* assim define o fenômeno da precipitação:

> Precipitação: O processo de imprimir sobre papel as imagens mentais de um escritor, ao invés de escrevê-las com a mão. [...] Cartas precipitadas parecem ter a curiosa qualidade de o texto ser composto de linhas diagonais [microestrias relatadas por Harrison] incluindo sublinhados, algo que canetas e lápis não conseguem produzir[731] (HARRIS, 2006, p. 505).

Harrison comenta que as microestrias se apresentam regularmente paralelas e são "[...] efetuadas com precisão de engenharia" (HARRISON, 2015, p. xxi). Ele assim as descreve:

> Chamo atenção para características curiosas e inexplicadas das cartas de K. H., ou seja, as estrias claras e regulares de alguns escritos aparentemente feitos com lápis azul (Fig. 11), a pequena quantidade de penetração de tinta mesmo quando era usado o papel de 'arroz' fino [...] (HARRISON, 2015, p. 108).

A figura 11, mencionada por Harrison, é um fac-símile ampliado (270%) de uma passagem das cartas que se encontram na *British Library*, apresentada, de forma adaptada, neste trabalho, na Figura 7.

---

731 *"Precipitation: The process of impressing upon paper the mental images of a writer instead of writing it by hand. [...] Precipitated letters appear to have the curious quality of the text being composed of diagonal lines, including underlines, something that pencils or crayons cannot produce"* (HARRIS, 2006, p. 505). Para uma discussão detalhada sobre este tema, recomenda-se *The Mahatmas and Their Letters*, de autoria de Geoffrey Barborka (1973).

Figura 7: Carta do Mestre K. H. precipitada em agosto de 1882

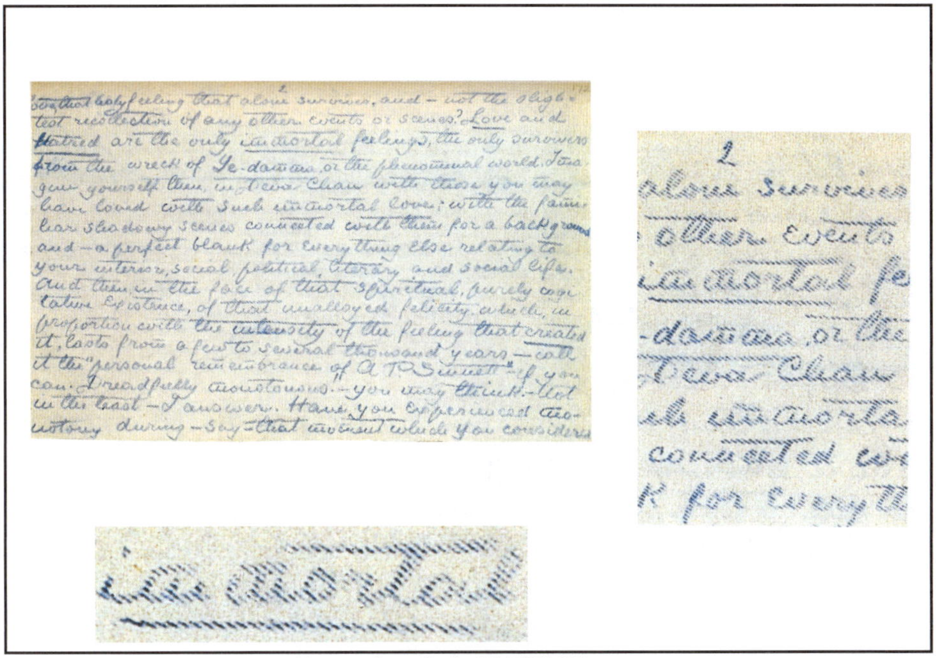

Fonte: adaptado de HARRISON, 2015

Além disso, Harrison conclui que as cartas "[...] foram feitas por algum processo desconhecido" (HARRISON, 2015, p. 108). Obviamente, se a ciência não conhece um processo, tal desconhecimento não pode ser a base de uma acusação de fraude. Harrison, assim, considera que o relatório anterior, publicado por Hodgson, em 1885, "[...] deveria ser usado com muita cautela, se não totalmente desconsiderado. Ele está eivado de falhas" (HARRISON, 2015, p. 110). Essas cartas mereceriam mais pesquisa, pois "[...] constituem-se Evidência Primária" (HARRISON, 2015, p. xviii).

Após essa breve apresentação de algumas importantes evidências sobre as cartas dos Mahatmas, ainda seria necessário considerar a natureza dos próprios Mahatmas. Para muitas pessoas, talvez fosse mais fácil aceitar que as cartas, por mais extraordinário que pudesse ser o fenômeno da sua precipitação, tivessem sido produzidas por seres perfeitos ou angelicais sem corpo físico, mas este não foi o caso relatado. Blavatsky assim descreve os Mestres, que ela designa, mais especificamente, como os "Mahatmas Teosóficos", título de um de seus capítulos em *A Chave para a Teosofia*:

> Em primeiro lugar, eles são homens vivos, nascidos da mesma forma que nós, e condenados a morrer como todos os outros mortais [...] Chamamos [eles] de 'Mestres' porque são nossos instrutores; e porque deles nós recebemos todas as verdades teosóficas [...] São homens de grande conhecimento, a quem nós denominamos Iniciados, e cuja santidade de vida é ainda maior. [...] Os poderes que eles exercem são simplesmente o desenvolvimento de potencialidades que estão latentes em todos os homens e mulheres, e cuja existência até mesmo a ciência oficial começa a reconhecer (BLAVATSKY, 1991a, p. 246-248).

É necessário mencionar, também, que há inúmeros testemunhos de outras pessoas que, além de terem recebido suas cartas, viram os Mahatmas em seus corpos físicos ou materializados. Mas, infelizmente, são todas falecidas, como, por exemplo, Olcott, Besant, Leadbeater. Uma coletânea de evidências e testemunhos, neste sentido, encontra-se na obra de Barborka: *The Mahatmas and their Letters* (BARBORKA, 1973).

A grande dificuldade de se mencionar evidências, sobre a existência dos Mahatmas, deriva de sua própria disposição de intencionalmente evitar deixar qualquer prova definitiva de sua existência. Isto fica claro na carta número um: "A única salvação para os verdadeiros conhecedores das ciências ocultas é o ceticismo do público; os charlatães e os prestidigitadores são os escudos naturais dos 'Adeptos'" (BARKER, 2001, v. 1, p. 40).

Na literatura teosófica, aprecia-se a coerência lógica da existência dos Mahatmas como um ponto relevante do Pensamento Teosófico. Nas palavras de Leadbeater, "A existência de Homens Perfeitos [Mahatmas] é um dos mais importantes dos muitos novos fatos que a Teosofia coloca diante de nós. Ele sucede logicamente aos outros grandes ensinamentos teosóficos do *karma* e da evolução pela reencarnação" (LEADBEATER, 2015, p. 21). Se o Pensamento Teosófico pudesse ser comparado a um silogismo em que as Leis do *Karma*, da Reencarnação e da Evolução fossem consideradas como premissas, então a resultante deste silogismo, por assim dizer, seria a conclusão de que deve existir algum ser humano que atingiu a Libertação (*Jivanmukti*) ou se tornou o Homem Perfeito ou Mahatma.

Entretanto, os Mahatmas ou Homens Perfeitos não se declaram infalíveis: "Nós não somos, em todas as horas do dia, 'Mahatmas' infalíveis, capazes de prever tudo [...]" (BARKER, 2001, v. 2, p. 315). Em outra carta, acrescenta-se que um Mahatma:

> [ou] um Adepto [...] é Adepto apenas durante o exercício dos seus poderes ocultos. [...] Sempre que estes poderes são necessários, a vontade soberana abre a porta que leva ao homem interno (o Adepto) que só pode emergir e agir livremente se o seu carcereiro – o homem externo – estiver completa ou parcialmente paralisado, conforme o caso [...][732] (BARKER, 2001, v. 2, p. 36).

Consequentemente, também as cartas de um Mahatma não devem ser consideradas infalíveis, pois ele "[...] pode cometer erros muito facilmente [...]" (BARKER, 2001, v. 2, p. 37). Pelo menos dois fatores podem dificultar a correspondência: (i) se o Mahatma delegar o processo de precipitação da carta para um discípulo intermediário[733], ou (ii) se o conteúdo da carta demandar algum véu esotérico de um assunto que não pode ser revelado devido a um juramento iniciático de sigilo[734]. Nesse último caso, por exemplo, apresenta-se a seguinte regra: "Embora eu seja obrigado a reter informação sobre muitos pontos, caso você consiga resolver sozinho quaisquer dos problemas, será meu dever dizê-lo" (BARKER, 2001, v. 1, p. 278).

Os possíveis motivos do véu esotérico, ou de sigilo, considerados no Capítulo 2, estão relacionados ao fato de que conhecimento é poder, e o poder pode ser mal utilizado. A condição de Adepto mencionada representa um estado de transe, *Samādhi* ou Êxtase, já citados nos Capítulos 3 e 4. De modo geral, esse estado leva a um arrebatamento na direção dos veículos mais internos da consciência e demanda, ou ocasiona, simultaneamente, algum tipo de paralisação ou perda de foco dos veículos mais externos. Esses estados de consciência transcendentais

---

732 A citação prossegue enumerando cinco casos possíveis: "(a) mental e fisicamente; (b) mental, mas não fisicamente; (c) fisicamente, mas não por completo mentalmente; (d) nenhuma das opções, mas com uma película *akáshica* interposta entre o homem externo e o interno" (BARKER, 2001, v. 2, p. 36).

733 Pode-se exemplificar com o equívoco ocorrido no chamado "incidente Kiddle", em que o Mahatma se escusa por seu jovem discípulo que intermediou uma correspondência "ditada mentalmente para um jovem *chela* [discípulo] e 'precipitada' por ele, que ainda não dominava este ramo de química psíquica, e teve de transcrever o texto a partir de impressões difíceis de enxergar" (BARKER, 2001, v. 2, p. 241).

734 As regras do juramento iniciático talvez possam demandar, eventualmente, algum uso de linguagem ambígua, como o Mahatma afirma: "[...] confesso, muita coisa foi colocada propositalmente de modo obscuro [...]" (BARKER, 2001, v. 2, p. 283).

têm sido descritos, pelo menos por meio de tentativas, alegorias e símbolos, no testemunho histórico e antigo das diversas escrituras religiosas da humanidade. A literatura teosófica menciona que mesmo quando não estão em atividade pública, alguns Mahatmas (Homens Perfeitos) permanecem anonimamente encarnados, de modo a orientar e executar o plano divino da Lei da Evolução, constituindo uma Fraternidade ou Hierarquia Oculta, um governo interno do mundo, de onde periodicamente surgem as grandes religiões (LEADBEATER, 2015, p. 21).

Esse é o complemento subentendido ou necessário para se compreender melhor a hipótese de trabalho de Blavatsky, apresentada no subcapítulo 2.1, que tem uma natureza esotérica algo velada, mas que constitui a ideia axial de Blavatsky sobre a Religião-Sabedoria ou Teosofia. Dessa forma, ela declara a intenção central de sua obra *Ísis sem Véu*:

> O que desejamos provar é que, subjacente a todas as religiões populares antigas, havia a mesma sabedoria-doutrina antiga, única e idêntica, professada e praticada pelos iniciados de todos os países, os únicos que estavam cientes de sua existência e importância[735] (BLAVATSKY, 1982, v. 2, p. 99).

Parece, portanto, mais compreensível, nesse contexto, a posição de Krishnamurti, em sua juventude, ao indicar que pelo menos se buscasse averiguar[736] se existem evidências ou indícios da existência de Mahatmas contemporâneos. As cartas a eles atribuídas constituem importante indício, ainda que indireto, da existência de seus poderes, e apresentam provavelmente a melhor forma de se mostrar a natureza dos Mahatmas: como eles descrevem a si mesmos e à sua fraternidade. Pode-se também citar uma das cartas compiladas por Barker, que aludem a essa comunidade ou fraternidade de Mahatmas:

---

735 *"What we desire to prove is, that underlying every ancient popular religion was the same ancient wisdom--doctrine, one and identical, professed and practiced by the initiates of every country, who alone were aware of its existence and importance"* (BLAVATSKY, 1982, v. 2, p. 99).

736 Krishnamurti também enfatiza a importância de se averiguar a existência dos Mahatmas quando comenta sobre a clássica qualificação de *śraddhā*, usualmente traduzida como "fé" ou "confiança": "Deves confiar em teu Mestre; deves confiar em ti mesmo. Se já viste o Mestre, n'Ele confiarás plenamente através de muitas vidas e mortes. Se ainda não O viste, mesmo assim tens de tentar averiguar a Sua existência e confiar n'Ele, porque, se não o fizeres, nem mesmo Ele poderá ajudar-te. A não ser que haja perfeita confiança, não poderá haver perfeita efusão de amor e poder" (KRISHNAMURTI, 2017, p. 75-76).

> [...] o dever, deixe-me dizer-lhe, é para nós mais forte do que qualquer amizade ou mesmo amor [humano]; já que, sem este princípio permanente, o cimento indestrutível que tem unido durante tantos milênios os guardiães esparsos dos grandes segredos da Natureza – nossa Fraternidade, e mais, a nossa própria doutrina – teria se desmanchado há muito em átomos irreconhecíveis (BARKER, 2001, v. 2, p. 273).

Portanto, a existência desta Fraternidade de Mahatmas, Hierarquia Oculta ou Governo Interno do Mundo, é assim sugerida pela literatura teosófica como a própria essência ou conclusão da hipótese de trabalho declarada por Blavatsky, mesmo que não possa ser propriamente demonstrada. Dessa forma, as diversas religiões seriam fundadas por mensageiros desta Grande Fraternidade Branca ou de Luz, conhecida como "Muralha de Guardiães Protetores da humanidade, constituída pelos Adeptos ou Homens Perfeitos que galgaram o pináculo da perfeição evolutiva [humana]" (FIGUEIREDO, 1996, p. 79).

Depois de atingir esta perfeição ou Libertação (*kaivalya*), uma vez liberado dos *kleśas* e *karmas*, segundo Leadbeater, abrem-se sete caminhos[737] alternativos de livre escolha, para a evolução que seria posterior à condição humana, e somente um desses caminhos é propriamente o de retorno à encarnação física como *Jivanmukta* ou Mahatma, segundo o voto de Bodhisattva que renuncia ao *Nirvāṇa* que alcançou para, por compaixão, ensinar à humanidade até que os outros também o alcancem (LEADBEATER, 2015, p. 274).

Na verdade, além das Leis da Reencarnação, do *Karma* e da Evolução, deve-se dar destaque, à Lei do Sacrifício ou *yajña* (BESANT, 2013, p. 197 *et seq.*), embora pareça ser mais difícil considerar evidências científicas a tal respeito, talvez por ser a mais mística ou oculta das leis universais. A Lei do Sacrifício tem relação com o amor, que se evidencia nas formas de interdependência da vida como expressão da unidade da vida. Afirma Besant: "Por um ato de autossacrifício o *Logos* tornou-se manifesto, pelo sacrifício esse Universo é mantido, e é pelo sacrifício que o homem atinge a perfeição" (BESANT, 2013, p. 197). Os Mahatmas constituiriam, assim, uma expressão de perfeição na evolução e autossacrifício, pois seria próprio de sua natureza renunciar à bem-aventurança do *Nirvāṇa* para poder difundir sua

---

737 (1) *Dharmakāya* no plano *nirvânico* ou *átmico*, (2) *Sambhogakāya*, eventualmente, no plano búdico, (3) *Nirmāṇakāya* no plano causal, (4) mensageiro do *Logos* (Īśvara), (5) auxiliar na construção da próxima cadeia de mundos, (6) *Deva*, (7) membro da Hierarquia Oculta que permanece na Terra e guarda o mundo (LEADBEATER, 2015, p. 274-275).

sabedoria[738] e, assim, auxiliar a evolução da humanidade. Isso parece fazer sentido, se for verdade, que a ignorância é a causa do mal ou do sofrimento, como se tem tentado mostrar nesta tese.

Além disso, a plena compreensão das Leis da Reencarnação, *Karma*, Evolução e Sacrifício, mencionadas juntamente com algumas evidências, podem também servir como um elemento motivador para o aspirante ou *sādhaka* iniciar a prática do Yoga ou mesmo perseverar na longa senda até a Libertação ou *kaivalya*. Como considera Besant: "[...] na medida em que esses pensamentos [a respeito dessas leis] se tornam mais fortes e mais influentes, na medida em que eles se transformam em realidades vivas e não somente belas teorias, toda a vida se torna esplêndida, não importando que circunstâncias externas possam existir [...]" (BESANT, 1991, p. 91). Esse aspecto motivador da compreensão das Leis da Natureza como expressão de um Plano Divino de evolução é proclamado por Krishnamurti: "Quando o homem o tiver visto uma vez, e realmente o conhecer, não poderá deixar de cooperar com ele, tornando-se uno com ele, por ser tão glorioso e tão belo" (KRISHNAMURTI, 2017, p. 16-17).

---

738 Como se pode depreender de uma carta compilada por Barker: "Uma vez que nossas doutrinas sejam ensinadas – mesmo que misturadas com material estranho –, um grande avanço terá sido feito" (BARKER, 2001, v. 2, p. 163). Por isso, "[...] ajudar, ou ser útil, a um destes Seres [ou à sua obra] produz bom *karma* que, diante disso, parece inteiramente desproporcional ao real serviço prestado" (LEADBEATER, 2019a, p. 234).

CONCLUSÃO

O desenvolvimento deste trabalho visou mostrar, de acordo com a hermenêutica teosófica, que o *Yoga-Sūtra* de Patañjali apresenta um método para o autoconhecimento. Procurou-se principalmente investigar, na medida em que esse método visa uma experiência direta e individual, se o *Yoga-Sūtra* pode ser considerado como uma Ciência, sabedoria ou método de autoconhecimento (*Ātma-Vidyā*) para a Libertação (*kaivalya*) ou superação das aflições (*kleśas*) e do sofrimento humano, como fica caracterizado no *sūtra* IV: 30: "Então, segue-se a libertação de *kleśas* e *karmas*"[739] (PATAÑJALI, 1996, IV: 30, p. 330). O método é subdividido em oito *aṅgas* ou membros, que podem ser considerados como etapas. Isso está particularmente explícito no *sūtra* YS, II: 29 e seus comentários: "Autorrestrições, observâncias, postura, controle da respiração, abstração, concentração, contemplação e êxtase são as oito partes (da autodisciplina do Yoga)"[740] (PATAÑJALI, 1996, II: 29, p. 166).

O *Yoga-Sūtra* apresenta um método integrado, com práticas que aplicam dois *aṅgas* para o nível emocional, três para o físico e três para o mental. Convém lembrar e ressaltar que tal experiência direta de autoconhecimento não se restringe ao plano psicológico, porque transcende a própria mente, como considera Patañjali ao distinguir claramente entre o Ser e a mente por esse utilizada: "O vidente [ou Ser] é pura consciência, mas, apesar de puro, parece ver através da mente"[741] (PATAÑJALI, 1996, II: 20, p. 152). Na verdade, Patañjali diagnostica a ignorância como a causa do mal ou sofrimento, e visa sua superação por meio da experiência direta do Êxtase (*Samādhi*).

739 "*Tataḥ kleśa-karma-nivṛttiḥ*" (PATAÑJALI, 1996, IV: 30, p. 330).

740 "*Yama-niyamāsana-prāṇāyāma-pratyāhāra-dhāraṇā-dhyāna-samādhayo'ṣṭāv aṅgāni*" (PATAÑJALI, 1996, II: 29, p. 166).

741 "*Draṣṭā dṛśimātraḥ śudho 'pi pratyayānupaśyaḥ*" (PATAÑJALI, 1996, II: 20, p. 152).

Essa experiência direta é interna e individual. Desta maneira, é distinta da maioria das formas institucionalizadas de religiões que, geralmente, se caracterizam pela atividade ritualística externa ou crença coletiva numa revelação, escritura, doutrina ou dogma (RAVINDRA, 1991, p. 14-15, 48-50). Portanto, obviamente, não se tem a pretensão de demonstrar, como se poderia esperar de uma ciência exata, a eficácia desta Ciência ou método de autoconhecimento. A busca do autoconhecimento é comparada a uma Ciência ou sabedoria chamada no Oriente de *Ātma-Vidyā*, "conhecimento da alma"[742] (MONIER-WILLIAMS, 1995, p. 963) ou Ciência do Ser, uma vez que *ātman* é traduzido como «a alma individual, eu, indivíduo abstrato"[743] (MONIER-WILLIAMS, 1995, p. 135), ou por Loundo (2014, p. 11) como "si-mesmo". Essa distinção é feita para se evitar qualquer confusão entre ciência moderna e essa antiga Ciência do Ser (*Ātma-Vidyā*), que nesta tese se entende como uma Ciência ou sabedoria oculta aplicada ou visando principalmente o autoconhecimento, como no caso do Yoga de Patañjali. Convém, portanto, enfatizar que a conotação referente ao uso desta palavra Ciência ou sabedoria oculta, eventualmente associada a algumas marcas corroborativas, não pretendeu apresentar nada mais do que uma analogia com a ciência moderna. Mostrou-se aqui, apenas, que Patañjali apresenta um método **experimental [ou de experimentação]**, no *Yoga-Sūtra*, e que essa particularidade apresenta características que podem ser vistas como próprias de uma Ciência ou sabedoria. Além disso, foram apresentadas algumas **evidências ou** marcas corroborativas que a tradição teosófica ou do Yoga[744] apontam em seu apoio.

No capítulo 1, evidenciou-se o caráter milenar do Rāja-Yoga, inclusive com uma linhagem comentarial ao longo do tempo. Foi apresentado o Yoga como uma Ciência ou sabedoria para o autoconhecimento (*Ātma-Vidyā*) com base em seu método **experimental [ou de experimentação]**, desde a origem, bem como o contexto do *Yoga-Sūtra* de Patañjali entre as filosofias da Índia. Depois, no contexto do capítulo 2 introduziu-se o contexto histórico da abordagem teosófica e sua busca pela hipótese ou ideal de uma Religião Científica que também toma por base a busca de experiência direta, ponto central no *Yoga-Sūtra*, destacando-se sua importância na tradição teosófica. Nesse sentido, considerou-se nesta tese institucionalmente a palavra "Teosofia" a partir da fundação da Sociedade Teosófica, pelos motivos

742 "*[...] knowledge of the soul [...]*" (MONIER-WILLIAMS, 1995, p. 963).

743 "*[...] the individual soul, self, abstract individual [...]*" (MONIER-WILLIAMS, 1995, p. 135).

744 Na verdade, o Yoga é uma Ciência experimental [ou de experimentação] ou sabedoria que pode continuar a gerar experimentos de natureza espiritual ou novas investigações e respectivas evidências ou marcas corroborativas.

documentais que foram aí detalhados. Essa linhagem comentarial e seus diversos autores, citados principalmente nos capítulos 3 e 4, indicam que o caráter experimental da prática da Ciência ou método do Rāja-Yoga se mantém até a atualidade. Este trabalho, em nenhum trecho, discute qualquer benefício físico que Patañjali menciona surgir a partir da prática do Rāja-Yoga ou das práticas mais físicas de *Āsanas* (Posturas) e *Prāṇāyāmas* (controles da respiração) do Haṭha-Yoga. Mas não se pode ignorar a ocorrência de resultado comercial, nas diversas academias de Yoga disseminadas em todo o mundo, que ainda atualmente demonstram entre seus praticantes eficácia de seu método para a saúde física. Entretanto, como afirma Taimni (1996), em *A Ciência do Yoga*, reduzir o escopo do Yoga somente ao seu benefício à saúde ou à cultura física poderia produzir "[...] uma impressão errada, especialmente no Ocidente, sobre o verdadeiro propósito e técnica do Yoga" (TAIMNI, 1996, p. 10).

Frente a essas possíveis interpretações pelos menos iniciados no assunto, pode-se esclarecer que se encontra no *Yoga-Sūtra* de Patañjali um sistema filosófico racional e lógico, fundamentado no princípio da não contradição e com um método **experimental [ou de experimentação]** que lhe dá características análogas às de uma Ciência ou sabedoria, com experimentos testados e reproduzidos por uma linha ininterrupta de gerações de praticantes. Dessa forma, considera Taimni (1996, p. 10): "Suas verdades [do Yoga] são baseadas em experiências e experimentos de uma linha ininterrupta de místicos, ocultistas, santos e sábios, que as realizaram e as testemunharam através das eras". Entretanto, Taimni enfatiza que não há como demonstrar os ensinamentos do Yoga: "As verdades do Yoga superior não podem ser [...] demonstradas. Elas se dirigem à intuição, e não ao intelecto" (TAIMNI, 1996, p. 10). Se tal fosse a meta, a maior dificuldade se apresentaria na demonstração da existência da experiência direta do Êxtase (*Samādhi*), que é o último *aṅga*, membro ou parte do Yoga.

O Êxtase (*Samādhi*) é definido por Patañjali como a culminância da Concentração ou excelência da Contemplação na meditação: "A mesma [contemplação], quando há consciência somente do objeto de meditação e não de si mesma (a mente), é *samādhi*"[745] (PATAÑJALI, 1996, III: 3, p. 221). O Êxtase (*Samādhi*) é caracterizado por Patañjali como a grande solução para todos os males e sofrimentos, e pode ser descrito como um estado de perfeita concentração da mente que dissolve, apenas temporariamente, enquanto dura, o relacionamento sujeito-objeto,

---

745 "*Tad evārthamātra-nirbhāsaṃ svarūpa-śūnyam iva samādhiḥ*" (PATAÑJALI, 1996, III: 3, p. 221).

salvo no último estágio de *Samādhi* em que o efeito é permanente. Patañjali apresenta um método ou uma Ciência do Yoga que culmina no estado de Êxtase (*Samādhi*). Dessa forma, se conquistaria a experiência direta que libertaria o ser humano das misérias da vida. Como comenta Taimni, nesse estado de *Samādhi*, Êxtase ou transe, surge um tipo de conhecimento direto por união ou fusão da mente com o objeto da meditação. Torna-se então "[...] possível conhecer a mais íntima natureza de um objeto de meditação pela fusão da mente com ele [...]" (TAIMNI, 1996, p. 222).

Segundo a abordagem teosófica, Taimni alerta que é necessário repetir diversas vezes os estados de Êxtase, ou melhor, progredir em avanço gradual, até atingir o estágio final: o *Dharma-Megha-Samādhi* (PATAÑJALI, 1996, IV: 29, p. 328). O *Dharma-Megha-Samādhi* é irreversível e caracteriza o estágio da Libertação (*kaivalya*), como afirma em *O Segredo da Autorrealização*:

> Atingir a autorrealização parcial em *Samādhi* temporário é considerado apenas um estágio no caminho do *yoga*, e, depois de alcançá-lo, é necessário dar continuidade aos esforços para torná-lo permanente e irreversível. Isso pode ser feito somente pela repetição constante desse processo e pela tentativa de atingi-lo com maior frequência, facilidade e perfeição. Esse é um princípio geral aplicável a toda espécie de realização, mesmo na vida comum. Conseguimos, de algum modo, alcançar o resultado colimado, na primeira vez, com grande dificuldade, mas se continuamos a repetir o esforço, cada vez com maior empenho e intensidade, com o correr do tempo tudo se torna fácil e perfeito (TAIMNI, 2009, p. 101).

Por outro lado, apesar da dificuldade para se corroborar essa experiência direta do Êxtase (*Samādhi*) que caracteriza as práticas mais avançadas do Yoga e, finalmente, possibilita, nos recônditos do Ser, o autoconhecimento, com seu aspecto individual e intransferível, pode-se apresentar pelo menos dois tipos de **evidências** ou marcas corroborativas indiretas dessa experiência direta. Essas **evidências ou** marcas corroborativas indiretas correspondem aos estágios preliminares do Êxtase (*Samādhi*) nos seus respectivos mundos ou *lokas*. Essa correspondência entre os diferentes estágios e seus respectivos mundos ou *lokas* caracteriza uma importante singularidade da abordagem teosófica, como considerado nos capítulos 3, 4 e 5. Trata-se, portanto, de dois tipos de **evidências ou** marcas corroborativas indiretas, isto é, como a experiência direta, derivada do Êxtase (*Samādhi*), é individual e subjetiva, pode-se somente apresentar marcas corroborativas indiretas por meio de efeitos externos atribuíveis ao Êxtase (*Samādhi*). Dentre outros, apresenta-se, ao longo desse trabalho, pelo menos dois tipos de **evidências ou** marcas corroborativas indiretas:

(i) **evidências ou** marcas corroborativas que são expressão de poderes psíquicos (*siddhis*), mencionados por Patañjali como possíveis consequências do Êxtase (*Samādhi*), **como, por exemplo, apresentados no subcapítulo 5.1;**

(ii) expressões incomuns de sabedoria, amor e retidão na conduta atribuíveis a um *yogi* avançado ou a um Mahatma que conquistou a Libertação (*kaivalya*) por consequência do Êxtase (*Samādhi*), **como, por exemplo, apresentadas no subcapítulo 5.4.**

É somente no Capítulo 5 que se aprofundam as questões sobre os *siddhis* ou poderes psíquicos mencionados por Patañjali, mas tal temática é tratada depois de se desenvolver a filosofia do Yoga no Capítulo 3 e seu método experimental no Capítulo 4. A discussão do Capítulo 3 focaliza a questão do sofrimento e dos *kleśas* (aflições da vida) que o *Yoga-Sūtra* de Patañjali, diagnosticando a ignorância (*avidyā*) como a causa do mal ou sofrimento, visa superar completamente. Patañjali, no *Yoga-Sūtra,* define a ignorância (*avidyā*) como uma espécie de disfunção ou confusão cognitiva: "*Avidyā* é tomar o não eterno, impuro, mal e não *ātman* como sendo o eterno, puro, bem e *ātman*, respectivamente"[746] (PATAÑJALI, 1996, II: 5, p. 119). *Avidyā* caracteriza, assim, uma falta ou uma dificuldade de percepção de *ātman* (Espírito ou essência do ser) e, portanto, uma carência de autoconhecimento. Blavatsky, de forma prática e talvez mais simples, define *avidyā* como "Ignorância ou [...] ignorância originada e produzida pela ilusão dos sentidos ou *viparyaya* (erro de juízo, falso conceito)" (BLAVASTSKY, 1991b, p. 66). Patañjali promete, por assim dizer, com o resultado de sua ciência ou método, a superação última da ignorância (*avidyā*) e, consequentemente, também de *karmas* e *kleśas* (PATAÑJALI, 1996, IV: 30, p. 330) na Libertação (*kaivalya*).

Portanto, também nesta tese, que se baseou no *Yoga-Sūtra*, é somente depois de tratar da filosofia dos *kleśas* e do método experimental do Rāja-Yoga de Patañjali, que, como Patañjali faz[747], se apresenta os poderes psíquicos ou *siddhis* como realizações ou evidências do controle obtido sobre a mente. Os *siddhis* podem ser

---

746 "*Anityāśuci-duḥkhānātmasu nitya-śuci-sukhāmatmakhyātir avidyā*" (**PATAÑJALI, 1996, II: 5, p. 119**).

747 Dessa forma, o Capítulo 5 deste trabalho corresponde ao tomo terceiro ou Vibhūti Pāda do *Yoga-Sūtra*.

considerados, também, como meios ou instrumentos para obter conhecimento externo, caracterizando a base de uma ciência experimental, e, dessa forma, podem ser usados como indícios ou evidências indiretas do resultado do Êxtase (*Samādhi*). Em outras palavras, os *siddhis* podem trazer alguma evidência que ultrapassa a subjetividade dos estágios mais profundos do Êxtase (*Samādhi*), produzindo resultados objetivamente verificáveis. Entretanto, convém lembrar que Patañjali admite a possibilidade do desenvolvimento dos *siddhis* por outras vias além do *Samādhi*[748] (PATAÑJALI, 1996, IV: 1, p. 289). Portanto, a evidência dos *siddhis* é parcial, e pode ser significativa para se contrapor ao materialismo, mas não é suficiente para indicar autoconhecimento ou espiritualidade.

Retoma-se, assim, o tema das (i) evidências que são expressões de *siddhis* ou poderes psíquicos que poderiam apoiar as leis da manifestação, ou seja, aqueles aspectos da Religião Científica que poderiam ser investigados pela percepção direta. Nesta tese, subcapítulo 5.1, são destacadas, inicialmente, entre outras, as evidências relativas à existência de diversos *lokas* ou mundos, a partir de uma linguagem cientificamente verificável, por meio da pesquisa clarividente, sobre átomos da tabela periódica, apresentada em *Occult Chemistry* (*Química Oculta*) de Besant e Leadbeater. Essa obra se apresenta como uma [evidência ou marca corroborativa] indireta da clarividência, que também é sustentada por Patañjali[749] (PATAÑJALI, 1996, III: 26, p. 252). Nela, os autores antecipam várias descobertas da ciência moderna, como os isótopos, alguns elementos químicos e seu peso atômico, até então desconhecidos, e os *quarks*. Besant e Leadbeater sustentam, dessa forma, por meio de uma espécie de reinterpretação da química e de suas subpartículas atômicas, que o mundo dos, assim chamados, mortos, ou *Bhuvarloka* (plano astral), contém o mundo físico (*Bhūrloka*) dos vivos, ou o interpenetra. Por extensão, também os demais *lokas* são, assim, reinterpretados progressivamente, atribuindo-lhes uma matéria cada vez mais sutil. Nesse sentido, os *siddhis* ou poderes psíquicos podem ser apresentados por Patañjali como realizações ou evidências indiretas da conquista ou controle da mente.

Outros tipos de evidências que foram apresentadas e aprofundadas são (ii) expressões incomuns de sabedoria, amor e retidão na conduta atribuíveis a um

---

748 "Os *siddhis* são resultado de nascimento, drogas, *mantras*, austeridades ou *samādhi*" "*Janmauṣadhi-mantra-tapaḥ-samādhi-jāḥ siddhayaḥ*" (PATAÑJALI, 1996, IV: 1, p. 289).

749 "Conhecimento do (que é) pequeno, do (que está) oculto ou distante, (obtém-se) direcionando a luz da faculdade superfísica". No original: "*Pravṛtty-āloka-nyāsāt sūkṣma-vyavahita-viprakṛṣṭa-jñānam*" (PATAÑJALI, 1996, III: 26, p. 252).

yogi avançado ou a um Mahatma que conquistou a Libertação (*kaivalya*) por consequência do Êxtase (*Samādhi*). Poder-se-ia mencionar os nomes de alguns representantes ou fundadores de religiões do mundo que mencionam o *Samādhi*, como, por exemplo, Buddha (OLCOTT, 2019, p. 82) e Śaṅkara (2006, p. 283), entre outros, e talvez tomar em consideração que o Êxtase (*Samādhi*) é também considerado no misticismo de outras religiões[750]. Essas evidências apoiam a hipótese da existência, pelo menos na antiguidade, de Mahatmas ou seres humanos perfeitos que possuiriam esses poderes (*siddhis*) e teriam atingido a Libertação (*kaivalya*) do sofrimento. Por outro lado, a existência de Mahatmas, que corroboram o *Samādhi*, poderia constituir também um indício ou evidência da eficácia do Yoga como ciência do autoconhecimento, se for considerado que a existência do *Samādhi* é, provavelmente, a maior dificuldade de se corroborar plenamente a ciência do Yoga.

Além do testemunho histórico sobre a existência de Mahatmas ou Homens Perfeitos, o subcapítulo 5.4 também apresenta alguns indícios indiretos da existência contemporânea desses seres que atingiram a plenitude do desenvolvimento dos *siddhis* (poderes psíquicos) e a Libertação (*kaivalya*) de *kleshas* e *karmas* (PATAÑJALI, 1996, IV: 30, p. 330). Foram consideradas investigações na obra *H. P. Blavatsky e a Sociedade para Pesquisas Psíquicas: retratação a Blavatsky sobre as cartas dos Mahatmas,* de Vernon Harrison (2015), que se refere a cartas escritas por meio de casos particulares de *siddhis* (poderes psíquicos) mencionados por Patañjali[751] (PATAÑJALI, 1996, III: 43, p. 269). Harrison levou as cartas, que estão na *British Library* (Biblioteca Britânica) para análise com microscópio e encontrou resultados surpreendentes que a ciência atual não consegue explicar. É importante mencionar que a grande maioria dessas cartas, conforme consta de sua história, teria sido produzida pelo fenômeno da "precipitação"[752], o que constitui por si mesmo um fenômeno parapsicológico de difícil explicação. Não se trata de cartas

---

750 Poder-se-ia mencionar, por exemplo, em ordem cronológica às vezes controversa, Buddha, Adi Śaṅkara, Cristo e Maomé como nomes de representantes ou fundadores das maiores religiões do mundo, em número de seguidores, que mencionam em seu misticismo o estado de Êxtase ou *Samādhi*, se for concedido, por hipótese, que o *Samādhi* poderia ser considerado como equivalente ao Arrebatamento ou Transe, como um meio para obter a experiência direta de contato com o Divino ou Sublime no misticismo de outras religiões (2Cor 12,2).

751 Esse fenômeno parapsicológico, chamado de "precipitação", pode ser visto como um singelo caso particular, ou em muito menor escala, de outros *siddhis* considerados no *Yoga-Sūtra* por Patañjali (PATAÑJALI, 1996, III: 43, p. 269).

752 "Precipitação: O processo de imprimir sobre papel as imagens mentais de um escritor, ao invés de escrevê-las com a mão. [...] Cartas precipitadas parecem ter a curiosa qualidade de o texto ser composto de linhas diagonais [as misteriosas microestrias relatadas por Harrison (2015)], incluindo sublinhados, algo que canetas e lápis não conseguem produzir" (HARRIS, 2006, p. 505).

psicografadas com caneta ou algum tipo de utensílio para escrita. Esses indícios de evidências não parecem ser suficientes para corroborar a existência dos Mahatmas e a eficácia do Yoga para atingir seu propósito, que é *kaivalya* ou a Libertação do sofrimento, mas podem justificar a relevância de pesquisa futura nessa área, conforme o ideal da Religião Científica, mencionado no Capítulo 2.

No mesmo Capítulo 2, menciona-se como Blavatsky, pelo enfoque da abordagem teosófica, sustenta a existência dos Mahatmas. Como expressão da condição de Libertação, denominada de *kaivalya* no *Yoga-Sūtra* de Patañjali, Blavatsky identifica nos Mahatmas, que constituem uma comunidade de iniciados, o ideal de realização ética da proposta teosófica. Ela se refere à Religião-Sabedoria ou Teosofia, quando declara a intenção central de sua obra *Ísis sem Véu*, ao afirmar:

> O que desejamos provar [demonstrar] é que, subjacente a todas as religiões populares antigas, havia a mesma antiga doutrina da sabedoria, única e idêntica, professada e praticada pelos iniciados de todos os países, os únicos que estavam cientes de sua existência e importância[753] (BLAVATSKY, 1982, v. 2, p. 99).

A partir dessa hipótese, Blavatsky, caracterizando a fonte de sua obra, enfatiza, por exemplo, que esses Mahatmas ou iniciados, que teriam tido a experiência direta propiciada pelo Êxtase (*Samādhi*), seriam os fundadores dessas religiões que se tornaram populares desde a antiguidade. Assim, a Teosofia herda inúmeras contribuições pelo estudo de religiões comparadas.

Essa ideia considera que, depois da verdade viva apresentada pelo Mahatma, ou por um iniciado fundador de uma religião (alguém com a experiência direta que proporciona a percepção da verdade), costumam surgir, gradualmente, concepções intelectuais de segunda mão criadas por seguidores que já não eram capazes de alcançar aquela experiência diretamente. Em outras palavras, Blavatsky sustenta que as religiões tendem então a estabelecer "dogmas próprios rígidos e fechados [...], e [vão] perdendo, pouco a pouco, e imperceptivelmente, a vitalidade que apenas a verdade viva pode transmitir [...]" (BLAVATSKY, 1991a, p. 259-260). Portanto, deduzir-se-ia que o ápice de uma religião ocorreria enquanto seu fundador ainda está vivo, porque teria a experiência ou percepção direta da verdade. Besant afirma que,

---

753 "*What we desire to prove is that underlying every ancient popular religion was the same ancient wisdom-doctrine, one and identical, professed and practiced by the initiates of every country, who alone were aware of its existence and importance*" (BLAVATSKY, 1982, v. 2, p. 99).

segundo os ensinamentos das escrituras sagradas, "[...] os Fundadores das religiões [...] excedem infinitamente o nível da humanidade ordinária. [...] É impossível citar um só exemplo de aperfeiçoamento gradual nas religiões em geral. Ao contrário, citam-se numerosos casos de ensinamentos puros que degeneraram" (BESANT, 1978, p. 15-16). Isso se deveria à falta da experiência direta, aquela que proporciona a percepção da verdade "[...] seja pela união com um Ser divino exterior, seja abrindo os olhos à existência divina dentro dele. Esse estado toma o nome de êxtase, um iogue [*yogi*] hindu chamá-lo-ia o *Samādhi* superior [...]" (BESANT, 1978, p. 23). Dessa forma, pode-se ter mais um indicativo da importância do *Yoga-Sūtra*, como Ciência ou sabedoria, que conduz ao *Samādhi* no Pensamento Teosófico: o *Samādhi* (Êxtase) é visto como essência da experiência religiosa.

Além disso, deve-se ressaltar um outro ponto de vista teosófico que decorre da importância da experiência direta do *Samādhi* ou da profundidade dos estados mentais que o antecedem. Segundo Ravi Ravindra, toda e qualquer tentativa de comparação "horizontal" entre duas ou mais religiões nunca mostrará tantas diferenças quanto a possível comparação "vertical", ou de profundidade, entre situações de vivência ou compreensão entre seguidores de uma mesma religião (RAVINDRA, 1991, p. 55). Pois o final da senda espiritual é essencialmente solitário (RAVINDRA, 2012, p. 80) e depende de uma experiência direta e intransferível de autoconhecimento (BARKER, 2001, v. 2, p. 90) ou autodescoberta do Ser divino no coração de cada indivíduo (RAVINDRA, 1991, p. 71), ou seja, a experiência direta do *Dharma-Megha-Samādhi* (PATAÑJALI, PATAÑJALI, 1996, IV: 29, p. 328).

Portanto, segundo essa hipótese, apesar de cada fundador de uma religião descrever sua experiência direta da verdade segundo a linguagem e os costumes de seu povo e os valores da sua época, a essência dessa experiência é idêntica, em seu significado interno ou esotérico, a das outras religiões. Isso está ressaltado na carta de 1881, atribuída a um Mahatma e compilada por Jinarajadasa, uma importante fonte teosófica, e caracteriza a essência da abordagem teosófica:

> As doutrinas fundamentais de todas as religiões se comprovarão [demostrarão] idênticas em seu significado esotérico, uma vez que sejam desagrilhoadas e libertadas do peso morto das interpretações dogmáticas, dos nomes

pessoais, das concepções antropomórficas e dos sacerdotes assalariados[754] (JINARAJADASA, 1973, v. 1, p. 5). [755]

Essa carta de 1881, que pode ser vista como uma síntese da abordagem teosófica, também sugere o ideal da Religião Científica mencionado acima, indicando que as teorias da sabedoria antiga devem ser propostas e apoiadas por "[...] inferências diretas deduzidas das **evidências** [marcas corroborativas] fornecidas pelas modernas ciências exatas"[756] e ratificadas **ou corroboradas** por elas (JINARAJADASA, 2014a, p. 17). A ciência pode ser útil para libertar as religiões de eventuais dogmatismos, personalismos, antropomorfismos ou superstições que podem se agregar ao longo de séculos, deformando o ensinamento original de seu fundador.

Dessa forma, essa carta também parece preocupar-se com um possível antagonismo extremado[757] entre uma tendência religiosa supersticiosa ou fundamentalista, de um lado, e uma visão científica materialista, de outro, como havia na época, e que talvez ainda tenha alguma atualidade:

---

754 O grande voto, que inclui Aparigraha no *Yoga-Sūtra* (PATAÑJALI, 1996, II: 30-31, p. 166-175), bem como os clássicos votos de pobreza de diversas religiões tradicionais (OLCOTT, 2019, p. 152), parecem tentar evitar ligar os sacerdotes a possíveis interesses em posses materiais.

755 "*Once unfettered and delivered from their dead-weight of dogmatic interpretations, personal names, anthropomorphic conceptions and salaried priests, the fundamental doctrines of all religions will be proved identical in their esoteric meaning*" (JINARAJADASA, 1973, v. 1, p. 5).

756 "[...] *direct inference deduced from and corroborated by the evidence furnished by modern exact science*" (JINARAJADASA, 1973, v. 1, p. 2). Talvez se possa, dessa maneira, alcançar melhor a compreensão de por que as cartas atribuídas aos Mahatmas consideravam a ciência moderna como "melhor aliada" (BARKER, 1993, p. 168) dos Mahatmas. Similarmente, se for verdade que a ignorância é a causa do mal ou do sofrimento, como se tem buscado mostrar nesta tese, baseando-se nos ensinamentos de Patañjali e outros sábios, então parece fazer sentido outra passagem de uma das cartas: "Uma vez que nossas doutrinas sejam ensinadas – mesmo que misturadas com material estranho –, um grande avanço terá sido feito" (BARKER, 2001, v. 2, p. 163).

757 **"Os setores intelectualizados da humanidade parecem estar-se dividindo rapidamente em dois grupos. Um prepara-se inconscientemente para longos períodos de aniquilação temporária, ou estados de não consciência, devido ao abandono deliberado de seu intelecto e aprisionamento nas estreitas linhas do fanatismo religioso e da superstição, processo que inevitavelmente conduz à total deformação do princípio intelectual; o outro entrega-se desenfreadamente a seus impulsos animais, com a intenção deliberada de submeter-se [...] a milênios de degradação após a dissolução física. Essas 'classes intelectuais', agindo sobre as massas ignorantes que elas atraem, e que as veem como nobres e dignos exemplos a seguir, rebaixam e degradam moralmente aqueles que deveriam proteger e orientar" (JINARAJADASA, 2014a, p. 18). Convém esclarecer que, no caso geral mencionado, o Pensamento Teosófico considera que a personalidade gradualmente se dissolve depois da morte, num processo de temporários estados de consciência purgatorial de desprendimento progressivo da Terra, mas não da individualidade ou alma imortal. Como diz Leadbeater: "Quanto ao inferno, é uma simples ficção, uma invenção teológica. Não existe [...], porque nem o purgatório, nem o céu podem ser, com efeito, eternos; uma causa finita não tem resultado infinito" (LEADBEATER, 1997, p. 54).**

> Entre a superstição degradante e o ainda mais degradante e brutal materialismo, a pomba branca da verdade dificilmente encontra um lugar onde possa descansar seus pés desprezados e exaustos (JINARAJADASA, 2014a, p. 18).

A expressão "ainda mais degradante e brutal materialismo" indica que o Mahatma, a quem o texto é atribuído, ainda prefere ficar com as religiões a ficar sem elas. Entretanto, surge a necessidade de aproximar ciência e religião ou, talvez, conciliá-las: a revelação da religião com a ciência, e seus estudos dos fatos e das respectivas Leis da Natureza, bem como a lógica da filosofia para auxiliar a recuperar a mensagem original das diversas religiões. Religiões que, como mencionado, necessitam, eventualmente, serem libertadas de dogmatismos, personalismos, antropomorfismos ou superstições, que podem ter sido agregados pela ignorância humana e, principalmente, pela falta da experiência direta da verdade. Essa aproximação da ciência com a religião torna-se, então, muito necessária, surgindo, no século XIX, o ideal da Religião Científica, sob as condições de demanda de **provas ou** corroborações, características do Positivismo de Auguste Comte, tema explorado no capítulo 2.

Em conformidade com esse ideal da Religião Científica explicitado por Leadbeater, surge certa demanda por **evidências ou** marcas corroborativas na abordagem teosófica, as quais foram apresentadas**, principalmente no Capítulo 5,** em favor da hipótese teosófica da identidade essencial das religiões, e das leis da Reencarnação, do *Karma* e da Evolução. *Naturalmente*, essas **evidências ou** marcas corroborativas servem basicamente como exemplo de aplicação desse ideal. De qualquer forma, ainda que não haja consenso na comunidade científica a respeito de alguns dos indícios apresentados por alguns cientistas de vanguarda, obras como *Occult Chemistry* (*Química Oculta*) de Besant e Leadbeater (1994) e *A Doutrina Secreta* de Blavatsky (1980) apresentam essa preocupação em mostrar suficiente coerência e consistência para continuarem merecendo pesquisa futura. Leadbeater sustenta que, isoladamente, tais **evidências,** marcas corroborativas ou indícios ainda são insuficientes para uma plena demonstração. Entretanto, o seu somatório é sinérgico, conforme afirma Leadbeater: "Cada fragmento adicional de **evidência** [marca corroborativa] não é meramente uma adição para a força da **prova** [demonstração] como um todo, mas, na verdade, uma multiplicação dela" (LEADBEATER, 2019a, p. 258). Fica também visível, na seguinte passagem, a aspiração de Leadbeater em coletar **evidências ou** marcas corroborativas num espírito apenas análogo à ciência, como visto no capítulo 2, vislumbrando um ideal da Religião Científica: "É uma religião inteiramente científica[758], de sorte que, embora a religião e a ciência permaneçam ainda como instituições separadas, não se acham mais em oposição, como outrora" (BESANT; LEADBEATER, 1993, p. 336).

A abordagem teosófica pretende auxiliar a fazer uma ponte entre o Oriente e o Ocidente. Apresenta uma perspectiva ou propósito para a vida humana através das Leis de Reencarnação, *Karma* e Evolução, que culminam na Libertação (*kaivalya*). Essas Leis da Natureza e respectivas **evidências ou** marcas corroborativas, **mencionadas no capítulo 5,** podem ser relacionadas ao contexto dos sistemas filosóficos ortodoxos (*darśanas*) da tradição indiana e podem servir como elemento motivador para o aspirante (*sādhaka*) iniciar a prática do Yoga ou mesmo perseverar na longa senda até a Libertação (*kaivalya*). A ideia teosófica, também já mencionada, de que as doutrinas fundamentais de todas as religiões se mostrarão **ou se comprovarão** essencialmente idênticas, pode ser também considerada como uma importante contribuição para futuras pesquisas na direção do diálogo inter-religioso e, conforme encoraja a Unesco, na edificação da tolerância e das defesas da paz mundial: "Dado que as guerras se iniciam nas mentes dos homens, é nas mentes dos homens que devem ser construídas as defesas da paz"[759] (UNESCO, 1945, p. 1). Assim, é oportuno reiterar o que afirma Krishnamurti: "Deves sentir perfeita tolerância por todos e um sincero interesse pelas crenças daqueles de outra religião, tanto quanto pela tua própria. Porque a religião dos outros é um caminho para o Supremo, da mesma forma que a tua" (KRISHNAMURTI, 2017, p. 64).

Além disso, essas Leis da Natureza, tais como Lei dos Ciclos, Ação e Reação, e Evolução, e respectivas evidências ou marcas corroborativas, descritas no Capítulo 5, relacionadas à investigação sobre o tema, resumido no seu título, ou seja, "Os *Siddhis* e a Cientificidade do *Yoga-Sūtra* na Abordagem Teosófica", apresentam uma singularidade desta tese: o ideal da Religião Científica que busca uma aproximação entre religião e ciência. Ainda que não haja consenso, entre os diversos cientistas contemporâneos, sobre esse ideal da Religião Científica, pode-se encontrar

---

758 "*It is an entirely scientific religion, so that though religion and science are still separate institutions, they are no longer in opposition as they used to be*" (BESANT; LEADBEATER, 1971, p. 476).

759 **"Dado que as guerras se iniciam nas mentes dos homens, é nas mentes dos homens que devem ser construídas as defesas da paz. Durante toda a história da raça humana, a ignorância sobre as práticas e as vidas uns dos outros tem sido uma causa comum de suspeita e desconfiança entre os povos do mundo, e, com enorme frequência, as diferenças percebidas entre eles têm resultado em guerras. ['*Since wars begin in the minds of men, it is in the minds of men that the defences of peace must be constructed. That ignorance of each other's ways and lives has been a common cause, throughout the history of mankind, of that suspicion and mistrust between the peoples of the world through which their differences have all too often broken into war*']" (UNESCO, 1945, p. 1).**

afinidade com o tema *em alguns cientistas de vanguarda* em sua época, como Albert Einstein, por exemplo. Ele foi um cientista que buscou conciliar as evidências ou marcas corroborativas científicas com as principais funções da divindade, que se expressa na inteligência ou sabedoria das Leis da Natureza:

> Eu creio em Deus ... que se revela na harmonia ordenada do Universo. Eu creio que a Inteligência está manifestada em toda a Natureza. A base do trabalho científico é a convicção de que o mundo é uma entidade ordenada e compreensível, e não uma coisa ao acaso[760] (EINSTEIN, 1936 *apud* LINDEMANN; OLIVEIRA, 2011, p. 108).

Entretanto, o ideal da Religião Científica não chega a ser definido por nenhum dos seis autores mencionados no capítulo 2 deste trabalho (Besant, Blavatsky, Leadbeater, Olcott, Taimni, Vivekananda), que explicitam ou apenas sugerem a sua necessidade. Portanto, nesta tese, adotou-se provisoriamente a seguinte definição, que pareceria ser um ponto comum desses seis autores, como hipótese de trabalho: o ideal de uma religião que não está em contradição com a ciência moderna, mas que busca a experiência direta da verdade e pode sugerir caminhos de aproximação entre religião e ciência, apoiados por **evidências ou** marcas corroborativas. Mas a dimensão desse ideal pode ser mais ampla do que apenas uma mera aproximação entre ciência e religião. Percebe-se essa possibilidade, por exemplo, pelo que sugere Taimni, em sua obra *Ciência Oculta e Ciência Moderna*[761] (TAIMNI, 2020, p. 42), tendo por base a expansão da observação, por meio do uso dos poderes psíquicos ou *siddhis* da Ciência ou sabedoria oculta do Rāja-Yoga, mencionados por Patañjali no *Yoga-Sūtra,* que ensina a desenvolvê-los pelo Êxtase ou *Samādhi.* Trata-se, portanto, do ideal de uma Ciência ou sabedoria imensuravelmente expandida por meio do uso dos poderes psíquicos que poderiam perscrutar a matéria e trazer **evidências ou** marcas corroborativas externas muito mais amplas do Universo, adentrando em esferas de investigação, como as condições de vida após a morte, que foram tradicionalmente tratadas como exclusivas das religiões.

---

760 "Einstein: '*I believe in God...who reveals Himself in the orderly harmony of the universe. I believe that Intelligence is manifested throughout all Nature. The basis of scientific work is the conviction that the world is an ordered and comprehensible entity and not a thing of chance*'" (EINSTEIN [Modern Review, July, 1936] *apud* HODSON, 1997, p. 17).

761 Taimni considera que muito trabalho **de pesquisa** ainda terá de ser realizado pelos estudiosos da Ciência ou sabedoria oculta de modo a "abrir linhas de comunicação entre Ciência Oculta e ciência moderna" (TAIMNI, 2020, p. 42).

Por outro lado, mais importante que qualquer **evidência ou** marca corroborativa externa, que pudesse expressar **ou corroborar** a existência de Deus ou das Leis da Natureza ou dos Mahatmas e seus ensinamentos, seria o próprio indivíduo alcançar o Êxtase (*Samādhi*), pela prática do Yoga, e assim obter uma percepção **ou evidência** por experiência direta e interna. Mas, maior vitória teria se, por meio de tal prática da Ciência ou sabedoria do Yoga, o indivíduo conquistasse o pleno autoconhecimento (*ātma-vidyā*), a **evidência ou** sabedoria final, considerado por Patañjali no *Yoga-Sūtra* como a meta ou o "propósito"[762] (PATAÑJALI, 1996, II: 23, p. 156) da vida, como o título deste trabalho sugere. Desta maneira, este indivíduo se tornaria ele próprio um Mahatma, um ser humano perfeito ou autorrealizado, que conquistou a Libertação (*kaivalya*) do sofrimento. Patañjali afirma: "Então, o vidente está estabelecido em sua própria natureza essencial e fundamental"[763] (PATAÑJALI, 1996, I: 3, p. 22).

***

762 "O propósito da [vida] união de *puruṣa* [espírito] e *prakṛti* [natureza ou matéria] é a conscientização, pelo *puruṣa*, de sua verdadeira natureza [autoconhecimento] e do desenvolvimento dos poderes inerentes [evolução] a ele e a *prakṛti*". No original: "*Sva-svāmi-śaktyoḥ svarūpopalabdhi-hetuḥ saṃyogaḥ*" (PATAÑJALI, 1996, II: 23, p. 156).

763 "*Tadā draṣṭuḥ svarūpe 'vasthānam*" (PATAÑJALI, 1996, I: 3, p. 22).

REFERÊNCIAS

800 MIL pessoas cometem suicídio por ano no mundo, alerta OMS. *Exame*, [S. l.], 9 set. 2019, 10h09. Disponível em: https://exame.com/mundo/800-000-pessoas-cometem-suicidio-por-ano-no-mundo-alerta-oms/. Acesso em: 15 set. 2020.

A BÍBLIA de Jerusalém. 7. ed. São Paulo: Paulus, 1995.

A BÍBLIA Sagrada. Tradução de João Ferreira de Almeida. Rio de Janeiro: Sociedade Bíblica do Brasil, 1969.

ABBAGNANO, Nicola. *Dicionário de Filosofia*. 2. ed. São Paulo: Martins Fontes, 1999.

ADISWARANANDA, Swami. *The Four Yogas*. Chennai: Sri Ramakrishna Math, 2008.

APTE, Vaman Shivram. *The Student's Sanskrit: English Dictionary*. Delhi: Motilal Banarsidass, 2015.

ARNIKAR, H. J. *Essentials of Occult Chemistry and Modern Science*. Chennai (Madras): Theosophical Publishing House, 2000.

ARROYO, Stephen. *Astrologia, Karma e Transformação*. Lisboa: Publicações Europa-América, 1978.

ARROYO, Stephen. *Astrology, Karma and Transformation*. Sebastopol, CA, USA: CRCS Publications, 1992.

AUDI, Robert (org.). *Dicionário de Filosofia de Cambridge*. São Paulo: Paulus, 2011.

AVALON, Arthur [Sir John Woodroffe]. *The Serpent Power*. New York: Dover Publications, 1974.

BAILLY, Anatole. *Dictionnaire Grec-Français*. Paris: Hachette, 2000.

BARBORKA, Geoffrey A. *The Mahatmas and their Letters*. Chennai (Madras): Theosophical Publishing House, 1973.

BARKER, A. Trevor (comp.). *The Mahatma Letters to A.P. Sinnett*: in chronological sequence. Quezon City, Philippines: Theosophical Publishing House, 1993.

BARKER, A. Trevor (comp.). *Cartas dos Mahatmas para A. P. Sinnett*. Brasília: Teosófica, 2001.

BEECHEY, Katherine A., (comp.). *Meditações*: excertos de cartas dos mestres de sabedoria. Brasília: Teosófica, 2003.

BERNABÉ, Alberto. *Platão e o Orfismo*: diálogos entre religião e filosofia. São Paulo: Annablume Clássica, 2011.

BESANT, Annie. *Yoga*: ciência da vida espiritual. São Paulo: Pensamento, 1968.

BESANT, Annie. *Introdução ao Ioga*. Tradução Fernando Pessoa. Rio de Janeiro: Civilização Brasileira, 1973.

BESANT, Annie. *The Ancient Wisdom*. 10th ed. Chennai (Madras): Theosophical Publishing House, 1977.

BESANT, Annie. *O Cristianismo Esotérico*. São Paulo: Pensamento, 1978.

BESANT, Annie. *A Doutrina do Coração*. Brasília, DF: Teosófica, 1991.

BESANT, Annie. *Sanatana Dharma*. Chennai (Madras): Theosophical Publishing House, 1998.

BESANT, Annie. *Os Ideais da Teosofia*. Tradução Fernando Pessoa. Brasília: Teosófica, 2001.

BESANT, Annie. *An Introduction to Yoga*. Chennai (Madras): Theosophical Publishing House, 2002.

BESANT, Annie. *Sete Grandes Religiões*. Brasília: Teosófica, 2011.

BESANT, Annie. *A Sabedoria Antiga*. 2. ed. Brasília: Teosófica, 2013.

BESANT, Annie. *Karma e Dharma*. Brasília: Teosófica, 2016.

BESANT, Annie. *Introdução ao Yoga*. Tradução de Fernando Pessoa. Brasília: Teosófica, 2019.

BESANT, Annie. *O Cristianismo Esotérico*. Brasília: Teosófica, 2021.

BESANT, A.; LEADBEATER, C. W. *The Lives of Alcyone*. Chennai (Madras): Theosophical Publishing House, 1924.

BESANT, A.; LEADBEATER, C. W. *Man*: whence, how and whither Wheaton: Ill, USA: Theosophical Publishing House, 1971 .

BESANT, A.; LEADBEATER, C. W. *Talks on the Path of Occultism*: Light on the Path. Chennai (Madras): Theosophical Publishing House, 1981. v. 3.

BESANT, A.; LEADBEATER, C. W. *O Homem*: donde e como veio, e para onde vai? São Paulo: Pensamento, 1993.

BESANT, A.; LEADBEATER, C. W. *Occult Chemistry*. 3. ed. Chennai (Madras): Theosophical Publishing House, 1994.

BHAGAVAD-GĪTĀ: a Canção do Senhor. Tradução de Annie Besant e Ricardo Lindemann. Brasília: Teosófica, 2014.

BÍBLIA de Jerusalém, A. 7. ed. São Paulo: Paulus, 1995.

BÍBLIA Sagrada, A. Trad. João Ferreira de Almeida. Rio de Janeiro: Sociedade Bíblica do Brasil, 1976.

BINDER, Jamie. *Os Planetas e o Trabalho*. Rio de Janeiro: Rocco, 2002.

BLACKBURN, Simon. *Oxford Dictionary of Philosophy*. New York: Oxford University Press, 2016.

BLAVATSKY, H. P. *The Key to Theosophy*. London: Theosophical Publishing House, 1968. [Faithful reproduction of the first edition, 1889].

BLAVATSKY, H. P. *Raja-Yoga, or Occultism*. Mumbai (Bombay), India: Theosophy Company, 1973.

BLAVATSKY, H. P. *The Secret Doctrine*. Adyar, Chennai [Madras]: Theosophical Publishing House, 1978. 3 v.

BLAVATSKY, H. P. *A Doutrina Secreta*. São Paulo: Pensamento, 1980. v. 1.

BLAVATSKY, H. P. *Isis Unveiled*: a master-key to the mysteries of ancient and modern science and theology. Los Angeles, CA, USA: Theosophy Company, 1982.

BLAVATSKY, H. P. *Collected Writings*. Wheaton: Theosophical Publishing House, 1990. v. 8.

BLAVATSKY, H. P. *A Chave para a Teosofia*. Brasília: Teosófica, 1991a.

BLAVATSKY, H. P. *Glossário Teosófico*. 2. ed. São Paulo: Ground, 1991b.

BLAVATSKY, H. P. *Ísis sem Véu*. São Paulo: Pensamento, 1992. 4 v.

BLAVATSKY, H. P. *Fundamentos da Filosofia Esotérica*. Brasília: Teosófica, 1993.

BLAVATSKY, H. P. *Collected Writings*. Wheaton: Theosophical Publishing House, 1998. v. 12.

BLAVATSKY, H. P. *A Doutrina Secreta*. São Paulo: Pensamento, 1999. v. 2.

BLAVATSKY, H. P. *A Voz do Silêncio*. Tradução de Fernando Pessoa. Brasília: Teosófica, 2011a.

BLAVATSKY, H. P. *Ocultismo Prático*. Brasília: Teosófica, 2011b.

BODHASARANADA, Swami (org.). *The Life of Swami Vivekananda*: by his eastern and western disciples. Kolkata: Advaita Ashrama, 2008.

BORNHEIM, G.A., (org.). *Os Filósofos Pré-Socráticos*. São Paulo: Cultrix, 1989.

BRANDÃO, Junito de Souza. *Dicionário Mítico-Etimológico da Mitologia Grega*. Petrópolis, RJ: Vozes, 2014.

BRYANT, Edwin F. *The Yoga Sūtras of Patañjali:* a new edition, translation and commentary. New York: North Poinnt Press, 2009.

BURNIER, Radha. *Regeneração Humana*. Brasília: Teosófica, 1992.

BURNIER, Radha. *Não Há Outro Caminho a Seguir*. Brasília: Teosófica, 2016.

CAMPBELL, Joseph. *O Herói de Mil Faces*. São Paulo: Cultrix; Pensamento, 1988.

CODD, Clara M. *Introducción a la Yoga de Patanjali.* Ciudad de México: Orión, 1975.

CODD, Clara M. *O Poder Criativo*. Brasília: Teosófica, 2017.

COLLINS, Mabel. *Luz no Caminho*. Brasília: Teosófica, 1999.

COLLINS, Mabel. *O Idílio do Lótus Branco*. Brasília: Teosófica, 2000a.

COLLINS, Mabel. *The Idyll of the White Lotus*. Chennai, India: Thesophical Publishing House, 2000b.

CRANSTON, Sylvia. *Helena. HPB*: the extraordinary life and influence of Helena Blavatsky, founder of the modern theosophical movement. New York: Tarcher; Putnam, 1994.

CRANSTON, Sylvia. *Blavatsky*: a vida e a influência extraordinária da fundadora do movimento teosófico moderno. Brasília: Teosófica, 1997.

DASGUPTA, Surendranath. *A Study of Patañjali.* Calcutta: Calcutta University Press, 1922.

DASGUPTA, Surendranath. *A History of Indian Philosophy.* New Delhi, India: Rupa, 2018.

DARWIN, Charles. *A Origem das Espécies*. São Paulo: Hemus, 1981.

DAVIS, Leo Donald. *The First Seven Ecumenical Councils (325-787)*: their history and theology. Collegeville, USA: The Liturgical Press, 1990.

DETHLEFSEN, Thorwald; DAHLKE, Rüdiger. *A Doença como Caminho*. São Paulo: Cultrix, 2004.

DHAMMAPADA. Trad. Georges da Silva. São Paulo: Pensamento, 1978.

DICIONÁRIO Patrístico e de Antigüidades Cristãs. Petrópolis: Vozes, 2002.

DOYLE, Arthur Conan. *História do Espiritismo*. São Paulo: Pensamento, 1999.

DUFFY, Eamon. *Santos e Pecadores*: história dos papas. São Paulo: Cosac & Naify, 1998.

ELIADE, Mircea. *Patañjali e o Yoga*. Lisboa: Relógio D'Água, 2000.

EVANS, C. Stephen. *Kierkegaard's Fragments and Postscript*: the religious philosophy of Johannes Climacus. Atlantic Highlands, NJ, USA: Humanities Press, 1983.

EVANS, C. Stephen. *Passionate Reason*: making sense of Kierkegaard's Philosophical Fragments. Bloomington, IN, USA: Indiana University Press, 1992.

FIGUEIREDO, Joaquim Gervásio de. *Dicionário de Maçonaria*. 10. ed. São Paulo: Pensamento, 1996.

FEUERSTEIN, Georg. *The Yoga Sutra of Patañjali:* a new translation and commentary. Rochester, VT, USA: Inner Traditions, 1989.

FEUERSTEIN, Georg. *A Tradição do Yoga*. São Paulo: Cultrix, 2006.

FEYERABEND, Paul. *Contra o Método*. Rio de Janeiro: Francisco Alves, 1977.

FIND a grave. *James McCready Huston Junior*. [S. l.: s. n.], 6 Aug. 2010. Disponível em: https://pt.findagrave.com/memorial/56111586/james-mccready-huston. Acesso em: 15 set. 2020.

FONSECA, Armando A. Espectrômetro de massa: um novo instrumento analítico para o laboratório clínico. In: *Jornal Brasileiro de Patologia e Medicina Laboratorial*, Rio de Janeiro, v. 42, n. 6, Editorial, dez. 2006. Disponível em: https://doi.org/10.1590/S1676-24442006000600002. Acesso em: 13 jun.2021.

GADAMER., H. G. *Verdade e Método I*. Petrópolis: Vozes, 2015.

GANDHI, M.K. *Minha Vida e Minhas Experiências com a Verdade*. Rio de Janeiro: O Cruzeiro, 1964.

GIORDANI, Mário C. *História da Grécia*. Petrópolis: Vozes, 1967.

GURZADYAN, V.G.; PENROSE, R. On CCC-predicted concentric low-variance circles in the CMB sky. *The European Physical Journal Plus*, [S. l.], v. 128, n. 22, 2013. Disponível em: https://doi.org/10.1140/epjp/i2013-13022-4. Acesso em: 14 set. 2020.

HARIHARĀNANDA ĀRAṆYA, Swami. *Yoga Philosophy of Patañjali*. Albany, NY, USA: State University of New York, 1983.

HARRIS, Philip S. (org.). *Theosophical Encyclopedia*. Quezon City, Philippines: Theosophical Publishing House, 2006.

HARRISON, Vernon. *Helena P. Blavatsky e a Sociedade para Pesquisas Psíquicas*: retratação a Blavatsky sobre as cartas dos mahatmas. Brasília: Teosófica, 2015.

HAWKING, Stephen. *Uma Breve História do Tempo*: do big bang aos buracos negros. Rio de Janeiro: Rocco, 1988.

HAWKING, Stephen. *O Universo numa Casca de Noz*. Rio de Janeiro: Intrínseca, 2016.

HODSON, Geoffrey. *The Concealed Wisdom in World Mythology*. Chennai (Madras): Theosophical Publishing House, 1983.

HODSON, Geoffrey. É a *Reencarnação uma Verdade?* Rio de Janeiro: Grupo Annie Besant, 1985.

HODSON, Geoffrey. *The Kingdom of the Gods*. Chennai (Madras): Theosophical Publishing House, 1997.

HODSON, Geoffrey. *A Vida de Cristo*: do nascimento à ascensão. Brasília: Teosófica, 1999.

HODSON, Geoffrey. *A Sabedoria Oculta na Bíblia Sagrada*. Brasília: Teosófica, 2007.

HODSON, Geoffrey. *Através do Portal da Morte*. Brasília: Teosófica, 2013.

HOUAISS, A.; VILLAR, M. S. *Dicionário Houaiss da Língua Portuguesa*. Rio de Janeiro: Objetiva, 2001.

HUGHES, Jeff. Occultism and the atom: the curious story of isotopes. *Physics World*, v. 16, n. 9, p. 31-35, Sept. 2003. ISSN: 0953-8585.

IYENGAR, B. K. S. *Light on Yoga*. 16th impr. New Delhi: Harper Collins, 2000.

IYENGAR, Prashant S. *Ashtanga Yoga of Patanjali*. Delhi: New Age Books, 2016.

JAEGER, Werner. *Cristianismo Primitivo e Paideia Grega*. Lisboa: Edições 70, 2002.

JAEGER, Werner. *Paidéia*: a formação do homem grego. São Paulo: Martins Fontes, 2003.

JINARAJADASA, C. (comp.). *Letters from the Masters of the Wisdom*. First Series. [v. 1] Chennai (Madras): Theosophical Publishing House, 1973.

JINARAJADASA, C. (comp.). *Cartas dos Mestres de Sabedoria*. Brasília: Teosófica, 2014a.

JINARAJADASA, C. *Fundamentos de Teosofia*. Brasília: Teosófica, 2014b.

KRISHNA, Gopi. *Kundalini*: a energia evolutiva no homem. Rio de Janeiro: Record, [1970].

KRISHNAMURTI, Jiddu. *A Educação e o Significado da Vida*. São Paulo: Cultrix, 1980.

KRISHNAMURTI, Jiddu. *Aos Pés do Mestre*. Tradução de Ricardo Lindemann. 9 ed. Brasília: Teosófica, 2017.

KRISHNAMURTI, Jiddu; BOHM, David. *A Eliminação do Tempo Psicológico*. São Paulo: Cultrix, 1989.

LARSON, Gerald James; BHATTACHARYA, Ram Shankar. *Yoga*: India's Philosophy of Meditation. Delhi: Motilal Banarsidass, 2011. The Encyclopedia of Indian Philosophies, v. 12.

LEADBEATER, C. W. *O Homem Visível e Invisível*. São Paulo: Pensamento, 1969.

LEADBEATER, C. W. *O Que Há Além da Morte*. São Paulo: Pensamento, 1970.

LEADBEATER, C. W. *Os Chakras*. São Paulo: Pensamento, 1974.

LEADBEATER, C. W. *Auxiliares Invisíveis*. São Paulo: Pensamento, 1976.

LEADBEATER, C. W. *A Vida Oculta na Maçonaria*. São Paulo: Pensamento, 1977.

LEADBEATER, C. W. *Pequena História da Maçonaria*. São Paulo: Pensamento, 1978.

LEADBEATER, C. W. *A Mônada*. São Paulo: Pensamento, 1991.

LEADBEATER, C. W. *A Vida Interna*. Brasília: Teosófica, 1996.

LEADBEATER, C. W. *Compêndio de Teosofia*. São Paulo: Pensamento, 1997.

LEADBEATER, C. W. *O Plano Astral*. Brasília: Teosófica, 2014.

LEADBEATER, C. W. *Os Mestres e a Senda*. Brasília: Teosófica, 2015.

LEADBEATER, C. W. *O Lado Oculto das Coisas*. Brasília: Teosófica, 2017.

LEADBEATER, C. W. *A Gnose Cristã*. 3. ed. Brasília: Teosófica, 2019a.

LEADBEATER, C. W. *O Plano Mental*. Brasília: Teosófica, 2019b.

LEADBEATER, C. W. *Os Chakras*. Brasília: Teosófica, 2020.

LEGGETT, Trevor. *Sankara on the Yoga Sutras*. New Delhi: Motilal Banarsidass, 2006.

LEININGER, Bruce; LEININGER, Andrea; GROSS, Ken. *A Volta*: a incrível e real história de reencarnação de James Leininger. 3 ed. Rio de Janeiro: Best Seller, 2009.

LEO, Allan. *Thousand and One Notable Nativities*. London, U.K.: L.N. FOWLER & Co., 1917.

LEWIS, James R. *Enciclopédia de Astrologia*. São Paulo: Makron Books, 1997.

LINDEMANN, Ricardo. Prefácio. *In*: MASCHEVILLE, Emma Costet de. *Luz e Sombra*: elementos básicos de astrologia. Brasília: Teosófica, 1997.

LINDEMANN, Ricardo. O Primeiro Passo é o Último Passo. *TheoSophia*, Brasília, DF, ano 93, n. IV-VI, p. 3-19, abr./jun. 2004.

LINDEMANN, Ricardo. 2012 e as Sete Quadraturas de Urano com Plutão. *Sophia*, Brasília, DF, n. 36, p. 40-43. out.-dez. 2011.

LINDEMANN, Ricardo. *A Ciência da Astrologia e as Escolas de Mistérios*. 3. ed. Brasília: Teosófica, 2012.

LINDEMANN, Ricardo. Mapa Astral e Reencarnação: o caso de James Huston Jr. *Sophia*, Brasília, DF, p. 40-43, nov./dez. 2013.

LINDEMANN, Ricardo. *Reconciliação do Platonismo com o Cristianismo na Relação Mestre e Discípulo*: uma análise a partir de Migalhas Filosóficas de Kierkegaard. Dissertação (Mestrado em Filosofia) – Programa de Pós-Graduação do Departamento de Filosofia, Universidade de Brasília, Brasília, 2014. Disponível em: http://repositorio.unb.br/bitstream/10482/16594/1/2014_RicardoLindemann.pdf. Acesso em: 3 jul. 2017.

LINDEMANN, Ricardo. Imortalidade da Alma. *Sophia*, Brasília, DF, ano 13, n. 54, mar./abr. 2015a.

LINDEMANN, Ricardo. *O Samadhi ou Êxtase como Meio de Conhecimento. In:* CONGRESSO ANPTECRE, V, 2015[b], Curitiba. Anais... Curitiba: PUCPR, 2015[b]. v. 5, p. ST0705, p. 1-8. *Disponível em: http://www2.pucpr.br/reol/index.php/5anptecre?dd99=pdf&dd1=15424. Acesso em: 4 jul. 2017.*

LINDEMANN, Ricardo. Notas do Tradutor. *In*: KRISHNAMURTI, Jiddu. *Aos Pés do Mestre*. Tradução de Ricardo Lindemann. 9. ed. Brasília: Teosófica, 2017.

LINDEMANN, Ricardo. Prefácio da Edição Brasileira. *In:* BESANT, Annie. *Introdução ao Yoga*. Tradução de Fernando Pessoa. Brasília: Teosófica, 2019.

LINDEMANN, Ricardo. Coluna de Estudos. *TheoSophia*, Brasília, Sociedade Teosófica, ano 109, p. 52-54, jan./mar. 2020.

LINDEMANN, Ricardo; OLIVEIRA, Pedro. *A Tradição-Sabedoria*: uma introdução ao estudo comparado de filosofia oriental e ocidental. 5. ed. Brasília: Teosófica, 2011.

LOUNDO, Dilip. Ser sujeito: considerações sobre a noção de *ātman* nos Upaniṣads. In: *Cultura Oriental*, v.1, n.1, p. 11-18, jan-jun. 2014.

LUTYENS, Mary. *Krishnamurti*: os anos do despertar. São Paulo: Cultrix,1978.

MACDONELL, Arthur Anthony. *A Practical Sanskrit Dictionary*. Oxford: Oxford University Press, 1954.

MACDONELL, Arthur Anthony. *A Sanskrit Grammar for Students*. Oxford: Oxford University Press, 1982.

MAHARSHI, Sri Ramana. *Words of Grace*. Tiruvannamalai, India: Sri Ramanasramam, 1996.

MAHARSHI, Sri Ramana. *Pérolas de Sabedoria*. Brasília: Teosófica, 2010.

MARTON, Fábio. Núcleo Demônio: como a terceira bomba atômica do Japão matou sem nunca explodir. *Folha de São Paulo*, Blog Flashback, São Paulo, 21 ago. 2019, 15h57. Disponível em: https://flashback.blogfolha.uol.com.br/page/5/. Acesso em: 22 ago. 2019.

MEAD, G. R. S. *Plotinus*. Mokelumne Hill, CA, USA: Health Research Unusual Books, 1966.

MEHTA, Rohit. *Yoga*: a arte da integração. Brasília: Teosófica, 1995.

MONIER-WILLIAMS, Monier. *A Sanskrit-English Dictionary*. Delhi: Motilal Banarsidass, 1995.

MOODY JR., Raymond. *Vida Depois da Vida*. 16. ed. Rio de Janeiro: Nórdica, 1979.

MOODY JR., Raymond. *Vida Depois da Vida*. 1 vídeo (55min). Publicado pelo canal ou conta Henrique Correa Reis [desde 10 de fev. 2013]. Disponível em: https://www.youtube.com/watch?v=NhUjDYQySH8. Acesso em: 30 jun. 2020.

NĀRADA. *Bhakti-Sūtras*. In: TAIMNI, I. K. *Autorrealização pelo amor*. Brasília: Teosófica, 2011.

NASA. *Wilkinson Microwave Anisotropy Probe (WMAP)*. Washington, DC, USA. Publications have been submitted as of 20th Dec. 2012. Disponível em: https://map.gsfc.nasa.gov/ Acesso em 30.06.2021.

NIKHILĀNANDA, Swāmi. Introdução. *In:* ŚAṄKARĀCĀRYA, Śrī. *Self-Knowledge (*Ātmabodha*)*. Tradução de Swāmi Nikhilānanda. Chennai (Madras): Sri Ramakrishna Math, 1987.

NOVA BÍBLIA Pastoral. São Paulo: Paulus, 2014.

OLCOTT, H. S. *Catecismo Budista*. São Paulo: Ibrasa, 1983.

OLCOTT, H. S. *Buddhist Catechism*. Chennai (Madras): Theosophical Publishing House, 2006.

OLCOTT, H. S. *O Catecismo Budista*. Brasília: Teosófica, 2019.

OLIVEIRA, Pedro. *CWL in Brazil: further evidence.* Disponível em: http://www.cwlworld.info/CWL_in_Brazil.pdf. Acesso em: 14 jul. 2021.

ORIGEN. *On The First Principles.* [Koetschau's text of *De Principiis*] 1st Introduction by Henry de Lubac. 2nd Introduction and Translation by G.W. Butterworth [Former Edition: New York, Harper & Row, 1966] Gloucester, MA, USA: Peter Smith Pub. Inc., 1973. [ISBN: 0-8446-2685-6]

OS CIENTISTAS. São Paulo: Abril Cultural, 1972.

OSBORNE, Arthur. *Ramana Maharshi e o Caminho do Autoconhecimento.* São Paulo: Pensamento, 1973.

OSBORNE, Arthur (org.). *The Collected Works of Ramana Maharshi.* York Beach, ME, USA: Red Wheel/Wiser, 1997.

PATAÑJALI. *Yoga-Sūtra. In*: CODD, Clara M. *Introducción a la Yoga de Patanjali.* Ciudad de México: Orión, 1975.

PATAÑJALI. *Yoga-Sūtra. In*: VIVEKANANDA, Swami. *Raja-Yoga.* Calcutta, Índia: Advaita Ashrama, 1982.

PATAÑJALI. *Yoga-Sūtra. In*: PATAÑJALI'S Yoga Sûtras. Tradução de Rama Prasada. 4th ed. New Delhi: Munshiram Manoharlal Publishers, 1988.

PATAÑJALI. *Yoga-Sūtra. In*: TAIMNI, I. K. *A Ciência do Yoga*: comentário sobre os *Yoga-Sûtras* de Patañjali à luz do pensamento moderno. Revisão Técnica e Notas de Alcyr A. Ferreira e Ricardo Lindemann. Brasília: Teosófica, 1996.

PATAÑJALI. *Yoga-Sūtra. In*: ŚAṄKARA. Śaṅkara *on the Yoga-Sūtras.* Tradução de Trevor Leggett. New Delhi: Motilal Banarsidass, 2006.

PATAÑJALI. *Yoga-Sūtra. In*: TAIMNI, I. K. *The Science of Yoga* – The *Yoga-Sûtras* of Patañjali in Sanskrit with transliteration in Roman, translation and commentary in English. 1st ed., 12th reprint. Chennai (Madras): Theosophical Publishing House, 2010.

PATAÑJALI. *Yoga-Sūtra. In*: PRABHAVANANDA, Swami. *Patanjali Yoga Sūtras.* Chennai: Sri Ramakrishna Math, 2014.

PEREIRA, Isidro (org.) *Dicionário Grego-Português e Português-Grego*. 8. ed. Braga, Portugal: Livraria Apostolado da Imprensa, 1998.

PEREIRA, M.H. da Rocha. *Estudos da História da Cultura Clássica*. Lisboa: Fundação Calouste Gulbenkian, 1979.

PHILLIPS, Stephen. *Extra-Sensory Perception of Quarks*. Chennai: Theosophical Publishing House, 1980.

PHILLIPS, Stephen. *ESP of Quarks and Superstrings*. New Delhi: New Age International, 1999.

PLATÃO. *Diálogos III: A República*. Tradução de Leonel Vallandro. 24. ed. Rio de Janeiro: Ediouro, 1996.

PLATÃO. *Mênon*. Tradução de Maura Iglésias. Rio de Janeiro: PUC-Rio; Loyola, 2001. [Texto grego estabelecido por John Burnet.]

PLATÃO. *A República*. Tradução de Maria Helena da Rocha Pereira. 12. ed. Lisboa: Calouste Gulbenkian, 2010.

PLATÃO. *Fédon*. Tradução de Carlos Alberto Nunes. 3. ed. Belém, PA, Brasil: Editora da UFPA, 2011.

PLATÃO. *A República [de]*. Tradução de J. Guinsburg. 1. ed. 2. reimp. São Paulo, Perspectiva: 2012.

PLATO. *Great Books of the Western World*. 26th print. Chigago: Encyclopaedia Britannica, 1984. v. 7.

POPPER, Karl R. A Lógica da Pesquisa Científica. São Paulo: Cultrix, 2001.

PRABHAVANANDA, Swami; MANCHESTER, F. *The Spiritual Heritage of India*. New York: Anchor Books, 1964.

PRABHAVANANDA, Swami. *Patanjali Yoga Sūtras*. Chennai: Sri Ramakrishna Math, 2014.

PRABHAKARAN, V. (coord.) *Classical Indian Philosophy*. Malappuram, Kerala, India: University of Calicut, 2011.

PRASADA, Rama. *Patañjali's Yoga Sûtras*: with the commentary of Vyâsa and gloss of Vâchaspati Mishra. 4th ed. New Delhi: Munshiram Manoharlal Publishers, 1988.

PROFESSOR Ian Stevenson. *The Telegraph*. Obituary. London, UK. 12th Feb. 2007. Disponível em: https://www.telegraph.co.uk/news/obituaries/1542356/Professor-Ian-Stevenson.html Acesso em 30.06.2021.

RADHAKRISHNAN, S. *Indian Philosophy*. 2nd ed., 19th impr. New Delhi: Oxford University Press, 1977, v. 1.

RADHAKRISHNAN, S. *The Principal Upanishads*. Delhi: Oxford University Press, 1990.

RADHAKRISHNAN, S. *Indian Philosophy*. 2nd ed., 19th impr. New Delhi: Oxford University Press, 2019. v 2.

RADHAKRISHNAN, S.; RAJU, P.T. *El Concepto del Hombre*. México: Fondo de Cultura Económica, 1993.

RANSOM, Josephine (comp.). *A Short History of the Theosophical Society.* Chennai (Madras): Theosophical Publishing House,1989.

RAVINDRA, Ravi. *Sussurros da Outra Margem*. Brasília: Teosófica, 1991.

RAVINDRA, Ravi. *The Wisdom of Patañjali's Yoga Sutras*. Chennai: Theosophical Publishing House, 2012.

REALE, G. *História da Filosofia Antiga*. São Paulo: Loyola, 1994. v. 4.

REALE, G. *História da Filosofia Antiga*. São Paulo: Loyola, 1995. v. 5.

REALE, G. *Para uma Nova Interpretação de Platão*. São Paulo: Loyola, 1997.

REALE, G.; ANTISERI, D. *História da Filosofia*. São Paulo: Paulus, 2003.

RUDBOG, Tim. *H. P. Blavatsky's Theosophy in Context*: The Construction of Meaning in Modern Western Esotericism. Thesis (Doctor in Philosophy in Western Esotericism) – Exeter, UK: University of Exeter, 2012.

SADHU, Mouni. *Samadhi*: a supraconsciência do futuro. São Paulo: Pensamento, 1989.

SANATANA DHARMA: an elementar textbook of hindu religion and ethics. Chennai (Madras): Theosophical Publishing House, 1998.

ŚAṄKARA. Śaṅkara *on the Yoga-Sūtras*. Tradução de Trevor Leggett. New Delhi: Motilal Banarsidass, 2006.

ŚAṄKARĀCĀRYA, Śrī. *Self-Knowledge (*Ātmabodha*)*. Tradução de Swāmi Nikhilānanda. Chennai (Madras): Sri Ramakrishna Math, 1987.

ŚAṄKARĀCĀRYA, Śrī. *Viveka-Chūḍāmaṇi*: a joia suprema da sabedoria. Tradução de Mohini Chatterji; Murillo Nunes de Azevedo. Brasília: Teosófica, 1992.

SHERMAN, Hugh. *Modern Theosophy*. Chennai (Madras): Theosophical Publishing House, 1953.

SILVA, G.; HOMENKO, R. *Budismo*: psicologia do autoconhecimento. São Paulo: Pensamento, 1999.

SIVANANDA, Swami. *Kundalini Yoga*. Buenos Aires: Kier, 1976.

SIVANANDA, Swami. *Practice of Brahmacharya*. Tehri-Garhwal, UP, India: Divine Life Society, 1993.

SIVANANDA, Swami. *Tantra Yoga, Nada Yoga and Kriya Yoga*. Tehri-Garhwal, UP, India: Divine Life Society, 1994.

SIVANANDA, Swami. *The Science of Pranayama*. Tehri-Garhwal, UP, India: Divine Life Society, 1997.

SIVANANDA, Swami. *Sadhana*. Tehri-Garhwal, UP, India: Divine Life Society, 2005.

SRI RAM, Nilakanta. Teosofia: por que a demora em ser definida? *TheoSophia*, Brasília, DF, ano 94, n. I-III, p. 3-8, jan.-mar. 2005.

SRINIVASAN, M. *Introduction to 'Occult Chemistry'*. Chennai: Theosophical Publishing House, 2002.

SVĀTMĀRĀMA. *Haṭhayogapradīpikā*. Chennai, India: Adyar Library and Researh Centre, 2012.

STEINHARNDT, P. J.; TUROK, N. *A Cyclic Model of the Universe*. [S. l.: s. n], 10 Oct. 2002. Disponível em: https://arxiv.org/pdf/hep-th/0111030.pdf. Acesso em: 22 jul. 2020.

STEVENSON, Ian. *Vinte Casos Sugestivos de Reencarnação*. São Paulo: Difusora Cultural, 1971.

STEVENSON, Ian. *Casos Europeus de Reencarnação*. São Paulo: Vida e Consciência, 2010.

TAIMNI, I. K. *Man, God and the Universe*. Wheaton, Ill., USA: Theosophical Publishing House, 1974.

TAIMNI, I. K. *The Secret of Self Realization*: Pratyayabhhijña Hridayam of Ksemaraja. Chennai (Madras), Theosophical Publishing House, 1986.

TAIMNI, I. K. *O Homem, Deus e o Universo*. São Paulo: Pensamento, 1989.

TAIMNI, I. K. *Gayatri:* o mantra sagrado da Índia. Brasília: Teosófica, 1991

TAIMNI, I. K. *Preparação para a Yoga*. Brasília: Teosófica, 1992.

TAIMNI, I. K. *A Ciência do Yoga*: comentário sobre os *Yoga-Sûtras* de Patañjali à luz do pensamento moderno. Revisão Técnica e Notas de Alcyr A. Ferreira e Ricardo Lindemann. Brasília: Teosófica, 1996.

TAIMNI, I. K. *Autocultura:* à luz do ocultismo, 3. ed. Brasília: Teosófica, 2007.

TAIMNI, I. K. *O Segredo da Autorrealização*. Brasília: Teosófica, 2009.

TAIMNI, I. K. *Autorrealização pelo Amor*. Brasília: Teosófica, 2011.

TAIMNI, I. K. *Ciência Oculta e Ciência Moderna*. Brasília: Teosófica, 2020.

TATTWAVIDANANDA, Swami (org.). *The Life of Swami Vivekananda*. Kolkata, India: Advaita Ashrama, 2015.

TAYLOR, Thomas. *The Eleusinian and Bacchic Mysteries*. San Diego, CA, USA: Wizards Bookshelf, 1980.

THE BHAGAVAD-GĪTĀ. Tradução de Annie Besant e Bhagavan Das. Chennai (Madras): Theosophical Publishing House, 1979.

THE CASE of James Leininger: an American case of reincarnation type. [ABC Primetime, Dr. Jim Tucker, Fox & Friends]. Disponível em: https://www.youtube.com/watch?v=bhEd4KZvjuA Acesso em: 30 de junho de 2020.

THE COMPLETE PLANETARY EPHEMERIS for 1950 to 2000 A.D. Medford, USA: The Hieratic Publishing Co., 1975.

THEOSOPHIA. Brasília: Sociedade Teosófica, ano 108, jan./mar. 2019.

TIGUNAIT, Rajmani. *Seven Systems of Indian Philosophy*. Honesdale, PA, USA: The Himalian International Insitute of Yoga Science and Philosophy of the USA, 1983.

TINÔCO, Carlos Alberto. *As Upanishads*. São Paulo: IBRASA, 1996.

TYBERG, J.M. First Lessons in Sanskrit Grammar and Reading. Los Angeles: Howard Publishing, 1977.

UNESCO. UNESCO's Constitution. Adopted 16th Nov. 1945. Disponível em: http://portal.unesco.org/en/ev.php-URL_ID=15244&URL_DO=DO_TOPIC&URL_SECTION=201.html. Acesso em: 18 abr. 2014.

VĀCASPATI,. *Gloss. In*: PATAÑJALI'S Yoga Sûtras. Tradução de Rama Prasada. 4th ed. New Delhi: Munshiram Manoharlal Publishers, 1988.

VAS, L.S.R. *The Mind of J. Krishnamurti*. Mumbai: Jaico Publishing House, 2008.

VIDYATMANANDA, Swami (org.). *Photographs of Sri Ramakrishna – Sarada Devi*. Chennai: Sri Ramakrishna Math, 2003..

VIJÑĀNABHIKṢU. *Yogavārttika*. Tradução de T.S. Rukmani. New Delhi, India: Munshiram Manoharlal, 2016.

VIVEKANANDA, Swami. *The Complete Works of Swami Vivekananda*. Mayavati, India: Advaita Ashrama, 1948.

VIVEKANANDA, Swami. *Raja-Yoga*. Calcutta, India: Advaita Ashrama, 1982.

VIVEKANANDA, Swami. *O Que É Religião*. Rio de Janeiro: Lótus do Saber, 2004.

VIVEKANANDA, Swami. *What Religion Is*. Kolkata, India: Advaita Ashrama, 2010.

VIVEKANANDA, Swami. *Karma-Yoga.* Calcutta, India: Advaita Ashrama, 2015.

VYĀSA. Commentaries. *In*: PATAÑJALI'S Yoga Sûtras. Tradução de Rama Prasada. 4th ed. New Delhi: Munshiram Manoharlal Publishers, 1988. p. 53-54.

WACHTMEISTER, Constance *et al. Reminiscências de H.P. Blavatsky e de A Doutrina Secreta.* São Paulo: Pensamento, 1980.

WHITE, David Gordon. *The Yoga Sutra of Patañjali*: a biography. Princeton: Princeton University Press, 2014.

WILDER, Alexander. *New Platonism and Alchemy.* Albany, NY, USA: Weed, Parsons and Company, 1869.

WOOD, Ernest. *Os Sete Raios.* São Paulo: Pensamento, [1976].

WOOD, Ernest. *The Occcult Training of the Hindus.* Chennai (Madras): Theosophical Publishing House, 1990.

YESHUA, Ilan (org.). *New Encyclopaedia Britannica.* 15th ed. London: Encyclopaedia Britannica, 2003.

ZIMMER, Heinrich. *Filosofia da Índia.* São Paulo: Palas Athena, 2012.

GLOSSÁRIO

PRINCIPAIS TERMOS EM SÂNSCRITO E PÁLI UTILIZADOS

abhiniveśa	Apego à vida ou medo da morte, é o quinto e último *kleśa* ou aflição **da filosofia do Yoga de Patañjali.**
adharma	Demérito ou não virtude, **desvio do dever, injustiça.**
adhyamā vāk	Som intermediário ou murmurado
adṛṣṭa	Lei universal, destino, "não visto" ou o "desconhecido"
advaita	Não dualista ou monista
ahaṁkāra	**Egoísmo**, senso de "eu", o ego pessoal, **ensinamento da filosofia Sāṃkhya.**
ahiṃsā	Abstenção de violência, uma das cinco práticas morais do *yama*
ājñā	Nome do *cakra* frontal, localizado entre os olhos
ākāśa	Éter, **espaço, o quinto ou mais sutil dos elementos.**
anāgāmin	**O terceiro** dos quatro estágios progressivos de iluminação do aspirante no Budismo: aquele que não retornará mais a esse mundo, subentendendo-se que nesta mesma vida ainda alcançará o quarto estágio
anāhata	Nome do *cakra* cardíaco, localizado no coração
ānandamayakośa	Invólucro de bem-aventurança, **ensinamento da filosofia Vedānta**
anātma vāda	Doutrina da não existência da alma separada no Budismo

anātman	**Impessoalidade (vide *anātman*), não existência da alma separada no Budismo**
anatta	**Impessoalidade (vide *anātman*), não existência da alma separada no Budismo**
aṅga	Membro ou parte da disciplina do Aṣṭāṅga-Yoga
anicca	Impermanência, **ensinamento budista**
annamayakośa	Invólucro da alimentação ou corpo físico, **ensinamento da filosofia Vedānta**
antaraṅga	Yoga interno (vide *saṃyama*)
aparigraha	Abstenção de cobiça, **simplicidade voluntária**: uma das cinco práticas morais do *yama*
arhat	**O último** dos quatro estágios progressivos de iluminação do aspirante no Budismo: aquele que durante esta mesma vida já está **livre do renascimento compulsório.**
āsana	Postura, terceiro dos oito membros do Aṣṭāṅga-Yoga **de Patañjali**
asmitā	Egoísmo, originado da identificação com os corpos, o segundo *kleśa* ou aflição **da filosofia do Yoga de Patañjali**
āśramas	Estágios da vida védica
aṣṭāṅgamārga	Nobre Óctuplo Caminho **dos ensinamentos budistas (vide *magga satya*) que conduz ao *nirvāṇa***
Aṣṭāṅga-Yoga	**Yoga de Patañjali**, ou Yoga dos oito membros, a saber: *yama* (autorrestrições), *niyama* (observâncias), *āsana* (postura), *prāṇāyāma* (controle da respiração), *pratyāhāra* (abstração dos sentidos), *dhāraṇā* (concentração), *dhyāna* (meditação ou contemplação) e *samādhi* (êxtase)
asteya	Abstenção de roubo, uma das cinco práticas morais do *yama*
ātman	Espírito **(vide *puruṣa*) ou** alma, essência do Ser

avidyā	Ignorância **espiritual ou carência de autoconhecimento,** o primeiro *kleśa* ou aflição **da filosofia do Yoga de Patañjali,** o primeiro dos Doze *Nidānas* dos ensinamentos Budistas
bahiraṅga	Yoga externo, constituído dos primeiros cinco membros do Aṣṭāṅga-Yoga (vide Aṣṭāṅga-Yoga)
bardo	Estado intermediário entre a morte e o novo nascimento regulado pelo *karma,* **ensinamento budista**
bhāva	Existência de um 'eu' ou vontade de vir a ser, donde surge o nascimento: **o décimo** dos *Doze Nidānas* dos ensinamentos budistas
bhāva-cakra	Roda da Existência ou *Doze Nidānas ou* Doze Elos de Originação Interdependente (*paticca-samuppādā*) : ensinamento budista
bhava-tanha	Desejo de existir e de vir a ser (autopreservação)
bhūr-loka	Mundo físico: **o primeiro dos sete** planos ou dimensões da Natureza que se interpretam com progressivos graus de sutileza na literatura teosófica moderna
bhūtas	Elementos dos doṣas, **ensinamento da filosofia Sāṃkhya**
bhuvar-loka	Mundo emocional **(astral): o segundo dos sete** planos ou dimensões da Natureza que se interpretam com progressivos graus de sutileza na literatura teosófica moderna
brahmacarya	Abstenção de incontinência, uma das cinco práticas morais do *yama*
buddhi - ou *mahat*	Cognição, o intelecto**, a razão pura ou intuição espiritual, o primeiro *tattva* ou emanação de *prakṛti***
buddhi-indriyas	Conjunto **de órgãos** da audição, tato, visão, gustação e olfação

cakras	Em sânscrito, literalmente "rodas", invisíveis para a visão comum, são caracterizados como centros de força ou centros psicoeņergéticos que têm relação direta com plexos nervosos e glândulas no corpo físico, Os sete *cakras* principais, "enraizados como flores de lótus", por assim dizer, ao longo da coluna vertebral desde a sua base ou raiz até o topo da cabeça, **são:** *mūlādhāra* (raiz), *svadhiṣṭāna* (esplênico), *maṇipūra* (umbilical), *anāhata* (cardíaco), *viśuddha* (laríngeo), *ājñā* (frontal), *sahasrāra* (coronário)
cattari ariyasaccani	As Quatro Nobres Verdades do **Budismo**
darśana	Vista ou "ponto de vista", doutrina, sistema filosófico, visão direta
dhamacakkappavat--tanasutta	Ensinamento apresentado pelo próprio Buddha logo após a sua Iluminação, no seu primeiro sermão
dhāraṇā	Concentração, sexto membro da prática do Aṣṭāṅga-Yoga **de Patañjali**
dharma	Mérito ou virtude**, dever, lei, moralidade, religião, justiça, de acordo com a natureza inerente de qualquer coisa**
dhyāna	Meditação ou contemplação, sétimo membro da prática do Aṣṭāṅga-Yoga **de Patañjali**
doṣa	**Fraqueza ou** defeitos mentais que incluem apego (*rāga*), ódio (*dveṣa*) e paixão ou ilusão (*moha*)
nidānas	Elos de Originação Interdependente (*paticca--samuppādā*) ou Roda da Existência (*bhāva-cakra*): ensinamento budista
duḥkha	Dor, sofrimento ou insatisfação, **ensinamento budista**
dukkha satya	A Verdade da Existência do Sofrimento, **a Primeira Nobre Verdade dos ensinamentos budistas**
dveṣa	Repulsão, ódio, aversão, o quarto *kleśa* ou aflição **da filosofia do Yoga de Patañjali**

gārhasthya	Segundo estágio da vida védica (vida matrimonial)
guṇa	Qualidade, denota uma das três qualidades da natureza **material ou** *prakṛti* na filosofia Sāṃkhya
Haṭha-Yoga	Yoga Vigoroso é o mais conhecido no Ocidente por estar predominantemente associado ao corpo físico e muitas vezes buscar a beleza de sua forma
icchā	Desejo
indriyas	**Órgãos dos** cinco sentidos **ou da ação**
Īśvara	Deus manifestado
Īśvara-praṇidhāna	Observância de entrega a Deus, uma das três disciplinas do Yoga Preliminar
janar-loka	**Mundo** espiritual: **o quinto dos sete** planos ou dimensões da natureza que se interpretam com progressivos graus de sutileza na literatura teosófica moderna
jarāmaraṇa	**Decadência (velhice)** e a morte: **último** dos *Doze Nidānas* dos ensinamentos budistas
jāti	Nascimento **(renascimento), donde surge decadência (velhice) e a morte; o décimo primeiro** dos *Doze Nidānas* dos ensinamentos budistas
jīvana-mukti	A Libertação em vida ainda no mundo
jīvātman	Alma individual **imortal ou Eu Superior que se reencarna na roda de nascimentos e mortes (vide** ***saṁsāra*)**
Jñana-Yoga	Yoga do Conhecimento, tem como sua principal técnica o desenvolvimento de *viveka* ou discernimento entre o real e o irreal, ou entre o duradouro e o transitório
kaivalya	Libertação final do sofrimento ou das aflições da vida ou *kleśas*
kāma	Luxúria
kama-tanha	Desejo **pelos** prazeres dos sentidos

kāraṇa śarīra	Corpo das causas (**causal**) ou corpo mental superior ou corpo dos *karmas*, sustentado **pelo Pensamento Teosófico** como resultado de um momento entre a condição evolutiva animal e humana chamada de individualização, condição necessária para a autoconsciência
karma	Ação, ou lei de ação e reação, ou lei de causa e feito, **um dos pontos fundamentais de geral concordância dos sistemas filosóficos ortodoxos da Índia**
karma-indriyas	**Órgãos da** verbalização, apreensão, locomoção, excreção e procriação
Karma-Yoga	Yoga da Ação **altruísta que renuncia ao seu fruto (*phala*) e é** desinteressada por qualquer recompensa
kleśa	Aflição, **ensinamento da filosofia do Yoga de Patañjali, que enumera cinco *kleśas* (vide: *avidyā, asmitā, rāga, dveṣa, abhiniveśa*)**
koṣas	Da doutrina vedantina, cascas ou envoltórios, no contexto da relação do verdadeiro ser (*ātman*), com sua manifestação no reino de *māyā* (ilusão). Manifestação se dá por meio de cinco envoltórios (*koṣas*), comparados com coberturas ou bainhas com as quais se reveste **(vide *annamayakośa, prāṇamayakośa, manomayakośa, vijñānamayakośa, ānandamayakośa*)**
Kriyā-Yoga	Yoga Preliminar, **também chamado de Yoga Ativo, de Ação ou Prático**
krodha	Ira
kuṇḍalinī	"enrodilhada", imagem de uma serpente psicoenergética, invisível para a visão comum, relacionada ao poder criativo, "fogo serpentino" ou "poder serpentino"
lobha	**Avidez**, ganância

lokas	Mundos, na literatura teosófica moderna se interpreta esses mundos como planos ou dimensões da Natureza que se interpenetram em graus progressivos de sutileza e os traduz, respectivamente, como mundos ou planos como segue: físico (*bhūr-loka*), emocional (*bhuvar--loka*), mental (*svar-loka*), intuicional (*mahar-loka*), espiritual (*janar-loka*), monádico (*tapar-loka*) e divino (*satya-loka*)
magga satya	O Caminho do Meio **para alcançar o *nirvāṇa*, em vez de tomar extremos de austeridades e indulgência sensorial, a Quarta Nobre Verdade dos ensinamentos budistas**, o Caminho que Conduz à Cessação do Sofrimento **(vide *nirvāṇa*)**
mahābhūtas	Elementos: éter, ar, fogo, água e terra
mahar-loka	Mundo intuicional: **o quarto dos sete** planos ou dimensões da Natureza que se interpretam com progressivos graus de sutileza na literatura teosófica
mahat	O grande **(vide *buddhi*), o primeiro *tattva* ou emanação de *prakṛti*, ensinamento da filosofia Sāṃkhya**
mahātman	**Mahatma**, grande espírito, grande alma,"Homem Perfeito"
manana	Refletir
manas	A mente, considerada como um sentido interno **que organiza as sensações**
maṇipūra	Nome do *cakra* umbilical: localizado na região do umbigo
manomayakośa	Invólucro da sensação com a mente, **ensinamento da filosofia Vedānta**
mantra	Hino
māyā	Ilusão, **irrealidade**

moha	**Fascínio**, ilusão, paixão, **engano, carência de imparcialidade, carência de discernimento**
mokṣa	O mesmo que *mukti*
	Libertação da roda de nascimentos e mortes
mukti	O mesmo que *mokṣa*
	Libertação da roda de nascimentos e mortes
mūlādhāra	Nome do *cakra* raiz: primeiro dos sete principais *cakras*, localizado na base da coluna, **considerado como a sede de *kuṇḍalinī***
nāmarūpa	Nome e Forma, donde surgem as seis Regiões (dos seis sentidos) : **o quarto** dos *Doze Nidānas* dos ensinamentos budistas
nidānas	Elos, Doze *Nidānas ou* Doze Elos de Originação Interdependente (*paticca-samuppādā*) ou Roda da Existência (*bhāva-cakra*): ensinamento budista
nididhyāsana	Meditar
nirodha satya	A Verdade da Cessação do Sofrimento **(vide *nirvāṇa*), a Terceira Nobre Verdade dos ensinamentos budistas**
nirvāṇa	**Aniquilação das paixões e do eu pessoal de separatividade, também conhecido como *tanhakkhaya* (vide *tanha*) ou extinção da sede de desejo (vide *nirodha satya*), significando estar liberto, *summum bonum*, consciência absoluta, ensinamento budista**
niṣkāma karma	**Ação ou** trabalho **altruísta,** realizado desinteressadamente **renunciando ao seu fruto (*phala*)**
niyama	Observâncias, segundo dos oito membros do Aṣṭāṅga-Yoga **de Patañjali**
padārtha	**Categoria ou** objeto denotado por uma palavra

pañcaśīla	Cinco preceitos éticos clássicos para a conduta do budista leigo: **não matar seres sencientes, não roubar, não manter relações sexuais ilícitas, não mentir, e não usar substâncias intoxicantes** (álcool, etc.)
parā vāk	Som transcendente
paramāṇu	Átomo indivisível
pāramārthika satya	Verdade absoluta
Paramātman	Alma suprema
pariṇāmavāda	Teoria ou **lei de** evolução **ou de manifestação** da filosofia Sāṃkhya
paśyantī vāk	Som em pensamento
paticca-samuppādā	Doze Elos de Originação Interdependente ou *Doze Nidānas ou* Roda da Existência (*bhāva-cakra*): ensinamento budista
phala	Frutos ou resultados das ações sejam de dor ou prazer
prakṛti	Matéria ou natureza material, **ensinamento da filosofia Sāṃkhya**
pramāṇas	Fontes **válidas** do conhecimento
prameyas	Objetos do conhecimento
prāṇa	Energia vital (vide *prāṇamayakośa*)
prāṇamayakośa	Invólucro da energia vital (vide *prāṇa*), **ensinamento da filosofia Vedānta**
prāṇāyāma	Controle da respiração, quarto dos oito membros do Aṣṭāṅga-Yoga **de Patañjali**
pratyāhāra	Abstração dos sentidos, quinto dos oito membros do Aṣṭāṅga-Yoga **de Patañjali**
pravṛti	Atividade **ou exteriorização**
pretyabhāva	Renascimento ou vida após a morte

puruṣa	Espírito, consciência pura (*ātman*) **ensinamento da filosofia Sāṃkhya**
rāga	Atração, o terceiro *kleśa* ou aflição **da filosofia do Yoga de Patañjali**
rajas	Atividade, paixão, **uma das três qualidades da natureza material ou *prakṛti***
Rāja-Yoga	Yoga Real, tem esse nome referido ao Aṣṭāṅga-Yoga
śabda	Som
ṣaḍāyatana	Seis Regiões (dos seis sentidos) donde surge o Contato; **o quinto** dos Doze *Nidānas* dos ensinamentos budistas
sahasrāra	Nome do *cakra* coronário, localizado no topo da cabeça
sakṛdāgāmin	**O segundo** dos quatro estágios progressivos de iluminação do aspirante no Budismo: aquele que voltará a este mundo só mais uma vez
samādhi	Êxtase, oitavo e último membro da prática do Aṣṭāṅga-Yoga **de Patañjali,** considerado como o estado "superconsciente"
samkhāras	Impressões passadas donde surge a Consciência; **o segundo** dos Doze *Nidānas* dos ensinamentos budistas
saṃnyāsa	Relacionando o Yoga com o caminho da renúncia (*saṃnyāsa*), em sânscrito, "lançar fora" ou "deixar de lado" todas as preocupações e apegos mundanos
saṃnyāsin	Quarto estágio da vida védica (de renunciante)
saṁsāra	Roda dos nascimentos e mortes, teoria do renascimento ou reencarnação, um dos pontos fundamentais de geral concordância dos sistemas filosóficos ortodoxos da Índia
saṃśaya	Dúvida ou estado de incerteza
saṃskāra	Tendência ou impressão da memória

samudaya satya	A Verdade da Causa do Sofrimento (**vide *tanha* ou *tṛṣṇā*), a Segunda Nobre Verdade dos ensinamentos budistas**
samyak ājīva	**Reto meio de vida; o quinto passo do *aṣṭāṅgamārga* ou Nobre Óctuplo Caminho dos ensinamentos budistas que conduz ao *nirvāṇa***
samyak dṛṣṭi	Reta visão, reta compreensão ou reta crença; **o primeiro passo do *aṣṭāṅgamārga* ou Nobre Óctuplo Caminho dos ensinamentos budistas que conduz ao *nirvāṇa***
samyak karmānta	**Reta ação ou reta conduta; o quarto passo do *aṣṭāṅgamārga* ou Nobre Óctuplo Caminho dos ensinamentos budistas que conduz ao *nirvāṇa***
samyak samādhi	**Reta concentração, reta meditação, ou perfeito *samādhi*; o oitavo e último passo do *aṣṭāṅgamārga* ou Nobre Óctuplo Caminho dos ensinamentos budistas que conduz ao *nirvāṇa***
samyak saṅkalpa	Reto pensamento, que também é traduzido como perfeita ou "reta resolução"; **o segundo passo do *aṣṭāṅgamārga* ou Nobre Óctuplo Caminho dos ensinamentos budistas que conduz ao *nirvāṇa***
samyak smṛti	**Reta memória, também traduzido por reta, perfeita ou plena atenção; o sexto passo do *aṣṭāṅgamārga* ou Nobre Óctuplo Caminho dos ensinamentos budistas que conduz ao *nirvāṇa***
samyak vāk	**Reta palavra ou reta linguagem; o terceiro passo do *aṣṭāṅgamārga* ou Nobre Óctuplo Caminho dos ensinamentos budistas que conduz ao *nirvāṇa***
samyak vyāyāma	**Reto esforço; o quarto passo do *aṣṭāṅgamārga* ou Nobre Óctuplo Caminho dos ensinamentos budistas que conduz ao *nirvāṇa***

saṃyama	Os três últimos membros da prática do Aṣṭāṅga-Yoga **de Patañjali**: *dhāraṇā, dhyāna,* e *samādhi,* chamados de Yoga interno (*antaraṅga*), processo completo da meditação
saṃyoga	Conjunção ou união
Sanātana Dharma	Religião Eterna, Hinduísmo
saṃtoṣa	**Contentamento: uma das cinco observâncias de *niyama***
saṅkalpa	A faculdade imaginativa que faz planos com expectativa para o futuro.
sanyāsī	Renunciante
sarīra	Corpo
śāstra	Tratado
sattva	Luz, bondade, uma das três qualidades da Natureza Material **ou *prakṛti***
satya	**Veracidade ou** abstenção de falsidade: uma das cinco práticas morais do *yama*
satya-loka	Mundo da verdade ou divino, **o sétimo e último dos** planos ou dimensões da natureza que se interpretam com progressivos graus de sutileza na literatura teosófica
śauca	**Pureza do corpo e da mente: uma das cinco observâncias de *niyama***
siddhānta	Doutrina
siddhis	Poderes psíquicos
smṛti	Literalmente, significa "memória", em sânscrito, considerados como "tradição", que tem autores representando escritos delineados para se fixar na memória
sparśa	**Contato, donde surge a sensação; o sexto dos Doze *Nidānas* dos ensinamentos budistas**

śravaṇa	Ouvir
śrotāpanna	**O primeiro** dos quatro estágios progressivos de iluminação do aspirante no Budismo: aquele que entrou na corrente para Libertação
śruti	Aquilo que foi ouvido como escritura revelada
sukha	Prazer
sūkṣmaśarīra	Corpo sutil que sobrevive à morte do corpo físico
sūtra	Fio, significando figuradamente "aforismo" ou conjunto de aforismos
svadhiṣṭāna	Nome do *cakra* esplênico, localizado no baço
svādhyāya	Estudo ou autoestudo, uma das três disciplinas do Yoga Preliminar
svapna	Sono com sonhos
svarga	O céu **como dimensão após a morte**
svar-loka	Mundo mental ou céu: **o terceiro dos sete** dos planos ou dimensões da natureza que se interpretam com progressivos graus de sutileza na literatura teosófica moderna
tamas	Escuridão ou inércia, uma das três qualidades da natureza material **ou *prakṛti***
tanha	Desejo, em páli (ou **vide** *tṛṣṇā*, em sânscrito)
tapar-loka	Mundo monádico: **o sexto dos sete** dos planos ou dimensões da Natureza que se interpretam com progressivos graus de sutileza na literatura teosófica moderna
tapas	Austeridade, uma das três disciplinas do Yoga Preliminar
tattvas	Emanações **de *prakṛti*** ou entes verdadeiros; **ensinamento da filosofia Sāṃkhya**

tṛṣṇā	Sede ou desejo por experiências dos sentidos, donde surge o Apego: **o oitavo** dos *Doze Nidānas* dos ensinamentos budistas
upādāna	Apego, donde surge a Existência (de um 'eu' ou vontade de vir a ser): **o nono** dos *Doze Nidānas* dos ensinamentos budistas
vaikharī vāk	**Som** falado ou pronunciado com palavras
vairāgya	Desapego, desprendimento
vāk	Som
vāṇaprastha	Terceiro estágio da vida védica (de retiro)
vedanā	Sensação, donde surge o desejo: **o sétimo** dos *Doze Nidānas* dos ensinamentos budistas
vibhana-tanha	Desejo de não existência (autoaniquilamento)
videha-mukti	A libertação após a morte
vijñāna	Consciência (ou consciência inicial) donde surgem nome e forma: **o terceiro** dos *Doze Nidānas* dos ensinamentos budistas
vijñānamayakośa	Invólucro da consciência ou individualidade, **ensinamento da filosofia Vedānta**
vikṛti	Desequilíbrio relativo dos *guṇas, prakṛti* se converte em *vikṛti, num* processo de manifestação do Universo, corresponde a uma situação em que os três *gunas* de *prakṛti* se encontram numa condição de equilíbrio relativo, mas em constante mudança
vikṣepa	Projeção ou distração da mente
viśeṣa	Singularidade
viśuddha	Nome do *cakra* laríngeo, localizado na garganta
vyāvahārika satya	Verdade relativa
yama	Autorrestrições, cinco práticas morais, primeiro dos oito membros do Aṣṭāṅga-Yoga **de Patañjali**